明六雑誌の政治思想

阪谷素と「道理」の挑戦

河野有理

東京大学出版会

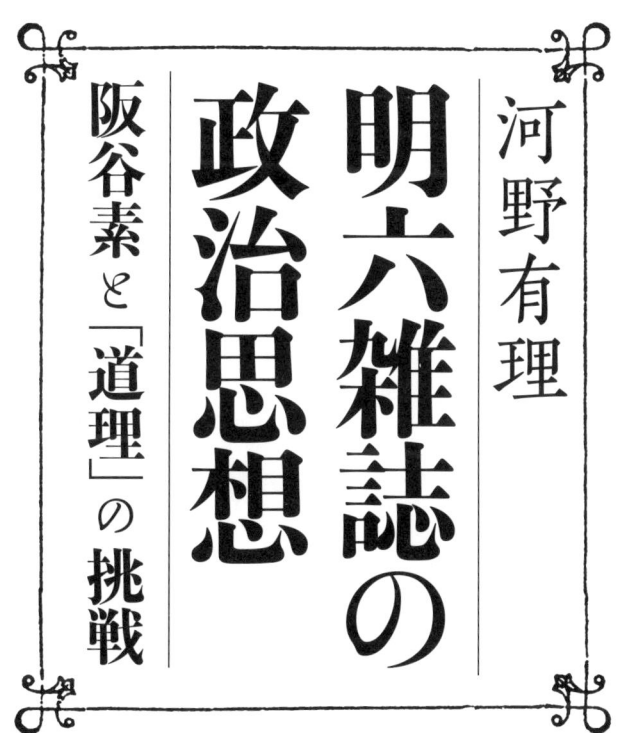

Meiroku Zasshi and the Challenge of Sakatani Shiroshi
An Interpretation of Early Meiji Political Thought

Yuri KONO

University of Tokyo Press, 2011
ISBN 978-4-13-036240-5

目次

凡　例

一、引用文中の（…）は、特に断らない限り、引用者による省略を意味する。
一、引用文中の〔　〕は、特に断らない限り、引用者による注である。
一、引用文中の割注は〈　〉を用いた。
一、引用に際しては、原文の闕字、平出、擡頭を原則として反映させなかった。
一、引用に際しては、漢字カタカナ交じりを漢字ひらがなに改める、句読点を補う、旧漢字、変体仮名、合字、重字等を通用のものに改める、漢字語中の代名詞、副詞、接続詞（其、之、而等）を現代仮名遣いに改める等、読みやすさを考慮して適宜原文の表記に改変を加えた。また原漢文の引用は原則として書き下した。ただし、固有名詞や人名、また引用文がいわゆる候文にあたる場合、また注における引用文の場合は以上の限りではない。
一、引用文中の原ルビはカタカナを、引用者によるルビはひらがなを、それぞれ原則として用いた。
一、本文中、原則として敬称は省略した。また、人名の呼称については、『明六雑誌』の表記に従い主に名字を用いた（阪谷、津田、西、中村、加藤、福澤等）。それ以外の人物については主に慣用に従った。
一、年号と西暦は、原則として、併記した。ただし、改元や暦法に伴うずれを考慮にいれた厳密なものとなってはいない。例えば万延元年（一八六〇年三月一八日改元―一八六一年二月九日）などとはせず、単に万延元年（一八六〇年）とした。
一、『明六雑誌』論説については、大久保利謙監修による復刻版（立体社、一九七六年）を参照した。また引用に際しては、山室信一・中野目徹校注による岩波文庫（上・中・下巻、一九九九年、二〇〇八年、二〇〇九年）の頁数を参考のため付した（例：上巻、三一頁）。阪谷素の文章を、引用する際には、坂田丈平編『朗廬全集』、阪谷芳郎、一八九三年については全集の頁数を（例：『全集』、頁数）、国立国会図書館憲政資料室所蔵『阪谷朗廬文書』については、同図書館専門資料部編『阪谷朗廬関係文書目録』国立国会図書館、一九九〇年の資料整理番号をそれぞれ略記して本文に記載した（例：『関係文書』、一二〇―三）。ただし、書翰については宛名と日付のみ脚注に記載した。

序章　阪谷素という視点から

第一節　対象の限定――『明六雑誌』と明六社

『明六雑誌』。それは疑いなく明治初年を代表する知的討議の場であった。その母体となる結社明六社には、全国から当時知的に傑出した俊英が集い、彼ら――残念なことに女性はいなかった――は、活発に議論を繰り広げた。

結社の名前、そして雑誌の名前にも冠せられた「明六」は、第一に、結社設立のその年、明治六年を意味する。太陽暦が採用されたこの年（西暦一八七三年）一月一日から初めて西暦と年号とが――皇位継承にともなう元号改正時を除き――ほぼ正確に対応することになる。従来、「吉凶の象兆」に従い、しばしば「改号」されてきた年号が、「御一代一号」に改められて六年目のことである[1]。それは、無論、徳川の世が終わり、この列島における政治権力の中心の所在が、単に一時的にではなく不可逆的に変更されたのだという断固たる意志の象徴的表現であった。とはいえ、その革命の実質はいまだあやふやだった。

首都はどこであるのか、不明であった[2]。人々は政治権力の空間的中心について確信を持ち得なかった。首都であるらしきその場所の地名も、東京であるのか東京であるのか、その呼称も「トウキョウ」であるのか「トウケイ」であるのか、実のところ、不明であった。またそのいずれであるにせよ、そもそもそれらは「江戸の代名詞であり、地名ではない[3]」のであって、依然として「江戸」という地名が存在するのだと考えるものも多かった。西村茂樹（明六社の仕掛け人の一人である）は、明治九年（一八七六年）になっても、「東京は東の都ということにして地名にはあらざるなり。東京の地名はなお江戸なるべし」と言う。彼に従えば、正式には、京都は「西京平安」と、江戸は「東京江戸」（あるいは「東京江戸」）と書くのが正しかった。[4]

正しい「名」が与えられていない。多くの人がそう感じたことそれ自体が、「明治」が象徴する政治権力の動揺の反映だった。当時、流行った川柳、「上方のぜい六どもがやってきて／東京などと江戸をなしけり」の下の句は、「上からは明治だなどというけれど／治明《おさまるめい》と下からは読む」だった。[5] 明治六年のこの年は、とりわけ危険な年だった。徳川の治世よりも長く持続した「封建」制が廃止されてわずかに二年。政権中枢が海外視察から帰り、「留守政府」——比較政治史上、「留守」を名のる政府の例が他にあるだろうか——との間で「征韓論」をめぐる衝突が顕在化した年でもある。この対立は、やがて、四年後には大規模な内戦へと至るであろう。明治六年は、竹越三叉のいわゆる「乱世的《アナルキカル・》革命《レボリウーション》」のまさにまっただなかの年であった。[6] 幕末以来、政治的大どんでん返しを何度も経験したであろう当時の人々のなかにあって、明治があと三十八年も続くと、予想した人はあるいは少なかったのではないか。

「明六」の名は、第一に、「明《あ》け六《む》つ」を意味する。季節と場所とによって異なる不定時法を生きていた当時の人々の多くにあって、それは夜明け——太陽の上辺が地平線上に姿を見せる直前の薄明——を意味する。既に起き出していた人々が、やがて来る日の出——人工光源のいまだ少ない当時にあって曙光の輝きは強烈であっただろう[7]——へ向けて慌ただしく身支度を調えていたであろう、薄明かり、そして薄暗がり。それが「明け六つ」である。[8] 漆黒の闇と強烈な光の間によこたわる曖昧な時間。すべての輪郭がいまだにはっきりとは見えないそうした時間は、確かに、幽霊にもうってつけの時間であったろう。結社の発起人森有礼が「明六《あけむつ》の有礼《幽霊》」と、当時、揶揄されたゆえんである。[9]

時間感覚を、時代の感覚に安易に重ね合わせることは慎むべきだろう。徳川の世は、暗黒の中世などではなかったし、あと四十年近くも続く明治の世が、栄光の時代というわけでは必ずしもあるまい。ただ、明治六年が、とりわけ見通しの悪い時期であったことは確かだろう。歴史は、泰平を謳歌した徳川の世を生きる人々には、時に、そう感じられたような、だらだらと続く〈終わりなき日常〉ではもはやなかった。だが他方で、〈坂の上の雲〉や、ある究極の目標へと向かう、急ではあるかもしれないが見通しの良い一本道などでもなかった。方向指示の標識も速度制限の標識もない、そうしたなかで、彼らは考えたのである。〈今〉はどのような時代であるのか。そしてわれわれはどこへ向かい、何をするべきなのか。そうした問題を一から考えたのである。

それは、無論、全てを白紙から考えたということを意味しない。「西洋の衝撃」があった。「西洋」の正体は何か。その富強の秘密は何なのか。切実な思想課題であった。その問いに答えることが、より大きな課題への答えになると考えたものも多かった。だがそれだけではなかった。徳川の世の遺産があった。明六社に集った人々は他方で、三百年近い泰平を謳歌した徳川の世が蓄積した、濃厚にして膨大な知的・文化的蓄積の継承者でもあった。彼らは徳川の世の遺産（その目録中には「洋学」さえ既に含まれる）を元手にして、「西洋の衝撃」について、そして自分たちの向かうべき方向性について、一から考え直してみたのである。この雑誌は、そうしたラディカル（根源的）な思考の営みの一つの産物である。それは日の出とともにやがては消えてしまう薄明の中の幽霊などではなかった。

この雑誌が、本書の研究対象である。もちろん、そのように言うことは、この雑誌を生み出す母体となった結社明六社を完全に無視するという趣旨ではない。ただ、実際には確かに本書は、明六社の活動全体のなかから『明六雑誌』を抜き出し、専ら研究対象にするのである。その最大の理由は、無論、著者の能力の限界である。明六社の活動と、その豊かな広がりを丹念に掘り起こす作業は、この小論のなし得るところではない。とはいえ、それでもその不在を意識することは必要だろう。

明六社の活動は、『明六雑誌』の刊行には限られなかった。

例えば、演説会がある。当時、新奇な試みであった演説は明六社の看板の一つであった。『明六雑誌』に収録されているものは、そのうち、ほんの一部に過ぎない。同誌に収録されていない演説は、確認できるだけでも、次のようなものがある。

森有礼　官学を立る説（明治八年／一八七五年三月一日）
田中不二麿　学校説（同上）
　　米国人ブラオン氏演説（六月十六日）
神田孝平　語の見込即学書選定する説（同上）
福澤諭吉　新聞条例の論（同上）
福澤諭吉　演説二則（同年九月十七日）
中村正直　万国公法蠡管序一篇を読む（同上）
阪谷素　戦争は休む事なかるべしの論を演ず（同上）
加藤弘之　王政一新説（十月一日）
阪谷素　社会にて訳字を定むる説（同上）
津田仙　魚類を養う術の説（同上）
中村正直　亜細亜連合なるべきやの説（十月十六日）
西村茂樹　英国ソロールドシャル著ゼネールエジケーション一般教育講説（十一月一日）
津田仙　農学の一演説（同上）

西村茂樹　修身学講義（十一月十六日）
津田真道　開化自然の運歩（同上）
中村正直　ロングフェルロー（米国詩人）の詩を講ず（同上）[10]

明六社の活動について考えるのであれば、当然、これらを逸することはできない。人的な構成の問題もある。『明六雑誌』に寄稿したのは次の十六名である。

西周、西村茂樹、加藤弘之、森有礼、津田真道、杉亭二、箕作麟祥、清水卯三郎、箕作秋坪、柴田昌吉、中村正直、阪谷素、神田孝平、福澤諭吉、柏原孝章、津田仙（初出順）

これに対し森有礼は、「明六社第一年回役員改選に付演説」（第三十号）において次のように述べている。

立社の本員は総数十名即ち西村茂樹、津田真道、西周、中村正直、加藤弘之、箕作秋坪、福澤諭吉、杉亭二、箕作麟祥、森有礼（…）立社の後これに加りたる者五名、通信員に選入されたる者五名、格外員十名、渾《すべ》て三十名なり。外に客員と目して社許を得、臨時に来り会する者はその数定り無し。しかれども近時毎会増加するの勢にては数月を出でずして幾百名に至るもまた計るべからず。（一丁ゥ、下巻、五一頁）

「明六社制規」は、その社員の資格を「定員」「通信員」「名誉員」「格外員」と定める。『明六雑誌』やその他の資料によって確認できる社員に、「客員」を加えるとメンバーは左のようになる。森が「幾百名に至るもまた計る可らず」

と胸を張ったのもうなずけよう。

定員

畠山義成、西周、西村茂樹、大槻文彦、加藤弘之、田中不二麿、津田真道、津田仙、辻新次、中村正直、九鬼隆一、福澤諭吉、古川正雄、秋山恒太郎、浅井晴文、阪谷素、箕作秋坪、清水卯三郎、肥田昭作、森有礼、世良太一、杉亨二

通信員

神田孝平、富田鉄之助、高木三郎、グリフィス、柏原孝章

名誉員

不在

格外員

前島密、柴田昌吉、長与専斎、子安峻、大給恒、吉原重俊

客員

早矢仕有的、ハリス、奥平昌邁、荘田平五郎、沼間守一、古沢滋、福地源一郎、島地黙雷、塩田三郎、四屋純三郎、世良重徳、藤野善蔵、湯川頼二郎、酒井明、松田道之、亀井茲監、伊達宗城、北条元利、山辺丈夫、高橋是清、佐々

木慎思郎、渥美契縁、石川舜台、福羽美静、ブラオン、植木枝盛、勝安芳、南条文雄、菊池大麓、外山正一、箕作佳吉、重野安繹、佐原純一、杉山新十郎、関藤国助、横山雅男[11]

この中でも、例えば、書記であった清水卯三郎、会計であった世良太一等の役割は重要であろう。[12] だが、彼らの明六社における功績を計ることは、『明六雑誌』のみからでは十分になし得まい。

ここに見える一人一人、さらには、演説の聴衆（演説はある時期から一般に公開されていた）[13]、『明六雑誌』の読者をも含めた検討が[14]、「明六社」研究には、本来、必要であろう。

地理的な問題もある。先の表にも見えるように「明六社制規」は「通信員」という身分を設けている。柏原孝章のいた静岡、神田孝平のいた兵庫にも「明六社」社員はいた。セントラル・パーク開園後まだ間もないニューヨークにもいた。明治二年（一八六九年）に来日し、大学南校で教える傍ら「明六社通信員」でもあったグリフィスは、帰国後の明治九年（一八七六年）に著した自著の献辞に次のような一節を加えている。

> 私もその栄誉ある会の一員に加えられた明六社の会員に衷心より敬意を表する。著述家と改革者からなるこの会には、福澤、森有礼、中村正直、加藤弘之、西周、箕作兄弟（ママ）の秋坪・麟祥、内田正雄、畠山義成らのような名声と栄誉のある、この国の復活に熱心な働き手が含まれている。[15]

当初は「都下の名家」を結集することを目的とした明六社は、しかし、当初の予想をはるかに超えて広がっていったのである。

さらには時期的な問題がある。『明六雑誌』は、第一号が明治七年（一八七四年）四月二日に刊行され、第四十三号が明治八年（一八七五年）十一月十四日に刊行された後、途絶した。他方、明六社を介した会員の知的交流はその後も続いた。[16] 清水卯三郎の息子である清水連郎の回想によれば、こうした明六社の活動は少なくとも明治の末期（ということは二十世紀）まで存続した。[17]

> 明六雑誌も発行せず、講演も止めた後は同人がただ会合して昔話や学術上の話を語って居ましたが、遂に溜まった金を使い尽くすことにしようと相談がきまり、毎月一日に神田橋外（…）にあった西洋料理店三河屋（…）を主なる所として富士見軒や精養軒で会合を開き、会員外の外山正一博士や菊池大麓博士も来られたことがあり、時々、重野安繹先生の如き人を招き昔の話を聞き一人減り二人減りして遂に明治四十二年頃には加藤弘之先生と杉亭二先生と会計をして居った世良太一君と父ときりになって父が明治四十三年に没してから間もなく加藤先生も杉先生も逝かれて遂に消滅しました。[18]

さらに昭和元年（一九二六年）十二月、ほぼ五十年ぶりに日本の土を踏んだグリフィスを、講演会壇上に紹介するに際し徳富蘇峰は、「翁（グリフィス）は自分を明六社の一員と思っている」と述べている。[19]「明六社の一員」は昭和になっても存在したのである。

以上のような活動や人的構成の多様性、そして時間的・空間的な広がりなどに留意するならば、主に『明六雑誌』に依拠しつつ、「明六社」の研究を称することは羊頭狗肉のそしりを免れまい。[20] 本書が『明六雑誌』の政治思想と題するゆえんである。

第二節　先行研究の検討――啓蒙・国民国家

啓蒙

なぜこのようなことをことさらに強調するのか。能力の限界だけがその理由ではない。従来の研究が、以上の諸点に十分に自覚的であったようには見えないからである。また、そのことが、明六社ないし『明六雑誌』の思想的性格の理解についても過度の単純化をもたらしたのではないかと思われるからである。例えば、麻生義輝『近世日本哲学史』は、「明六社」を「洋学者集団」とし、「哲学派としては明六社派は単一の存在であった」、「内部に対立というようなものはなかった」とする。ちなみに、麻生の言う「単一」の「哲学」的立場とは「啓蒙哲学」である。[21] この「啓蒙」の哲学が、「絶対主義」「専制」という政治形態と関連していると説く研究もあった。服部之総は、「明六社」の思想潮流を「絶対主義的啓蒙思潮」と規定する。宮川透は「明六社」を「啓蒙専制主義」と捉え、彼らを「文明開化政策」の代弁者である「絶対主義的な官僚思想家」とした。[22] 遠山茂樹は、「明六社の会員の説くところの自由・自主・開明は、政府の啓蒙専制主義の枠外に出るものではなかった」とする。[23] これらの研究は、いずれも社会的立場（洋学者・官僚）と、思想的立場との対応関係を、当然のように、前提にしているように思われる。[24] 次のような例は典型的である。

明六社同人の啓蒙主義の性格は、福澤諭吉と農学者津田仙をのぞく全員が、絶対主義政府の高級官僚の座を占めていたことによってあらかじめ決定されていたといっていい。彼らの開明的役割は、絶対主義政府が開明的側面をかなぐり捨てて、専制的側面をあらわにするまでの短い期限つきで保証されていたのである。[25]

無論、明六社の同人にも、『明六雑誌』寄稿者にも、洋学の素養を持った者は多い。官吏として働いていた者が多いのも事実である。だが、『明六雑誌』寄稿者についてさえ、官吏という点では福澤諭吉や津田仙、また洋学者という点では阪谷素、という重要な例外がある。明六社同人全体を見れば、既に明らかなように、さらに例外の数は増す。明六社同人全体について、年齢、出身地、社会的地位等の形式的事実において全員に当てはまる共通点は、識字能力のある男性ということ以外は、見出しにくい。(26) たとえ社会的地位や経歴に同質性が認められたとして、そのことが結社の思想的性格を規定するかどうかは、また別問題であろう。

そしてその思想的特徴ということに関しては、ここでいう「啓蒙主義」がいかなる意味かそもそも疑問である。元来、漢語で「啓蒙」とは、確実な典拠を持たないが、「蒙昧を啓発する。童蒙を教え導く」ことを意味する。(27) そこには知的・道徳的上位者が下位者を教え導くという含意がある。(28) だが、他方、この語は、大西祝によってドイツ語の「アウフクレールング（Aufklärung）」の訳語として採用された翻訳語でもある。アウフクレールングという言葉で指し示される思想的立場は、大西によれば、「個人が独立に各々自己の意見に従うといふこと」である。(29) そこには、知的・道徳的上位者が下位者を教え諭すという意味は含まれていない。(30) ましてや「専制」や「絶対主義」と必然的な関連を有するとは思われない。当時の人々はこうした点にむしろ自覚的であったように思われる。例えば、現在では、代表的な「啓蒙」思想家として知られるヴォルテールと、「啓蒙専制君主」として名高いフリードリヒ二世について、『明六雑誌』と同時期に刊行された文献は次のように言う。

それ非利的第二世の太子たるや、仏人「ヴヲルテヤル」氏に師交して甚だ相親愛せり。しかしてこの「ヴヲルテヤル」氏は実に千七百年代改正首唱家中の巨擘にして、その説の広布するや、欧州各国の君相ほとんど一として改正の君主にあらざるなく、すなわち頑僻羅馬法皇の如きもまた改正の法皇たるを致せり。これまた以て当時そ

の政を改正せしゆえんを見るに足るべし。(31)

「改正首唱家」と「改正の君主」。「改」め「正」す哲学者と、そうした哲学者によって「正」なる状態へと導かれた君主。Enlightenments（ないし philosophes）と enlightened despot とについておそらく正確な、少なくとも一貫した理解である。「啓蒙主義」ないし「啓蒙専制」なる語を用いる先行研究は、当時の人々が明瞭に意識していたこうした点にあまり自覚的でないように思われる。(32)こうした点について誤解を避けようとする試みも、無論、ある。例えば、山室信一は、「啓蒙には、ある一つの歴史空間の中で自生的に現れ、その空間内で機能を果たすものと、それが異なった歴史空間に持ち込まれることによって社会的機能を果たす場合がある」とし、「日本においては欧米というモデルとなる歴史空間なしには啓蒙という要因が働くことはなかったはずである」とする。その上で、

言い換えれば、明六社社員たちは日本の官民を啓蒙する立場にはあったが、欧米に対しては自己啓蒙を行わなければならない二重の立場に立っていた。そこにまた明六社が集団内での相互啓発を目的として掲げなければならない意味があったのである。(33)

と述べる。「官民」を教え諭すという意味での「啓蒙」と、「相互啓発」の前提としての「（自己）啓蒙」。また自生的な「欧米」の「啓蒙」と、外在的な「日本」の「啓蒙」とを区別するのである。この区別それ自体が妥当かどうかはさておき、周到な配慮である。(34)だが、ここまでしなければならないというのであれば、誤解を生じやすい「啓蒙」なる語をわざわざ使用する必要が本当にあるのかどうか。そのこと自体がむしろ疑問となろう。(35)ちなみに、『明六雑誌』本文中に「啓蒙」という言葉は見えない。本書では、彼らの思想の特色を記述する概念として「啓蒙」の語を用いる

ことはしない。

国民国家

「教え諭す」という意味での「啓蒙」は、では、誰に何を教えるのであろうか。その対象と内容が少なくとも必要であろう。明六社を「啓蒙」と規定する先行研究の多くが、同時に、「国民国家」形成との関係において彼らを捉えてきたゆえんである。高坂正顕は、明六社をやはり「啓蒙」の立場として捉え、「専制主義」と結びつける従来の傾向について批判を加えつつも、次のように述べる。

> 彼等は絶対的な専制主義を願ったのではなく、ただ強力な国民国家・独立国家を願ったのである。[36]

明六社の「啓蒙」活動の内容を「国民国家」形成と捉え、それに付随した「生活様式の変化」「生活目標の変化[37]」との関係を問題にする高坂の視角は、その後の研究者によって引き継がれた。例えば大久保利謙は、「文明開化政策は国民(nation)の啓蒙、あるいはその開明化であるから、その客体たるべき日本の国民層の形成がその前提条件となるであろう(傍点大久保)」とする[38]。鹿野政直も、明六社の「啓蒙思想」について「国家という建築物が造られるのに呼応して、その住人を造りあげることをめざした」とした[39]。また、松澤弘陽も「明治啓蒙」を、「新しい制度や文物と人々の意識とのずれをうめ国民形成を進めようと登場した知識人の思想運動」とする[40]。これらの研究動向をさらに洗練させた上で引き継いだのは中野目徹である。中野目は、「明六社という組織」と「『明六雑誌』という媒体」との差異に十分に意識的である。その上で、媒体としての『明六雑誌』の位置と機能を「文明開化の言論空間」という広い脈絡のうちに見定めようとするのである。こうした視角から中野目は、明六社について、「文明開化の頂点をなす「啓蒙思想」結社（…）というだけでは解決済みとはならず、新たな視点からの再検討を要する」とするのである。とはいえ、中野目自身の明六社評価は、「新たな視点」からのそれというよりも、「国民国家」形成との関連で明六社を捉えてきた従来の研究動向の延長線上にあると言える。中野目は、「『明六雑誌』には一定の編集方針のようなものが存在したわけではなく、全体を統一するテーマが明言されていたわけでもない」としつつも、以下のように言う。

とはいえ、『明六雑誌』の全体を貫く最大公約数的なテーマが、「世の文明を進むる」という社員共通の目的意識と一体であったことは、全編を通読すれば容易に看取されることである。すなわち欧米を起源とする「文明」をいかにして日本に定着させるのか、その際の「文明」理解の質と応用の妥当性が思想評価の一つの軸となるであろう。(41)

続けて中野目は言う。

だが、ここで問題となるのは、本来置換可能なシステムである「文明」が移入されたとき、人々の生活様式にまで変化をもたらす「文化」の受容を伴っていたことである。（…）「文明」と「文化」は実は不可分に押し寄せたのであり、文明開化の悲喜劇もそれゆえに演じられたといえる。そのように考えれば、「文明」を説くことで必然的に惹起した「文化」の混乱あるいは危機という事態にどう対処するのか、それらに応じた解決方法を示しえているかどうかという点が、『明六雑誌』の内容を評価していく上でもう一つの軸となるはずである。それは、ナショナリティとしての「国体」をめぐる問題であった。(42)

「ナショナリティとしての「国体」をめぐる問題」とは何か。中野目が参照するのは、福澤の「征台和議の演説」（第二十一号）である。そこにおける「ナショナリチ〈国体〉の基を固く」し、「国民の気風」を一変させ、外国交際における劣勢を挽回しようとする福澤の思考方法をある種の典型とし、明六社の社員たちにも多かれ少なかれそうした思考方法が共有されていたというのである。「これほど（すなわち福澤ほど）明快でなくとも、明六社に結集した「同志」たちの間では、近代国家の編成原理として必須のナショナリティの形成が、共通の課題として意識されていた(43)」というのである。「「文明」と「国体」をめぐって交わされた議論(44)」という評価軸によって、明六社ないし『明六雑誌』を捉えようとする以上のような研究視角には(45)、だがいくつか疑問がある。

国体

まず、「ナショナリティ」は「国体」なのだろうか。また、その場合の「ナショナリティ」や「国体」とはそれぞれいかなる意味なのだろうか。

『明六雑誌』上で、英語のnationalityが常に「国体」と訳されるとは限らない。例えば、「国民気風論」（第三十二号）で「ナショナルカラクトル」について論じた西周は、「人生三宝説三」（第四十号）の中では、nationalityを「国情」と訳している。

また、「国体」という語が使われていたとしても、それがnationalityを意味するとも限らない。津田真道は「拷問論の二」（第十号）の中で、外国との条約について、「乃ち彼我同権の条約に非ず、到底我国国体を虧損する所なしと謂うべからず」と述べている。条約の内容が、「同権」ではないために「国体」が傷ついたというのである。ここでの「国体」は、江戸期にも多く見られる国の体面・名誉というほどの意味であろう。また神田孝平は「民選議院の時未だ到らざるの論」（第十九号）で、「抑《そもそも》民選議院建設の時節は国体の変じて君主専権より君民分権に遷るの時なり」と述べている。「民選議院」の建設は、「君主専権」から「君民分権」への「国体」の変革であるとの主張である。ここでの「国体」は、「政体」(constitution)を意味するだろう。『明六雑誌』における「国体」の語は、この「政体」と置換的に用いられる場合がおそらく最も多い(第二章参照)。

「国体」という語は、当時、既に政治的な意味を帯びた言葉であった。そのことを想起するならば、『明六雑誌』投稿者たちのこうした用語法それ自体が、彼らの意識的な選択の結果であると言えるだろう。安政年間(一八五四—五九年)に執筆された「審国体」において中村正直は既に次のように述べている。

国体とは何ぞや。理直の謂なり。内を治むる者、理直なれば即ち域内の民、服従せざるなし。外を治むる者、理直なれば即ち域外の国、あえて干犯することなし。(…)理直なれば即ち名正しくして言順う。以て神に事うべし、以て民を治むべし。これをこれ国体とは謂うなり。(46)

「国体」とは「理直」である。「理直」とは、結局、「名正言順」(『論語』・子路篇)なることである。これが、「我は神州、彼は夷狄」となし、「古を変じて款《まこと》を通ずる」ことを「国体を失す」と考える「世の国体を論ずる者」を強く意識しつつ、中村が提示した「国体」解釈である。中村はもちろん、『明六雑誌』投稿者のほとんどは、「国体」という語のいわばイデオロギー性に自覚的であったのである。(47) こうして見てくるならば、「国体」という言葉を「評価の軸」として分析の与件に置くことは、ややもすれば、それ自体が彼らの議論の対象となり得たという思想史的事実を覆い隠してしまうのではないだろうか。

無論、確かに福澤は「ナショナリチ」の訳語として「国体」の語を用いている。だが、それはむしろ『明六雑誌』ではなく、その刊行にほぼ並行して執筆された『文明論之概略』第二章の中心的なテーマであった。(48) J・S・ミルの

『代議政体論』第十六章における nationality の議論を参照した福澤にとって、「国体」とは、そこでは「一政府の下に居て自ら支配し他の政府の制御を受るを好まず、禍福ともに自ら担当して独立する者」をもっぱら意味する。[49]「国体と政統と血統とは一々別のもの」であるとする福澤は、[50] 同時代における「国体」の語が「政統」(ほぼ「政体」と同義である)や(君主の)「血統」を意味することを意識しつつ、政治的支配権としての「政権」の持続・独立としてこの語を再定義することを試みたのである。彼がとりわけ批判的であったのが、「国体と血統とを混同して、その混同の際には一を重んじて一を軽んずるの弊」、つまり君主の「血統」を重んじるあまり、「政権」の「独立」という大目的を見失うような態度であったことは無論である。[51] とはいえ他方で、福澤にとって「ナショナリチ」としての「国体」は、単に「政体」を意味しない。また、自国固有の「文化」を意味してもいない。それは、人民の自己統治としての「政権」の「独立」を指すのである(「結局国体の存亡はその国人の政権を失うと失わざるとにあるものなり」[52])。

したがって、「近代国家の編成原理として必須のナショナリティの形成」が、『明六雑誌』寄稿者に「共通の課題」として意識されていたとするのは、その「ナショナリティ」が特殊福澤的な意味におけるそれであるならば、疑問である。[53] そもそもそうした意味での「国体」と「ナショナリチ」との結びつきが本来自明ではなかったからこそ、福澤は『文明論之概略』では、あえてそのことを強調する必要があったのである。[54] 福澤の創見とも取れるこの意味での「政権」の「独立」としての nationality と「国体」との結びつきを『明六雑誌』全体に読み込むことは危険ではないか。

また、仮に、その「ナショナリティ」が、政治的支配の持続というよりは、むしろ「生活様式」や「生活目標」の次元、すなわち「文化」的な意味におけるそれであるとするならば、それは第一に福澤の「ナショナリチ」解釈として問題があり、また第二に、『明六雑誌』の思想的性格の解釈としても疑問がある。というのも、天皇にキリスト教受洗を勧めた人物が論陣を張り(中村正直)、日本語(書き言葉)のローマ字化(西周)や言語文字(書き言葉・話し言葉)の「万国混同」(阪谷素)が堂々と提唱されたこの雑誌に、自国文化の固有性という意味での nationality の意識を読み取ることはそもそも難しいように思われるからである。[55]

文明

また、「欧米を起源」とし、「本来置換可能なシステム」としての「文明」という規定も、『明六雑誌』寄稿者の考える「文明」理解と常に一致しているというわけではない。例えば、西村茂樹は「文明開化」について次のように述べる。

> 文明開化とは英国の語にてシヴィリゼーションといえる語の訳なり、支那人はこの語を訳して礼儀に進むとなす、我邦の俗語に訳すれば人柄のよくなるということなり。（「西語十二解文明開化の解」〔第三十六号〕、六丁ォ、下巻、二一五頁）

西村にとっては、「礼儀に進む」こと、「人柄のよくなる」ことが「文明開化」の意味であった。西村も参照したロブシャイト『華英辞典』も civilization の訳語として「教化者」「礼文者」を、civilize の訳語として「教化」「教以礼儀」「化以礼儀」を載せる。[56] また、津田真道も「実学国内一般に流行して、各人道理に明達するを真の文明界と称すべし」（「開化を進る方法を論ず」〔第三号〕）と述べる。「文明開化」を「礼儀」や「道理」の向上・浸透として把握する理解が、ここにはある。少なくとも『明六雑誌』寄稿者の間でそれはかなり共有された理解であろう。

仮に、そのように「文明」が理解されたとするならば、それはおそらく外来の「置換可能なシステム」などではない。「置換可能なシステム」としての「文明」という定義によって、あるいは、道徳的な向上とは区別されたテクノロジー等が意味されているのだとすれば、それは『明六雑誌』上、通行の「文明」理解には反している。また、それが技術的側面のみならず意味の世界にかかわるのだとしても、B・アンダーソンが(客観的には互いに似通った現象であるナショナリズムが、主観的には極めて特殊主義的であり得ることを説明するために)かつて用いた「モジュール」に類比した理解がされているのだとすればそれも[57]、西村や津田の理解には反している。道徳や礼儀の向上としての「文明」は、少なくとも彼らの理解において、特殊な地域や特殊な時代に「起源」を持つものではなかった。どの時代にも、どの地域においても、人間が本来、そうあり、そうあるべき心の持ちようと、行為のありようとの総体であろう。そうした意味での「文明」は、その受容が固有の「文化」との間で摩擦を引き起こすものというよりはむしろ、人間本来のあるべきありようへの復帰ないしそうしたありようの発現を意味したのではないか(第三章参照)。

分析の前提に、特定の「文明」観を置いてしまうことで、やはり「文明」という言葉とその理解自体が論争的なものとしてあったということが、見逃されてしまうのではないだろうか[58]。また、「置換可能なシステム」としての「文明」と「固有の生活様式」としての「文化」という対比についても、構図が明確になる半面で、「文明」と「文化」という概念を意識的には使い分けない、という彼らの思想史的特徴を無視する結果になるのではないだろうか[59]。

このように言うのは、もちろん、両者を意識的に区別する時代があるからである。物質主義的価値観に染まった「文明」に対し、「教養」に裏づけられた「文化」を対比し、後者を尊重する態度は、後の大正知識人たちに広く見られるものであった[60]。そこでは、「文明」は物質に、「文化」は精神にそれぞれ配された。そして、無論、彼らにおいて「文化」とは、自国に固有なものに限られなかった。それはキリストやプラトン、ブッダや孔子といった人類の教師たちに広く学ぼうとする「教養主義」的なものであった。

そしてもちろん、「文明」と「文化」という対比を用いるかどうかは別にしても、外来の思想を受容する過程で、内部にある〈べき〉伝統や原郷の発見・創出が、しばしば行われてきたのは確かである。だが、江戸期の国学者たちや明治二十年代以後の「国粋」主義者たちならともかくも[61]、『明六雑誌』寄稿者たちをそのような枠組みで捉えることには無理がある。ここで特徴的なのはむしろそのような意識の不在であろう。

第三節　二つの焦点――福澤諭吉と阪谷素

福澤諭吉

「啓蒙」や「国民国家」という視角にもっぱら着目してきた先行諸研究は、概ね、本書の主人公である阪谷素を等閑に付してきた。代わりに中心に据えられてきたのは、中野目の場合にもそうであるように、福澤諭吉である(62)。例えば、福澤と明六社の関係について本山幸彦は次のように言う。

彼らは福澤によって代表される「国の独立は目的なり、今の我文明は此目的を達するの術なり」(『文明論之概略』巻六)という自覚をもって、人民に西洋文明を教え、その面から政策と現実との矛盾を解決することを啓蒙運動の目的とした(63)。

初代の社長に推されたこと(結局は固辞)からもうかがえるように明六社にとって、福澤諭吉は重要な存在であった。また、『明六雑誌』停刊を提起したのも彼である。とはいえ、次の一覧に明らかなように、『明六雑誌』に投稿した論説の数は決して多いとは言えない。

寄稿者の論説数(64)

柏原孝章　四編
加藤弘之　九編

神田孝平　九編
阪谷素　二十編
柴田昌吉　一編
清水卯三郎　二編
杉亨二　十三編
津田真道　二十九編
津田仙　一編
中村正直　十一編
西周　二十五編
西村茂樹　十二編
福澤諭吉　三編
箕作秋坪　一編
箕作麟祥　五編
森有礼　十一編

福澤の論説数はわずか三編にとどまる。少なくとも彼が『明六雑誌』の「思想」を「代表」していたと断定するのは疑問である。『学問のすゝめ』が発端となり『明六雑誌』誌上で展開された「学者職分論」論争でも、見るべきは福澤の理念の〈近代性〉（と他の論者の〈限界〉）などではなく、むしろ、他の寄稿者たちが福澤の議論に対して一様に示した違和感の方である。例えば、福澤が「青年の書生僅かに数巻の書を読めば官途に志す」ことを非難したのに対し、西周は「非学者職分論」（第二号）の中で次のように述べている。

旧幕の中葉、読書人を視て狂とし顚とす。読書人もまた自ら甘んじて世務を知らず、政事を言わざるをもって自ら居る。その世務を管する人は往々にして刀筆吏より出づ。今は則ち書生より出づ。これ弊風というと雖も前日に較すれば世運稍《やや》歩を進むるに似たり。（五丁ゥ、上巻、七九―八〇頁）

「書生」が安易に「官途」を目指すことに対する福澤の批判が、間違っているというのではない。ただ、「書生」が「官途」に就くことが可能になったということそれ自体が、それまでの体制と比べた場合の、大きな違いであるというのである。西のこの指摘は、第一に、世襲制ではなく能力本位という人材登用の原理にかかわり[65]、第二に、政治における学問や知識人との関係の比重にかかわっている。後者に関して西はさらに、「いわゆる学術なる者七、八年前まで四書五経の範囲に出でず。しかしてその四子六経すらただ玩具、これを卑うしては茶の湯生花と肩を並べ、これを高うしては弓馬剣槍と相伯仲したるのみ」とも述べる。これは、江戸初中期はともかくも、昌平坂学問所に優秀な青年が集まり、各地に「学校」の理念が浸透し、留守居役による情報分析や交渉など、共通の文化的背景や知的能力を必要とする職の重要性が増大しつつあった後期末期に関してはやや誇張とも言えよう[66]。津田真道や加藤弘之が目付に抜擢されるなど、最末期の徳川政府においては多くの知識人が統治過程の中枢に参加していた[67]。西自身も、「瓦解」直前の公儀においてはブレーンとして統治の中枢に参与していた[68]。既に知識人は有用な存在であった。

だが、実質的にはどうあれ、その原理・建前があくまで世襲制の軍事組織としてのそれであった体制において――時に、好学の君主が現れることや、時に、軍事的緊張が学問の有用性を高めることがあったにせよ――、知識人が統治に参与することはやはり困難を伴ったであろう。それは例外であって、原則ではなかったのである[69]。

これに対し、明治新政府は、徳川政府と異なり、当初から軍事政権として君臨したのではなかった。それは「公議輿論」という理念を掲げて自らの統治を正当化しさえしたのである。また官職の任用原理としての世襲制は（君主を除いて）廃された。言語によって正当化された、その大部分が世襲制ならざる統治機構の下、知識人たちの社会的地位は自ずと異ならざるを得ない。今や、例外は原則に変わった。西はそのことを確認したのである。[70]

無論、「門閥制度は親の敵」とする福澤が、非世襲的、能力本位という点に関して、西や他の『明六雑誌』寄稿者と認識を異にしていたとは思われない。ただ、知識人と政治過程との関係という点については、福澤と彼らとの間には大きな差があったのである。このことは、政治が何であり、どのようであるべきか、知識人が何であり、どのようであるべきかという構想についても両者の間に大きな違いがあることを示唆していよう。福澤は『明六雑誌』にとって、おそらくは、例外的人物だったのである。福澤の「学者職分論」に対する他の『明六雑誌』寄稿者たちの反発を、福澤の〈近代〉性と彼らの〈限界〉と捉えつつ、[71]他方で、福澤が『明六雑誌』を「代表」するかのように記述することは、『明六雑誌』の評価についてはもちろん、（彼が対決しようとした過去ないし現在の思想潮流の厚みを捉え損ねている点で）福澤の評価としても当を失している。

本書は、『明六雑誌』の諸論説にあらかじめ一体性を仮定することはしない。むしろ、多様性こそ同誌の特徴の一つである。テクストとしての『明六雑誌』が語るのは、明治七（一八七四年）年から八年（一八七五年）にかけて、雑誌寄稿者たちがいかなる問題に関心を持ち、それにどのように答えようとしたのか、ということだけである。

とはいえ、話題の多様性は、それぞれの諸論説が無関係であることを意味しない。民選議院論、学者職分論、妻妾論、文字論、内地雑居論など論争的文脈が存在している。また一見、無関係に見える論説の間にもある特定の概念（権、敵など）を通じた脈絡が存在する。さらには、特定の話題について言及しないことが論者の態度表明であることもあろう。本書は、『明六雑誌』所収の諸論説間に存在する（〈非社交的社交性〉をも含めた）論争的文脈の再構成を試みる。それは、『明六雑誌』を、いわば彼らが交わした会話の場として捉えるということである。『明六雑誌』の政治思想」とは、したがって、『明六雑誌』という場を通して聞こえてくる彼らの会話のありようである。彼らの会話はどのようなものであったのか。彼らは何を語り、あるいは、何を語らなかったのか。どのような言葉を用い、どのような特徴的な言い回しを用いて問いを立て、論じたのか。それらのことに注意しつつ考察を進めていく。

阪谷素

『明六雑誌』という楕円形の一つの焦点（中心ではなく）が、福澤諭吉であるとすれば、もう一つの焦点こそ阪谷　素《さかたにしろし》である。阪谷が、『明六雑誌』の中心人物であったとはとうてい言えない。彼は明六社結成当時のいわゆる「立社の本員」ではなかった。また、他の多くの『明六雑誌』寄稿者とは異なり、同時代の西洋諸国にも、清国にも遂に渡航することはなかった。さらに例外的なことに、西洋語の学習経験もなかった。洋学者がその大部分を占める『明六雑誌』寄稿者の中で、彼はあくまで儒者という例外であった。

それにもかかわらず、先の一覧にも明らかなように、彼がこの雑誌に寄稿した論文の数は津田と西に次いで三番目に多い。当時、既に寄稿者中最年長、五十二歳の「老儒」であった彼は、洋行経験と西洋語の知識を持つ年少の学者たちに交り、ひるむことなく、活発に議論し、執筆したのである。(72) 事実上の最終号（福澤が提起した停刊論に彼は最後まで反対であった）である第四十三号で阪谷は次のように述べる。

小子天稟の鈍才を以て田舎に居る久しくして時勢と洋学に於て見聞する所なし。唯一の正理公道に於てこれを推すのみ。近来当社の末に加わり、高論を聞て感悟する所鮮からず。ますます正理公道のこれを以て推せば、中《あた》らざるも遠からざるを知る。（「尊王攘夷説」〔第四十三号〕、七丁ォ、下巻、四一四頁）

「中らざるも遠からざる」は、無論、儒学の経典『大学』の「心誠求之、雖不中不遠」を受ける。現代日本語における消極的なニュアンスはそこにはない。「欧漢一致」「和漢欧米風土は異《ちが》いますも道理に二つはござりませぬ」（「民選議院変則論」（第二十七号））という彼の儒者としての「道理」普遍主義の立場は、『明六雑誌』体験を通して、揺らぐどころか、ますます強固なものになったというのである。

江戸を生きた生粋の儒者が、外来の文物への適応や順応の過程としてではなく、自らも依拠し、そして幾多の先人も信じてきた「正理公道」の実現の過程として、『明六雑誌』という議論の場を捉え得たということ。これは『明六雑誌』という媒体の性格に関して、特筆すべき証言の一つであると考える。

翻って阪谷の側について言えば、こうした見方は、彼の思想を「啓蒙」思想圏と「伝統」思想圏との接点に位置づけることをしない、ということである。[73]「啓蒙」的、「近代」的な「洋学」という構図のみならず、伝統的なるものとしての「儒学」「漢学」という構図をも、本書では採用しないということである。むしろ、阪谷の存在と彼の確信それ自体が、「伝統」「正統」的なるものとして儒学ないし漢学が存在してきたという固定観念を揺るがすものである。

事実、儒学は、江戸期を通じて、政治体制にとっての正統教学ではなかった。[74] 西が言うように儒者は、統治者ではなかった。統治者が儒学を――自らの生の倫理として、また統治の指針として――真剣に学ぶことは、相当に珍しかった。人々が儒学的語彙や文法規則の学習を通して、あるべき統治のありようを観念するといったことも、決して一般的ではなかった。

明治の世になっても、儒学が正統教学として採用されたということはなかった。だが、まず「文明開化」とは、確かに、「洋語」の氾濫であると同時に、あるいはその以前に、「漢語」の氾濫であった。従来は、「通俗」な「候文」で書かれていた政府の「布告書」の中には、「許多《きょた》の漢語」が交じるようになった（岡三慶『今昔較』（明治七年／一八七四年））。[75] 明治のいわゆる「普通文」とは、漢文の訓読文のことである。[76] それに応じて、「遐陬《かすう》海隅の賤農陋漁も、みな漢語を使う様になり、手紙の文言もそれに準じて一変し、漢文偽似《めいたる》漢語雑りの尺牘（手紙）を用ゆる時節」となった（同上）[77]。新たな時代は大量の「漢語通」を生んだのである（『安愚楽鍋』第二篇（明治四年／一八七一年））[78]。また例えば、清朝知識人との交流は明治になってむしろ活性化した[79]。「漢語」と「洋語」、「漢学」と「洋学」とを、別々のものというよりは、二重写しに観る時代や世代がおそらく初めて出現したのである。そしてその時、それらは既に単に、「遊芸」としてではなく、統治に参画し、政治を分析、構想するために必要不可欠な手段となっていた。田口卯吉は「体育論」（明治二十三年／一八九〇年）で次のように回顧する。

ゆえに従来儒者の如きは全く世務の外に独立し、諸侯のこれを遇する単に講釈師もしくは落語家の厳格なるものの如きに過ぎざりしが、これ（ペリー来航）より以後続々登用せられて政務に参与し、慷慨なる詩歌文章を列ねて以て当路の俗物を排斥したりしかば、士人立身の方法は殆ど漢学にあるが如く思惟せらるるに至れり。これに次ぎて洋学はさらに一層の勢力を以て世間を風靡し、わずかに単語篇もしくは文法書位を通読したるものは直に教授に召抱えられて、以て巨額の俸禄を受るの騒ぎとなりしかば、士人の出仕を希うもの皆な驚駭せざるなし[80]。

よって、当時の世人の「頼む所」は、「ただその子弟をして漢学もしくは洋学を学ばしめ、以て当世の事務に当たらしむるにあり」という状態であった、というのである。ここで安政二年（一八五五年）生まれの田口が回顧しているのは、自らの世代の教育体験である。彼らがその範と仰いだのが、阪谷と『明六雑誌』の世代である。阪谷がその代表の一人に数えられる漢学者たちの、明治初期の知的世界における、存在感の大きさについては、つとに幸田露伴の指摘がある。

社会の文権はかかる期間に何様いう人の手にあったかというと（…）やはり漢学者国学者が正面きっていたのであり、そして漢学国学の素養ありてしかも洋学を伝うる人々の新しい一派が漸く世に認められ出したのである。川田甕江、重野成斎、三島中洲、島田金重《（ママ）》（篁村か）、岡鹿門（千仭）、阪谷朗廬、依田学海、鹽谷（宕陰、簣山か）氏、青山（延光、延寿か）氏等、これら漢学者、本居豊穎氏、黒川眞頼氏、井上頼圀氏、小中村清矩氏、権田直助氏等、これらの国学者、たとえ文章の荘重光明を以て称せらるゝあるにあらずといえども、そういう漢学国学に通じた人達を以て、世の文学の権威として世の認めていたことは事実である。(81)

「漢学」の素養は、また、「洋学」を受容し、評価する際の基準にもなった。露伴は言う。

また西洋学に通じ、もしくは西洋事情に通じた人々、福澤諭吉、福地源一郎、中村正直、成島柳北、西村茂樹、西周等、それらの人々に対しても、世はそれらの人の洋学の造詣の深浅等よりも漢学国学の素養ある点に就て文学上には尊敬と仰慕とを寄せた。(82)

同時代の人々に、中村正直の訳述『西国立志篇』があれほど歓迎されたのは、中村が「漢学者としてだけでも既に立派な地歩を占めていられたため」であり、「立志篇の文が漢学的に瑕疵無くて平明であったため」である。逆に、福澤の著述が、「当時の一部分の者に反感を以て迎えられ、あるいは嫌わるるに至っ」た原因は、その内容ばかりではなく、「学問的修辞」の質にあった、と露伴は断ずる。(83)

新たに流入したいわば洋文脈が、受容され、定着するにあたり、その前提として分厚い漢文脈、国文脈が存在したということ。また、同時代の人々が、いかなる洋文脈を選択し、評価するべきなのかと問うに際して、この漢文脈と国文脈とが、その参照基準として機能したということ。研究史上顧みられることの比較的少なかったこうした指摘は、(84)露伴自らが、「文人」たちの漢文脈と国文脈の中に生い育ったという点は割り引くとしても、重要である。儒者である阪谷を通して『明六雑誌』を見ていくことの意味の一端は、洋文脈のいわば作動環境としての漢文脈の機能と構造をあぶりだすことに存するだろう。だが、それだけではない。それは、「欧漢一致」がまさに生きられたその時点に立ち戻ることを通じて、既成の儒学観と洋学観の双方を問い直すことにもあろう。「孟子の王道」と「アメリカの書」の説く(85)ところの根本的一致を固く信じたこの人物の挑戦は、そうした可能性を秘めている。そしてその可能性の中心に『明六雑誌』がある。

以下、第一章では、阪谷の個人史を追いつつ、明六社参加に至るまでの彼の政治思想の変化を分析する（よって、直接に『明六雑誌』の議論に興味がある、という読者は第二章から読み始められることをお勧めする）。第二章では、『明六雑誌』の「政体」論について分析し、阪谷の議会構想の特徴を浮き彫りにする。最後に、第三章では、彼らの「文明」観を検討し、それが政治や議会といったものとどのように関連しているのかを検討する。

本書は阪谷の眼から『明六雑誌』を見る。それはつまり、阪谷にとって『明六雑誌』とはいかなる経験であったのか、を検討することである。彼の『明六雑誌』経験から逆算することで、従来はあまり意識されてこなかった『明六雑誌』の新たな相貌が浮かび上がってくるであろう。また、こうした作業は、阪谷の思想的人生を、同時代の知識人の一つの「典型」として浮かび上がらせもするはずである。

西洋諸国も、清国も、実際に見たことがなかった彼は、『明六雑誌』寄稿者の間では例外的であった。だが、『明六雑誌』の読者を含む、同時代の知識人のほぼ大部分（彼らは革命の勝者でも敗者でもなかった）は、むしろ阪谷の側にいたはずである。阪谷は、それら同時代の平均的な知識人の（おそらく最良の）代表として『明六雑誌』と対峙している。本書が描くのは「敗者の精神史」でもなく、無論、「勝者の精神史」でもない。彼と彼が信じる「道理」の挑戦は、同時に、徳川の長い泰平の世が（その意図せざる）結果として生み出した文人たちの〈共和国〉の挑戦でもあったのである。

（1）　明治元年（一八六八年）九月八日、行政官布告第七百二十六号。
（2）　現在でも実は曖昧である。日本国憲法は、中華人民共和国憲法とは異なり、「首都」に関する規定を設けてはいない。また、最高裁判所も、韓国憲法裁判所のように、「不文の憲法」によって「首都」を定めるということはしていない。その根拠は、せいぜい憲法九十五条にいう「一の地方公共団体のみに適用される特別法」たる首都建設法が、東京都を「わが平和国家の首都として」いることに求められるに過ぎない。宍戸常寿「東京から憲法を考える」『法学セミナー』第六百七十三号、二〇一一年、五一頁。
（3）　小木新造『東京庶民生活史研究』（日本放送出版協会、一九七九年）、九頁。また同『東京時代――江戸と東京の間で』（日本放送出版協会、一九八〇年）、一―一六頁参照。
（4）　西村茂樹「東京の地名　附蝦夷地名」『洋々社談』第二十三号、明治九年十一月二十日、五丁ゥ―六丁ォ（羽賀祥二監修、復刻版、ゆまに書房、二〇〇七年、四三六―四三七頁）。「東京西京の如きは普通名詞にして、およそ帝王の都なる所にはみなこの称を用うべし」。「江戸を称して東京とせん」という戊辰七月の詔は、西村によれば、「天皇の親臨したまうにより江戸を称して東京とし給う」という意味であり、「江戸の名を東京と改め給う」という趣旨ではない（同上）。いわば法的な位置づけの改定であって、地名自体の改称ではないのである。
（5）　小木、前掲『東京庶民生活史研究』、二二頁。
（6）　竹越三叉『新日本史』下巻（岩波書店、二〇〇五年）、二二頁。
（7）　当時、ガス灯を備えた煉瓦街が、建設中であった。白熱灯に比べればなお暗い「瓦斯灯」の光も、こうした環境では、強烈だった。「神代以来聞いたことの無い明るい煉瓦の町を初めて見るのだから眼を円くしてキョロキョロし、ポカンと口を開いて一々吃驚したり感心したりしたもんだ」と、当時の人々の反応を回顧するのは慶応四年（一八六八年）、江戸生まれの内田魯庵である。同「銀座と築地の憶出」（初出は『女性』大正十五年／一九二六年七月）野村喬編『内田魯庵全集』第三巻、ゆまに書房、一九八三年、八二頁。

（8）ちなみに、二〇一一年一月一日の東京の夜明け（正確には、太陽の中心が、伏角七度二十一分四十秒の位置にある時刻）は、六時十五分、日の出（正確には、太陽の上辺が旧東京天文台〔日本経緯度原点〕における地平線に一致する時刻）は、六時五十分であった（いずれも中央標準時）。国立天文台編、平成二十三年（二〇一一年）度版『理科年表』（丸善株式会社、二〇一〇年）、暦四、二八参照。
（9）中野目徹「解説」、中野目徹・山室信一校注『明六雑誌』上巻（岩波文庫、一九九九年）、四四一―四四二頁。
（10）戸沢行夫『明六社の人びと』（築地書館、一九九一年）、七〇―七一頁。本格的な討論も行われたようである。その一部は、「五月一日明六社談論筆記」（明治八年／一八七五年五月八日『朝野新聞』第五百十六号）にうかがうことができる。なお同談論筆記は、全文が『福澤諭吉全集』第二十一巻（岩波書店、一九六四年）二九六―二九九頁に収録されている。
（11）「明六社制規」大久保利謙『明六社考』（立体社、一九七六年）、四九―五一頁。また戸沢、前掲書、五二―五六頁。資料に名前が見えるものの経歴が確認できない人物は除いてある。
（12）森有礼「明六社第一年回役員改選に付演説」（『明六雑誌』第三十号）、一丁ォ。清水卯三郎は、瑞穂屋卯三郎として『明六雑誌』の出版元でもあった。井上和雄「みづほ屋卯三郎」『新旧時代』第一年第四・五・六冊、一九二五年五・六・七月、後に同『書物三見』（書物展望社、一九三九年）に所収。
（13）『郵便報知新聞』明治八年（一八七五年）二月六日、第五百八十一号。席料は八銭。実際に公開されたのは同十六日からだったようである。
（14）『明六雑誌』の発行部数は世良太一の集計によれば、第二十五号発行後の明治八年（一八七五年）二月の時点で、総計八万百二十七部、毎号平均三千二百部余りの売上があった。森、前掲「演説」、二丁ォ。
（15）William Elliot Griffis, *The Mikado's Empire* (New York, 1876), Preface. 同書序文と第二部の邦訳は山下英一訳『明治日本体験記』（平凡社、一九八四年）。また山下英一『グリフィスと日本――明治の精神を問いつづけた米国人ジャパノロジスト』（近代文藝社、一九九五年）も参照。
（16）例えば、中村正直の阪谷素宛書翰（明治十／一八七七年一月二十一日付）には、「旧年者御草稿拝見被仰付難有奉存候。御下問に随かひ妄批相加へ返上仕り候。失敬之段御海容可被下候。何レ来月明六社におゐて拝眉之節万可申上候」とある。山下五樹編『朗廬先生宛諸氏書簡集』（私家版、一九九三年）、二五二頁。なお、同書の入手に際しては、阪谷が初代の館長を務めた岡山県井原市の興譲館高等学校に格別のご配慮を頂いた。記して感謝申し上げる。

(17) この点、戸沢、前掲書、一八六―一八九頁は『明六雑誌』終刊後の「明六社」を、「親睦会である明六会」として、「国民の啓蒙教育を唄った明六社」とは区別する。戸沢、前掲書は、「西周の『日記』にも明六会と称してからの記事が散見できる」(一八七頁)ことなどを根拠に、この「質的転換」が当事者たちにも意識されていたと捉えている。だが「明六会」という名称自体は、『明六雑誌』終刊以前の加藤弘之の日記にも見える。例えば『二千五百三十五年　日記　明治八年』(通称「加藤弘之日記」[東京大学史料室蔵　分類番号一―七]、三丁ゥ、明治八年／一八七五年一月十六日の条(同日記は大久保、前掲書にも当該部分が抄録されている。同一一五頁参照)。また「明六社」が「国民の啓蒙教育を唄っ」ていたかどうかについても、本文後述のように、疑問がある。よって、本書では「明六社」と「明六会」とを区別せず、結社としての「明六社」は、明治六年(一八七三年)から少なくとも明治四十三年(一九一〇年)までは存続していたと考える。

(18) 「瑞穂屋卯三郎のこと」(明治文化研究会編『新旧時代』第一年第十冊、一九二五年十月号)、四五―四六頁。ここでいう「溜まった金」とは、『明六雑誌』の売上によって得た収益金であろう。森有礼「明六社第一年回役員改選に付演説」(『明六雑誌』第三十号)によれば、明治八年(一八七五年)二月の時点での明六社の雑誌売上金から諸経費を差し引いた「有金」は「四百五十五円六銭六厘」であった。

(19) 「グリフィス氏講演会」(明治文化研究会編『新旧時代』第三年第一冊、一九二七年一月号)、七〇頁。

(20) 加藤や清水らが「使ひ尽」した「明六社」の資金は、明治八年(一八七五年)二月の時点では、「会館」の建築に充てられるはずであった。「会館」完成後は、そこで「音会楽会教会画会商会講会論会等」の「百般有益の会事」が催されるはずであった(森、前掲「演説」、三丁ゥ)。この構想が実現していれば、「明六社」の活動はさらに多様なものになっていたであろう。

(21) 麻生義輝『近世日本哲学史』(復刻版、宗高書房、一九七四年(初出一九四二年))、一、七、九頁。大久保、前掲『明六社考』は、「『明六雑誌』に関する基礎的事項を少しく検討」し、「『明六雑誌』の内容については一切触れない」(七頁)としながらも、「明六社の結成は、すでに成熟した彼等「都下の名家」たちの国民啓蒙に対するはげしい意欲の爆発であった」(ⅲ頁)とするなど、「内容」については麻生研究を踏襲していると見なし得る。なお『明六社考』は後に「新修　明六社考」として『大久保利謙歴史著作集六　明治の思想と文化』(吉川弘文館、一九八八年)に収められ、さらに関連論文を加えて大久保利謙『明六社』(講談社学術文庫、二〇〇七年)に収められた。所収資料・字句などにかなりの異同はあるものの明六社の活動を「啓蒙運動」とする点に変更は見られない。

(22) 服部之総「明治の思想」(『現代史講座』第三巻、創文社、一九五三年初出、『服部之総著作集』第六巻、理論社、一九六三年所収、大久保利謙編『明治文学全集三　明治啓蒙思想集』筑摩書房、一九六七年に再収、引用は大久保編、前掲書から)、四二二頁。宮川透「日本啓蒙思想の構造——「民選議院」問題を中心として」(「民選議院論争と明六社」の題で『思想』一九五五年十月号に初出。同『近代日本思想の構造』東京大学出版会、一九五六年所収。大久保編同上書に収録されるにあたり改題補訂。引用は大久保、前掲書から)、四二五頁。また「明六社」の活動内容を「啓蒙」と捉える代表的研究としては他に永田広志『日本思想史研究第三巻　日本唯物論史』(法政大学出版局、一九六八年)、六八頁。さらに植手通有「明治啓蒙思想の形成とその脆弱性」(『日本の名著三十四　西周・加藤弘之』、中央公論社、一九七二年)、一四頁。

(23) 遠山茂樹『明治維新』(岩波書店、一九五一年、『遠山茂樹著作集』第一巻、岩波書店、一九九一年、引用は全集から)、一五三頁。なお全集の底本は初版だが一九七二年の改訂版でもこの部分は変わっていない。

(24) 宮川透は、民撰議院設立建白に対する彼らの対応について、「原理的には、「建白」の趣旨に賛同を示しながらも、現実政策的な観点からは、絶対主義政府の「漸進」策を支持する見解を表明し、明治絶対主義政府の御用的な学術結社たらざるをえなかった「明六社」の、ならびに、啓蒙専制主義的な限界を出なかったかれらみずからの、階級的な存在性格をあらわに露呈するに至った」とする(大久保編、前掲書、四二五頁、傍点原文)。「明治の変動期に啓蒙家として登場した彼らは、まだ思想と人格あるいは社会的立場の分裂を来していなかった」とするのは岩井忠熊『明治国家主義思想史研究』(青木書店、一九七二年)、九四頁。

(25) 前田愛『幕末・維新期の文学』(法政大学出版局、一九七二年)、三一一頁。

(26) 全員が男性であるという事実は、もちろん、男女の関係はどうあるべきか、女性の役割はどうあるべきか、女性と国家との関係はどうあるべきか、をめぐる議論に偏りをもたらすであろう。例えば、彼らの間で妾を持つことの是非は問われても、そもそも男性の役割がどうあるべきかが改めて問い直されることはなかった。

(27) 『諸橋大漢和辞典』は典拠の一つとして『易経』・蒙の「発蒙、利用刑人」を挙げる。『漢辞海』は『風俗通』・皇覇からやはり「発蒙」を引く。

(28) 理雅各『智環啓蒙』の邦訳『啓蒙智恵乃環』(瓜生寅訳、一八七二年)の序文(長三州による)は、同書について、「知を開き、蒙を発く効、豈ただ小学生徒のみならんや」という。同時期の「啓蒙」の語感をうかがわせる記述である。『智環啓蒙』については増田渉『西学東漸と中国事情——「雑書」札記』(岩波書店、一九七九年)、一六―二二頁参照。また、西周の著書には『致知啓蒙』がある。明治七年(一八七四年)三月の出版にあたり文部省および東京府庁に提出した届書においても西は、同書の性格について「西洋ロジック之学を啓蒙ノ為ニ著シ候書」と書いている。この場合の「啓蒙」も「教え諭す」の意味であろう。

(29) 『西洋哲学史』下巻(『大西博士全集』第三巻、警醒社、一九〇三年)、四四八頁。もっともおそらく大西自身が「我が国に於ける維新以後の啓蒙的思潮」について言及し、この時期の思想を「明治啓蒙」として捉える研究の先鞭をつけた(「啓蒙時代の精神を論ず」〔『大西博士全集』第六巻、警醒社、一九〇四年〕、六三四頁)。大西によれば、「啓蒙的思潮」の特色は、「(一)個人的なる、(二)凡て容易く理解し得られざるものを棄つる、(三)自然科学研究の眼孔を以て万事を視る、(四)而して学術の思想を世間に普及せしめんとしたる」ことにあるとされ、それらは「長足の進歩を為したる自然科学研究の精神と其の研究より得たる観念とが広く人事の上に及びたる結果」であるとされた(同六三〇―六三一頁)。大西がこの時もっぱら念頭に置いていたのは、「仏国第十八世紀の啓蒙思潮」の雄たるヴォルテールに比すべき存在としての福澤諭吉である(同論文の初出は明治三十年/一八九七年十月発行『国民之友』第三百六十二号、発行時、福澤は依然存命)。福澤における自然科学(特に物理学)への傾倒を考慮に入れるならば、福澤の思想をこの意味での「啓蒙」とすることや、福澤を範型として「明治啓蒙思想」を云々することはなお可能であるようにも思われる。実際、福澤をヴォルテール、ディドロらいわゆる「フランス啓蒙」と類比的に捉えた本格的な研究として Carmen Blacker, *The Japanese Enlightenment* (Cambridge University Press, 1964) が存在する。ただし、ブラッカーは福澤を「啓蒙」とするにあたり、自然科学的な思惟様式の存在のみならず、「進歩」に対する信仰の存在にもその根拠を求めたことには注意するべきである。おそらく単に自然科学的な思考というのみでは十分に「啓蒙」たり得ないと、考えられたのであろう。だがこの点については、未来が現在よりよくなるという漠然たる「進歩」観の存在と、そのような「進歩」が行為者の現在の道徳的行為の根拠たり得ているかどうかの問題とが区別されていないということをも同時に指摘しておく必要がある。彼女が「啓蒙」の定義として参照する Carl Becker, *The Heavenly City of The Eighteenth Century Philosophers* (Yale University Press, 1932)、小林章夫訳『十八世紀哲学の楽園』(上智大学、二〇〇六年)がディドロについて念頭に置く「進歩」への信仰——未来とは哲学者にとっての来世のようなものだ(ディドロ)——とは、明らかに後者の問題にかかわっているからである。ディドロが主に証明しようとしたのは、「世界が終わりを迎えることがはっきりして、後世による評価や批判が生まれないことがわかれば、人間はまっしぐらに悪の道へと突き進む」（同上、一二九―一三〇頁）ということであった。福澤の「進歩」観は、現在の道徳的な行為の根拠というよりはむしろ「文明史」の原理であろう。その意味で、最近の研究が福澤と、いわゆる「スコットランド啓蒙」との比較という方向に向かっていることには理由があろう。Albert M. Craig, *Civilization and Enlightenment* (Harvard University Press, 2009. アルバート・M・クレイグ著、足立康・梅津順一訳『文明と啓蒙――初期福澤諭吉の思想』慶應義塾大学出版会、二〇〇九年）。

（30）こうしたいわば翻訳の困難は、西欧言語と日本語との間にのみ存在したのではなかった。実は、仏語の"Illumination"、独語の"Aufklärung"、そして英語の"enlightenment"、それぞれの間にもそれはあった。James Schmidt, "Inventing the Enlightenment: Anti-Jacobins, British Hegelians, and the 'Oxford English Dictionary,'" *Journal of the History of Ideas*, vol. 64, no. 3 (Jul., 2003), pp. 421–443.

また、そもそも普遍的な意味での「啓蒙」なるものが存在するのかどうかも、実のところ自明ではあるまい。I・カントとE・カッシーラー、そしてM・フーコーそれぞれの「啓蒙」に関する言及から、統一的な規範的含意をくみ出してくることは少なくともたやすい作業ではない。カント「啓蒙とは何か」（篠田英雄訳『啓蒙とは何か　他四篇』岩波文庫、一九五〇年）、七頁。エルンスト・カッシーラー『啓蒙主義の哲学』上巻（中野好之訳、筑摩書房、二〇〇三年）、二三頁。ミシェル・フーコー「啓蒙とは何か」（小林康夫・石田英敬・松浦寿輝編『ミシェル・フーコー思考集成X　倫理／道徳／啓蒙一九八四―一九八八』、筑摩書房、二〇〇二年）、二四頁。

さらに言えば、歴史的な概念としての「啓蒙」運動なるものも、それがどういった思想的特徴を備えた運動であるのかについては解釈が分かれている。例えば、Carl Becker, *ibid.* と Peter Gay, *The Enlightenment: An Interpretation-The Rise of Modern Paganism* (New York, 1967) とは、どちらもいわゆる「啓蒙」運動について扱うが、前者はその題名の一部 (Heavenly City) が示唆するように、中世キリスト教神学者とフィロゾーフたちとの思考の形式（内容でなく）の類似性を指摘する。他方、後者は、やはりその題名の一部 (Modern Paganism) が示すように、「啓蒙」の非キリスト教的起源をもっぱら探るものである。その結論は、一見、正反対のようにも見える。歴史的概念としての「啓蒙」は、その本場、ヨーロッパにおいてすらその外延と内包とが明瞭ではないのである。こうした状況を受けて、歴史的概念としての「啓蒙」の複数性を強調するJ. G. A. Pocockは、その内包的定義の一つとして「civil society の平和を乱す教会や会衆の権力を削減する一連のプログラム」を挙げる。J. G. A. Pocock, *Barbarism and Religion* (Cambridge University Press, 1999), vol. 1, p. 7.（犬塚元「「啓蒙の物語叙述」の政治思想――ポーコック『野蛮と宗教』とヒューム」〔『思想』千七号、二〇〇八年三月号〕、一一一頁参照）。何を言っているかよりも、何を敵としているか。言説の内容よりも、その意図に着目した定義である。だが、この意味で、つまり、自然科学的な思考様式の「人事」への適用という大西的な意味においてではなく、政治社会の世俗化、脱宗教化という意味において「啓蒙」を捉え、さらに東アジア政治思想史を叙述するカテゴリーとして用いるのだとすれば、まず、（通常は「明治啓蒙」が克服の対象とした、とされることも多い）儒学政治思想がそれにあたるのかどうかが真剣に検討されるべきであるということになろう。「明治啓蒙」に先立つ「江戸啓蒙」もあり得るのではないか。なお、その「啓蒙」概念には到底同意できないとしても、江戸に「啓蒙」を見出す試み自体は既に源了圓『徳川思想小史』（中公新書、一九七三年）、一一七頁。

（31）岡本健三郎・小室信夫・古澤滋「民撰議院辨」（明治八年／一八七五年）（明治文化研究会編『明治文化全集』第一巻、憲政編、日本評論新社、一九五五年〔改版第一刷〕）、三七七頁。

（32）Aufklärung ないし enlightenment の訳語であったはずの「啓蒙」の語義が、もっぱら漢語の「教え諭す」に引きずられるに至った一つの要因としては、明治革命の性格をめぐるマルクス主義史学内部における周知の論争の影響があろう。「絶対主義政府」「専制政府」の示した「開明」性、「近代」性を説明する概念として「啓蒙専制」の語は便利であったのだろう。その後の研究においては、こうした用法の蓄積が、「啓蒙」の意味自体にいわば転写されているように思われる。例えば植手通有は、「一般的な概念」としての「啓蒙」の定義として、「個人としての自覚と自発的能動性を高めようとする思想」を挙げつつもそこに、「広く民衆の知識を啓発し」という要件を付加する（植手、前掲書、七頁）。岩井忠熊は端的に、「啓蒙的とは、本来、自分の思想を大衆に広め彼らを動かそうとする実践的性格を意味している」（岩井、前掲書、九四頁）とする。大久保利謙における「啓蒙」ないし「啓蒙運動」の定義が「教育」「教化」に近いものであることは、「明六社制規」第一条「我国の教育を進めんが為に（…）」について「ここに言う教育とは、狭義のいわゆる教育だけではない。より広いものと解すべきで、むしろ国民の啓蒙といったほうがあたるであろう」（「明六社の人々」『日本人物史大系　近代Ⅰ』〔朝倉書店、一九六〇年〕、大久保、前掲『明六社』に所収。引用は後者、二二九頁）とするところからうかがえる。

（33）山室信一「『明六雑誌』の思想世界」（山室信一・中野目徹校注『明六雑誌』下巻「解説」、岩波文庫、二〇〇九年）、四五〇頁。

(34)「啓蒙」という語に代えてカタカナの「エンライトンメント」を用いるのも一つの手である。大久保健晴「明治エンライトンメントと中村敬宇――『自由之理』と「西学一斑」の間(一)(二)」(『都立大学法学会雑誌』第三十九巻第一・二号、一九九八―九九年)も従来の「「明治啓蒙思想」研究」を批判しつつ、「従来の「明治啓蒙思想」像を解体・再構築」するためにあえて「明治エンライトンメント」という用語を使用」するとしている(〔一〕、六五二頁)。同論文は、従来の「明治啓蒙思想」研究が、キリスト教神学と闘争を繰り広げたいわゆる「フランス啓蒙」思想との類比に集中するあまり、明治期におけるキリスト教受容とキリスト教と親和的な一面も持ついわゆる「スコットランド啓蒙」の受容を見落としてきたことを指摘し、中村敬宇についてその両者の受容を論証するものである。妥当な指摘であり、また従来の「明治啓蒙思想」像に対する疑問は本書も共有する。だが、フランスかスコットランドかといういわば「種本」探しの問題であれば、「啓蒙」を「エンライトンメント」へ「あえて」変更する必要性は薄いように思われる。

(35) 漢語の「啓蒙」とenlightenmentとの語感の違いについては、最近では中国語圏の学者も意識的である。許苏民「為〝啓蒙〟正名」(『読書』、二〇〇八年―十二期)、七九頁。また日本語圏においては菅原光が「彼らの自己認識という面から考えても、彼らの読書体験という面から考えても、彼らの思想をあえて「啓蒙」という言葉で捉える必然性はない」とするが、全く同感である(菅原光『西周の政治思想――規律・功利・信』、ぺりかん社、二〇〇九年、九頁)。

(36) 高坂正顕編『明治文化史四　思想言論』(新装版、原書房、一九八〇年〔旧版一九五五年〕)、一三七頁。同書は『明治思想史』と改題され『高坂正顕著作集』第七巻(理想社、一九六九年)に、また『京都哲学撰書』第一巻(燈影舎、一九九九年)にも所収。

(37) 同上書、六四頁。

(38) 大久保利謙「文明開化」(『岩波講座日本歴史　近代二』〔岩波書店、一九六二年〕、後に大久保、前掲『明六社』所収、引用は後者から)、二七五頁。

(39) 鹿野政直『近代日本思想案内』(岩波文庫、一九九九年)、三九頁。

(40) 松澤弘陽『日本政治思想史』(放送大学教育振興会、一九八九年)、二二頁。

(41) 中野目徹「解説」(山室信一・中野目徹『明六雑誌』上巻、岩波文庫、一九九九年)、四六七頁。

（42）同上書、四六七―四六八頁。
（43）同上書、四六八頁。
（44）同上書、四六九頁。
（45）こうした研究視角は、例えば、「ナショナリズムと文明とは、当時の日本人がはじめて体験しつつあった歴史の内実」であった、とする特定の「明治維新」研究の傾向とも呼応するように思われる。『神々の明治維新――神仏分離と廃仏毀釈』（岩波書店、一九七九年）、二〇五頁。
（46）「国体者何、理直之謂也。治内者理直、則域内之民、莫不服従。治外者理直、則域外之国、莫敢干犯（…）理直則名正言順。可以事神、可以治民、是之謂国体矣」（「審国体」『敬宇文集』吉川弘文館、一九〇三年、巻二、巻之三）。
（47）政治学者の川原次吉郎（一八九六―一九五九）は、『明治文化』誌上において「今日でこそ『国体』といふ言葉の意義は大体に於いて一定してをるようであるが、明治初年には必ずしもその用語が確定していなかった。その為めに、そのことを念頭に置かずに当時の記録を読み、今日の『国体』の意義通りにとると、とんでもない間違ひを起こすこととなる」と述べている。国体明徴問題のさなか一九三五年のことであった（『明治文化』）。川原は、山内容堂による慶応三年九月の建白中、「天下の万民と共に皇国数百年の国体を一変し」とあることを引きつつ、「明治になつてからも、『王政維新、国体変換』といふことがしきりに対句として使用された」と指摘する。ちなみに、川原の見るところ「今日〔一九三五年当時〕の如き国体の字義」を「比較的早く明快に認識し得た」のは金子堅太郎である。「国体は時世の変遷と共に変更するものなりとの説は、全く国体と政体を混同したるに起因するものなり。（…）我日本にて国体と称するものは我国特有の政治的名称にして、欧米諸国にて之と同一の意義を有するものなく…我国に於ても政体は時勢と共に変更せしことあり。即ち王朝の郡県制度より封建政治は変じたる実例是なり。然れども万世一系の皇統を以て寶祚を無窮に継承せらるる国体の如きは我日本の特有政治的原則にして、万世に渉り決して変更すべきものにあらざるなり」（佐々木高行宛意見書、明治十七年／一八八四年）。いわゆる「皇国史観」に見える「国体」観については、昆野伸幸『近代日本の国体論――「皇国史観」再考』（ぺりかん社、二〇〇八年）参照。
（48）「国体」の語の使用自体は既に『西洋事情』第二編にも見られる。
（49）『文明論之概略』巻之一（『福澤諭吉全集』第四巻、岩波書店、一九五九年）、二七頁。また、安西敏三『福澤諭吉と自由主義――個人・自治・国体』（慶應義塾大学出版会、二〇〇七年）、八三―八七頁。福澤が直接参照したのはミルの以下のような議論である。'A portion of mankind may be said to constitute a Nationality, if they are united among themselves by common sympathies, which do not exist between them and others—which make them co-operate with each other more willingly than with other people, desire to be under the same government, and desire that it should be government by themselves or a portion of themselves, exclusively. This feeling of nationality may have been generated by various causes. Sometimes it is the effect of identity of race and descent. Community of language, and community of religion, greatly contribute to it. Geographical limits are one of its causes. But the strongest of all is identity of political antecedents;…', (J. S. Mill, *Considerations on Representative Government* (1861), chap. 16, Of nationality, as connected with representative government). 人種や血統、言語や宗教、地理的な条件の共有よりも（そうしたものも条件の一つではあるものの）、政治的支配の持続にこそ nationality 形成の原理があるとするミルの議論を福澤は極めて正確に把握している。

（50）　前掲、『文明論之概略』、三〇頁。

（51）　同上書、三一頁。

（52）　同上書、二八頁。

（53）　ただし、中野目は、「『明六雑誌』といえば「啓蒙思想云々」「国民国家像云々」と論じられてきたことこそ、問題としなければならない」とも言う。その上で氏は、書誌学的分析に遡ることの重要性を強調し、実践する。妥当な指摘であり、その書誌学的知見には本書も多くを負う。中野目徹『書生と官員――明治思想史点景』（汲古書院、二〇〇二年）、二二頁。

（54）　丸山眞男『「文明論之概略」を読む（上）』（一九八六年）（『丸山眞男集』第十三巻、岩波書店、一九九六年）、一五二頁、一七八頁。

（55）　Nation ないし nationality の語義の確定が、そもそも容易ではない事情については、M. I. Finley, "The ancient Greeks and their Nation," *The Use and Abuse of History* (Chatto&Windus, 1975,) chap. 7 も参照。また、そもそも「国民」が「開国」以降の〈短い近代〉の産物にすぎないという「国民国家」論の前提が、強引にすぎるのである。渡辺浩の「いつから「国民」はいるのか――「日本」の場合」『UP』、二〇一〇年二月号。與那覇潤『翻訳の政治学――近代東アジア世界の形成と日琉関係の変容』（岩波書店、二〇〇九年）、序章参照。

（56）　The Rev. W. Lobscheid, *English and Chinese Dictionary* (Hong Kong, 1866).

(57) Benedict Anderson, *Imagined Communities: Reflections on the Origin and Spread of Nationalism* (London and New York, Verso, 2006 (1983))、ベネディクト・アンダーソン著、白石隆・白石さや訳『定本　想像の共同体』(図書新聞、二〇〇七年)、一四頁。

(58) Civilization でも事情は同様である。Civilization という語の系譜学については、松森奈津子「文明の系譜学——語義の継承と基準の変遷」(『国際関係・比較文化研究』第四巻第二号、二〇〇六年)参照。

(59) 明治八年(一八七五年)五月改訂の「明六社制規」第五条は、「通信員」の資格として「遠隔の地に在て厚く心を文化に用る人」とするが、ここでの「文化」は固有の生活様式の意ではあるまい。

(60) 苅部直『光の領国　和辻哲郎』(創文社、一九九五年)、九八—一〇一頁。また生松敬三「「文化」概念の哲学史」(『岩波講座哲学　十三　文化』岩波書店、一九六八年)、七三—九四頁。與那覇、前掲書、間章α、四。

(61) 中野目徹『政教社の研究』(思文閣出版、一九九三年)。ピーター・ノスコ著、M・W・スティール・小島康敬・星山京子訳『江戸社会と国学——原郷への回帰』(ぺりかん社、一九九九年)。

(62) 例えば植手は、「明治啓蒙思想家は、ほぼ共通の社会学的特徴をもちつつも、その中でも福沢ははるかに群を抜いている」とする(植手、前掲「明治啓蒙思想の形成とその脆弱性」、二五頁)。「近代日本の出発点を示す新たな思想として明治啓蒙を考え、思想家としてまず第一に福沢諭吉をあげ、思想家群として明六社同人を代表とすることは異論のないところである」とするのは石田一良編『日本思想史概論』(吉川弘文館、二〇〇一年、第二十二刷〔初版一九六三年〕)、二三五頁である。福澤の「思想構造が、明六社的啓蒙思想一般の特色を現している」とするのは岩井忠熊『日本近代思想の成立』(創元社、一九五九年)、七四頁。「明六社の中でもっとも重要と目されてきた人物は、言うまでもなく、福澤諭吉である」とするのは萩原隆「明治啓蒙思想の構造」(西田毅編『近代日本政治思想史』ナカニシヤ出版、一九九八年)、六七頁。もっとも「啓蒙思想」を「近代市民社会の精神」とし、その代表として福澤を捉えることは、両者を常に称賛の対象としてきたことを必ずしも意味するものではない。「啓蒙思想」をまさにその「近代市民社会」(この場合はブルジョワ社会の意でpejorativeにも用いられる)性それ自体の歴史的「限界」ゆえに克服の対象とする立場はあり得た。「近代市民の精神は(…)その思想確立のための最大の功労者、その精神内容の最高の表現者として福澤諭吉を挙げ、彼の思想を以て近代市民精神の最も典型的なる代表とすることには、恐らく異論の生ずる余地がないであらう」としつつも、「無産階級の味方となり得なかった」その階級的「意識」を問題にする家永三郎はその典型である（同『近代精神とその限界』角川書店、一九五五年、第四刷〔初版、一九五〇年〕、九頁、二〇四頁）。だが本書が問題にしたいのは「近代市民社会」の是非よりはむしろ、こうした研究視角が、福澤以外の『明六雑誌』寄稿者（植手の場合には西周や加藤弘之）に対する思想的な低評価（「福沢と比べてはるかに「群小」」〔植手〕）を伴っていたということのほうである。

（63）本山幸彦『明治思想の形成』（福村出版、一九六九年）、八二頁。

（64）「掲載一覧表」中野目徹・山室信一校注『明六雑誌』下巻、四一一―四二二頁。翻訳も一編に数えた。また「人生三宝説一―四」のように連載されたものはそれぞれ一編に数えた。

（65）水谷三公『江戸の役人事情――『よしの冊子』の世界』（ちくま新書、二〇〇〇年）。徳川政府においても実質的には能力本位の採用が行われていたとする指摘は多い。だが、ここで問題にしているのは原則である。また「目付」については水谷も認めるように、「門地のある人を目付にする」（『旧時諮問録』上巻〔岩波文庫、一九八六年〕、二三五頁）というのが大原則であり、加藤弘之が「大目付」になったのは、徳川政府の大原則がこの頃急速に崩れつつあったことの証左である。橋本佐内は、「其外天下有名遠識の士を御儒者と申名目にて陪臣大臣処士に拘らず選挙致し」と提案したという。『昨夢記事』第三巻（安政五年／一八五八年四月の項）（八尾書店、一八九六年）、三四二頁。

（66）中田喜万「近世武士と儒学「学校の政」の理念――秩序構想の中の学問所」（東京大学大学院法学政治学研究科博士論文〔未刊行〕、二〇〇四年）。笠谷和比古『江戸御留守居役――近世の外交官』（吉川弘文館、二〇〇〇年）。眞壁仁『徳川後期の学問と政治――昌平坂学問所儒者と幕末外交変容』（名古屋大学出版会、二〇〇七年）、松田宏一郎『江戸の知識から明治の政治へ』（ぺりかん社、二〇〇八年）、第一部第一章、第三章参照。

（67）加藤弘之『復刻　弘之自伝』（日本思想史資料叢刊之三、長陵書林、一九七九年）、四〇頁。

（68）この点、西自身がこの時期の自らの地位について「只今之処ニ而は小生等宦官たる（陰茎猶存）に過さる而已、毫もホリチーキに相関することなし」（慶応三年〔一八六七年〕四月二十六日津田真道宛書翰）としていることなどをもって、当初の期待に反した低いものと考えていたとする指摘もある（菅原、前掲『西周の政治思想』、二一一頁参照）。だが、むしろ注目するべきはそれに続けて「一年半之後令大君解洋書之道理如何、則為裨益不鮮、所謂先格君非之一歟、是所以吾之望於将来也」（同上）とも言うことであろう。ここで「格君非」とは、『孟子』・離婁上篇の「惟大人為能格君心之非」をふまえる。朱子によれば、「惟有大人之徳、則能格其君心之不正以帰於正、而国無不治矣」がその解である。「只今之処」は「宦官」のようでも、「一年半之後」には「君心之不正」を改め「正」に帰して見せるというのである。その自負するところの大きさを見るべきである。この意味では確かに西は、君主を「改正」せしめんとする正しき意味での philosophe であったわけである。菅原、前掲書がやはり自嘲の証拠として挙げるこの時期についての後の回想「飲酒の過度なりし故にて鬱々楽ます」（「西家譜略」）も、前後の脈絡を追えば、慶応三年（一八六七年）の八月以後、政治情勢の急速な悪化に伴い、慶喜が「全く洋書を廃し」て以後のことであることが分かる。彼の憂鬱の発するゆえんは、その地位というよりもむしろ、当初の抱負の実現をゆるさない周囲の政治情勢にこそあったのである。大久保利謙篇『西周全集』第三巻（宗高書房、一九六六年）、六六五頁および七六〇頁。

(69) 渡辺浩『近世日本社会と宋学』（東京大学出版会、一九八五年）、第一章。

(70) 徳川政府の性格規定については、石井良助の古典的な研究を参照。石井良助『天皇——統治の史的解明』（弘文堂、一九五〇年）、一五三—一五四頁。

(71) 注(24)大久保編、前掲書、四二五頁。また石田雄『明治政治思想史研究』（未來社、一九五四年）、二二一頁—二二三頁。

(72) 山下五樹『阪谷朗廬の世界』（日本文教出版、一九九五年）、一四五頁。阪谷は後に自らの「明六社」参加について「学語小児の態を倣ひ」と振り返っている。「新年会演説」『洋々社談』第十号、明治九年／一八七七年一月、三丁ォ（羽賀祥二監修復刻版〔ゆまに書房、二〇〇七年〕、一八九頁）。福澤に代わって社長に就任した森有礼はこの時、二十六歳である。

(73) こうした潮流を代表する先行研究としては、大月明「変革期における思想の形成——阪谷素の場合」（『人文研究』第十二巻第八号、第十三巻第七号、一九六一—六二年）、同「明治期における阪谷素の思想について——『明六雑誌』『洋々社談』からみた」（第十四巻第六号、一九六三年）。これらは『近世日本の儒学と洋学』（思文閣出版、一九八八年）、第四部に所収。小股憲明「阪谷素における伝統と啓蒙」（『季刊日本思想史』第二十六号、一九八三年）。松本三之介「儒学の展開と洋学の受容——阪谷素の場合」（『日本近代思想大系十　学問と知識人』、岩波書店、一九八八年）。

(74) 無論、ここで「正統教学」とは、それなしには統治権力の正当性が担保できないような資源として存在している教説である。渡辺、前掲書特に第一章参照。

(75) 明治文化研究会編『明治文化全集』第八巻、風俗篇（日本評論社、一九六八年）、一六一頁。

(76) 齋藤希史『漢文脈と近代日本——もう一つのことばの世界』（日本放送出版協会、二〇〇七年）、第二章参照。

(77)『明治文化全集』第八巻、風俗篇、一六二頁。
(78) 同上書、九二頁。
(79)「西洋─中国」複合体験としての「近代」的現象の一つの表れである。松沢弘陽『近代日本の形成と西洋経験』（岩波書店、一九九三年）、六九─七二頁。例えば、成田山書道美術館監修『近代文人のいとなみ』（淡交社、二〇〇六年）はこうした文人たちの世界を鮮やかに示す。張偉雄『文人外交官の明治日本──中国初代駐日公使団の異文化体験』（柏書房、一九九九年）、五一─六九頁。陳捷『明治前期日中学術交流の研究──清国駐日公使館の文化活動』（汲古書院、二〇〇三年）参照。
(80) 田口卯吉「体育論」（『鼎軒田口卯吉全集』第八巻、吉川弘文館、一九九〇年）、一七九頁。
(81)「明治初期文学界」（昭和八年（一九三三年））（『露伴全集』第十八巻、岩波書店、一九四九年）、二九三頁。ちなみにここでいう「明治初期」とは「およそ同二十年頃までの事」である。
(82) 同上書、二九三─二九四頁。
(83) 同上書、二九四頁。
(84) こうした中で、「漢文脈」研究の画期となったのは、齋藤希史『漢文脈の近代──清末＝明治の文学圏』（名古屋大学出版会、二〇〇五年）である。また同、前掲『漢文脈と近代日本』参照。
(85) 坂田警軒他二人宛書翰、明治二年（一八六九年）十一月一日付。

第一章　公論――阪谷素の政治思想

第一節　『明六雑誌』体験

文人たちの〈共和国〉

文政五年（一八二二年）、備中岡山に生まれた阪谷が、六十歳で世を去ったのは、明治十四年（一八八一年）一月、東京でのことであった。遺骸は居宅からもほど近い谷中墓地に葬られた。(1) この谷中墓地を舞台にした、(2) 中根淑による幽霊たちの会話小説『天王寺大懺悔』（明治十九年／一八八六年）には、阪谷の幽霊も姿を見せる。中根は、阪谷の幽霊に次のように言わせている。

私も御承知の通り、古賀先生の塾に居た時から、人に知られ、詩文では中国辺でも、随分名を売った男でござつたが、先年すこし宗旨ちがいの明六社へ中間いりして、ちっとも知らぬ洋学を知つているふりをいたし、人の話を洋語で手帳に留めて置いて時々遣つた処が英語や独逸語がチャンポン打ちまぜになって居るとて人に笑われそれから余程値打ちを落としました。(3)

ここで「古賀先生」とは、古賀侗庵のこと。「塾」とは、その家塾久敬舎のことである。(4) 依田学海が短評を差し挟みながら進むこの小説の趣向は、中根の友人新保磐次(一村)による「解題」の言を借りれば次のようなものである。

その趣向は東京谷中天王寺の共同墓地に葬られし諸名士が、五重の塔に安置せられる毘沙門天王の前にて、娑婆にありし時の胡麻かしや素人おどしや見え坊や附け焼刃を懺悔する者にして、輓近有名なりし学者文人の裏面・弱点を素破ぬき、冷語・警句・口を衝いて出づ。(5)

幽霊として登場する「輓近有名なりし学者文人」は他に、玉乃世履、佐藤尚中、関雪江(書家)、巻菱譚(同上)、菊池容斎(画家)、川上冬涯(同上)など多数にわたる。なかでも存在感があるのは儒者や国学者たちである。永井荷風が『下谷叢話』でその事績を描いた鷲津毅堂、さらに芳野金陵、藤澤南海、小橋橘陰、江木鰐水、望月毅軒、横山由清といった人々が見える。(6) 幸田露伴が『五重塔』(明治二十四―二十五年/一八九一―九二年)で描いたその塔が、当時はまだ、高台にある谷中墓地には聳え立っていたはずである。

中根淑。号は香亭。沼津兵学校教授を経て、陸軍参謀局に勤め『兵要日本地理小誌』を著したことでも知られる。(7) 中根と阪谷は陸軍省時代に親交を結んだ友人同士であった。さらに鷲津毅堂も、阪谷が属していた旧雨社の同人であった。他にも、江木鰐水は久敬塾の同門である。巻菱譚は阪谷に書を教えていた。阪谷を介して中根が描き出そうとしたのは、その皮肉な筆致にもかかわらず、中根自身もその中に生きていたいわば〈文人共和国〉の追憶の光景である。彼らの交際は、またしばしば、国境をも越えた。

『普法戦記』で名高い清人王韜は、光緒五年(明治十二年/一八七九年)二月十七日(陽暦三月九日、以下カッコ内は陽暦)長崎に向けて出帆した。長崎、神戸、大坂、京都での短期間の滞在を経て、東京に着いたのは翌月三月二日(三月二十四日)のことであった。『扶桑遊記』には、王韜のおよそ三ヶ月にわたる東京滞在の間、彼と交際した文人たちの名が記されている。阪谷の名もある。五月二十七日（七月十六日）の記事である。

この日来りて会に預りて、初めて相い見ゆる者は、阪谷素、字は子絢たり。号は朗廬、山陽道、備中の国の人。即席に詩を贈りて云う。『槎《いかだ》に乗りて、波浪、黿鼉《げんだ》を走らす。漫に説く、帰心、空しきこと奈何せん。北地、従来貝錦《ばいきん》多し。東方は自ずからこれ棃渦《れいか》あり。龍蛇出没す、梅渓の筆、剣佩森厳たり、杜老の歌。丹酒、泉の如くして、魄磊を澆《そそ》ぐ。淹留《えんりゅう》（永くとどまる）して、しばらく対せ碩人《せきじん》の薖《か》（寛大なさま、詩経を受ける）』。余、韻に依りて、これに和して云う。『奔濤万里、長鼉に駕す。縹緲たる神州、遠きを奈何せん。文字蛮方、別派を開く。波瀾大海、旋渦あり。奇窮、あえて廃せんや天を憂うる思い。積憤消し難し、地を斫くの歌。千金を散尽して帰計を作す。此生、素志は槃薖にあり』[8]。

ここには阪谷の他にも様々な文人の名が記されている。案内役を務めた重野成斎、栗本鋤雲はもちろん、小野湖山、藤野海南、鷲津毅堂、岡鹿門（千仞）、亀谷省軒、鱸松塘、三島中洲、中村敬宇、川田甕江、森春濤等々。彼らもほぼ例外なく、詩宴を開いては、王韜と詩文を応酬している。共通の古典的教養を背景に、出身地の違いを越えて交際する個々人。ここで描かれているのもまた、同時代の政治的緊張や、知的なパラダイムの転換とはほぼ無関係に自足し、完結する文人たちの〈共和国〉である。

「異端」

阪谷は、こうした〈共和国〉の一員である。彼は儒者であり、漢学者であり[9]、文人であった[10]。彼がそう自認しただけではなく、世の人々にもそのように記憶されていたことは、彼の死後、明治二十六年（一八九三年）になって編まれた

『全集』の構成にも明瞭である。『全集』は、漢文の著作のみを収め、それぞれ「書」「論」「序」「引」「弁言」「記」「説」「読」「書後」「題」「跋」「賛」「銘」「戒」「紀伝」「碑碣墓表」「文」「雑著」「詩」に分けられている。ここには、漢文仮名交じりや候文で書かれた『明六雑誌』の論説はおろか、『洋々社談』『修身学社叢説』『東京学士会院雑誌』の論説、広島藩、左院へ向けた建白書等は収められていない。こうした事情は、『天王寺大懺悔』において阪谷を描く中根の、揶揄を交えたその筆致と、無論、対応している。自足し、完結した漢文脈の〈共和国〉の住人たちにとって、阪谷の越境——その象徴が明六社への参加と『明六雑誌』への投稿である——は、スキャンダルとまではいかなくても、皮肉と揶揄の対象ではあった。

『全集』において、例えば坂田警軒は、「集中の文字、邦俗の習用する所の訳辞を混ずることあるは雅馴を欠く者に似たり」という。それは何か。「自主自由の類のごときはこれなり」である。阪谷の後継者を任じ、『全集』の編者となった坂田ですら弁解の必要を感じたのである（「これ先生自ら説ありてこれを用ゆ。読者その偶然の誤りに非ざるを諒とせよ」〔「例言」、『全集』二頁〕）。まして同時代の漢学者はより率直に違和感を表明している。重野成斎は、「晩年、往々にして泰西の訳語を以て文中に入る。人、あるいはその典雅を失うを病《うれ》う」（「重野成斎叙」『全集』、六頁）とする。また川田甕江は、阪谷の明六社参加について「世儒、異端と視る」（「川田甕江序」『全集』、一二頁）とする。[11] 阪谷の知的冒険と、その結果による自己変革——例えば、漢文における「自主自由」などの「泰西訳語」の多用——は、彼らにおいてまさに「異端」だったのである。[12]

「異端」視をも恐れずに参加した明六社への参加と『明六雑誌』への投稿は、では、喝采をもって迎えられたのだろうか。そうではなかった。明治八年（一八七五年）五月二十日付『曙新聞』は、『明六雑誌』における「坂ちゃんの御芝居」についてその「不愉快の大評判」を伝える。

世間大評判の明六芝居へ折々せり出す坂印、一幕ならず幾幕でも出る度毎《たびごと》の長せりふ、御まけに可笑しなチンプンカンプン独逸か英か和漢蘭《わから》ねどももうよい加減に引込まれよ、今日の雑誌は慥《たし》か三十六号目（「天降説（二）」のことであろう）覗いて見れば相も替らぬ坂ちゃんの長口上、アー聞きあきた聞きあきたほんにいやみな役者かな、成程《なるほど》御当人は自惚れて言いたいままにしゃべくらば追々御修業が御上達今に見出もありましょうが何分今の処では一幕見切るに両三度茶屋へ下がって休息せんけりゃ中々見物仕切れない、兎角《とかく》坂ちゃんの御芝居は不愉快の大評判《ウソデナイ》、一声聴けばあくび三度三声聴けば頭痛がしてあげくの果に眠くなる。(13)

確かに、阪谷の演説は聞きづらかったようである。「歯は壮年のころより痛みつめて無なり、言も明白に申し難」（「民選議院変則論」『明六雑誌』第二十七号）(14)と彼自身認めるところである。また、西洋語についても、「ただし洋書は読ませぬから、語のまわり違い、偏《かた》こと交りは御宥恕下されませ」（同上）と、その不案内を自認する。さらに、自らの論説や演説についての以上のような「不愉快の大評判」は、彼自身の耳にも届いていた。(15)

にもかかわらず、彼はひるまなかった。「例の歯脱の阪印めが、また天から垂れし古ふんどしのごとき説を引き出したぞ、気でも狂ひはせぬかと笑われるか、心配掛るか」（「尊王攘夷説」第四十三号）と、自らの評判を演説の枕にする余裕まで見せた。既に述べたように、彼は『明六雑誌』の最終号に至るまで、旺盛に執筆し、演説したのである。『明六雑誌』に参加するにあたって抱懐していた「欧漢一致」（「質疑一則」『明六雑誌』第十号）の確信が、最後まで揺らぐことがなかったのも既に見たとおりである。

歯も抜け落ちた老儒者が、新進気鋭の洋学者に立ち交じり、不案内な洋語を用いて演説するさまは、どこか滑稽味を帯びたものであったことだろう。(16)だが、彼は周囲からはどんなに揶揄され冷笑されようが、自らの信じるところを行ったのである。自身の言葉に忠実に、「胸中城府を設け」（『宋史』傅堯兪伝）ることなく、「偏見自重」することなく

（「質疑一則」『明六雑誌』第十号）、周囲の空気に阿諛、迎合——彼が最も嫌ったのは「諂諛《てんゆ》」であった——することなく活発に思考し、議論したのである。阪谷とはそのような人物であった。

『明六雑誌』はそれほどまでに魅力的な存在であった、と言うこともできよう。一人の儒者を、周囲の「異端」視も、「不愉快の大評判」も顧みずに突き動かすものが、この雑誌にはあったのである。阪谷にとって『明六雑誌』が何であったのか。以下では、この問題を、彼の思考と人生の軌跡に即して考えていく。おそらく、それは『明六雑誌』とは何であったのかを考えるにあたっても重要だからである。

第二節　「探奇」の時代

生い立ち

阪谷素は、文政五年（一八二二年）、備中国川上郡日里村（現岡山県井原市美星町）に生まれた。幼名は、素三郎、後に希八郎。名は素。字は子絢。朗廬はその号である。明治の世に大蔵大臣、東京市長を歴任することになる阪谷芳郎はその四男である。父は阪田良哉。母は政。(17) 生家は、元々酒造を営んでいたが、父良哉は、文化八年（一八一一年）に家業を弟に譲り、領主戸川氏の下僚として勤務することになった。文政十年（一八二七年）、代官手代の職にあった良哉は、勤務先の大坂に妻と我が子を呼び寄せた。

この大坂で阪谷は学問を開始する。最初に師事したのは、篠崎小竹に学んだ奥野小山という儒者であったが、阪谷は「遅鈍」を理由に、その塾を破門されてしまう。確かに幼少時の彼は、「少しぼんやりとして居った人」だったという。(18) 他方、安定した家業を弟に譲ってまで、代官手代の職に就いた父良哉の上昇志向は強かったものと思われる。小山の塾を破門された後も、良哉は手を尽くし、彼を大塩中斎の洗心洞に通わせる手はずを整えている。教育熱心な父親に期待されて育ったのである。とはいえ子供にとっては、慣れない異国の地で、父親の期待を一身に受けつつ学習を進めることは容易ではなかった。父の期待が、この「少しぼんやり」とした少年を、徐々に追い詰めていったようにも見える。後年、自分も子供を育てることになった彼は、次のように当時を振り返っている。

この男（次男昌蔵を指す）一種の癇癖あり、とかく人前に出るを厭う。毎夜、雪隠にゆくおよそ一時近くおる。手水鉢の水、三、四度かえる。一度、手を洗に、小手水鉢なれば一杯で不足、甚き時は、塩にて手をするを毎々見掛る。愚になきゆえ、人前で目立程は不致候。小子、十一、二の時、この様の癖あり。十三頃より精谿翁塾に入、丸でやんだり。(19)

「ぼんやり」としているようで、どこか神経質なこの少年の「癇癖」は、彼が、天保三年（一八三二年）、父良哉の江戸転勤とともに、大坂の洗心洞を離れ(20)、父の親友で親族でもある昌谷精谿の塾に入門することでぴたりとやんだのである。大塩は既に思うところあってか彼を引きとめたという。大塩が彼の信じる「良知」に循い蹶起する四年ほど前のこと、また福澤が大坂に生を受ける直前のことであった。彼の学業がにわかに進展していったのもこのころからだったという。

天保九年（一八三八年）、彼は、精谿もかつて師事していた古賀侗庵の久敬舎に進んだ。史料的な制約により、阪谷が、この時期、侗庵から受けた知的影響を正確に計ることは難しい。だが、昌平坂学問所の「御儒者」でもあった侗庵の塾が、当時、最高度の知的水準を維持していたことは確かである。全国から俊秀が集結し、活発に学問し、討論を繰り広げていた。またそこは、清朝考証学、さらには西洋世界の学術についての最新の情報が集積する拠点でもあった。(21)こうした環境で学問的な研鑽を積んだことが、彼が明六社へ参加し、活発な執筆や討論を行うことの前提には、おそらくあったのである。この時期の彼は、後にあらわれるような政治の秩序に対する旺盛な関心を表明することは少ない。彼が愛したのは旅であり、詩であった。

遊記と探奇

久敬舎に在籍中（天保九年―弘化四年／一八三八―四七年、阪谷十七歳から二十六歳）、阪谷は三度大きな旅行に出ている。目的地は一回目は北陸、二回目は鎌倉、三回目は東北である。その旅は、「行状」によれば、「名山大沢問わざるなく、名士の門、叩かざるなし、問へば必、記あり。叩けば必、詩あり」というものであった。その言葉どおり、この旅には、それぞれ『北遊放情』『偸間小記』『東遊雑録』と銘打たれた遊記が伴っている。

阪谷に限らずこの時期の知識人たちは、「烟霞客」として各地に旅行し、その経験を紀行、遊紀として、多くは流暢な漢文を用いて、盛んに書き残していた(22)。この種の営みは、旅先の様々な景観を漢文の語彙に取り込むことを通した、「風景」の発見でもあった(23)。彼らは発見した「風景」を互いに享受し、そのことを通して想像上で共通の「風景」に遊ぶことができた(24)。例えば耶馬渓や月瀬は、当時の知識人たちの想像の「風景」共同体の巡礼の中心であったのである。阪谷も、自身の「煙霞癖」（「赤城山中宿場之沢夜与田赤二子分韻」『全集』、五二五頁）を隠していない(25)。彼らの旅行は、未知の秘境を求めてする「探険」でも、受動的な消費行動としての「観光」でもなかった。それは、そこにただ存在する物理的な自然を、漢文によって「見立て」、新たに「風景」として発見する創作の旅なのであった。

耶馬渓の景観を頼山陽の文によって、月瀬の光景を斎藤拙堂の文によって、それぞれ典型的に、代表させる志賀重昂の『日本風景論』（初版明治二十七年／一八九四年）には、帝釈峡について阪谷の七言古詩が引用されている。

> 於戯《ああ》奇なるかな、鬼橋奇なり。鬼か神かはた化児か。海内の異観、一掃に帰し、天台の石梁もまた徒為なり。吟客夜投ず帝釈の窟、大巘《たいけん》夢を圧し、夢纔《わず》かに支う。暁霧攀《のぼ》り入る急峡の際、怪幛《かいしょう》危巒《きらん》翠囲《すいい》を貫く。石門重

ねて開き雲呑吐し、波角は牽掣し倒しまに枝を垂る。忽《たちまち》ち看る大壑中に否塞《ひそく》あるを、飛来長流何処《いずく》にかえかん。寧《いずくん》ぞ知らん空際山脈に通じ、百丈千尋の谿を横跨せんとは。万古不撓、穹隆の勢い、雲根夭矯《ようきょう》として蟠螭《はんち》（わだかまっているみづち）逸る。上に老樹を生じ欄楯となし、牛馬来往して坦夷なるに似たり。下は大月の溟《めい》渤《ぼつ》（大海原）に生ずるが如くして、水は蕩じ、仙氛《せんふん》相争いて馳す。たとい霖潦《りんりょう》（長雨）山を漂わせるに至るあるも、洞然として流れ去りて屹として移らず。疑うらくは他《か》の老蚪《ろうと》の奔駃《ほんいつ》し、山に触れて死し、鱗甲石と化して絶離せざるかと。またた疑うらくは天半の長虹、谷に飲するの夕、霊淑固結、凝して虧けざるかと。しからずんば太古に橋梁を架するの始、真宰民をして巧思を運らしめしならん。萍梗《へいこう》かつて東方に勝を捜す、金洞庚申、指を屈して推す。知らず絶奇は目睫に在り、一條圧倒す、万嶔巇《ばんきんき》、語を天下の烟霞客に寄す。公論にしてこれ我れ私を言うにあらず。晃嶽に攀らずんば美を談ずるなかれ、鬼橋を渡らずんば奇を説くなかれ。（「鬼橋」『全集』、七四〇―七四一頁）(26)

長さ約二十キロメートルにわたる石灰岩台地の浸食によって生じた、断崖絶壁からなるこの峡谷の美を最も適切に表現したものとして志賀は、阪谷の漢文を引用したのである。後述するように、そのように感じる志賀の美意識自体が、おそらくむしろ阪谷や山陽、拙堂によってつくられたそれをなぞっているにすぎないと考えるべきであろう。

このような事情がよく分かる例としては、彼が「発見」した「風景」として最も著名な「天龍峡」があろう。「天龍峡」とは、天竜川の中流、飯田市伊那谷の上流に位置する渓谷である。阪谷がこの渓谷を旅行したのは、弘化四年（一八四七年）のことであった。当時阪谷二十六歳、師侗庵の死後、その遺稿を整理して帰郷する途中に立ち寄ったのである。その際に著した『遊天龍峡記』には「峡名はいまだ定まらず、余は以為《おもえ》らく川すでに天龍と名づく、盛称比なし、別に峡名を撰ぶを用いず。かつ峡の魁奇、彼《か》の如きは、何ぞ川の峡に由りて名を得て、その本を失うにあらざるを知らんや。因りて定めて天龍峡と称す」（『全集』、二八一頁）とある。

もちろん、彼が「天龍峡」と命名する以前から、天竜川では川下りが名物になっていた。川下りに伴う景観の見事さも当然に知られていたであろう。(27) だが、当時単に、「ホツキ」と呼ばれていたこの場所を、阪谷が「天龍峡」と名づけ、見事な漢文によって表現したことの効果は絶大であった。(28) 彼がこの遊記を公表したのは明治に入ってからのことであったが、その後、数多くの文人墨客がこの場所を訪れることになった。(29) その中には例えば和辻哲郎もいた。和辻が大正十一年（一九二二年）に『思想』に掲載した「天竜川を下る」には、その際の印象が次のように語られている。

巨岩の多い地方のこととて、自動車の走り込んだ広い林の中に、どんな名工の庭園にも見られまいと思うほど巧妙な布置をもってさまざまの巨岩が置かれている。「人工的な庭園の美しさ」をこれほど完成したような自然の森林は、自分もかつて見たことがない。(30)

「自然の森林」それ自体の美しさを享受するはずの場所で、「巧妙な布置」を持った様々な「巨岩」の印象に「人工的な庭園の美しさ」を見出してしまうというのである。この既視感にも似た奇妙な感覚は、和辻の内面や天龍峡の自然それ自体に由来するのでは、おそらくは、ない。阪谷は『遊天龍峡記』の中で次のように言う。

岸はますます高くして、巌はますます偉なり、峡勢はまたますます逼仄す。緑樹横生し、雑うるに松竹を以てす、鬛鬖《らんさん》（髪の長いさま）影を水中に倒《さかしまに》し、水は受けてこれを蕩す。潭《たん》（水際）となり、瀬となる、鞺鞳《とうとう》（つづみの音）として鼓奏す。水は碧く、岸は碧く、草樹もみな碧く、頭上を仰望すれば、天もまた蜿蜒《えんえん》（まがりくねったさま）として一碧流たり。時に躑躅《てきちょく》（つつじ）、は花盛に開き、満峡に乱点し、濃朱を著くるが如し。景として一も画《えが》くべからざるなきも、しかれども画もまた及ばざるものあり。たまたま老翁の巖下に漁するあり、斑白《はんぱく》（しらがまじり）傴僂《うる》（背が曲がっている）、また画図中の物なり。（『全集』、二八〇頁）

川下りの舟中、「仰望」する視点で描かれる文中に、「景無一不可画」「有画亦不及者」「図画中物也」など、「画」を引き合いに出した表現が頻出する。阪谷も、そこにある自然をありのままに感受しているのではない。和辻とは異なって、阪谷は作為的である。おそらく阪谷は、「人工的」な山水画を念頭に、わざと山水画の中の一場面に迷いこんでいるかのようにして自己と対象とを見ているのである。このような「見立て」による「風景」の「発見」こそが、当時の一般的な景観享受の作法だった。和辻が、この点を意識していたわけではないであろう。また阪谷の文章を読み、彼を意識していたということも考えにくい。だが、そうではなくても、阪谷による「風景」の発見と、それに続く文人墨客たちの「風景」享受の実践の蓄積とが、和辻に「人工的な庭園の美しさ」のような既視感を覚えさせたのではないか。

「画」という言葉に象徴される、「見立て」による「風景」発見への意識が、最も直截にうかがえるのは最初の遊記『北遊放情』である。天保十一年（一八四〇年）、二十歳の春、二月十五日（陽暦三月七日、以下カッコ内は陽暦）に劉門の先輩で、福井阿部家に儒官として赴く江木鰐水とともに江戸を出た阪谷は、熊谷、横川を経て二十四日（三月十六日）に善光寺に到着する。さらに北越新潟に入り三月六日（三月二十六日）に直江津、十四日（四月五日）には金沢に立ち寄っている。四月には自身も昔住んでいた大坂に入り、劉門の同輩安藤秋里の下に滞在した後、下旬には帰郷している。彼が旅の目的として挙げるのは「探奇」（『全集』、四六五頁）である。

無論、「遊記」が「奇」を求める旅であることも既に通念であった。柴野栗山は長久保赤水の『東奥紀行』の「序」（寛政四年／一七九二年）に「およそ記遊の文とは、巖洞の怪奇、雲烟の変幻、奇を好む者はみなよくこれを言う」と記す。(31)また、頼山陽も『耶馬渓記』では、「また渓東に沿う、いよいよ東なればいよいよ奇なり」と、斎藤拙堂も、「僕、隷輩にして山水の趣を解せざる者と雖も、みな、奇を連呼して声を絶やさず」とそれぞれ記している。新たな「風景」と出会い、その「風景」が感嘆に値する（つまり漢文で表現するに足る）ことを意味する、それはいわば符帳であった。(32)

だが、阪谷において「奇」はおそらく単なる形容詞や符牒にはとどまらない内容を持つものであった。

それは、例えば、「和歌者」流の「風景」享受の感覚とは鋭く対立するものであった。四月五日（五月二十五日）に訪れた和歌山和歌浦について阪谷は次のように描く。

和歌の浦は、一に玉津島と称す、また明光浦と称す。神亀中初めて天賞に奉ぜしより、勝名大いに震う。しかれども余を以てこれを観れば、その秀媚豊艶、実に倫《たぐい》まれなり。ただし、闓境、奇気に乏し。恐らくは竟《つい》に白俗（白居易の詩風のように平易通俗であるという意）の誚《そしり》を免れず。あに園庭を作る者は、往往にして摸擬し、遂に習見して然るを致すか。はた勝名累をなして、塵氛《じんうん》日にその霊を消すか。そもそも滄桑変あり、洲渚島嶼、状を古今に変ずるや。余いまだその孰《いづ》れがしかるかを断ぜざるなり。（「一日、和歌浦」『全集』、四九四頁）

和歌浦は、古来より和歌三神の一つとして信仰される玉津島神社を擁し、別名玉津島は歌枕でもある。阪谷は、その景観について、「秀媚豊艶」だが「奇気」に乏しいと評するのである。和歌浦の景観に失望した阪谷が、「最奇」なるものとして賞賛してやまないのは、例えば、根が浮き上がった「老松」が頭上高く林立する風景である。

地は若山城を距つること一里ばかりにして、老松道を夾み、砂色刷《は》くが如し。道傍往往にして古蹟あり。最も奇なる者は、古松百余章、蟠根地を抜き、高く頭上に出づ。状巨章魚の沙際に乱立するが如し。或ひと云う、大水

沙を穿ち以てしかるを致す、と。けだし信なり。（同上）

もっとも儒者が「松」を称揚するのは当然とも言える。松は、常緑樹であることにより、長寿、繁茂（「如松茂矣」『詩経』・小雅）、節操（「歳寒松柏」『論語』・子罕篇）を連想させるからである。だが、波打ち際に巨大な「章魚」（蛸）が乱立するかのごときありようを賞賛する阪谷に、そうした連想が働いていないのは明らかである。優美で穏やかな海沿いの景観ではなく、ごつごつした松の根が乱立する景観にこそ妥当するのが「奇」という美意識である。とはいえ、このような美意識が、劉門全体に共有されていたというわけではなかった。同門の安藤秋里は、この部分について「秀媚、艶にして倫《たぐ》い罕《ま》れなれば、則ち足れり。子絢、それ一人に備わるを求むることなかれ」（同上）と、「無求備於一人也」（『論語』・微子篇）を引いて、阪谷をたしなめている。これに対して、劉門でありながら、頼山陽の弟子でもあった江木鰐水は、「世間の名勝、多くは和歌者の目する所、ゆえに明媚の景多し。何ぞ吾輩文士磊落の胸を盪するに足らん」（同上）と阪谷の方に全面的に賛意を表している。[33] 旅に実際に同行した江木の方が、阪谷の見方に共感できたのは当然とも言えようが、阪谷より十二歳年上の江木が、「風景」の享受の作法について阪谷に影響を与えたという事情もあろう。いずれにせよ、「磊落」の「文士」にふさわしい美意識としての「奇」の感覚を、江木も共有していたのである。

阪谷の「奇」の感覚は、先行する同種の「遊紀」におけるそれとも微妙に異なるものであった。『北遊放情』のクライマックスの一つは、「北越七奇」についての見聞であるが、阪谷に先行すること八十年、先述の柴野栗山の「序」を引いた長久保赤水『東奥紀行』（寛政五年刊／一七九三年（旅行自体は宝暦十年／一七六〇年））も、「北越七奇」の見聞を記録している。「北越七奇」とは、赤水によれば、「臭水」（原油）「火井」（天然ガス）「八房梅」（一つの花から八つの実がなる梅）「三度栗」（年に三度なる栗）「逆竹」（逆さに枝の生える竹）「即身仏」「燃土」（石炭）である。[34] だが、赤水の「七奇」

への態度はおしなべて冷淡なものである。赤水は「臭水」や「火井」「燃土」については「奇」として一応の関心は示す（とはいえ「臭水」については実際には見ず、「奇中之奇」という伝聞を聞いて後悔するというにとどまる）ものの、親鸞の事績に由来するとされる「八房梅」「三度栗」「逆竹」については「浮屠氏の附会」、「即身仏」についても「何ぞ長《とこ》しなえに醜を遺すをなすや」とにべもない。ここには、無論、後年の『儒仏之弁』の著者としての「排仏」意識が反映してもいよう。むしろ赤水を感嘆させたのは、「逆竹」を見聞する途上で立ち寄った新発田で行われていた「養老の仁政」であった。赤水は次のように言う。

余を以てこれを観れば、なおこれより奇なる者あり。七奇は則ちこれに与らざるなり。それ養老の政、上古考うる所なし。周世期（百歳）の頤《イ》（恩典）あるも、いまだ七十の頤はあらず。その「養学、弐膳、時制の衣帛、杖国、朝を俟《ま》たず、事に与らざる」の如きは（どれも七十歳に関する『礼記』・王制篇、内則篇等の規定に基づく）、士大夫の老者を優するなり。漢の文（帝）の仁政、黎民を恵するとは、ただ時時、租税の半を免ずるのみ。いまだ歳歳、遍ねく食を七十以上の民に給するを聞かず。新発田侯の養老の仁政の如きは、則ち和漢の古今いまだかつてあらざるの事なり。何の奇かこれにしかんや。世人これを称せずして徒らに七奇を称す。仁を好む者は鮮《すくな》きかな。(35)

本当に「奇」と称すべきものは、疑わしくいかがわしい「七奇」などではない。それは現実に行われている「仁政」であるというのである。「奇」が指示するものにつき、常識を超えた（と見える）現象に代えて、道徳的な統治の実現を持ち出す赤水のレトリックの背後には、「仁政」が「奇」であるような現状に対するかなりあからさまな批判とともに、「奇」をどちらかと言えば軽薄な感情の発動とする意識も垣間見える。「奇」を好むものは多いが、「仁を好む者」は少ない（無論、『論語』・学而篇をふまえる）。表面的な「奇」に惑わされることのないように、という教訓とも読める。

親鸞にまつわる事跡など仏教系の伝説に由来すると思われる「奇」については、阪谷も赤水同様の態度を取る。「七奇」の一つに数えられることもある「繋ぎ榧」については、「七奇の説、概ねこの類、取るに足らざるのみ」（「二日、田上村西養寺」、四六七頁）と切って捨てる。代わりに阪谷が「奇」として賞賛するのは、例えば、二月十九日（三月十一日）に訪れた榛名山近傍の情景――「渓下に沿て、巌態はますます奇なり。直立する者、蟠踞する者、偃蹇《えんけん》俯伏する者、雲表《うんぴょう》に倒掛《とうけい》する者、碑に似て、屏に似て、仏に似て、雑器郡《（ママ）》獣に似る。名状すべからず」（「二月十九日」、四五二頁）――である。様々な形態を取る「巌態」が「奇」なのである。また三月四日（三月二十六日）には（結局行くことはなかったのだが）野積周辺の景観について聞いたところを次のように書き記す。

> 一僧と伴《つれだ》つ。自ら云う、七奇中の即身仏の寺に住す、と。因りて傍近の名勝を叩く。曰く。この間、風景の偉なる者、野積郷の裏浜となす。浜に二大岩窟あり。窟中おのおの塩竈あり、伝えて弥彦神の、始めて民を教えて塩を烹《に》るの処となす。今、潮汐、呑吐して、舟に非ざれば至るべからず。窟傍の怪巌奇礁、実に名状すべからず。ここを距てること半日程ばかりなり、と。余の心、動く。しかれども議合わず、遂に止む。（「三月四日」、四六九頁）

海沿いの「岩窟」の傍らにある「怪巌奇礁」の名状しがたい姿について聞かされ心が激しく動いたが、同行者との折り合いがつかず断念したというのである。想像において彼の心を激しく動かしたのは、僧が住持している寺にあるという「即身仏」ではなかった。それは海辺のごつごつとした岩石の姿の方だった。既に述べたように、「遊記」において「奇」という字を用いて感嘆を表すことそれ自体が珍しいのではない。ただ、彼は「奇」という字や「奇」的なるものへの執着を人一倍強く示していた。そのことは、例えば同記につき、「奇字奇句累出」（四九九頁）と記した江木鰐水の評にもうかがえる。そして彼の「奇」的なるものへの感覚は、優美な景観よりは、山や岩といったごつごつとした景観を好む美意識に連なっていた。

志賀重昂の『日本風景論』が、阪谷の詩句を引用していたのも、こうしてみればうなずけよう。『日本風景論』は、志賀によれば、日本列島の「気候、海流の多種多様なる事」「水蒸気の多量なる事」「火山岩の多々なる事」「流水の浸蝕激烈なる事」という四つの特色の中に、「日本風景の瀟洒、美、跌宕《てつとう》」(二四頁)を見出そうとするものであった。阪谷が描写した「鬼橋」は、「流水の浸蝕激烈なる事」の例として挙げられ、志賀が「跌宕」に見出そうとした美意識を代弁していたのである。さらに志賀は、このような景観を「奇」や「大」といった概念で評価してもいた(「想うに流水浸蝕の結果は、日本の景象に美、奇、大を添うもの(36)」)。

阪谷は特に、だが阪谷だけでなく、おそらくこの時期の漢詩人たちはおしなべて、ごつごつとした岩場や、そそり立つ絶壁が与える「奇」の感覚にとらわれていた(37)。志賀の『日本風景論』は、明らかに彼らの美意識を引き継いでいたのである(38)。彼ら漢詩人の「見立て」によって「発見」された「風景」とその「風景」を享受する美意識の集大成といった一面を、『日本風景論』は有していた(39)。

彼らの、外的自然に対する、極めて視覚的な関心(「画」)、さらに山や岩に対する「奇」という感覚を、十八世紀のイングランド知識人を捉えていた「ピクチャレスク(picturesque)」と「戦慄」(崇高)とをめぐる美意識の葛藤状況と対比することも、あるいは、できよう。「ピクチャレスク」とは、例えばその流行に大きく貢献したウィリアム・ギルピンによれば、「美」と「戦慄」との間に位置する。「美」が「自然のままで目に快い」ものであるのに対し、「ピクチャレスク」は「絵画に描かれることが可能な性質ゆえに快い」ものであるとされる。そして、この「ピクチャレスク」は、「滑らかさ」(smoothness)や「端正さ」(neatness)を特徴とする「美」とは異なり、「粗さ」(roughness)、「ごつごつとした性質」(ruggedness)を特徴とするのである(40)。この時期、イングランドの知識人は、自然の中に粗くごつごつとしたピクチャレスク、画になる風景を発見しつつあったのである。これに対し、エドマンド・バークが定式化し、「恐怖」の（ただしいくぶんか心地よい）情念を喚起するものとされる「戦慄」（sublime、「崇高」とも訳される）は、「大きさ」「曖昧さ」「無限さ」によって特徴づけられる。[41] そしてこの「戦慄」の感覚は、この時期、外的自然の代表としての山岳に対する人々の感覚の揺らぎの中に急速に浮上しようとしていた。ヨーロッパにおいて、山岳をどのように感覚するかという問題は必ずしも自明ではなかった。神が原初に創造した秩序が完全なものであるとするならば、地表には凹凸は存在しないことにもなろう（「世界卵」の理論）。その時、山岳は、神の秩序に反した醜い皺、あるいは過去の人間の罪の象徴であり、単なる恐怖の対象である。しかし、徐々に、単なる恐怖の対象としてではなく、積極的な興味の対象として、広大で、巨大な山岳が人々の視界に映じるようになってくる。その時、懐かれる感情を表現するにふさわしい概念として浮上したのが、「快」を伴った「恐怖」の感情たる「戦慄」であった。[42]「ピクチャレスク」は、外的な自然に対する視覚的な関心に規定されている点で「戦慄」と共通しつつも、見る視点として自己が安全な状態にあり、かつ見る者がそのことに自覚的であるという点でそれとは異なっている。逆に言えば、「戦慄」は見る視点としての自己が、外界の広漠さに飲み込まれていくような感覚、自己の頼りなさについての実感を、ぎりぎりのところで楽しむものと言えよう。

阪谷の「奇」なるものの感覚は、この点では、「戦慄」よりも「ピクチャレスク」の方に近いと言える。ごつごつとした岩石を遠くから、あるいは、想像上で鑑賞する時、阪谷は「奇」を感じる。しかし、同時に、刺激的な異臭とともに、地の裂け目から湧き出る実際の「臭水」に接した時、阪谷は思わず次のように書き記す。

宇宙万物は一陰陽、凝聚蝕激は神怪をなす。君見ずや阿曽の岳、浅間の山、山頭の焔煙は半天を蔽うを。また見ずや機器は西海より伝わり、よく陰火をして人体に撥せしむるを。この気の運転はもと窮まりなし、あたかも井水の到る処にあるが如し。畢竟端無し造化の機。奇もなし幻をなすもまた一時、天下ただ説く七奇の奇、知らず天下はもと奇なきを。(「一日、尼沢村、臭水油井」、四六六頁)

「阿曾の岳」、「浅間の山」、また「西海」の不思議な「機器」も、結局は「気」の「運転」にすぎない。阪谷は、「天下唯だ説く七奇の奇、知らず天下は本《も》と奇なきを」として、「奇」の存在そのものを否定してしまう。「不知天下本無奇(知らず天下は本と奇なきを)」とまで言い切ってしまうなら、「探奇」としての「遊記」という前提そのものが不要ということにもなろう。ここにはむしろ、自己をどこか不安にさせる不気味なものへの彼の動揺を読み取ることができよう。生活環境の変化に伴って消滅した神経質な部分が、一瞬、垣間見えるようである。それは例えば、十年後に同じ光景を見て清河八郎が懐いた印象とは明らかに異なる。[43] 清河はこの「臭水」について、「実に越後奇物のうちにも尤とも妙なる造化、奇をさぐる人必らず来り、一見すべき也」「我等常に臭水は人家の庭よりいづる誠に微細少の事と思いしに、案にたがい、高大無辺のつぼ、仰天の至なり」などとしつつも、同時に「国の益するの一重宝なる、徒らの奇物にあらず」「越後の七不思奇とて世に名高けれども、いづれも不用のものばかりなるに、臭水ばかりは世人の益となる、少からず。造化の功、謝するにあまりあるべし」[44] と言う。「臭水」の背景にある地球の不可思議な構造に賛嘆の声をあげつつも、「臭水」それ自体を評価する基準は「国の益」「世人の益」といった実利的なものであり、どこか冷静なのである。これに対し阪谷は、地の裂け目から異臭を放ちながら発火する水が湧き出すこの光景を、実利的な観点からはもちろん、自己と安全な距離を取った状態で享受される「奇」やピクチャレスクとしても、また、自然に飲み込まれる自己の感覚を恐怖感とともに楽しむ「戦慄」としても、受けとることができなかったのである。「天下唯説七奇奇、不知天下本無奇(天下ただ説く七奇の奇、知らず天下は本と奇なきを)」という一節の唐突さ——後述するように、旅を終え、生地に戻った阪谷の「奇」に対する態度は、むしろこちらを基調としたものになっていくのだが——は、そのことを端的に示している。

「ピクチャレスク」や「戦慄」、そして「奇」といったこうした美意識が、政治行動や、それを支える思想と全く無関係であるということは——無論、その結びつきは多様なものであり得るとしても——ないであろう。同じ遊記において阪谷は、「所謂王室家」的口吻を記してもいる。(45)

嗚呼《ああ》、承久の事、まことに臣子の言うに忍びざるの者あり。後鳥羽上皇の隠岐に幸《みゆき》し、石窟に因りて屋を縛し、纔《わずか》に風雨を庇い、十九年にして崩ず。それ陪臣を以て、逆《さか》しまに普天覆育の君を黜《ちゅつ》罰《ばつ》す。しかして九重の尊独り一のみならず、親《みず》から千里外の絶島に辱しめられ、刑徒と類をなす。天地の変、ここに至りて極まれり。しかして北条氏の滔天の悪も、またここに至りて極まれり。（「七日、長沢駅」、四七二頁）

芳野朝（南朝）への思慕と、北条氏への憎悪を表明することは、やはりこの時期の常套である。無論、彼の「奇」への傾きが、以上のような「尊王」的心情を通じて、「攘夷」的な行動へと結びつくことはあり得たであろう。山岳に対する「奇」や「大」といった美意識が、そのような美意識に沿って描写される風景の聖化を通じて、「国粋」主義と結びつき得ることは志賀の『日本風景論』に明らかである。阪谷も愛読していた谷文晁の『名山図譜』（文化二年／一八〇五年）の序で、佐藤一斎は「両間（天地の間）霊逸の気は、融合凝結して、その壊詭、奇崛、雄麗の状をなす。ここにおいてか山あり、偉人もまたその間に往往す。ゆえに偉人は必ず山を愛す」と説いている。(46)富士山が、「正気」の現れだと唱う藤田東湖の漢詩は、(47)当時のいわゆる志士の愛唱するところであった。「奇」の美意識は、「気」という概念を媒介に、行動者を支えるエトスともなり得たのである。(48)実際に、阪谷は旅の過程で、久坂玄幾、玄端、僧月性といった高名な「奇訣」と出会い、交流を深めてもいる。(49)

他方、この「奇」への関心が、吉田松陰に見えるように、同時代の西洋知識の吸収、つまり蘭学、洋学の学習へと向かうことも同様にあり得たであろう。[50] 久坂玄端は、吉田松陰の渡航未遂事件の報に接し、「聞汝奇男子、布衣為国憂（聞くならく汝、奇男子、布衣にして国のために憂う、と）」とその行為を称えている。[51]

「尊皇」的な心性に発する過激な政治行動と、「洋学」への関心に発する知的彷徨とは、この時期、いずれも「奇」という概念によって表象される側面を有していた。「奇」という概念は、この時、その後、大きく分かれることになる分岐を自らの内に蔵していたのである。だが、結局のところ、阪谷がどちらにも赴くことはなかった。彼は二十七歳になると旅をやめ、生まれ故郷に戻り、実に四十七歳になるまでの二十年間（ただ一回の例外を除き）そこを出ることはなかった。いかなる手段を通じてであれ、統治体制への反逆をも含む、権力掌握のゲームに、間接的にであれ、直接的にであれ、積極的にかかわろうとすることを政治的と呼ぶならば、そのような意味における政治的な旅が、日本列島において極めて一般的となったこの二十年間に――当初は偶然に、しかし、ある時点から極めて自覚的に――彼は一切、故郷を離れようとはしなかった。また、流入する西洋の知識を求めて、江戸、大坂や、長崎などの知的センターに赴くこともなかった。彼の旅を終わらせたのは、極めて偶然的な事情であった。個人的な事柄であった。人生の瑣事――だがそれは誰にとっても重要である――であった。母の病とそれに引き続く死がそれである。彼の旅の季節が終わったのは、嘉永元年（一八四八年）のことであった。この年、あたかも阪谷と入れ違うかのように、既に蘭学に親しみつつあった当時十七歳の中村敬輔（敬宇）が、その関心をひた隠しにしつつ、昌平坂学問所に入学した。森有礼は数えで二歳の幼児にすぎなかった。翌年には、当時二十歳の西修亮（周）が、やはり阪谷と入れ違うようにして、大坂遊学の途についている。その年、津田真一郎（真道）は、同じく二十歳で江戸に向かった。晩学の福澤は、豊前中津で猛然と「漢学者の前座ぐらい」にはなれるほどの研鑽を積もうとしていた。福澤当時十五歳、窮屈な（と彼の目にはうつった）中津を飛び出すまであと六年である。目を海外に転ずれば、一八四八年のこの年、フランスでは二月革命を経てルイ・ナポレオンが大統領に就任し、前年の六月にはオランダ船が、イギリス船の来日計画を報ずる風説書を公儀に提出している。阪谷が旅をやめたこの年、むしろ、多くの旅の季節が始まろうとしていたのである。

第三節　「天」の再生

旅の終わり

阪谷の旅の終わりについて、息子芳郎による「行状」は次のように述べる。

明年(52)、四タビ、東遊修学せんと欲す。また、竊《ひそか》に洋学を研究するの志あり。行て大坂に至る。妣《ひ》、中風に罹り危篤なるに会す。先生、報を得、倉皇、家に帰る。此後、家事の拘繫する所となり、遂に志を果すを得ず、老年に及ぶまで話次、この事に及ぶ。常に甚、遺恨とせり(53)。

四回目の旅の目的地は大坂であった。「洋学を研究するの志」を懐いてのことである。そのまま大坂にとどまれば、旧知の緒方研堂の塾に赴く予定だったのか、一気に長崎まで向かう予定だったのか、あるいは、京都に向かうことになったのか、ともかく様々な可能性があり得た。母の脳卒中の知らせが、それらの可能性を一挙に失わせることになった。無念だったであろう。後になって「小子天稟の鈍才を以て田舎に居る久しくして、時勢と洋学において見聞するところなし」（「尊王攘夷説」、第四十三号）と回想するが、もちろん本意ではなかったのである。だが、十六歳で父を亡くした阪谷にとって、母親は重要な存在であった。阪谷の母親に対する態度について同じく息子芳郎の回想「自分の見たる朗廬」は次のように伝える。

母親が日蓮宗が好きで、題目を唱えますものでありますから一緒に題目を唱えて母親を喜ばせ、時としては頬冠りなどをして飛び廻わり、母親に年を取ったと云うことを覚らせないような挙動をして居りました。(54)

「頬冠り」をして、「飛び廻わり」、母親に年を覚らせないように振る舞うというのは、無論、『二十四孝』の老莱子の故事をふまえたものである。(55) 母親が倒れたのは、嘉永元年(一八四八年)、亡くなったのは嘉永六年(一八五三年)、この間、近国へ出かけることはあっても、大きな旅行に出かけることは絶えてなかった。「父母在、不遠遊、遊必有方」(『論語』・里仁篇)を、それ以前の放浪癖を改め、遵守したのであろう。また母親の没後には、「悲哀、これより酒を禁じ、三年の間、杯を手にせず」という態度で喪に服したと「行状」は伝えている。(56) 大好きな酒をやめ、(57) 喪に服したのである。(58) そもそも、「礼」の根幹にある「三年喪」を遵守すること自体が、江戸の社会にあっては普通の事柄ではない。(59) 少なくとも自らが儒者であることを、痛切に意識し、考えなければならない最大の機会の一つであったことは確かである。また、とりわけ阪谷にとってこれは大問題であった。というのも、かつて『北遊放情』の旅に同行した江木鰐水と、父の親友であり、彼自身も親交の深かった森田節斎とは、その師頼山陽の父の「喪」における態度をめぐって大論争を繰り広げたことがあったからである。

頼山陽没後九年目の天保十二年(一八四一年)に刊行された『山陽遺稿』の巻末には、江木の手になる「山陽先生行状」が付されていた。これに対し、三年後の弘化元年(一八四四年)、森田が「与江木晉戈論其所撰先師頼先生行状書」を発表し、江木の「行状」について全面的な論難を加えたのである。森田が問題視したのが、文化十三年(一八一六年)に没した父春水の喪における頼山陽の態度についての江木の叙述である。江木が「行状」に、「文政元年(一八一八年)戊寅二月、春水先生大祥忌、帰展于広島、喪除、遂游鎮西」(60) と記したことに対し、森田は次のように書く。

それ三年の喪は、古の制なり。後世、風俗澆漓し、古礼頽廃し、この間にありてこれを行う者絶えて希なり。先師独り流俗の中に奮して、卓然としてよく古礼を行う。春水先生の喪に居ること三年、その御せず、あえて酒肉せず、あえて宴会に赴かず、あえてみだりに言笑せざるは論なく、その操行の堅きや、人のあるいは矯情より出づるかと疑うに至る。しかれども僕はその後来、母婦人に奉養して、その歓心を尽すを以て、その喪に居るの情、必ず誠心に発して、矯情に出でざるを知るなり。たとい矯情に出るも、要はその大節、昭昭として明らかなり。あに書に備えてこれを伝えざるべけんや。今足下の状する所、「喪除」云々の数語を書するに過ぎざるのみ。それただ「喪除」と書く、人以為《おもえ》らく俗礼を行えりと。あにその古礼を行うを知らんや。これ僕の所謂大義の関するところ、書して詳らかならざる者なり。(61)

江木の書き方では、山陽が「流俗」に流され「俗礼」を行ったように読めてしまう。山陽が「三年の喪」という「古礼」を「卓然」として行ったことを書き漏らすのは「大義」にもとる、というのである。

頼山陽が実際に「三年の喪」に厳格に服したかどうかは定かではない。定かではないからこそ、江木の書き方は森田の非難したもののようになったのである。しかし、森田の議論が儒者にとって「礼」とは何かという問題を再び提起したことは疑いない。森田のこのやや強引な論難が、大きな反響を引き起こした背景の一つには、彼が提起した問題の普遍性――少なくとも江戸社会で儒者たらんとするものたちにとって――があろう。「天理」の現れとして、「人事」を規律するべき(「天理之節文、人事之儀則」)、あの崇高な「礼」を、科挙もないこの日本列島で、いかにして実践するべきなのか。多くの儒者たちが、迷い悩んできた問題で、それはあったのである。弘化二年(一八四五年)までは続いたこの論争を、しかも江木とも森田とも親交の深かった阪谷が知らなかったとは考えにくい。江戸の社会を生きる儒者たちに共通の問題として、さらに、彼の周辺で再度提起された問題として、阪谷は「三年の喪」と向き合うことになったであろう。(62) 彼がどの程度厳格に「三年の喪」を執り行ったのかは、やはり定かではない。だが、この喪の作業を通じて、彼が再びおよそ儒者たるとは、さらには善き人たるとはどうあるべきなのか、という極めて原理的な問題の前に立たされたことは確かである。喪が明けた後にも、長く彼が地元を離れようとしなかったことともそれはどこか関係があるように思われる。浮き足立つような「政治」の季節の中で、彼は一点にとどまり、人間はどうあるべきか、人と人との関係はどうあるべきか、そしてそれらの総和としての国家や天下はどのようなものであるべきか、といった諸問題について深く考えていくことになるのである。

「掲示」

安政元年(一八五四年)、母を失った翌年、江戸を離れて七年が経とうしていた。だが、阪谷は、母が没した後も、生地にとどまり続けた。その契機となったのが、この前年に学館が建設されたことと、その教授職への就任であった。後に興譲館と呼ばれることになるこの学館に、阪谷は明治元年(一八六八年)まで、基本的には、とどまりつづけることになる。

阪谷がこの学館で教授するにあたり指針として掲げたのは「白鹿洞(書院)掲示」であった。それは次のようなものである。

父子有親　君臣有義　夫婦有別　長幼有序　朋友有信
右五教之目
博学之　審問之　慎思之　明弁之　篤行之
右為学之序

言忠信行篤敬　懲忿窒欲　遷善改過
　右修身之要
正其義不謀其利　明其道不計其功
　右処事之要
己所不欲勿施於人　行有不得反求諸己
　右接物之要

科挙偏重の風潮に抗して、書院の意義を高唱せんとした朱子が、自らの書院に掲示するために撰したこの掲示は、無論、当時の東アジア世界にも既にあまねく知られていた。(63) 山崎闇斎、浅見絅斎といった崎門の学者たちは、この「掲示」を積極的に講じ、多くの注解を残している。(64) 昌平坂学問所出身の儒者たちは、就職先の各地の学校で、この「掲示」を「学則」として掲げることが多かった。(65) また、隣国備前岡山の池田家による閑谷学校も、この「掲示」を「講堂にかけ月の初ごとにこれを講せしめ」たという。(66)

その意味で、阪谷が学館の指針としてこの「掲示」を掲げたこと自体は、特段珍しいことであったとは言えない。だが、興譲館のみに際だった特徴として挙げられるのは、生徒たちに毎朝この「掲示」の斉唱を求めたことである(「家塾生徒に命じ、毎朝、必ず白鹿洞掲示を誦して、然る後におのおのその業に就かしむ」「白鹿洞掲示説」、二九三頁)。(67) それまでの「掲示」は、単に「学則」として「掲示」されるか、特定の機会にその意義が講ぜられるのが普通であった。阪谷自身は、だが、この「掲示」を講ずることはなかった。(68) その必要性を感じなかったのである。(69)

一句ごとの解釈や講釈を行わなかったことは、阪谷が、この「掲示」を単に初学者のための訓示として捉えていたことを意味しない。むしろ、学問の目的は、すべてこの「掲示」に極まるとさえ彼は考えていたのである。この「掲示」こそ、「宇宙間事物、千緒万端」にわたって妥当する教えなのであり、この「掲示」の外に「道」はなく、「教」はない。この「掲示」に外れたものはすべて「邪説暴行」にすぎない（「けだし宇宙間の事物、千緒万端、しかして掲示の外に道なし、掲示の外に教なし、苟くもこれに合わざるは、皆な邪説暴行なり」（同上））。阪谷は、断固として、そのように考える。後述するように、彼の政治構想は、ある時期からすべて、この「掲示」から導き出されるようになる。

では、どのような秩序構想がこの「掲示」から、引き出されたのか。また、「掲示」の「講義」ではなく、「斉唱」が重視されたことと、それはいかなる関係にあるのか。順を追って見ていく。

「献芹書」――「掲示」以前

「献芹書」は、帰郷後二年を経た嘉永四年（一八五一年）、一橋慶喜に対する上書である。この後、学館（興譲館）が、一橋家の所領（後月郡西江原村）に建設されることともそれはおそらく無縁ではない。とはいえ、この上書の最大の特徴は、後の議論に頻出する「掲示」への言及がないことである。学館に招聘される以前の思想をうかがうには格好のテクストと言えよう。全編の主題は、外国船の来航問題である。阪谷によれば、だが、外国船の来航はむしろチャンスである。

方今薄海《はっかい》（海内・天下）涵煦《かんく》（天子の恵みにひたされ暖められる）隆治し、兵革なきこと幾《ほとん》ど三百年。恬嬉愉逸《てんきゆいつ》、世を追て漸く風をなす。幸いにも封建の制、経緯相控え、いまだ遽かに潰乱するに至らずと雖も、綱維廃弛し、士民振わず、いまだその抵止する所を知るべからざるなり。近歳、夷舶の警、頗る人目を醒ますに足る。しかるに船来れば驚惶し、船去れば、依然として偸安《とうあん》惰気、滔滔としてかくの如し。何を以て長久の計を定めんや。ゆえに今日の憂うべき者は、夷に在らずして我に在り。某は則ちただ夷船の日に至りて、以て我が気を鼓動せざるを憂うるのみ。いやしくもよく我が無事の際をして、常に戒懼すること夷船の日に至るが如くせしむれば、則ち国家の事、まさになすべきなり。（『全集』、五―六頁）

「夷船の警」は「偸安惰気」の中にまどろむ「人目」を覚醒させる。阪谷は、「夷船の警」を、現実の対外的な脅威としてよりも、国内改革の起爆剤として捉える。「夷」よりも「我」が問題なのである。外界の状況より、自己の道徳的な状態への配慮を優先するべきである。その後の阪谷の思想にも強く見られる特徴である。具体的に必要な改革は、阪谷によれば、以下三点である。第一に教育政策（「文武」の振興）、第二に人事政策（「賞罰」）、第三に財政政策（「理財の術」）である。ただし、第一の「文武」の振興については、その重点は「文」よりも「武」にある。また「武」の重視も、次に見るように、結局は君主による人材抜擢という次元で議論される。

諫諍を褒め、讒佞を貶し、巧言令色して、我が欲に逢わんとする者は、少しも仮借せず、およそ事の人情に近からずして、国家に益なき者は、人を動かすに足るものありと雖も、必ず之を察してこれを舎てよ。しかるに小瑕末失を摘し、備われるを人に責むれば、則ち奇節の士、外飾に務めざる者は、身を容るる所無し。しかして小人、情を矯《た》め誉を徼《もと》むる者は、その細行を衒い、以て讒口《ざんこう》を逞しくするを得、徒らに忮忌告訐《しきこっけつ》し、局促窘陋《きょくそくきんろう》の風をなすのみ。ゆえにただ公平寛大、務めて文弱の惰気を懲らし、闔国をして剛正質直にして、礼義廉恥の教に帰せしむべきなり。（『全集』、七―八頁）

君主の欲に迎合して、巧言令色し、外貌を飾る「小人」を退け、「奇節の士」を登用する必要がある。そのためには「文弱の惰気」を取り除く必要があるというのである。「奇節の士」の登用の強調は、人的資源の活用という実践的な提言であるのみならず、阪谷にとっては、かつての「奇」への傾倒の秩序構想における残響であろう。

彼が最も筆を費やすのは「理財の術」についてである。[70]「財」こそが、「武備」を整え、「道」を行う際にも必要な基礎である。[71]また、「君子の理財」と「小人の理財」とを、阪谷は区別する。「君子」と「小人」の区別は、第一義的には、道徳的な区別である。と同時に、それらは経済活動を行う主体の区別でもある。「君子」とは「講武の士人」であり、「小人」とは「講利の市人」である。「小人の理財」とは、具体的には商人たちが、「利」を掲げて、「欲」を誘い、「罔寵利於一時」にすること、つまり短期的な利益を求め、「権謀術数」をもっぱらにすることである。こうした活動において、「士人」は「市人」に太刀打ちできない。[72]統治の場と市場とを厳密に区別すべきであると考える阪谷の具体的な批判は、統治が商人たちの融資に頼って行われていることへと向かう。商人の融資に頼ることは、主導「権」を彼らに手渡すこと、政治への彼らの介入を帰結する。「講利」の活動における、商人の有能さを正面から認め、国家の財政面での運営をむしろ商人に全面的に委託するべきだとする海保青陵などとは対照的に、[73]阪谷は統治機構から商人の影響力を排除することを提案する。商人に取り入ろうなどと考えず、彼らの真似をしないことが重要なのである。

「君子の理財」とは何か。『大学』に説くところの「財を生ずるには大道あり、これを生ずる者衆くして、これを食むもの寡く、これを為すもの疾《すみやか》にして、これを用うるもの舒《ゆるやか》なれば、則ち財は恒に足れり」（第十章）という財政原理に他ならない。阪谷がここから引き出す準則は、君主の「節倹」というものである。「私欲」を絶ち、商人による「便利の説」に惑わされるべきではない。[74]

阪谷にとって、外国船の来航と、商人の跋扈とは同列の問題であった。阪谷は、『孟子』告子下篇を引きつつ以下のように言う。

孟子曰く、入りては則ち法家・払士（朱注：「法度之世臣」と「輔弼之賢士」）無く、出でては則ち敵国外患無きは、国恒に亡ぶ、と。しからば則ち人君はただ法家払士無きを憂うるのみ。敵国外患は、まさに我が国家を守るの善物なり。今、夷舶商賈輩は敵国なり。（『全集』、一五頁）

「今夷舶商賈輩敵国也」。阪谷は戦争のいわば道徳的覚醒効果に強く期待する。「夷舶」や「商賈」とは、むしろ、「治平」において「惰気」を払うために必要な脅威なのである。[75]

「戦国割拠、今の世とは形勢、自ら別なり」と評者山田方谷が冷静に指摘するように（『全集』、一六頁割注）、戦争がもたらす社会的緊張が、諸々の問題をすべて解決するかのような主張には無理があろう。だが、ここには「軍国多事の際」に存在するぴんと張り詰めたような緊張状態を、統治者の道徳的覚醒の契機にしようという彼の基本的な意図がよく現れていると言える。外国船の来航に対する対応策を論ずる、こうした「海防」論は、無論、この時期、珍しいものではなかった。彼が教えを受けた古賀侗庵も、このジャンルについて当時の代表的な作品を著している（『海防憶測』）。また、統治体制の最大の問題が財政にあるという認識も、当時の知識人には広く共有されたものであり、やはり多くの提案がなされていた。侗庵も『理財論』を著しており、[76]「君子の理財」「小人の理財」の区別は、阪谷自身も認めるように、これに由来する。だが、侗庵の議論の特徴が、和漢の古典から最新の西洋に至るまでの膨大な情報にもとづいた、個々具体的な制度の提案にあるとすれば、阪谷のそれは、むしろそうした要素の不在において際だっているのである。[77]

「掲示上言」

個々具体的な制度論よりは、統治者や「人心」の道徳的覚醒こそが問題であるとする阪谷の基本姿勢は、「白鹿洞掲示」によっていわばその基軸を得ることになった。帰郷後二十年を経て慶応三年（一八六七年）に著された「掲示上言」では、議論の中心にあの「白鹿洞掲示」が据えられている。[78]「白鹿洞掲示」は「夷狄」（！）である「孔孟朱子」の手になるものである。冒頭、阪谷はそのように言う。「掲示」が「夷狄」の手になることは、だが、それが「万国の公道」たることを妨げない。むしろ、「我国の私」を捨て、あえて「夷狄」に「命」じて「万国の公道」を示させたことは、「天祖」の「公平」さを証明するものであろう。この時期、猖獗を極めていた国学的なイデオロギー暴露を逆手にとって、阪谷は議論を進めるのである。

> 天祖公平に、我国の私と不被為遊、夷狄の孔孟朱子に命じ、万国の公道を御示し被為遊候義にて、実に御託宣と奉存候、最是迄は、外国立入不申、混雑の義無之所、近来頻に立入候より、攘夷家もおのおの其長を取り、熟練仕候て、混雑の大弊を生じ、人心疑惑を生じ候、万人目当と致し候者無之ては、不相成事に相成候、天下の乱、悉く人々心の目当を失い候より生じ、可恐の至りに候。[79]

問題は「人心疑惑」にある。「天下の乱」は「人々心の目当《めあて》を失い候」より生ずるのである。そしてこの「心の目当」を担保するものこそ「白鹿洞掲示」である。理想の統治とは、結局のところ、この「掲示」を「御法度書」や「長崎絵踏」の代わりに、君主から下々のものに至るまでが「日誦」することによって実現する。[80]とりわけ、「開成所」で「横文字取扱候者」と、「洋兵調練」に参加する「歩卒」は、「掲示」を唱えるべきである。後述するように、阪谷は世界を「理」と「気」の二元論によって把握し、前者によって後者を統制するべきことを説いた。その際、西洋がもたらした「器物」は「気」の次元で把握された。西洋の知識を扱い、実践する学者や兵士が「掲示」によって「心の目当」を得ることは、「理」による「気」の統制の実現としての側面を持つのである。

開成所横文字取扱候者、此処目当の為め、洋学研究と心得候様、日誦可然候。最洋兵調練の義は、衣服起居、彼の風に致し候間、何の心得、何の目当も無之歩卒共、別て相となえ可然奉存候。其法、操練同勢相揃候節、教導官唱出し、一同同声に（白鹿洞掲示本文を）右の通り相誦、操練相済候節、再び同声相となえ終り、拝礼引退候得は、兵儀も粛然と仕り、日々相となえ候内には、いろは不存者も、掲示の文字は、不覚熟習仕り、又義理も日用の事故、追々相分り候。博学審問など申事は、五倫の外、諸芸皆如此わけに付、敗軍致候ても、己に反し求め候得は、士気たゆまず、戦法益精練、必勝の本と相成候。(81)

「掲示」を「日誦」することは、同時に、「士気」をも高める。「いろは」もおぼつかない兵士たちさえ、毎日毎日、繰り返し「掲示」を唱えることで、「掲示」の教えを知らず識らずの内に内面化していく。正しい軍隊こそ強い、という伝統的な議論の枠内で、阪谷は同時に、斉唱という行為がもたらす身体の規律化作用とその効果に着目するのである。

「掲示」とその斉唱を議論の主軸に据えた慶応三年（一八六七年）の「掲示上言」と、嘉永四年（一八五一年）の「献芹書」とは、それぞれその名宛人は異なるものの、どちらも制度よりは「人心」の問題に焦点が当てられている点では共通する。だが違いも大きい。

第一に、議論の焦点が、統治者（君主）の内面から、被治者の内面へと移行していることである。「掲示上言」において、「心の目当」を得ることが求められていたのは、統治補助者である兵士であり、学者であった。「人心」の統一が問題にされる時、そこでの対象は、統治補助者を含む被治者一般（「臣民」）であった。統治者たる君主の道徳的修養よりは、統治補助者を含む被治者一般の「人心」統一と、かかる目的を達成するための統治の技法に焦点を合わせていく。こうした議論は、無論、阪谷の独創ではない。それどころか、当時、大きな思想潮流をなしていた。なかでも絶大な影響力を振るっていたのは会澤安の『新論』（執筆文政八年／一八二五年、刊行安政四年／一八五七年）である。会澤は、西洋列強の富強を率直に承認しつつ、その原因を「人心」統合の実現に求めていた。西洋における「人心」統合は、会澤の見るところ、「異教」たるキリスト教によって実現している。「天祖」を中心として組織される「祭祀」の体系を、キリスト教の機能的代替物として再編し、「人心」の統合を実現する。[82]これが会澤の提言であった。阪谷もまた、会澤に独特なこの「天祖」なる概念を用いている。[83]そのプレゼンスは、『新論』におけるほど大きいものではないとはいえ、「祭祀」に代わり「掲示」の斉唱を中心にした「人心」統合の政治学を提唱するこの時期の阪谷は、会澤の立場に思いの外接近していたと言えよう。[84]「掲示」の斉唱というこのアイデアが、明治政府に取り入れられて、教育「勅語」の斉唱となったという息子芳郎の回想もその意味では全くの誤りではないのである。[85]

第二の特徴は、自らの提案の政治的中立性を彼が殊更に強調することである。

この義天下公平の義に付、誰が申出すの、または誰を賞する叱るのと申候義は、私に陥り候間、御すて置れ、唯々一刻も早く御取掛り被為遊度奉存候（…）天下献策上言多年如山有之候得共、本を失い候より、尊王攘夷、和戦開鎖、兵法戦略、英雄の大策、可用義も、みな枝葉に陥り候。[86]

「公平」を政治的な中立の意味で、「私」をいずれかの立場に与する議論として把握し、自らの議論をこの意味での「公」の次元に位置づける。こうした論法は、「掲示上言」に限らずこの時期の阪谷に共通するものである。「人心」統合の強調と、自らの議論の「公平」性の強調。嘉永四年の「献芹書」には見られなかったこの二つの要素は、何に由来するのか。一つには、この間、政治を考えるにあたっての様々な前提条件が大きく変化したことが挙げられよう。嘉永六年（一八五三年）にはペリーが来航し、翌安政元年（一八五四年）には日米和親条約が締結された。万延元年（一八六〇年）にはいわゆる桜田門外の変が出来した。それまで突き詰めては問題にされてこなかった江戸と京都との関係は、この時期、急速に焦点化し、先鋭的な問題として多くの人々に意識されるようになった。両者の関係が様々に解釈され、その解釈自体が、現実の力関係に影響し、さらに現実の力関係の変容が解釈に影響する。そうした過程が急速に進んだ。阪谷の議論は、こうした解釈と現実の相互作用を鋭く意識したものとなっていく。自身の議論の「公平」性の強調は、おそらくこの点にかかわっている。以上のような、阪谷の言論を取り囲む外的条件の変化と並行して、彼の内部にもある変化が生じていた。「掲示」に対する信仰の高まりが、無論、それである。そして、その背景には「天」に関する思考の深まりがあった。「人心」統合の強調は、主にこちらの点と関連している。まずは、この点を先に確認する。

天

学館で教授していく中で、彼が考え続けた原理的な問題の一つに「天」がある。「天」は人間にとっていかなる存在なのか。隠棲時代に書かれた「積善堂記」において彼は次のように言う。

余、かつて以為《おもえ》らく盛衰循環は常理なりと。人家の数世衰えざるもの美は則ち美なり。しかれどもあるいは一時の気運に僥倖してしかり、いまだその果して余慶たるを必せず。独りその盛にして衰え、衰えて傾覆せず、以て再び盛なるに至り、しかる後に祖先の積善の致す所たるを知るべきなり（…）或ひと曰く、これ即ちしかり。そもそも世に善をなして子孫のその慶を受けざるものあり、何ぞや、と。曰く、これ天と市をなし、報を旦夕に責むるの説なり。子もまたかの双六なるものを知るか。勝敗の決、ただ骰子《とうし》の采にあり。もし旦夕を以てこれを較せば、拙手は往々反りて勝を取る。しかれども巧拙の分、一定不動なるものにして、全勝を以て竟に巧手に帰するなり。積善なるものは、巧手なり。積不善なるものは、拙手なり。拙手の一時の勝を以て、巧手のなす能うなきを嘲る。双六一局すらかつ不可なり。いわんや天地の大、あに一、二人、一、二世の得喪を以てこれを概すべけんや。およそ天下の事、奇術なし。その本無くして福を致す者、みな拙手、僥倖の勝のみ。ゆえに君子のその間におけるや、これを度外に付して論ぜず。ただ理に循いてそのなすべきをなすのみ。(『全集』、二四三—二四四頁)

阪谷は、「天」の応報を「双六」の結果に喩える。この喩えは、善行が報われないのはなぜか。悪人が、時に、栄えるのはなぜか。こうした根本的な問題——それは人が道徳的に行為するのはなぜかという問題の系である——について、解答を試みるにあたり彼が設定した論理装置である。「天」を「双六」に喩える阪谷の意図は、だが、天の応報が、単に偶然にすぎないということにはなかった。

その含意は二つあった。一つは、「応報」に要する時間の問題である。阪谷の見るところ、「双六」における「骰子」の振り手には「巧手」と「拙手」とがあり、長期的に見るならば、必ず「巧手」が勝ちを収める。「天下」に「奇術」はない。「天」という「双六」において、「巧手」の勝ちが決するには人間の視点からは長大な時間を要するのである。二つには(論理的には一つ目と矛盾するのだが)、「善行」と「応報」とを結びつける思考自体への批判である。阪谷は、善と利益を市場における交換のモデルで捉えることを「与天為市(天と市を為す)」として戒める。

「天」に対する考え方を、阪谷が以上のような形で展開したのは、これが初めてではない。江戸遊学時代に書かれたと思われる「天論」も、「それ天もまた一双六なり、運動変遷の変を極め、しかしてその終に必ず一定不変、みな知らず知らずしてしかるにあらざるはなし」(『全集』、六六頁)と、ほぼ同様の比喩を用いた議論である。こちらは「与天為市」の批判に重点があるのが特徴である。

私意を挟み、天と市をなす。価を朝夕に責めて、験を一人一家に求む。しかるのち異端その隙を窺い、三世因果、高遠無実の説を以てこれを乱す。その言たるや、荒唐変幻にして、捉摸すべからず。これを要するに、みな人欲の私によりて以てこれを誘う。知者は詰することあたわず。愚者は出ることあたわず。天下の人、ことごとくその網羅する所となる。それまた悲しむべきなり。（『全集』、六六頁）

「与天為市」という態度の背景には「私欲」がある。そうした精神態度は、信仰を調達するために現世利益で誘導しようとする「異端」の介入を容易に許すであろう。これに対しては、動機の善し悪しを問わず、結果として悪がなされないであればよいではないかという帰結主義的な議論が当然想定される（「私欲によりてこれを誘うと雖も、これをして悪をなさしめざるは可なり」）。阪谷は次のように言う。

私欲によりて善をなす、善の必ずしも善ならず、しかして私欲の時に伸びざることあれば、則ち復た必ず悪に入るを知らず。これを始むるに法敵の称を以てし、これを終るに罪悪消滅の言を以てす。君父を弑するの端を啓く者、また必ずこの説なり。（『全集』、六六―六七頁）

たとえ動機は「私欲」であっても、結果が悪くなければよい、とは阪谷は考えない。善なる行為は、それが善であるがゆえになすべきなのである。とはいえ、義務論的な論法に終始するわけでは、やはりない。「私欲」に導かれた行為は、必ず、長期的には悪い結果をもたらすと阪谷は言う。ここでも「応報」の時間的なスパンの問題が顔を出すのである。

問題は、行為の道徳性の根拠について、阪谷が互いに矛盾するかもしれない二つの論法をもって答えているということではない。そうではなくて、この矛盾が、「天」が「人事」と関係するというまさにその事態のうちに内在する問題であることである。問題は、「天」とその構成要素としての「理」と「気」とに先送りされる。(87)

世にまた天を以て人事に関せずとなす者あり。これまた理気を弁ぜざるの過ちなり。それこの理の天地にあるや、正大溥博、充積無間。この気の天地にあるや、至健活動、流行無滞。理は気を行い、気は理を載せ、宇宙に洋溢し、古今に推蕩す。一物の微、その甄陶《けんとう》(器をつくるもの、天地が万物をつくることを喩えて言う)に出でざる者なきなり。(『全集』、六七頁)

「天」は「理」と「気」とからなっている。「理」と「気」とはこの宇宙に満ちていて、その活動はとどまることがない。当然、人間の運命もまた、この「理」と「気」との「自然」な現れとしてある。(88) 彼の「理気」論においてまず強調されているのは、「天」に対する基本的な信頼感であり、「天」と人間との根本的同一性の感覚である。

今、それ一指の痛、四体みな知る。人事の治乱、天、あに関せざることあらんや。関して関するの跡なく、神妙不測、一端を以て推すべからず。則ち所謂、知らず知らず、自然にしてしかる者なり。(『全集』、六七頁)

天地万物は、本来、一体である。人事も当然その例外ではない。「天」と「人」とは、つまり「理」と「気」を媒介にして一体なのである。こうした一体感こそが、義務論的でも、帰結主義的でもあるように見える道徳の根拠に関する議論の前提にはあった。宇宙的な一体感のうちに初めて、偶然は必然となり、利益と道徳とは一致するのである。神や仏を信じることはできない。だが、この宇宙に満ちる理と気の「感応」を彼は信じるのである(「信を神仏に致す、信を理気の感応あるに致すにしかざるなり」)。

ここで重要なのは、行動の指針として、「変」ある「気」より、「常」である「理」が重視されている点である。結局のところ、「循環」する「天運」の中で、人がなすべきは「ただ理に循《したが》いてそのなすべきをなすのみ」ということに尽きる。

こうした「理」への信頼と、先述した「奇」の意識とは、葛藤を含んだどこか折り合いの悪いものであろう。阪谷は、故郷での隠棲時代を通じて、徐々に「奇」を否定し、「理」の立場を強調するようになったと思われる。「天下之事、無奇術矣」(「積善堂記」)といった表現は、この時期の彼の著作にしばしば見られる(89)。

もちろん、以上のような「天」と、「理」や「気」に対する阪谷の基本的な見方や考え方は、多くの儒者が説いてきた、ある意味で常識的なものであった。また、「奇」の否定(「天下本無奇」)が、「探奇」時代の彼にも既に見えることは先述したとおりである。ただ、こうした考え方や見方は、母親の喪の作業を通じて、生地にとどまり、思索をめぐらしていく中で、彼によって再び確認され、思想としておそらくより深められたのである。「白鹿洞掲示」が触媒となって、それらは、彼が人間や社会や世界を考える際の基本的な思考態度となっていく。「探奇」の時代における「奇」への耽溺から、「掲示」との再会を通じた「理」の世界への開眼。この時期の彼の思想の軌跡は以上のようにまとめることができるだろう。

理と利欲

「掲示」と「天」を触媒として構想された阪谷における「理」の政治思想が、一つの完成を迎えるのは、文久二年(一八六二年)である。この年に書かれた「家塾生に示す書」の冒頭で阪谷は「理」と「気」との関係について次のように言う。

天地の間は理と気の二つで持しものなり。理は気の本となりて気を立て、気は理の臣となりて理を輔く、理は教となりて人の道を司どり、気は人の用となりて道のはたらきをなす。理は一つのみ。気は千にも万にも分る、なお君は一人にて臣は天下みな是なる如し。気千万に分れると、要するに運動の気と器物の形を成す気と二つなり。二つに分れて畢竟一つに帰し、みな理の用となるなり。しかし気は理の如く定りものでなし。ゆえに人用い方で薬が毒となり、利が害になるゆえ大切な器物は人を択んで用る如く理の教を慥《たしか》に立てねばならぬなり。(90)

阪谷は「理」を「君」に、「気」を「臣」に、それぞれ喩える。「君」である「理」が、「臣」である「気」を指導し、逆に「気」は「理」を「輔」ける。「理」は常に「一つのみ」であるが、「気」は大きく「運動」と「器物」との二つに分かれ、具体的には無限に異なった形を取って現れる。「気」は「利」にも「害」にもなり得る。それは「理の教」いかんによるのである。阪谷にとって、警戒するべきは、「気」の——「運動」あるいは「器物」としての——暴走であり、求めるべきは「理の教」の確立なのである。ここで阪谷は、存在の秩序と当為の秩序とを区別しない。よって、一君万臣というあるべき政治社会の秩序が、そのまま「理」と「気」とによってなる世界全体の存在の秩序でもある。ちなみに「一君万民」ならともかくも、「一君万臣」という政治社会像は、朱子学的とは言えない（むしろ徂徠に近い）。だが阪谷はそのように考えるからこそ、「臣」たる「気」の暴走が、直ちに、政治社会全体への脅威として把握されるのである。そのような観点から彼が警鐘を鳴らすのは、「洋学」である。

しかるに今の洋学をなす者、洋学の賊となり。洋学を破る者、理の讐となるは何事ぞや。それ洋学は窮理学と云なれど、これは洋人、理気の差別を知らぬ語を訳した語なり。理の教なればこれは大禁制の耶蘇にて磔になる者なり。今の洋学は気を窮むる学にて理の輔に用る道具ゆえ、上より御許になり、君父に事る道具に用ゆることな

り。(91)

「洋学」とは、「理」の学ではなく、「気」の学である。(92)「洋学」における「理の教」は、阪谷によれば、端的に「耶蘇」なのであり（「西洋には耶蘇と云ものを本に立ておるゆへ」）、それはそれで「わるくとも本が立おる」のである。「理の教」としての「耶蘇」が必要なのは、西洋が「気」の社会だからに他ならない。

西洋の風土全体、気に精にて理に暗き、漢土の理に勝て気に疎なると同じことと見えたり。そこで少々筋立様なれば何でもかでも信仰せしと見ゆ、国王の上に教主がすわることにて見るべし。その教え大抵の処、儒仏を含たと云風で空な処をほりたて附けあわせ、因果応報で愚民を嚇し後の福を求むと云、利欲より導き天が降生して人を救なぞと丸で天理を知らず、とつけも無きことを云て、天を釈迦の如くして君父を後にする余り辞と仕方のかわるのみ。(93)

「西洋」は「国王の上に教主がすわる」「信仰」の社会である。だが、その「信仰」は、実際には、「因果応報」や「後の福」〔死後の安心〕といった教説を用いて、「愚民」を「嚇」すことによってなり立っている。このような「信仰」に立脚する西洋社会は、阪谷によれば「利欲」社会でもある。

その天主耶蘇のことを大うその作りことがしれた事まで事々しく言い、奇々妙々あり難い事に馬鹿を並べ立て云処みな空なり、その空へ望を付る人心の利欲より立し君父ゆえつまりみな利欲になる。今日仏教の利欲より導きつまり利欲ばかりになると同じ類なり。その教で何か正直らしく云ても利にかかると自らその教に背き無理おしつけを云掛、他国を踏付に掛る処でそのわるき処が能くわかるなり。かくの如く儒仏合わしたもわざとせしに非ず。気に入込で理を知らず、一つで何もかも兼る様筋の立様にする便利の分別と見えたり。利欲より導く教に正理はなきもの、平生やわらかで利欲にかかると歯をむきだす猫宗と云ものなり。その云通りに地獄があるなら猫地獄もできるならん。憐むべき事なり(94)。

この「利欲」は、人々の死への不安や来世の期待といったものから、「他国を踏付に掛る」という際の現世利益をも含む。それは、「天を釈迦の如く」に利用することから生じる帰結のすべてを指している。それらは、結局すべて、「空」である。「空」なること(地獄や天国)を欲する「人心の利欲」から生じたものは、結局すべてが「利欲」にすぎないのである。

この世界、「人事」の世界を離れた「天」は存在しない。存在するように見えるのは「空」である。

人の外に天なし、人の外に鬼神なし。人は天の主、また神の主、人事の義治まれば天は別になにごとも御怒りなし。人がわるくては何程《なにほど》天や仏へ頼んでも諂になる、諂をいれる天はない。日用庸行の上で経験し、君父は眼前の天、その天を棄てて空なことはいらぬ者と云処に心付ぬと見えたり(95)。

「空」なる「天」ではなく、「日用備行の上で経験」する「眼前の天」こそが、従うべき「天」なのである。阪谷は、「洋学」を学んではならないと言うのではない。学ぶ必要がないと言うのでもない。「洋学は気の事に於ては無類の事」である。ただ、「洋学」をあくまで「気学」として取り入れることが必要であると言うのである。「理の教」は、別に立てる必要がある。

「西洋」の富強の源泉を、「信仰」による「天」の利用に見出した点で、また、そのような「天」の利用は、結局のところ、「人心の利欲」にもとづいていると見た点で、阪谷の分析は、やはり会澤安のそれと同じである。「西洋」に対抗するためには、同じように「人心」を統合することが必要であるとした点でも、阪谷と会澤は一致していよう。だが、会澤が儀礼の中で「天祖」と「天」とを混合し、結局は、「天」を利用しようとする姿勢を示したのに対し、阪谷はあくまで「天」の利用を廃する。「天」は、確かに、「眼前」の「君父」の支配を正当化する。だがそのことを強調すればするほど、「眼前」の「君父」が、正当化されるのは、「天」に従う限りにおいてであるということになろう。「君父」が従うべき「天」とは、無論、「白鹿洞掲示」である。

「家塾生に示す書」は、その題名が示すとおり、さしあたりは彼が教授していた学館の生徒にのみ向けられたものであった。だが、彼の学問的名声は高まりつつあった。そして同書が著された文久二年(一八六二年)とは、阪谷が長い沈潜の期間を経て、再び外の世界に関与を企て始めた年でもあった。ひとたび完成したかに見えた「理」の政治構想は、現実の挑戦を受けることになる。故郷に隠棲してから十四年の月日が経っていた。

第四節　「探索」と「政教分離の世」

劇場

文久二年九月初秋、阪谷は長旅に出る。阪谷四十二歳である。この時期の旅が、一般に、しばしば単なる物見遊山にはとどまらないことは既に述べた。それが十四年ぶりであり、文久二年であればなおさらであろう。一月には老中安藤信正が水戸浪士に襲撃された。二月には家茂と和宮の婚儀が挙行された。四月には島津久光が兵を率いて突如として京に入った。阪谷にとって、今回の旅は「探奇」ではもはやない。それは「探索」であった。文久二年の世情について、勝海舟は次のように回想している。

邦内の士大夫、大に激昂し、切歯扼腕、何れの侯伯を不論、自ら脱藩浮浪となり、あるいは其国の大夫を暗殺し、脱走潜伏する者、あるいは慷慨家、また撃剣者流、かつ浮浪の輩、時を得たりとし、京師並江戸に徘徊する者、その大数四、五千名に下らず。(96)

各地から「脱藩浮浪」した「士大夫」が京都や江戸に蟻集し、その数は「四、五千名」を下らなかったというのである。おそらく勝の視界には入っていなかったであろうが、この時、熱に浮かされたように旅に出たのは男たちだけではなかった。伊那谷の農家の主婦、松尾多勢子は文久二年の八月に日記に「秋風のそよくまにまに、思事のありてとみに都参りを思い立ちぬ」と記している。(97)武装する男たちが徘徊し、急速に「政治上の中心点」(竹越三叉)となりつつあった京都を、彼女は目指した。当時、五十一歳、彼女の生涯たった一度の大旅行であった。和歌を学び、平田派の国学にも親しむ過程で彼女の恋にも似た「禁裏様」への想いは、それほどまでに昂進していたのである。(98)

秩序が急速に溶解し、状況化していくありさまを「一大劇場」と評し、自らも「劇場中の一人」たらんと焦るものもいた。(99)阪谷の周囲にもいた。阪谷の塾で学んだ後、江戸に向かった宮原寿三郎である。阪谷宛の手紙には「実に一大劇場也。時に小生義此大劇場も久敷傍観罷在候、模様によれば小生も劇場中の一人に相成候哉とも存候」とある。(100)彼がそのために取った手段は黒鍬の「株式」を購入し、「幕吏」となることであった。

これにより小生近来は勉めて天下の一大劇場に注目し、まづ上文の策に一決仕候。小生今日鄙官の株式相求候は則ち西土の進士及第、西洋の「エキサーメンス」(試業の義：宮原註)の心得に御座候。銅臭の嘲のこれあり候べきなれども、本邦の制度の事ゆえ、致方無之候。(101)

「株式」の購入も、「西土の進士及第」「西洋の「エキサーメンス」」と同様、人材を登用するための「本邦の制度」である。宮原はそのように言う。口調がどこか言い訳がましいのは、その動機に、例えば松尾多勢子の場合などとは違って、不純なものがあるからであろう。彼にとって「幕府」への忠誠は、あくまで「一大劇場」で活躍するための手段という側面が強い。宮原は正直だったというべきであろう。例えば、既に翻訳方として公儀に雇われ、外交情報の枢機に接していた福澤もこの時期、緒方洪庵の夫人に「ドウじゃい、お前さん方は幕府に雇われて勤めているけれども、馬鹿々々しい止しなさい、それよりか上方に行って御覧。ソリャどうもいろいろ面白いことがあるぜ」と言われたという。[102]「いろいろ面白いこと」を求めて上方へ向かった人が、勝が回想する「四、五千人」の中にもかなりの数いたであろう。その意図や動機は、様々に異なっていても、この時期、多くの人が一度に、京都や江戸といった「政治上の中心点」（竹越）へと向かい始めたのである。

探索

阪谷が目指したのは、だが、京都ではなかった。江戸でもなかった。文久二年（一八六二年）九月に備中井原を出た阪谷が、広島、岩国、徳山、下関、中津、日田、久留米、熊本、佐賀、諫早、長崎、大村、有田、唐津、福岡、小倉、下関、福山を経て、帰宅したのは文久三年（一八六三年）二月のことである。

「政治上の中心点」としての京都や江戸から逆に離れるようにして、彼は西へ向かった。しかし、そのことは彼の旅を容易にしたわけではない。また、彼の旅が「政治上の中心点」へと向かう人々の流れと全く無関係であったことも意味しない。

彼の旅を困難にする事情として、コレラ伝染の危険があった。安政五年（一八五八年）に始まった日本列島におけるコレラのパンデミーは、文久二年の夏には西国を中心に再び大量死を招いていた。[103]「伝染病なれば伝染の地方へ行かぬが上策」「兄の西遊も見合わせるべし」とは江木鰐水の忠告である[104]。

また、「政治上の中心点」における緊張は、この時期、様々な情報網を伝って全国へ拡大していた。「九州の形勢根本の薩摩へは行かれまじ」、「行けば危殆保し難し」、「探索の如き高名家の任に非ず」とする江木鰐水の書面からは、阪谷が主に九州の「探索」を旅の目的としていたこと、さらにその場合にはかなりの危険が予想されることがうかがえる[105]。宮原寿三郎は、この時期に阪谷が旅をすることの困難さについて、「殊に諸藩嫌猜中、道路御艱苦の情状奉想像候」と述べている[106]。「嫌猜」する視線が相互に交錯し、「劇場」化が進行する世界において、意図せざる行為が容れられる余地は少ない。江木は続く書翰において次のように言う。

乍去此等之事に躊躇しては西遊は六ヶ敷、大概は思切りて出かけても可然候。乍去、一橋公含内命の疑は不免、乍去易見え者実事実情、於朗廬実無此関係、則出人の意表、また妙[107]。

阪谷の旅が「一橋公含内命の疑」を招きかねないというのである。井伊直弼の「大獄」によって謹慎を余儀なくされた一橋慶喜は、この年の七月、島津久光の上京入説の結果として、将軍後見職に就き、再び「劇場中」の人物たろうとしていた。「鎮西諸国」と連絡を頻繁に、しかし、あまり目立たぬ形で取り合う理由と必要とは十分にあったであろう[108]。阪谷が教える学塾の所在地は一橋領であり、この時期、阪谷の名は一橋家中に知られようとしていた。たとえ江木の言うように、「実意実情」において、「朗廬実無此関係」だったとしても、それが額面どおり受け取られる保証はどこにもなかった。「実意」「実情」など、「劇場」においては無意味だからである[109]。

公武合一と政教分離

周囲の疑念はともかくも、彼の「実意」「実情」をうかがうことは困難ではない。出発の直前、文久二年（一八六二年）七月二十三日付の柴原和宛の書翰で阪谷は「王室幕府とも申上度義《もうしあげたきぎ》甚多し。漢文程、用にたたぬものなしと存じ、通用俗文にて大分書掛候。定て愚説なり。しかし自ら信ず」(110)と自らの抱懐するところを述べている。「王室」と「幕府」の双方に「申上度義」とは、では、何なのか。その答えは、この年書き上げられた「通用俗文」による著作『壬戌夏田舎ばなし』に見える。(111)阪谷はまず、統治者を百姓の旧家に喩えて次のように言う。

田舎に百姓ながら旧家と申して、一村の家柄なる者、庄屋相勤め候えども、年代のたつに従い自然と驕奢に移り、身代窮乏致し、庄屋も格ばかりになり候者を旧庄屋と申し候。毎々改革と申して、いずれも改革出来ず、その弊害を尋ねるに、種々これあれど、要する処、一家みな上品ぶり、風がわるいのと申す事が第一の悪習に候。（『関係文書』、一三〇—一）

「驕奢」に染まり、「身代窮乏」しながらも、「格」にこだわり「改革」に踏み出せない。「上品」ぶった「風」が統治者に蔓延しているというのである。こうしたことは「天朝」「幕府」とも同様である。

恐れながら、天朝も旧庄屋風に御成り遊ばされ候ゆえ、田舎の無骨なる武人、上品も風のわるいも構わぬ者が、鎌倉以来強くあいなり候。只今では、天下一同旧庄屋風にて、幕府も諸侯もみなこの風になり候ゆえ、何ぞと申すと、儀式の、古例の古格の、あるいは人手を経て貴く構えねば風がわるいと、国家の本たる簡易質直の風すたれ、下情壅弊、真実の古風は、例格のために消えうせて、間に立つ者、盗賊の如き者ばかりふえ、上を上品ごかしに致して、無用の所作、無用の費のみにあい成り、実用の事は一つもでき申さず、旧庄屋の子が遊治郎風になり、遊芸に長じ、美服美食に慣れ、倹約等の者これありても、慣れと人の上品ごかしより、姦悪の番頭手代、または太鼓持、遊女にまぜかえされる同様にあい成り候。（同上）

「天朝」も「幕府」も、「例」や「格」にしばられた「旧庄屋風」を取り去ることが必要である。統治者に蔓延するかかる精神態度を一掃するためにはどうすればよいのか。それは「将軍」と「王姫」との婚姻であった。阪谷はこの婚儀を、「旧庄屋風」を取り除くための絶好の機会であるとする。「天下」のことは統治者の「一身一家」に帰結するからである。(112)「天下の者が一心」となるための「仁と信」が、統治者の「御一身一家より始まる」のは当然である。よって、「王姫御東下」のページェントこそが「改革」の象徴となるはずであった。(113)『壬戌田舎ばなし』執筆の時点で既に和宮は江戸に入っていた（文久元年／一八六一年十月出発、十一月十五日江戸着、文久二年／一八六二年二月婚儀挙行）。そこで、阪谷は以下のように、「王姫御東下」の実際のありさまを批判する。

もはや御改革前の事に候えども、御東下に付いては、天下無類の費を生じ、御時節柄、大切なる軍国の用、諸人の力を、御婚儀に費やし、その上御道中筋人足など、寒飢にせまり、死人おびただしくこれあり候由、申し伝え候。これらみな間に立つ役人ども、ただ一同大悦び、御めでたき義など、例の上品ぶりを申し上げ済まし候えども、この国家の害、人民の怨は誰に帰し申すべきや。その本はと申すと儀式ばり、格式を申し立て、上品ぶるが生じ候事に候。（同上）

今回の「王姫御東下」は、単に「儀式ばり」、「格式」を気にした「天下無類の費」であった。(114)むしろ、この時にこそ、「王姫」が「婦道」を率先して守ることを天下に示すことが必要であったにもかかわらずである。(115)「婦道」とは、無論、『女大学』にいう「古賢女の道」である。「天子」が率先して、そのように配慮するべきであった。

ここは天子より御友愛の大仁をもって、御婦道の行われ安きよう、木綿衣服、侍女三、四人、居室飲食朴素、古賢女の道を行い、非常の世、わけて国家のため、女大学通り、少しも間違これ無きよう致すが、御身のため、天下万民のためたるところ御明詔これあり、これに準じ、将軍諸侯の奥向一同厳重に取りしまり致すよう、御命じこれありたく候。（同上）

「王姫」が「婦道」の模範を示すことで、「将軍諸侯」の「奥向」の「取りしまり」も可能になる。阪谷にとっての改革とは、「大奥」の改革に他ならない。「奥」の支配は、それほどに、深刻なものとして阪谷の眼には映じていたのである。

また江戸表、御奥の義、以前より奥女中御機嫌わるく、御奥の一言これありては、大事に及ぶと、諸役人諸侯方、皆恐怖致し候て、ほとんど唐の宦官のよう申し伝え候。その威権驕奢、天下無類の趣、また幕府より諸侯へ御嫁入、御朱殿と申すもの、諸侯第一困窮の本になると申し候。右将軍王姫御夫婦の本定まり、奥向節制厳重あい立て、今迄より十分一の減少にもあいなり、御役人の支配につき候様あいなり、諸事これに準じ候えば、陰濁の気消散、天下一新、天朝士気大いに振い、種々の方略あい立ち、たちどころに富強に向い申すべく候。（同上）

ほとんど「唐の宦官」に類するという「奥」の支配から、「御役人の支配」へと転換する契機を、阪谷は「王姫御東下」に見出そうとしていた。「奥」へのこの強烈な不信と警戒とは、女性が統治にかかわることへの伝統的な不信感を背景にしたものであった。

そうたい御婦人と申す者、多く眼前の見ば（ママ）利益に関わり、春日局など申す賢明の御女中さえ、江戸奥向賄賂驕奢の基を開かれ候やに存じ候。つまる処、国家の害を引き出し、身の禍をかもし、生れては天下の民に怨まれ、死しては地獄に陥り、誠にいたわしき義に候。（同上）

一般に女性は短期的な利益にしか配慮せず、「驕奢」になりがちである。結局のところ、女性が統治にかかわることは「国家の害」にしかならない。儒者が往々にして取るこのような見解の当否は、ここでの問題ではない[116]。注目すべきは、「王姫御東下」というページェントが生み出す効果は、阪谷においては、「奥」の改革を通じて、あくまで統治者の「一身一家」の「風」の改善に求められていたということである。

この時期、「王姫御東下」を「改革」の起爆剤として利用しようと考えていたのは阪谷だけではなかった。「王姫御東下」を積極的に推進した公儀当局者の側にもそうした目論見はあった[117]。ただし、その目的とするところは、阪谷とは異なっていた。彼らの政治目標は、「大奥」の改革よりは、「交易」を通じた「富国」と[118]、また軍制改革を通じた「強兵」にあった[119]。こうした公儀側の改革を支える論理について、「幕吏」となった宮原寿三郎は、阪谷宛の書翰において次のように説いている[120]。

しかして幕府の威権の盛、此旧更加一等、外患内憂裁決一々取之、幕府不然ンバ数年間の間天下四分五裂の大害を生ずるも難測、これ王室に対しては不相済甚の至になれども、当今の時勢にては深思熟慮するに如此の外は致

　方無之哉存候。これにはどうか仕方もありそうなものという説も有之べき事なれども、要之に二百四十余年前より、この流儀にて創め候事ゆえ、太平と違い如此の時節に当ては、その故典を用いずんば俄かに改革も難出来、為之ば右の如く四分五裂の大害を生ず、急速に当り他に策も有之間敷、王室の大奸賊、幕府の大忠臣、政府延寿の大奇薬かと、小生は愚考仕り候(121)。

宮原の見るところ、「要之に二百四十余年前より、此流儀にて創め候事ゆえ」に、「王室」との関係において「幕府」の専断は当然である。「太平と違い如此の時節」においては、「その故典を用いずんば俄かに改革も難出来」い。「二百四十余年前」の「流儀」、「故典」を回復すること、それはつまるところ、統合の秘密としての「御威光」を回復することに他ならない。「改革」の目的は、最終的には、傷ついた「御威光」の回復に収斂していく。「武威」に最終的な根拠を置く「御威光」の回復こそが、統合の危機を乗り越える唯一の方法である。このように考えていたのは阪谷の周囲で宮原だけではなかった。阿部正弘に仕えていた江木鰐水は、文久二年（一八六二年）五月の日記に次のように記している。

　桜田・山下(坂)の変と、四月京城の変と、みな幕府処置のそのよろしきを失い、事々因循苟且にして、目前を事とし、武威振わざるなり。武威振わざるは、廉知(恥)地を払い、人を撰むの法備わらざるなり。上下徒らに積威を頼るを知りて、所謂《いわゆる》御威光なるものの、既に虚威に属するを知らず。何を以てそれが虚威たるを知るか。外夷の人、細髻の人を見て、これを侮り、大髻の士を見て、これを畏る。御役人を称するは、これを見て蔑如するなり。外藩の士を見て曰く、藩中、と。藩中、道路と雖も避て抗せず。噫《あ》あ御威光の虚、暴露することここに至る、悲しいかな。（…）内にては外藩の士これを侮り、外にては洋虜これを侮り、旗下八万騎に士無しと謂うべし(122)。

「御威光」は既に「虚威」にすぎない。「武威」の衰退こそが、「御威光」の失墜の原因である。江木が回顧するのは、かつての「三河武士」の姿である。

永禄・天正間にありては、則ち参河の士、天下の人これを畏る。神祖はここを以て天下を取る。今や天下これを侮り、外夷これを侮る。しかれども上下知らずして、徒らに曰く御威光と。今にして威光の虚威たるを知らず。虚威恃むべからず。(123)

かつての「三河武士」の「御威光」と、眼前の「御役人」の「虚威」とのあまりの落差に、江木は慨嘆せざるを得ない。「御威光」の回復は、「旗下八万騎」が、戦闘者としての本来のあり方を思い出すことによってしか果たされない。かつてあった「神祖」と「三河武士」(参)との理想的な関係を、現在の将軍と「旗下八万騎」とがともに想い起こすこと、それが江木にとっての「改革」の本質である。

「兎に角に癸亥(文久三年/一八六三年)の前後というものは、世の中はただ無闇に武張るばかり」とは、この時期ヨーロッパから帰国したばかりだった福澤の回想であるが、(124)この「武張るばかり」の世の中の雰囲気は、京都に結集しつつあった尊攘派の「天誅」のみならず、「御威光」を回復せんとする公儀の「御改革」の性格自体からも醸し出されるものだったのである。

「御仕法御一変にも相なり候はば、追々御武威御拡張の期、瞭然指掌仕るべきことに御座候」(勝海舟)。「王姫御東下」という壮麗な儀礼によって、その開始が象徴的に示されるはずの文久の「御改革」とは、以上のごとく、宮原を含む公儀の改革派にとっては陸海軍を「全国御備」し、「貿易の利」を独占する「郡県」国制を目指した、その規模においていわゆる三大改革に勝るとも劣らない、その意味するところにおいてそれらをはるかにしのぐ、そして根本的には「武張」ったものだったのである。[125] 阪谷の「仁と信」とをその中心に据えた「奥」の「改革」案は、上記のような「武威」「御威光」の回復としての「改革」と鮮やかな対照をなしている。

将軍と「王姫」との婚儀が挙行されたわずか二ヶ月後、文久二年四月、島津久光は急遽率兵上京する。以後の一連の状況は、公儀側が「公武合一」に込めようとしていた目論見を事実上不可能にした。[126] だが、阪谷の議論はこうした政治状況の影響を受けているようには見えない。例えば「将軍上洛」について阪谷は言う。

また将軍御上洛の義、風聞仕り候。この義も天下第一、目立ち候御身上の事に候。御上洛の義は毎々これあり候よう致したし。このたび御上洛は、わけて天下旧庄屋の見を破る、至極大事のお手初めに候間、やれ旧例をととのえるの、大典の致し方はこの儀式など申す事、さらに無用の事と存じ候。大事の事に致し、手重に掛り候より、例の上品ぶるの、風がわるいの、人の親しみ薄くあいなり候。（同上）

「王姫御東下」と「将軍御上洛」とでは、公儀側の論理からすれば、それが意味するところは大きく違っていたはずである。「王姫御東下」は、江戸の公儀の「御威光」を回復し、「専断」を可能にする契機となるはずであった。だが、久光を従え、意気揚々と江戸に入った大原重徳が伝える「勅諚」によって決定した「将軍御上洛」ではそういかない。[127] ところが阪谷の論理からするならば、「王姫東下」と「将軍上洛」の違いは重大でない。「将軍御上洛」もやはり「旧庄屋の見を破る」ための絶好の機会に他ならないからである。

簡易質直は古代礼儀の根元に候。礼儀は、金で行い候ものにこれ無く候。金で致す礼儀によき事はこれ無く候。天子も将軍も御隔意なく御歓談と申すに、旧庄屋風の格式は皆疎遠にする邪魔もの、入用雑費は殊に人を軽薄に

致し、実意を失わせ候大害の物、ただ仁義に用い候えばよろしきものに候。（同上）

「旧庄屋の風」を取り去り、その結果として「天子も将軍も御隔意なく御歓談」することが「御改革」の意味である。それは「王姫御東下」の際、「江戸より上品ぶり風がわるいと申す処がとれ候えば、御隔意なく御相談これありてもよろしく」とされていることと全く変わらない。「御上洛」の際の供廻りの人数などの節減が提言の主眼に据えられていることも同様である。(128) だが、単に節約すればよいというのでもない。警備や供廻りに金を費やすくらいなら、金をそのまま「まき散らす」べきである。そうすれば「御威光」は「御人徳」へと変化していくであろう（金子は、金のまま、京都より道中筋おまき散らしにあいなり候えば、百万の警護、百万金の御入用より、御威光御人徳に天下一同仰ぎ奉り候。〔同上〕）。

「御威光」は、「武張る」ことによってではなく、仁政によってこそ実現するのである。阪谷の提言は、入京した久光の評判を意識したものかもしれない。

和泉（島津久光）入京の後、人心を得ることに務む。京師の米価踊貴す。和泉令を下して曰く、薩士の京に入るや、糧を国に取りて、京都の米一合も費やさず。何を以て米価を貴くせんや。よろしく急いでその価を下ぐべきなりと。困窮の民に日に白米五合を給す。攘夷の説もまた専ら救民をもって言をなす。西陣の織戸、失業す。みなこれを欣びて曰く、薩公、民の窮を救う、と。夜中竊に薩邸の門に来たりて、賽銭を投げて拍手して拝し、稽顙《けいそう》（ひたいをつけておじぎ）するものもまたこれあるなり。(129)

江木が伝えるところによれば、久光は、京都に入るや否や「人心」を得ることに専ら努め、窮民に食糧（白米五合）

を配るなどしていたのである。その結果として「人心」は、確実に薩摩になびきつつある。「人心之郷背可畏」とも江木は記している[130]。「攘夷の説もまた専ら救民をもって言となす」(江木)。そうした「人心」は、確実に久光の政治的資源だった。統治者たるものは「武威」の競争においてではなく、「仁政」の競争において優越した存在であるべきなのだ。儒者としては当然の阪谷のこうした感覚は、確かにどこか、時代状況とも響き合うものだったのである。

以上のように、「天子将軍の御身家」より「本」が立ち、「一家一国の仁信」が「推し広め」られていくならば、対外問題は消滅する。「攘夷」を唱え、「交易」を「国家疲弊の本」と考えるのも、結局は、「旧庄屋の見」からにすぎないのである。「鎖国」は「理」にかなっていない。そしてそもそも、「船楫自由の世界」においては、「宇宙一国の如し、交わらぬと申す事あい成らず候」がゆえに、「開け候ほどが勝ち」なのである。このような世界においては、「自分国王の身、書生となり西洋へ入り込み、方略を定め」た、「ペートルの如き者」(ピョートル一世[131])を大量に養成し、「皇威を万国へ立てる所へ目を立」て、「外国へ推し渡り、わが皇威を万国仰ぎ候ようにと致し候」ことこそ目指すべきである。

「開国」によって「皇威を万国へ立てる」という夢想的な結論部分は、だが、彼の議論の主眼ではあるまい[132]。議論の主眼はあくまで、「奥」の改革による「旧庄屋の風」の除去とそうした過程を経た真の「公武合一」にこそあった。だが、彼が目指した真の「公武合一」は実現しなかった。また、残された史料からは、阪谷自身が旅の中で、自らの抱懐する理想を実現するべく積極的な「周旋」にあたった形跡も見出せない。

帰郷後の彼はしばらく目立った動きを見せない。状況は、混沌の度を増していくにもかかわらずである。彼の沈黙には、「公武合一」による「奥」の改革という目標が実現不可能に終わったという事実以上のものが含まれているように思われる。それは、いわば政治における思想の位置と機能にかかわる問題である。阪谷は、かつて、「政教分離の世は緘黙の外致方有之間敷と存じ候」と書いていた[133]。「政教分離の世」とは、阪谷の見るところ「政」と「教」とが「分離」され、「政」が、赤裸々な権力のゲームとなった状況である。そこでは政治の思想化とともに、思想の政治化が並行して起きている。こうした状況では、言葉はその本来の意味を失う。「緘黙」の他にないのであれば、確かに行動に向かうしか方法はなかろう。だが、他方、言葉に支えられない純粋な行動もまた（政治の世界ではとりわけ）あり得ない。阪谷は、行動を目指したはずの旅の中で、やはり言語と現実との関係についてのこの「劇場」的なあり方に絶望を深めていったのではないか。「尊王」や「攘夷」といった行動を支える諸理念が、統治過程への参入を正当化する空虚な「譜牒」（竹越三叉）にすぎなくなった「劇場」世界。「政教分離」というこうした世界のありようそのものが、阪谷の前に問題としてせり出してきたのである。この病弊を治癒するのは、安易な行動では少なくともあり得なかった。阪谷の政治思想の主たる敵は、徐々に、「政教分離の世」――政治の思想化と思想の政治化と同時並行――それ自体になっていく。

阪谷四十二歳のこの年、騒然とした情勢をよそに、福澤は、一月から遣欧使節に随従し、日本を離れていた（二十九歳）。二月、神田孝平は蕃書調所の教授出役に就任し（三十三歳）、三月には中村正直が御儒者に抜擢され昌平黌に居を構えた（三十一歳）。六月には、津田真道と西周がともにオランダへ出発した（三十四歳）。十一月、中村は、徳川家茂上洛に随従し、京都に向かった。箕作麟祥は、蕃書調所教授手伝並出役に就任し、阮甫の後、箕作家の家督を継いだ。加藤弘之は蕃書調所教授手伝としてドイツ語を学び、前年には既に『隣草』を著していた（二十七歳）。彼らはあるいは西洋に、あるいは京都に、江戸にいた。政治的危機の頂点とも言える文久二年に、彼らとは異なって、まさにその震源地を実際に足で歩いたことは、その後の阪谷の政治思想に深い刻印を残すであろう。

第五節　「政教一致」と「合議」

「上大原源老公書」「合議説」

阪谷が再び積極的な言論活動を開始するのは、慶応三年（一八六七年）の前後のことである。慶応三年十二月に書かれた「上大原源老公書」は、かつてあの文久二年に島津久光を従え、勅使として江戸に入った大原重徳に宛てた上書である。

政教一致、人心に主ありて、我に大道あるなり。しかして政教分離すれば、人おのおのその見を異にす。弊の生ずる、あに彼を待たんや。ゆえに彼の教、厳ならざるべからず。しかして吾道は最も明ならざるべからず。道を明らかにするとは教を以て政を行うにあり、またただ掲示をもってその本を正大にするのみ。（『全集』、四五―四六頁）

冒頭、「政教一致」と「政教分離」とが対比される。「政教分離」の状況にあっては、「彼」（夷狄を含む一切の外的なるものであろう）を待つまでもなく、弊害が生じている。問題はやはり「我」にある。「人心有主」であるか否か、そのための「教」の有無こそが問題なのである。客観的な状況は、文久二年とは大きく異なっている。既に「政治上の中心」は、江戸から京都へはっきりと移動していた。だが、阪谷にとって、「政教分離」の状況それ自体は変わっていない。

前日の江戸、今日の京洛、同態一揆、諸藩入京すること一再（ならず）、国は輒《すなわ》ち虚耗し、惇謹忠直なるもの、禍を受くることますます甚し、（…）上下心を異にし、事宜転倒し、名義処置、みなその実を失う。むべなるかな。人心は昏迷し、姦賊は乱を幸いとす。流言飛語、視聴を惑乱して覚るなきなり。それかくの如くんば、尊王の説、攘夷の策、多しと雖もまた何をなさん。いわんやその見の私に出づるにおいてをや。（『全集』、四六―四七頁）

「政教分離」の状態においては、「尊王の説」「攘夷の策」もそれぞれ自己利益の実現のための武器にすぎない。「尊王」も「攘夷」も、言葉の本来の意味を失っているのである（尊王にして王卑しく、攘夷にして夷横す。人心に主なく、おのおのその見を張る。策いよいよ多くして、事いよいよ淆ずること、汎汎乎として舟の中流に風に遇するが如し）『全集』、三七頁）。

ではどうすればよいのか。奇策はない。否、むしろ「奇」なる手段を求めることは事態をより悪くする。解決策はあくまで平凡であるべきである。

素は竊にこれを憂えて、苦心焦思し、以為《おもえ》らく、天下の事は万端、しかれどもその本は一のみと。一とは何ぞ、身のみ。天下は一身の積なり。その私を去れば、則ち身もまた一天地なり。人人身を修めて、天下の治まらざる者、いまだこれあらざるなり。しかるに紛紜して緒を失うは、天下には本と事なく、庸人のこれを奇に求めて然るなり。今や大計を立ち、非常の策を発す。よろしくまずこれを尋常の人身に本づくべし。曰く正のみ、曰く大のみ。（『全集』、三六―三七頁）。

各自の「一身」から「私」を去ることから始めるべきである。「人欲」である「私」を脱して、「天理」である「公」に合致せんとする朱子学の基本的な構えが、無論、ここにはある。「天理」の次元においては、「一身」もまたこの宇宙と一体である。そうした境地に至れば、問題は既に解消しているのである。具体的にはまたもや「掲示」である。[134]「掲示」の正しさへの確信は、「探索」の季節を通じて、弱まるどころか、むしろ強まっていた。「掲示」のこの列島にも妥当する普遍性を、阪谷は再び「天祖」によって基礎づける。

曰くこれ天祖の明詔、これを公にして漢土に発し、もって万邦の極となす者、尊皇攘夷の要道、ただここにあり。
（『全集』、三七頁）

「掲示」それ自体は確かに「漢土」に由来する。だがそれは、「天祖」（すなわちこの列島のもともとの支配者）が、その教えを「万邦の極」として、つまり「公」なるものとした結果にすぎないというのである。[135] 阪谷のこうした議論は、同じく「天祖」を強調するとはいえ、当時隆盛の平田派のように、従来普遍的な「教」と信じられてきたものは、実は、すべて「我邦」の「天祖」の「教」が伝播したものにすぎない、と主張するのではなかった。[136] どちらかと言えばそれは、普遍的な道徳の「名」が、「漢土」に由来することを認めつつ、実質的な道徳それ自体（「実」）は、（「列祖神聖」が「名」を採用する）以前から既に「我邦」に存在しており、「列祖神聖」の功績を、そうした「実」に「名」を与えたことに求める藤田東湖の立場にむしろ近いものである。[137]「天祖」は自ら「人欲」たる「私」を去り、「天理」たる「公」の立場についた。阪谷はそう考える。だからこそ、「白鹿洞掲示」への信仰が、そのまま「尊王」であり得る。また「攘夷」でもあり得る。

かつそれ華夷の弁、地を以てするか。彼我《ひが》はあいともに夷にして、天もまたこれを分かち難し。衣服言語を以てするか。我れもまた東西古今男女の異あり。素断じて曰く、その行いを審《たず》ね、しかして天祖の明詔に合わざる者は小人なり、夷狄なり。明詔に合う者は君子なり、中華なり、禽獣にあらざるなり。世は礼儀なき者を罵るには、その地を問わず、呼びて畜生となす。これ天下の公言なり。いやしくも能く弁をここに立て、これを以て己を修め、これを以て我を率い、これを以て彼を待ち、彼を導き、万邦の首唱となってこれに合わざる者を正せば、則ち真誠の攘夷成らん。(『全集』、四三頁)

「華夷」の判定基準は、どこに住んでいるのか(「地」)、何を着ているのか(「衣服」)、何語を話しているのか(「言語」)、ということにはない。その基準は、「白鹿洞掲示」=「天祖之明詔」、つまりは普遍的(と彼が信じる)な道徳以外にはない。そうであれば、自らを省みて、内なる「夷風」を取り去ることのみが問題である。自らが、普遍的な道徳に合致しているかどうかを問わずに、ただ他者にのみ道徳を要求するのはダブル・スタンダードなのである(「我の夷風を咎めず、しかして彼を責むるに道を以てす、これ夷を以て自らを待し、中国を以て彼に待するなり。」『全集』、四四頁)。

「掲示」が統治の根本に据えられていること、「掲示」による「人心」の統合と、自らの議論の普遍性の強調が、この時期の彼の議論の特徴であることは既に「掲示上言」に即して見てきたとおりである。「上大原源老公書」において特徴的なのは、以上の点に加えて、「天祖」の役割が強調されていること、また統治の具体的な形が模索されていることである。「掲示」による統治とは、では、具体的にはいかなる形を取るのか。阪谷によれば、それは「合議」である。「天祖」と「合議」。それは「掲示」を媒介にして「人心」の統合を模索してきた阪谷の政治思想が持つに至った二つの焦点である。前者は、会澤や藤田において、後者は後述するように横井小楠において、秩序構想の中核に据えられるであろう。(138) この時点ではだが、阪谷の重心は後者にある。「合議」は少なくとも「天子」をも拘束する。

万邦のために標的を掲げ、廓然洞開して、天下と体を同うし、おのおの一人の私見を舎て、合議の法を立て、天

下人心の平均する所を計り、画一の制を定む。規律一定し、天子と雖もまた犯すことを得ず。（『全集』、四〇頁）

「合議の法」によって得られるとされる「天下人心の平均する所」は、各人の私的利益の総和から導き出される算術的なそれではない。むしろ「一人の私見」を捨てることが求められているのである。ここでの「平均」とはルソーの一般意志にも似た、「天理」の「公」に他ならない。それは「天子」といえども犯すことはできないのである。[139]

それは単なる理想論ではなかった。第一に、公儀の統治体制は既に、老中間のそれを始めとしてあらゆる部分に「合議」制を埋め込んだものであった。[140] 政治的意志決定の形式として「合議」を用いるという主張それ自体は、特に違和感を喚起するものではなかった。第二に、「内乱」状況の進展が、「公議」「公論」とも称されたこうした構想をむしろ現実的なものとした。西周が、徳川慶喜に対し、「方今時勢人情の注候所、公議と申事人口に膾炙し、如何にも輿論に御与《くみ》し被遊候事無御拠次第に相成」と述べるとおりである。[141]「合議」こそ、内乱後の状況を収拾するための唯一の方途であると多くの人が考えていたのである。慶応三年（一八六七年）十二月、薩長の勝利が確実になった時点で書かれた「合議論」で阪谷も次のように言う。

去りながら、薩長とも世上の疑い御受のこと多し。あまり御勢に乗し、快に過ぎると、天下の者、それより、畢竟私のためにするぞと、折角の名義大功消亡、必禍を御引だし、日本の大不為。（『関係文書』、一二八―三、四丁ォ）

「薩長、この度《たび》の御はたらき、実に無類の事」であって、「この度の功にて、天下呑込」（同上、四丁ゥ）ほどである。だが、彼らが私的利益を追求するだけならば、「人心」は離れていくことになろう。内戦の他方当事者である「徳川家」についても次のように言う。

最早、この上、徳川に怨なし。徳川は随分旧義あり。また徳川を絶滅致しては、決て折合あしく、日本のため、また天朝の御ためにならず。何とぞ、徳川を勧め、恭順に致し、合議の御世話、ともども致たしとて、その実意を御見せなれば、天下一同その公平の義心に感じ、合議説に服せず、りきみぬる者も、屈服す。(同上、五丁ォ)

内戦の経緯を、「平心に見れば、是までの処、大抵五分五分なり」。この上に「戦て勝敗をつけると、また大得失を生ず」(同上、七丁ゥ)るであろう。このような状況では、当事者それぞれの個別利益(「りきみ」)にもとづく主張によってでは収拾できない。誰もが納得する「合議」による「公平の義心」によってでなくては、「日本折合」(同上、四丁ゥ)は実現できないのである。阪谷が「王政復古は、今日の形勢通観すれば、合議の外なし」(同上、六丁ゥ)と確信するゆえんである。

とはいえ、以上のような「合議」による政治構想は、様々な難点を抱えてもいた。まず、「合議」の制度化の困難である。「合議」はいかなる場所で、いかなる程度まで行えばよいのか。「合議」の政治を実際に行うのであれば、直ちに問題になろう。この点について阪谷の見解は、ラディカルな一貫性を見せる。ほぼあらゆる範囲で、あらゆる問題について「合議」の原理が妥当すると考えるのである。「天下の大権」は、すべて「合議局」に帰せしむべきである。「太政大臣」や「将軍職」は、今後は、不用となる。[142] 当然、「合議」は、「立法」と「司法」の原理であり、[143] 同時に、「人材」登用の原理でもある。[144] さらには、財政政策も「合議」によって決定される。「天下の大権」の帰属は、「租税」にもかかわる。さしあたりは、「幕府」から没収した土地が問題となる。それについても、阪谷は次のように言う。

このたび幕吏卒より没収ありぬる地、天朝の御私用になりては、天祖神明、天下人心決て折合ず、大乱の基なり。よりて山城国位一カ国の租税、天朝御私の御入用に相成、別に大和国なりと一カ国は公卿方御私の御入用と相成、其外は何百万石たりとも、鎮撫職へおよそ一カ年の税賜る外は数百年間、無くて相済ぬる物ゆえ、土地は、天朝の御領として、日本のために相成ぬる事に用ゆる様、合議局にて、慥《たしか》に御預りになり、ならびに諸藩諸国貢献の物も、およそ三分の二は、合議局へ預り、合議の入用、すべて天朝に付る、文武研精の入用、兵器軍艦賞賜の費、この内より仕出しぬれば、数年を出ずして、必ず富強、先帝御明詔の無比強国たること疑いなし。（同上、三丁ォ—ゥ）

没収した土地を「天朝の御私用」にしては「人心」が「折合」わず、「大乱」の基となる。土地は「天朝の御領」としながらも、「合議局」が実際の運用にあたるべきである（「御預り」）。また、「諸藩諸国」についても租税の「三分の二」は、「合議局」がその運用にあたるべきである。さらに阪谷は「金銀合議局」の設置をも提唱する。

特に文中、「其次建大学一條」の下に、さらに一事を補わんと欲す。曰く、その次、よろしく金幣の制の定むべし、と。今日、金銀の改造すべきなり。しかれども決して改造すべからざるなり。尭舜再び出づと雖も、旧に因りてその政を改めこれを行うのみ、それ金銀なる者、四方上下公共同用するところにして、一毫も私あるべからざるなり。よろしく京阪間に金銀合議局を設け、割愛勇断、その権をその下に付し、四海の平均するところを商量して、我邦の平均するところを公定すべし。これ利権正大の端なり。（「上大原源老公書」『全集』、四九頁）

「金銀合議局」は、おそらくは、「金」と「銀」、あるいは紙幣と「金銀」との交換比率を「公定」する。[145] ここでは統治機構による統制という発想は影を潜め、レートが「合議」によって定められるという発想が出現しているのである。「天下人心の平均」という阪谷の「合議」イメージに、市場における需要と供給との一致という現象も含まれるに至ったということである。「合議」とは、阪谷によれば、司法、議会、大学のみならず、市場においても妥当する原理なのである。(146)

だが、以上のようなラディカルな「合議」制の成功は、「合議」の結果が必ず一つに定まり、かつそれが「公」に合致している(すなわち正しいものである)という前提に依拠している。「合議」の政治構想が抱える難点の二つ目は「合議」は必ず「公論」に帰着するのか、という問題であろう。さらに厄介なのは、「合議」「公論」の主張それ自体も、実は自己の「私」的利益の実現のための口実にすぎないことがあり得る、ということである。(147) 彼が痛切に意識した「政教分離」状況とは、まさにそうした状況であった。公儀に対し「合議」に参与する範囲の拡大を求める勢力が多用したシンボルこそ「公議」であった。松平春嶽(とその背後にいるとみなされていた横井小楠)などの「公武合体」派は、自らの統治過程への参入と権力基盤の拡大を正当化する資源としてこうした「公議」論を盛んに主張していたのである。阪谷がこうした事情に無感覚であったはずはない。阪谷や彼の周辺が、こうした動きに対して懐いていた違和感は、次のような江木鰐水の言葉に明らかである。

天下の事皇国を言う、みな自国のためにす。天下の事公字を称す。みな私あり。ただ吾兄の皇国公平の字、実に皇国のためにする公平の心に出ず。(148)

阪谷のこの後の政治思想は、「合議」と「公論」との間の溝をいかに埋めるのかを課題とするものになっていく。具体的には、「公」が具現化された「掲示」の「教」と、「政」の方法としての「合議」をいかに調和させるのか。それが問題である。

仕官

文久二年（一八六二年）以降、阪谷招聘の動きは活発になっていた。文久三年（一八六三年）十一月七日付、江木の書翰は、福井の阿部家と、広島の浅野家の双方で招聘の動きがあることを伝える。(149) 嘉永四年（一八五一年）、母の病を理由に諸家の招聘を断り、井原に逼塞してきた阪谷が、遂に動き出したとの風聞が、招聘の動きに繋がった可能性はある。鎮西旅行から帰っても、「何分老兄の意如何、終に高臥山林して世の乱を見物するか、出て済うか如何」が問われることになったのである。(150)

結論から言えば、阪谷は、出仕することはなかった。頑なにすぎる固辞の態度は、禄高のつり上げを狙う工作と取られることもあった。(151) その理由は、だが、経済的理由ではなかった。(152) 阪谷が求めていたのは、仮に仕官した場合に、自身の論策が採用される保証——具体的にはあの「白鹿洞掲示」——である。この時期の宮原寿三郎からの書翰にも、「尤も御書中用唱白鹿洞の頑説、頑主あればとの事、それは固よりなれども容易に有御座間敷」とある。「白鹿洞掲示」の「頑説」を、受け入れ、実行する「頑主」を求めていたのである。

「白鹿洞御信向」（江木、文久四年／一八六四年一月二十一日付）とも揶揄される阪谷のこうした姿勢は、仕官の仲介を依頼される周囲の人間を次第にいらだたせもした。「毎々礼字御説イカニモ儒家の説なり」と皮肉を交える江木は、宮原に対しては次のように阪谷の態度を揶揄していた。(153)

白鹿洞掲示の御高論は固より感服仕候。然し人心鄙下滔々不可挽回の勢、以為迂亦宜無致方事に御座候。掲示日誦の説以為如念仏、右は江木先生の説かと存候。御同人へ相話候処その説有之候。江木かつ然り、いわんや澆季風俗不可奈何候。(154)

阪谷の「掲示日誦の説」は「如念仏」というのである。「白鹿洞掲示」という理想を高く掲げるのみで、不純な現実に一切かかわろうとしない、というのであれば、その姿勢は、確かに、儒者として批判されても仕方がないものであろう。文久年間の仲介が失敗に終わった後、明治の世になって再び持ち出された仕官話について江木は、「葉公の竜」の喩えを引いて忠告している。「白鹿洞掲示」には「君臣有義」とあるではないか。にもかかわらず、どの君主にも仕えようとしないのは矛盾ではないのか。阪谷にとっての「白鹿洞掲示」は、「葉公之竜」（劉向の『新序』雑事篇、竜好きを公言していた葉公が実際の竜を見て腰を抜かしたという故事）ではないのか。阪谷の「信向」を逆手に取った痛烈な批判である。[155] 江木が強く勧めるのは広島の浅野家への出仕である。[156]

明治元年（一八六八年）、六月、俸米三百俵、「客礼」をもって寓することで阪谷の招聘が正式に決まる。[157] この際にも最終的に問題になったのは「白鹿洞掲示」の「御採用」の有無であった。[158] 同年十二月、学問所に出仕し、「大目付格」をもって扱われることになった。[159] 明治二年（一八六九年）四月には、藩主の命により京都に赴任し、翌三年の十一月（一八七〇―七一年）には東京の広島藩邸に入っている。ともあれ、阪谷が「信向」する「白鹿洞掲示」の理想を、統治の実際に役立てる機会が遂に訪れたのである。

早速、阪谷が提案したのは「白鹿洞掲示」を領内に頒布することであった。その形式をも阪谷は詳細に指定する。[160] そこには「跋文の大意」として以下のような文言が付される。

上五ケ条は各々人の体に必付し事なり。博学以下は右五ケ条をほどよく行う致方なり。およそ物事に付目当なくてはゆかぬものなり。この掲示は弓鉄砲の的、昼夜の日月燈火に同じく人々諸事の目当、人の人たる的なり。このところに合ぬるを中国とも人とも致し、このところに合ざるをゑびす蓄生とも致す大事の目じるし也。人にして人ならで神ほとけにならんと致すは梯なく雲に参り、舟なく深を渉るに同じ。よりてこのたびあまねく分ちあたう。何れも毎朝おとなえその日々の目当と致し行うべし。上下貴賤その職万別なりといへども尽くこの目あてたる掲示に厳《ママ》付候様合心戮力相励み懈怠致す間敷也。（『関係文書』、一三八―三）

「人の人たる的」として「白鹿洞掲示」を日々唱えることが、統治の要諦なのである。意味を強いて理解する必要はない。したがって、「かな」や「国字解」を付す必要はない（「仮名付国字解等は堅く御無用」〔同上〕）。毎朝繰り返し繰り返し「御一心」に唱えていくうちに、人々は「自然」とその「義理」を呑み込んでいくことであろう。「政教分離」に「乱」の根本原因を見出していた阪谷にあって、「政教一致」を「掲示」によって実現することが、統治の実践的課題であったことは明らかである。

だが、人々の内面的理解を問題にせず、ただ「御一心」に「掲示」を「誦」させようとするのでは、江木の言うように、「念仏」への「信向」と選ぶところがないであろう。何よりも、彼があれほど強調していた「合議」の契機は、ここでは全く影を潜めている。単に「人心」の統合のみが問題であれば、かつてあれほど非難していた、「利」による「人心」の統合を図る「耶蘇教」との区別も、実のところ曖昧であろう。「公論」と「合議」の関係、「掲示」と「合議」の関係、かつて直面した思想課題に、阪谷は、今度は統治（補助）者として現実の対応に迫られたのである。その中で阪谷は、「教」と「政」とをどのように関係づけるべきかという難問に再び直面することになる。

二重の国教――「学神壇私議」「政教管見」

「政教一致」は、今や明治政府のスローガンであった[161]。明治政府は、徳川政府とは異なり、圧倒的な暴力という資源を統治のために動員し得たわけではなかった。そもそも明示的な「委任」など、少なくとも当初には――中期をすぎると、公儀の権力の源泉が「委任」にあるとする特定の国制解釈が支配的になっていくのだが――一度も行われたことなどなかったにもかかわらず「大政」の「奉還」が行われ、実際に権力の所在が不可逆的に変化したのは、結局のところ、政治体制についての特定の解釈が勝利した結果に他ならなかった。[162] 解釈は理念（言語）に依存する。言語によって勝利した以上、引き続き自らの統治を言語によって正当化する必要が彼らにはあった。明治政府の成立の条件は、その後の政府のありかたをも必然的に規定したのである。キリスト教は、徳川政府にとっても自らの存在理由だったのである。「政教一致」。それは明治政府にとっても自らの存在理由だったのである。前者にあっては、排除は主に暴力によって、後者にあっては、主にイデオロギー闘争によって行われたことが、それを端的に示していよう。[163] 以上の事情を竹越三叉はその『新日本史』（明治二十五年／一八九二年）で次のように描く。

かくのごとく基督教の勢力は已に発達せんとし、仏教徒の勢力、また往々にして神道を淩ぎ、ややもすれば両者の間に軋轢を起して、その結果政府の祭政一致策に利あらざらんとせしかば、政府は国民中の大勢力たる仏教徒を収めて味方とし、以て基督教に当らんとなし、明治五年に至り、神祇省を変じて教部省となし、神道に限らず教法を取締るの省となせり。これ神道が政権の上に於て、一歩を退きて仏教と調和せるものなり。尋で本願寺、錦織寺等の住職を華族に列し、教部省に教導職なるものを設くるや、全国の神官僧侶ならびに挙ってこの命を拝せしかば、外教と称せられし仏教は、神道と並びて国教の姿となり、この二重の国教は、合従して以て基督教に当らんとせり。[164]

神道と仏教とによる「二重の国教」体制が、共同してキリスト教に対抗した、というのである。[165] この「国教」は「敬神」「愛国」といった信仰箇条を掲げてさえいた。[166] だが、仏教と神道と、「敬神」と「愛国」と、そもそも葛藤と矛盾をはらんだ「国教」の「教導」は、ほとんど喜劇的な様相を呈した。再び竹越は言う。

先ず戸村役場に、もしくは村年寄に命じ、日を期して、寺院もしくは村社に人民を集め、やがて時至るや、僧侶先ず現われ、香を焚き鐘を打ち読経一遍して、三条教則は仏法王法の二者を結合せしむる護国安民の大法なるを述べ、人民は須らく陛下と阿弥陀を信仰すべしと説きて退くや、神官次に現われ、打鼓、吹笛、吹笙の式終ると共に、日本はかんながらの国にして、万世一系の君、万代一血の民なれば、ゆめ外教に移るべからず、心より陛下と八百万の神々を観念すべしと説き、人民をして尋で渇仰礼拝せしめて退く。その結果は神仏の出開帳となり、神札の押売となり、昨日までは遊手無業為《な》すなきの小人、今は衣冠正しき教導職となり、昨日までは村閭悪少年の遊宿を為せし奸婆にして、衣を整えて教導職となりて、公衆の目前に飛揚するあり。[167]

それは単に理論的な問題ではなかった。浅野家に招かれ、統治に携わるべき立場にあった阪谷にとっては、極めて実践的な問題でもあった。例えば、「学校」における祭祀(釈奠)のあるべきありかたをめぐる問題がそれである。「学神壇私議」(一四七―四、明治三年／一八七〇年)において阪谷はこの問題を論じている。祭祀に際して彼は、「本邦神祭の式」により、「天照皇大神宮掛幅」と「孔子神位」をともに用いるように指示する。釈奠である以上、祭祀の対象は孔子である。「学校」で孔子を祭ることの理由は、「掲示」のそれと変わらない。

曰く孔丘夷人なり。しかして我神を舎き是を祭る、何ぞや。(…)曰非祭夷人、祭我帝師也。孔子春秋を作り大一統を重ず。しかして皇国ひとりその説と符節を合す。その道我と一なり。曰五倫曰智仁勇。その他神明の説、天人一体の義、みな天祖の教と符す。天祖不筆以て近国の夷人に命じ書之その道の公を示すなり。(『関係文書』、一

四七―四）

孔子は「夷人」である。だが、その「教」は普遍な「道」と合致しているのであり、「天祖」は「近国の夷人に命」じてそれを「公」にしたにすぎない。これに対し、「天祖」である「天照大御神」を掲げるのは、祭祀の対象としてではない。祭祀の対象であるとすればそれは、本来、「朝廷」が祭るべき「天祖」を、不遜にも祭る淫祠であろう。祭祀ではなく、それは「大一統」の「表章」なのである。

天祖を掲ぐ何ぞや。曰祭るにあらず、一原を表章するなり。春秋、大一統を重ず。しかして万古大一統なる者、天地間ただ皇国のみ。春秋の前、春秋の義明かゆえに春秋作らずして可なり。（…）しかして学校は教場なり、朝廷祭祀の地にあらず、ゆえに祭らず。天祖ただ謹大書掲示万物の一原を表す。孔子は天祖の教道を奉じ立人道、天子以下士庶に至り人ならぬ者なし。人にして人たらず、また何以この世に立たん。又何を以て神に事えん。（同上）

『春秋』の微言に込められているとされる「大義」、すなわち正当な統治者の系譜は、「皇国」においては『春秋』という書物を待つまでもなく、既に事実として明らかである。「天照大御神」の「掛幅」はそれを確認するにすぎない。「政」の領域における「大一統」には何の疑問もない。問題はむしろ「教の大一統」が明らかでないことにある。

我邦帝系論を待たざるゆえに春秋作らず。しかりしこうして教有異同。教の大一統表せざるべからす。今世の前、教多も乱れず、今日に至り教論紛起まさに乱れんとす。（同上）

「教論紛起」を防ぎ、「孔子」の教えを「教の大一統」と定めること。阪谷の議論の主眼はここにあった。こうした彼の主張は、「学校」における教育内容をめぐっての、神道、仏教さらには洋学も入り乱れた主導権争い――明治政府の「政教一致」政策はかかる争いをむしろ激化せしめた――という状況下での、儒者としてのいわば業界利益に配慮した発言ではあろう。だが、ここで彼が「政」に「天照大御神」を、「教」に「孔子」をそれぞれ割り当てたことが、彼の政治思想に与えた影響は無視できない。というのも、この後、明治政府の手になる「政教一致」政策への危機感を深めていった結果として、阪谷の思想は、「教法」（それは同時代 religion の訳語であった[168]）に対する「政教」独自の役割を強調する方向に舵を切るからである。「政教の教」と「教法の教」とが区別され、「政教」の次元がそれとして括り出された時に、「掲示」はその位置をどこに占めるのか。明治五年（一八七二年）の「政教管見」において阪谷は次のように言う。

万国を通観するに教に二つあり。一曰政教の教、上より政令を以て教ゆる者これなり。二曰教法の教、下にて幽明を分ち民の欲により善に導く者これなり。教法の教は政教の達せざる所を輔け民心を堅固になすと雖も人欲により目見えざるの幽明を主とす。ゆえに同く勧善懲悪を本とすれどもその弊害もまた多し、その弊害を洞見し万殊の一本たる平易明白なる者を確立して諸教を駕御し以て諸民を開化するは政教の教に在り。（『関係文書』、一二七―一三、一丁ゥ―二丁ォ）

「教」には「政教の教」と、「教法の教」との二種類がある。前者は、「上」から「政令」をもって、後者は、「下」において「幽明」を主とし「民の欲」によって、人々を導く。「教法」は、人々の恐怖や欲に働きかけ、「民心」を「堅固」にし、「善」へと導く。これに対し、「教法」の弊害を矯正するために、これを「駕御」し、人々を「開化」に導くのが「政教」だというのである。「開化」とは、阪谷にとって、「人にして人たるの事五倫の道」を万人が行うようになることに他ならない(169)。「教法」は「人心」を統合し、「一」にするために便利ではあるが、他方常に分裂の危険性をもはらむ。これに対して「政教」が分裂することはあり得ない(170)。

その事は平易明白にして政を以て示すべくして諸教の如く辯説を以て行う者にあらず。これ政教の一たる所以なり。かつおよそ一地球上いやしくも人たり教たる者千殊万別と雖も悉くこの範囲を出る者なし、またいわゆる確然不動にして以て万動を貫く者なり。(同上、五丁ォ)

文久二年(一八六二年)の阪谷においては「政教一致」が彼の目標であった。明治五年(一八七二年)――それは「敬神」と「愛国」とが同時に呼号される「政教一致」の時代である――における阪谷が目指すのは、「政教」と「教法」の分離であった。「案ずるに政教の教と、教法の教と義は同もその事は分明にわけて、政教にて教法を駕御す」ることが重要なのである(171)。明治政府の「政教一致」政策に対する批判の含意は、明らかである。

もしそれ神教幽明の説に至りては重んずべしと雖も政事に施行すべからず。政事に施行すべからざる者は至重と雖も政教の教に合せ行わんとすれば是非相抗し、長短相競い、甲忿乙怒り必ず重ぜんとして却て自ら軽侮する事となる。(同上、五丁ォ)

「幽明」に言寄せて「人心」を収攬すること。それが「教」(「教法」)の機能である。それと「政」(「政教」)とを混同してはならない。だが、そうであるとすれば、「掲示」による「人心」統合の構想はどうなるのか。「掲示」は、「政教」によって「駕御」されるべき複数ある「教法の教」にすぎないのではないか。(172)「掲示」を中心とした阪谷の政治構想は、この時、袋小路に追い込まれた。(173)事実、これ以後、阪谷の論説から「掲示」への言及はなくなる。彼の政治思想の中心に長く君臨し続けた「掲示」に代わって再び浮上するのが、「天子」「皇統」である。そして、政治思想の中心に「天子」「皇統」を据え直した時、普遍的な政治の原理としての「合議」「会議」の構想も復活するに至る。「政教一致」の時代のさなかに、彼の政治思想は、「掲示」による「会議」の構想から、「天子」による「会議」の構想へと大きく転回する。だが、この転回は〈転向〉などではなかった。既に見てきたように普遍的であるはずの「掲示」の、「本邦」における妥当性について、阪谷は「天祖」が「公」にしたことにその根拠を求めていた。そしてこの時、「天祖」ではなく、まさに当代の「天子」自身が普遍的な政治の原理として「会議」を採用することを「公」にした。五箇条の御誓文である。「掲示」の教えは「御誓文」に包含されるに至ったのである。

「御誓文私義」

明治四年(一八七一年)執筆と推定される「御誓文私義」(174)において、阪谷は、五箇条の御誓文の逐条解釈を試みている。普遍的な政治の原理としての「会議」の基礎づけを「掲示」ではなく、「天子」の「御誓文」に求め直すために、それは必要な作業であった。

第一条、「広く会議を起し万機公論に決すべし」とは、阪谷によれば、「天下の事、私に破れ公に興る、その公論を集め候は会議の外無之」ことを意味する。そこで重要なのは、「会議の致方と人選をまた会議候上仕り候事」である。まず「人選」については、「その人は論語の損者三友たる便辟便妄善柔を除き益者たる直と諒と多聞の者を選用(『論語』・季氏篇)」するべきである(『関係文書』、一二六―一一、一丁ゥ)という。また、「会議の致方」は、「下」から「上」に積み上げていくべきである。

先《まず》は人選二十人を限り出席可然候。何れその局々にてもまた会議のふり合に致候事ゆえ条理相立上達可仕候。下々の議論は（四字解読不能）上達　御覧の上、諸役人へ御示し有之度候。もしそれにても壅蔽ならば相しらべ厳罰たるべし。下にも会議所出来の上は下の会議決候処は両三人惣代として政事堂へ登り申上候様有之度候。（『関係文書』、一―二六―一一、二丁ォ―ゥ）

こうした「会議」の効用は、そこで得られた結論が、君主にとって「直諫の言」であることにある。したがって、「直諫の言は少々間違有之候とも御上の意に逆い候程、益《ますます》以包容御ほめ可被為遊候」（同上、二丁ゥ）ことが大事である。

第二条、「上下心を一にし盛に経綸を行うべし」が前提にしているのは、「人心の公なる平均の処」の存在である。

人心の異なるその面の如しと申候得共、いかに議論不合席にても食時《（ママ）》に至り弁当を食べ候は万人も一様なる如く忠孝の節は悪人もわるしとは不申。合一の処有之。これを人心の公なる平均の処を致候。（同上、三丁ォ―ゥ）

「人心の公なる平均の処」とは、「私の平均」ではない。それは「公の平均」である。一時の「酔狂」ではない。むしろその「酔狂」をあとで「後悔」する、その気持ちが「公の平均」なのである。

大酒致す者の無理に飲て酔狂致すも一分の平均には候得共、これは私の平均なり。酔て後悔致すが公の平均なり。この平均を考て処置致すが人心一致の基本にて昔の英雄度外に出て人心を服候も畢竟この平均の処を見当候。その事奇術は無之候。（同上、三丁ゥ）

それは、結局、当たり前のことを当たり前に行うということにすぎない。やはり「奇術」は存在しないのである。その当たり前のこと、「公平均の折合」を求めるために「会議」が必要なのである（「天下の事、平常の外、奇法は無之候。ただし取斗いの巧拙ばかりにて智愚の相別り候のみ。広く会議致はこの公平均の折合を求め取斗を工夫致に候」、同上、三丁ゥ—四丁ォ）。

そして「会議」とは、結局のところ、儒学の経典『中庸』にも、そして「白鹿洞掲示」にも記される、人が人らしく生きていくために必要なあのプロセスを忠実に実行することに実のところ他ならない。

会議は博学審問慎思明弁（『中庸』、「掲示」にも）の義なり。裁決してその局々々に請取速に経綸を行うは篤行の義なり。篤行は修身処事接物の三要に有之候得共、已に正其義明其道致し決議分付の上は、その任に当り行い候者御付任少も疑念御掛無之候事肝要に奉存候。少しにてもこのもの間違を致し出しはすまいかと御猜疑掛り候時は誰も踏込で不致ゆえ経綸立ず。（同上、四丁ォ）

「御誓文」が体現する「会議」の構想は、彼が信じる儒学の、そして「掲示」の教えとやはり根本的に一致しているのである。「会議」の末に得られた「公論」にはもはや、「疑念」や「猜疑」は無用である。しかるべき人を任命し、決定したことを速やかに行わせるべきである（「我心を尽し公論に拠り選んで任じ候上、事成は有賞、不成は有罰、何も疑候事はなきわけに候」、同上、四丁ゥ）。

第三条、「官武一途庶民に至るまでおのおのその志を遂げ人心をして倦まざらしめんことを要す」について、阪谷はこれをもっぱら「人材」登用の問題と捉える。

> この官は公卿、武は武士の事と奉存候藩国之義当り兼候様に候得共、畢竟人材に門閥を不分、文武を一に致すと申す事に候間、藩国に大切の事に候。人材門閥によらず愚にては当時の勢ゆえ門閥も必ず衰亡致候間、人材をあげ用い候が門閥の守護と相成候。しかし門閥は随分人心を維持する大切の者に候間、およそ御家老以下上下三等に分け門閥は平常儀式の時に用い国家経綸には家の大小によらず、おのおのその人の力だき《ママ》学びあげさせただ才徳公論に合候者を上に立候得者、今日の実用出来可申候。人才おのおの有長処、職分もおのおの務る処あり、その任を異に致さで不相成といえども門閥も人才も公平に平均致し目当と致候は一の掲示のみ。（同上、五丁オ—ウ）

「門閥」の必要性は表立っては否定されない。だが、「人材」登用の道筋は、イエではもはやない。必要なのは「学校」である。「学校」において「才徳」が「公論」に合うものを取り立てるべきである。「才徳」を基準とする実力主義である。実力主義であれば、逆に、その選抜の基準が重要となる。その基準としてあの「掲示」が挙げられる。「掲示」は、「御誓文」の第三条における「人材」登用の場としての「学校」の中に、いわば吸収される。

第四条「旧来の陋習を破り天地の公道に基くべし」も、「人材」登用の問題として把握される。

まず、「旧来の陋習」とは何か。「格」や「品」がそれである。

> 中世弊習にて御目見と申事にて格を分ち直参陪臣など品流を付候事、物の壅塞致候基に候間、これら早々御改め可見人は庶民にても早々御逢、その申事御聞可被成になると扶持か目録被下ではならぬなど事むつかしく申はみな御目見と申陋習に生候。（同上、七丁オ）

「御目見」に代表される「格」や「品」こそが「徳川家」の支配の根本にはあった。だが、それらは、結局、「虚威」

にすぎない。

> 徳川家の衰しも全く眼前の利を求ると虚威を張り候ゆえなり、威の本は才徳にあり。包み隠して下より窺れまじと致すより下の者益上の腰を見候、過ちも仕損じも皆さらりと打出し公然と御改めなれば日月の食の如く愈奉仰候。（同上、七丁ゥ）

「御威光」は「虚威」にすぎない。本当の「威の本」は「才徳」である。そうであればこそ、「学校」の設立は、統治原理にかかわる。統治のそれまでとは根本的に異なったありようを示すために必要不可欠なのである。阪谷は「京都大学校」の設立を提案する。

> 門閥を守るは才徳により候間、御連子《（ママ）》御大臣方の御子達一僕ずつにて学塾へ出し郷校へ入磨き立候がよろし（…）勅命により京都大学校相立候迠一大寺御かり上げ文武稽古場に致し皇子摂家の公達厳命にて御寄宿相成下士と歯する様ならでは公卿御旧習改まり申間敷。（同上、七丁ゥ—八丁ゥ）

「門閥」に一定の配慮を示しつつも、改革の方向性は明らかである。「世襲」も「陋習」である、と阪谷は断言する。

> かつまた術芸に家を定候事甚陋習に候。術芸はおのおのその得手あり。名人の父ありて名人の子は乏し。家定り候得者、術芸必ず衰候ゆえ無用に禄を費し人を抱で不成様相成候。（同上、八丁ゥ）

当然、「以後世業と申事堅く禁絶」（同上、八丁ゥ—九丁ォ）すべきである。五箇条の御誓文の第四条は、「術芸」の世襲制を禁じていると解するべきなのである。さらにこうした「陋習」を破り、「天地の公道」に則るための方法は、やはり「会議」である。

学者の陋習、役人の陋習、風俗の陋習に至り候ては公平会議相改候様評決処置可有之候（…）婚礼葬祭の（不明）随分陋習多く候間、貴賤により物少く礼厳なる良制、御会議被為有度候（…）御殿内御婦女の陋習は上にて御勇断の外無之候。（同上、九丁ゥ）

阪谷における「会議」は、やはり統治のあらゆる場面に遍在する決定の原理である。第五条、「智識を世界に求め大に皇基を振起すべし」は、こうした「会議」を世界を把握する方法として宣言したものに他ならない。世界は、「万国」による「会議」の場として捉え直されるべきである。

一人にては何程《なにほど》の英雄も事出来不申候間、国中会議の策に拠り国中の智を一人に集め候。なおまた一国も一人の如く井蛙管見と相成候ては不相成候間、万国の智識を一国へ集めでは不成候。（同上、九丁ゥ—一〇丁ォ）

「国中の智」を「一人」に集めるのが「会議」である。ならば、当然、「万国の知識」を「一国」に集めることも必要である。

しかしこれにも順序あり。まず国中会議の智識より開き、順に隣国日本内より西洋諸州治乱興廃経済学術に及び、博学審問慎思明弁之道に（二字不明）旧来の如く入用を費し、諸臣に学習見聞致させながら因循案に至候事なく、さっさっと会議採用仕りたく（一字不明）諸方へ書生を出し、引かえ引きかえ次第に実効を取り可然候。（同上、一〇丁ォ）

「万国の智識」を集め「公平会議」の上で決定したことは、君主といえども犯すことはできない。統治をそのような「公論」によって基礎づけることは、実は君主制のためにもなる。「暴君庸主」の出現というリスクを回避しやすいからである。

万国の智識を集め公平会議の上定り候事（一字不明）御上にも下同様御犯し被為成事決て不相成、御犯被為成掛候得者衆人不奉命。あるいは内分御犯しなれば会議の上よろしきに応じ罰を上候事と明白に定り候得者、他は不幸暴君庸主出候ても衰候事無之候。不衰時は明君出るに従いまた益盛に相成富強を立候。（同上、一一丁ォ—ゥ）

阪谷における「合議」の政治思想は、その梃子の部分を「掲示」から「御誓文」に移すに至った。「掲示」は「御誓文」の中へといわば吸収され、これ以後、阪谷が掲示に直接言及することはない。とはいえ、そのことは、「掲示」を媒介に練り上げられた彼の政治思想が決定的な〈転向〉を遂げた、というのでは既述のようにない。「掲示」に体現された（と彼が信ずる）「会議」の政治思想は、「御誓文」をもって、君主により、いわば正当な原理として認められたのである（当然、その原理は臣下のみならず君主自身をも拘束する、と彼は考えた）。とはいえ、そのことは、「合議」の政治思想に内在する困難までをも彼が克服したことを意味するわけではない。「合議」の具体的な制度化という問題、「合議」が「公論」に至ることの保障という問題は、彼の政治思想の課題として残り続けるであろう。

第六節　『明六雑誌』へ

「地誌」と文会

明治四年（一八七一年）のいわゆる廃藩置県（当時の言葉で言えば「郡県」の実現である）は、阪谷にとっては失職を意味した。藩政統治の任を解かれたのである。阪谷はそのまま東京にとどまり、明治五年（一八七二年）五月、陸軍省参謀局地理図誌編輯係に出仕している。こうした例は珍しくなかった。例えば、同様に「地誌」編纂に従事することになった塚本明毅や中根淑は、それまで沼津兵学校に勤務していたが、(175)「郡県」に伴い兵学校は廃止され、上京を余儀なくされた。「郡県」を契機に上京したのは、彼らだけではなかった。静岡から流出した人材としては、他にも中村正直、西周などがいた。(176)「王政復古」の実現は、直ちに中央集権化を意味したわけではなかった。むしろ当初は分権化が進んだ。人口も大幅に減少し、「都会変じて桑田となる」ありさまであった「東京」に引き換え、(177)静岡藩では、徳川家の移封以来、徳川家が蓄積した人材を活用して、積極的な藩政が行われようとしていた。静岡学問所や沼津兵学校などはその成果である。(178)静岡藩を始めとして、「封建」割拠体制のかなり長期にわたる持続を前提として、各藩が藩政改革を試みていた、（「王政復古」から「郡県」までの）この時期は、おそらく徳川政府末期から続く儒学的知識人の統治過程への参加が最も進んだ時期でもあった。そのような可能性を「郡県」化が消滅させたのである。「郡県」は、「東京」を「中央」にした。(179)そのいわば反射的効果として「地方」が生まれ、知識人は「中央」を目指すことになった。(180)「郡県」後の静岡の「あきからの様」なありさまを、当時、静岡在住の一女性は「勝（海舟）様・山岡（鉄舟）様も天朝より御召にて相成候御様子に承り、まことに駿地はあきからの様に相成、心ぼそく相成まいらせ候。しかしつまらぬ者はみな居すわりに御座候」と伝えている。(181)静岡以外でも、例えば、鷲津毅堂、依田学海なども、廃藩により、致仕を余儀なくされ、東京に移住している。阪谷は、明治二年（一八六九年）には既に上京しているが、廃藩に伴い、失職したことが、東京にとどまる大きな動機となった。彼らに共通するのは、廃藩以前には、藩政に関与し、かなりの重職に就いていたことである。[182]「郡県」が彼らを失業に追い込んだのである。

「郡県」による東京への集中は、この時期の知識人の共通の運命であった。[183]阪谷も同時代の多くの人々と同様に東京の「寄留」であった。[184]廃藩により、統治過程からも、「藩校」という教育機構からも、切り離された知識人の大量流入が、「地誌」制作のような事業を支えていた。「地誌」はいわば、浮動する知識人の「郡県」の夢であった。だが、「地誌」制作の任務は、例えば阪谷が「郡県」前に広島藩で与えられていた地位に比べれば、比較にならないほど低い。阪谷自身、親しい友人への書翰では、「畢竟愚事業奴隷官」と自嘲している。[185]廃藩前であれば、中央の仕事に不満があれば、辞職し帰藩することも可能であったろう。[186]だがこの時既に彼に帰るべき藩はなかったのである。

「郡県」化による知識人の大量移入は、他方同時に、「文人」社会の活況をも可能にした。[187]だが、この時期の彼らを直ちに非政治的な存在と考えるのは誤りである。見てきたように消滅して間もない各「封建」政府において、教育や統治の任に実際に携わっていたものも彼らの中には少なくなかった。高い教養と豊富な経験とを背景に、旺盛で持続的な関心を政治に向ける一群の人材をこの「文人」社会はプールしていたのである。[188]阪谷もこうした意味での「文人」たちの一員であった。しかも阪谷は、従来から、世の中に広く行われているいわゆる「文会」についてかなり批判的であった。それは「進徳修業の資」とはならず「般楽怠《たいごう》敖（『孟子』・公孫丑上篇）の資」になりさがっているというのである。[189]阪谷にとって「文会」とは、だが本来は、こうしたものではない。

則ち風月文字は、固より文会なり。独り処りて古人を尚友するも、また文会なり。家人に接して、親戚を宴するも、また文会なり。国事を議して、同僚に対するも、また文会なり。（『全集』、二二九頁）

「風月文字」は無論のこと、「独処尚友古人」、「接家人、宴親戚」、「議国事、対同僚」といったことをも含む広がりを持ったものでそれはあるべきであった。「郡県」の「文人」社会に、そして阪谷の中に、潜在する関心の所在をうかがうに足りよう。(190) 明六社の活動は、少なくとも阪谷にとって、こうした本来の「文会」の姿を想起させるものとして、映ったのではないか。

「尊異説」と演説

阪谷が明六社に参加した経緯は明らかではない。とはいえ、明六社の試みは、何よりもまず、彼がながらく抱懐していた「合議」政治思想の実践として彼の眼には映じたであろう。

『明六雑誌』への彼の最初の投稿は、西周、西村茂樹、清水卯三郎らの「文字」論に対して、「万国」の「文字言語」を「一」にするという「万国混同の説」を主張するものであったのは、この点、象徴的である。「万国混同」のために彼が提唱する方法は、当然、「万国普通の公理により各国合議論定するのみ」（「質疑一則」、『明六雑誌』第十号）である。「文字言語」にかかわる「合議」とはいわば決め方の決め方についての「合議」である。それは当然、世界大に広がる「合議」となる。こうした世界大の合議という発想は、この雑誌において、阪谷のみが懐く突飛な空想ではなかった。(191) 杉亨二も、「貿易改正論」（第二十四号）において、「自由交易」と「保護貿易」の得失について、「西国」の「保護法に精しき大学士」「自由交易に精しき大学士」を、また、岩倉使節団のメンバー、さらには「内国」の「農工商」から代表者を選び、彼らに「委任」し、「会同」せしめ、「正大公明の議」によって可否を決するべきことを主張している。阪谷も納得の主張であろう。

さらに、彼らは「合議」が「公論」に至る条件、また、そもそも「合議」が成り立つ条件についても意識的であった。例えば、西は、「愛敵説」（第十六号）で、「敵」という概念についての分析を試みている。「敵する者」とは、西によれば、実は「我ともっとも関係深き者なり」なのであり、そうであれば、「悪む者は愛すべきの縁由あるの者」でもある。そもそも差異が存在するためには、どこかに同一なものがなくてはならない。「敵」との間にも、その意味では、どこかに共通点が存在するはずであり、それは「愛」の基盤であり得る。こうした西の議論の一つの含意は、政治において——西自身は「愛敵」は「モラル」の領域においてのみ妥当し、「ポリティカ」には妥当しないとするものの——立場や意見を異にする対抗者を、道徳的に相いれず、よって殲滅すべき「賊」としてではなく、基本的な前提を共有する「敵」として扱うことにあったであろう。こうした西の議論を受けて、西村も、「万国公正の道理に依拠してこれを考うるときは、賊の字をもって朝敵に加うるは実に不適当」と断じている（「賊説」、第三十二号）。「朝敵」の汚名の記憶が、依然として圧倒的に鮮明であったろう当時においてである（ちなみに数年後、西南戦争をめぐる新聞報道においてこの語が再び頻出することになる）。

この意味での「敵」は、「合議」にむしろ必要である。阪谷は、「尊異説」（第十九号）で「異の効用」を説く。表面的な立場の一致はむしろ廃するべきである（「異の尊むべく、同の卑むべき、知るべきなり」）。「異を尊愛」することこそが「大同を開く」ための道なのである。

西や西村の議論と阪谷との間には違いもある。阪谷の議論の特徴は、こうした「異の効用」が、もっぱら国家の「富強」にかかわるとすることである。なぜ、「異」は国家に「富強」をもたらすのか。それは「同」が「諂諛」を招くからである。「諂諛」とは、「抗抵の力」の欠如であり、国家の「衰亡」を招く危険な情念なのである[192]。よって「異」を「尊愛」すべきなのは、第一義的には「政府たり長官たるもの」に他ならない。また、「尊愛」すべき「異」の対象も、宗教ではなく、もっぱら政治的意見であるとされる。彼は西を始めとする論者が、『明六雑誌』上で盛んに議論していた宗教的寛容論には興味を示さない。「教法」より「政教」が重要だからである[193]。

こうした違いにもかかわらず、彼らは共通して自分たちとは立場の異なる他者をどのようなものとして扱えばよいのかについて、真剣に考え、議論を交わしたのである。この点をめぐる彼らとの議論は、阪谷にとって、彼の「公論」の政治思想の成立条件をさらに深く掘り下げる契機となったであろう。

さらに、「合議」の具体的な形式についても、彼らは自覚的かつ実践的であった。その最も顕著な例は「演説」である。福澤諭吉の言うところを信じれば、speech の訳語として「演説」の語を発明したのは福澤自身である。従来の「願」でも「届」でもない、この新たなコミュニケーションの形式こそが「文明」の秘密である。[194] そう信じるに至った彼は、「演説の一事に付ては何れも半信半疑」であった明六社のメンバーを、自らの実演によって説得し、「明六社」を「演説」演習の場にしようと企てたのである。[195] 福澤の目論見は奏功し、明六社の同人は次々と「演説」を実践した。「演説」は『明六雑誌』と並び、あるいはそれ以上に明六社の看板となった。「西洋流のスピーチュは西洋語にあらざれば叶はず、日本語は唯談話応対に適するのみ、公衆に向て思う所を述ぶ可き性質の語に非ず」と日本語による「演説」の可能性に懐疑的だった森有礼も、[196] やがて見事な「演説」を日本語で実践して見せることになった。[197] こうした「演説」が新たに切り開いた「合議」の可能性に、阪谷が興奮を禁じ得なかったことは想像に難くない。阪谷は明六社における「演説」会の熱心な参加者となった。「掲示」の斉唱を好んだ阪谷は、明六社体験を通して、様々に異なる「声」からなる混声合唱や、時には起こる不協和音に向けて自らを開いていったのである（確かに「会議」には、「斉唱」は似つかわしくないであろう）。

明六社という場には、どのように多種多様な「声」が飛び交っていたのか。他の儒者や、近くは横井小楠同様、天地普遍の「道理」の実在と、「合議」によるそれへの到達可能性を心から信じてやまなかった生粋の儒者が、革命を偶然にも生き抜き、その後の世界を生きることになった時、どのような「声」を発したのか。二度とは還らない歴史の彼方に消え去ったそうした様々な「声」を聴き取ることはもはやできない。だが、『明六雑誌』という媒体を通して、その微かな残響に耳を澄ますことは不可能ではない。以下はその試みである。

（1）生前の本人の希望が尊重されたとすれば、埋葬の形式は、火葬だったはずである。「火葬ノ疑」『明六雑誌』（第十八号）。明治八年（一八七五年）五月二十三日付の太政官布告をもって、阪谷が問題にした火葬禁止の布告（明治六年／一八七三年七月太政官布告二百五十三号）は既に廃されていた。この時期の火葬をめぐる論争については牧原憲夫『明治七年の大論争』（日本経済評論社、二〇〇三年）第三章参照。

（2）谷中が墓地に指定されたのは、明治七年（一八七四年）六月二十二日付の墓地令による。『東京市史稿』市街篇第五十六冊（臨川書店、一九六五年）、四二四―四二六頁。また中島久人「東京における公共墓地の成立」（『民衆史研究』第五十号、一九九五年、後に羽賀詳二編『幕末維新論集十一　幕末維新の文化』吉川弘文館、二〇〇一年所収）参照。

（3）中根淑「天王寺大懺悔」（新保磐次編『香亭遺文』金港堂、一九一七年）、五三四頁。

（4）久敬舎は、昌平坂学問所の敷地内にあった。在学中の弘化元年（一八四四年）に書かれた「倫間小記」には、「撰于昌平久敬舎南西窓下」とある（『全集』、五二〇頁）。眞壁仁『徳川後期の学問と政治――昌平坂学問所儒者と幕末外交変容』（名古屋大学出版会、二〇〇七年）、五六七頁、注六。

（5）新保磐次「解題」『香亭遺文』、三頁。

（6）ここで描かれる人物に関して、森まゆみ編著『谷中墓地掃苔録――森の中に眠る人々（谷中墓地人名事典）』壱、弐、参（東京の地方叢書四―六、谷根千工房、一九八九―九二年）。また、末武芳一『谷中過去帳――谷中寺町人物博物館目録』（私家版、一九九五年）参照。作中、描かれるのは、「学者文人」にとどまらない。大久保利通暗殺の島田一郎他四名、代言人の高橋一勝、雲井龍雄、頸城自由党の赤井景韶、「悪女」高橋お伝なども、さらにはキリスト教徒や、神道家の井上正鉄も出現する。現世での成功や失敗、貴賤上下、徳川方か、京都方か、政府側か、民権側か、あるいは仏教、神道、キリスト教といった宗派の違いはほとんど無に帰し、死者たちは緩やかに共存しているようにも見える。やや時代は下るが（したがって、挙げられる死者には異同があるが）、次の文章なども、通俗的な無常観に托しつつも、おそらく明治になって初めて可能になった共同墓地における死者の共同性の感覚を、強調している。「頭を挙ぐれば、忽然五層の朱楼（素木造りにて朱塗りにあらず）緑樹鬱蒼の中より湧き出でて千塔万碑の其の下に列植せらるるを見る。問わざるも是谷中の共同墓地、その楼は即ち天王寺の五重の塔。其塔碑は即ち魂魂の憑る所累々たる苔石の下参差たる土饅頭の中。英雄豪傑鴻儒富豪若しくは貧賤無縁の者。老少を云はず。妍も醜も一たび無常の風の前には燈光露滴に均しく。人生の猿間しさ。かくて諸共茲に永眠して茲に枯骨す。西野文太郎、来島恒喜の血気なるも。雲井龍雄、馬場辰猪の強の者も。佐藤尚中先生も中村敬宇先生も。落つれは同じ谷川のあはれ高橋お伝と枕を並べぬ。夜深け燈光明滅する時吉原遊蕩の客。費ひ果して最早や一文なく馬に乗て駒込辺に向ふもの。一たび此便路にかかれば。始て目を覚す。彼は全盛の楽境。此は必衰の窮境。相呼応すれば人間万事はさても塞翁の馬なるかなと観し来れば総て此の如きものなりけり」『新撰東京名所』第五十三篇下谷区之部三(『臨時増刊　風俗画報』、東陽堂、一九〇九年)。

(7) 大日本人名辞書刊行会編『大日本人名辞書　新訂版』(内外書籍、一九三七年、講談社学術文庫、一九八〇年)。また、明治初期の大書肆金港堂のエディターでもあった。美妙斎山田美妙を見いだしたその手腕と「容易に匹を求められない一代の高士」としての風貌を描くのは内田魯庵「美妙斎美妙」である。野村喬編『内田魯庵全集』第四巻、ゆまに書房、一九八三年、一九一頁。

(8) 沈雲龍編『扶桑遊記』下巻(近代中国史料叢刊版、第六十二輯、文海出版社〔台北〕、一九七一年)、六丁ゥ—七丁ォ。それぞれの詩の解は以下。阪谷:「いかだに乗り、波を越え、海亀とワニを走らせる(そのようにしてあなたはここへやってきた)。あなたは故郷へ帰りたいと思ってもそれがかなわないことをいたずらにお嘆きになる。しかし北地には讒言が多く(貝錦は讒言の比喩)、わが日本には美しい女性のえくぼがある。あなたの銭永(梅渓)のような書はまるで龍や蛇が出没するかのようであり、あなたの杜甫のような詩は、剣と玉をおびて(朝廷に)いるかのように荘厳である。伊丹の酒はまるで泉のようで、あなたの心のわだかまりを消してくれる。しばらく日本に逗留なさって、有徳の士(栗本鋤雲か?)の好意に甘えなされ」。王韜:「万里の荒波をワニに乗り越えてきた。はるかな中国は遠くて帰ることができない。蛮地の文章は(中国とは)別の流儀で、波のうねる大海はうずを巻いている。窮境でも天下を憂える想いを捨てることができようか。心に積もった憤りは消しがたく、地面を斬り付けて歌う(杜甫「短歌行贈王郎司直」を受ける)。大金を費やして、故郷へ帰る計画を立てる。平素からの志は隠棲することにあるのだ」。

(9) ここで漢学者とは、明治当時の、洋学者、英学者などとの対比で言われる一般的な儒者のことであり、宋学との対比におけるそれではない。

(10) 例えば彼は、当時、文章家として著名であった。松村操編『明治八大家文』第三巻、思誠堂、明治十四年/一八八一年(成田山図書館蔵)。「八大家」として挙げられるのは、阪谷を除けば、次の七人。林鶴梁、安井息軒、芳野金陵、大槻盤渓、中村敬宇、重野成斎、川田甕江。また森春濤編『東京才人絶句』上巻(小江湖社、明治八年/一八七五年)、三七丁ゥ—三八丁ゥも参照。ここに詩が収められている人物は他に、大沼枕山、小野湖山、松平春嶽、山内容堂、信夫恕軒、福地桜痴、鷲津毅堂、大槻盤渓、鱸松塘、木村芥舟、関雪江、栗本鋤雲、長三州、岡鹿門、依田学海、亀谷省軒、岡本黄石などである。阪谷のこうした交友関係の広がりについては大月明「阪谷素とその交友関係について」（同『近世日本の儒学と洋学』思文閣出版、一九八八年、第四部第四章所収）が詳しい。

(11) このような見方を継承する現代の研究者もいる。阪谷について、「その文章は才華があふれ出、筆力は達者であるが、しかし回わすことが足らず転折にとぼしいうらみがある。晩年にはくだくだと長くてしまりがなく、字句もまたみだると評せられている。これは晩年に明六社に入って洋学者のなかまとゆきしたのが原因しているのであろう」とは三浦叶の評である。三浦叶「明治の漢文」（『明治文学全集六十二』〔筑摩書房、一九八三年〕、後に同『明治漢文学史』〔汲古書院、一九九八年〕に再録、引用は後者より）、一一八頁。

(12) だが、こうした見方は、阪谷自身のものではなかった。たとえ、彼が「異端」であったとしても、それは「自らを正統と思う異端」としてであって、「異端好み」としてではなかった。「自らを正統と思う異端」、「異端好み」は、藤田省三『異端論断章』（『藤田省三著作集』第十巻、みすず書房、一九九七年）、六四、一二七頁参照。これは『近代日本思想史講座』第二巻「正統と異端」のために設けられた研究会での「報告と討論」（一九六五年五月）中の藤田の発言である。詳細は研究会の出席者であった石田雄による「解題」を参照。ただし、藤田の言う「異端」と本章で言うそれは同じではない。本章における「異端」とは当然、「攻乎異端、斯害也已」（『論語』・為政篇）の「異端」に他ならない。

(13)『曙新聞』明治八年（一八七五年）五月二十日付。投稿者は「長井琴世」。ほぼ同文の投稿が『日新真事誌』明治八年（一八七五年）五月二十二日付にも見える。

(14) 明治八年（一八七五年）一月十六日に、明六社において行われた演説の筆記である。

(15)『日新真事誌』明治八年（一八七五年）五月三十一日付は、「此間ハ明六坂印ノ儀ニ付迂奴堀〔ウヌボレ〕連中ヨリ御悪口小生高見ニ見物耳ヅラク早々楽屋風聞問合候処当人ハ御最トテ大笑ヒ致シ居ル趣」と伝える。

(16) 阪谷は後に自らの「明六社」参加について「学語小児の態を倣ひ」と振り返っている。「新年会演説」（『洋々社談』第十号、明治十年／一八七七年）。

(17) 阪谷は、少年期、青年期にかけて、河野、昌谷、坂田など様々な姓を用いている。本書では、以後、厳密に使い分けることをせず、すべて阪谷で統一した。伝記的事実に関しては、主に阪谷芳直『三代の系譜』（みすず書房、一九七九年）、山下五樹『阪谷朗廬の世界』（日本文教出版、一九九七年）を参照した。

(18) 阪谷芳郎「自分の見たる朗廬」『阪谷朗廬先生五十回忌記念』（一九二九年）より。引用は『興譲館百二十年史』（興譲館百二十年史記念刊行会、一九七三年）、七三頁。

(19) 明治五年（一八七二年）坂田警軒宛書翰。十三歳は十一歳の記憶違いではないか。

(20) また大塩自身が極度の「癇癖」の持ち主であった。半谷二郎『大塩平八郎――その性格と状況』（旺史社、一九七七年）、七―一五頁。阪谷の精神状態にとって、洗心洞への入門がよかったのかどうかは疑問である。

(21) 前田勉『近世日本の儒学と兵学』（一九九六年、ぺりかん社）、第五章第二、三節、眞壁、前掲書、特に第四、五、六章参照。

(22) その流行はおそらく徂徠学派に始まる。荻生徂徠「峡中紀行」『徂徠集』巻之十五、太宰春台「登富嶽紀事」「湘中紀行」『紫芝園稿』第三、四巻など。揖斐高「漫遊文草――儒者の旅」『国文学解釈と鑑賞』第五十五巻第三号（至文堂、一九九〇年三月）、九四―九八頁。

(23) 大室幹雄『月瀬幻影――近代日本風景批評史』（中央公論新社、二〇〇二年）参照。

(24) 「多くの閑人の行動を束縛して、自在に山野を楽しめざる原因も、つまりは文人が余計な組合せを案出した御蔭であつて、激賞は各人の勝手とはいふもの丶、あまり出来過ぎた美文も稍近所迷惑である」として、こうしたイメージの氾濫を「純なる旅行道」の立場から批判したのは柳田國男である。柳田國男「旅行の進歩及び退歩」（『青年と学問』〔一九三三年〕、『柳田國男全集』第四巻、筑摩書房、一九九八年）、三七頁。

(25) 「余弱冠好遊、足跡殆半於天下」「嘗以為遊歴訪人、猶画山水中、不可闕一二人物」（「送十文字子訓西遊序」『全集』、五六九―五七〇頁）。

(26) 「於戯奇哉鬼橋奇、鬼耶神耶将化児、海内異観帰一掃、天台石梁亦徒為、吟客夜投帝釈窟、大巘圧夢夢纔支、暁霧攀入急峡際、怪嶂危巒貫翠囲、石門重開雲呑吐、波角牽掣倒垂枝、忽看大壑中否塞、飛来長流何処之、寧知空際通山脈、百丈横跨千尋谿、万古不撓穹隆勢、雲根夭矯逸蹯螭、上生老樹為欄楯、牛馬来往似坦夷、下如大月生溟渤、水蕩仙氛相争馳、縦有霖潦漂山至、洞然流去屹不移、疑他老蚪奔駃触山死、鱗甲化石不絶離、又疑天半長虹飲谷夕、霊淑固結凝不虧、不然太古架橋梁始、真宰教民運巧思、萍梗嘗捜東方勝、金洞庚申屈指推、不知絶奇在目睫、一條圧倒万嶔巇、寄語天下烟霞客、公論不是我言私、不攀見嶽勿談美、不渡鬼橋勿説奇」（「鬼橋」）。志賀重昂『日本風景論』（岩波文庫、一九九五年）、二六六頁。

(27) この地域で天竜川に船が浮かべられたという最古の記録は、一四七二年にさかのぼるという。今村良夫・今村真直『天龍峡――歴史と叙情』（信濃路〔長野県〕、一九七九年）、六二頁。

(28) 同上書、二六頁。同書は、巻頭の「命名の由来と朗廬」において「天龍峡」を世間に認知させた功労者として阪谷を称えている。

(29) 同上書、九九―一二二頁、一四三―一八一頁。

(30) 和辻哲郎「天竜川を下る」（『思想』一九二三年十二月号、後に『面とペルソナ』、『和辻哲郎全集』第十七巻〔岩波書店、一九六三年〕所収、引用は『和辻哲郎全集』から）、四一三―四一四頁。

(31) 長久保赤水『標注図画　東奥紀行――附北越七奇』（長久保片雲編、暁印書館、二〇〇一年）、一五六頁。

(32) 「諸国の「奇談」を読み物として出版する風潮は、寛保三年の『諸国里人伝』あたりから始まって『烟霞綺談』などと続き、なかでも脚光を浴びたのは、橘南谿の『東遊記』『西遊記』だった。さらに、『奇遊談』が出て、文化年間には『北国奇談巡杖記』が出版された」とするのは中村幸彦「民衆と学問の接点」（中村幸彦他編著『日本文学の歴史八　文化繚乱』角川書店、一九六七年）。こうした流れにあって橘崑崙『北越奇談』（文化九年／一八一二年）、鈴木牧之『北越雪譜』（天保八―十二年／一八三七―四一年）と、「北越」は「奇談」の主要なトポスであり続けた。阪谷の「北遊旅情」もこうした諸作品の延長線上に位置づけることができよう。

(33) 「秋里云、明媚之景、不足盪文士磊落之胸、嵐山花月之景、明媚極矣、而天下文人墨客、莫不欽慕、是以足滌其塵矜也、晋戈談何容易也」（『全集』、四九四頁）。

(34) 長久保赤水の旅行は、阪谷の八十年も前になされたものだが、「北越七奇」は当時依然として旅行者に著名であったようである。阪谷の十年後に旅をした清河八郎の『西遊草』（安政二年／一八五五年、岩波文庫、一九九三年）、巻の二、四月朔日条参照。ただ「七奇」が何を指すのかについては異同がある。橘崑崙茂世『北越奇談』巻之二は「七奇之弁」として、「古の七奇」と「今の七奇」とをそれぞれ挙げる。『北越奇談』（野島出版、一九七八年）、三九―六三頁。

(35) 長久保、前掲書、二一六―二一七頁。

(36) 志賀、前掲書、二九八頁。

(37) 他には例えば安積艮斎がいる。艮斎における「奇」の尊重を荘子の影響として分析するのは、荻生茂博「安積艮斎の思想——幕末官学派における俗と超俗」(源了圓・玉懸博之編『国家と宗教——日本思想史論集』、思文閣出版、一九九二年)。また同時代の文人画においても「奇」が重視されたことについて辻惟雄「日本文人画の成立——中国から日本へ」(源了圓編『江戸後期の比較文化研究』ぺりかん社、一九九〇年)参照。

(38) 志賀は登山好きではなかった。『日本風景論』は、その本質において、美的鑑賞のためのテンプレート集であって、登山を奨励するべく書かれた文章ではないと言えよう。『日本風景論』に収められた「登山の気風を興作すべし」は、そのほとんどがフランシス・ガルトンの『旅行術』の剽窃である。黒岩健『登山の黎明——「日本風景論」の謎を追って』(ぺりかん社、一九七九年)参照。この点、谷沢永一『紙つぶて(全)』(文春文庫、一九八六年)、三二〇頁に教えられた。例えば、『日本風景論』は「天龍峡」については一言も触れないが、今村他、前掲書、一一九頁は、志賀の『日本風景論』の記述を「むしろ在りし日の天龍川の峡谷にふさわしく思われた」とする。今村らの慨嘆はもっともである。阪谷が描く「天龍峡」の景観は、いかにも志賀の好みそうなものである。志賀が「天龍峡」を取り上げなかったのは、単なる偶然か、「天龍峡」についての「風景」享受の実践の蓄積がまだ浅かったからではないか(「天龍峡記」の公表が明治十三年/一八八〇年、『日本風景論』の刊行は明治二十七年/一八九四年)。

(39) 「国粋」主義を標榜しながら、アルプスとは本来似ても似つかない山脈に「日本アルプス」という名称を付して恥じない(それどころか称揚すらする)志賀の姿勢と、古典的な漢文の語彙や表現を駆使しながら、中国の風景とは似ても似つかない目前の「風景」を描写していた阪谷らの姿勢には、確かに、ある対応関係があった。

(40) William Giplin, *Three Essays: On Picturesque Travel; and on Sketching Landscape* (Bristol, 2001), pp. 3–14.

(41) Edmund Burke, *A Philosophical Enquiry into the Origin of our Ideas of the Sublime and Beautiful* (London, 1770), part 2, sect, 1–8, pp. 95–129. エドマンド・バーク著、中野好之訳『崇高と美の観念の起原』(みすず書房、一九九九年)、六二—八一頁。

(42) マージョリー・ホープ・ニコルソン「崇高(外的自然における)」「山に対する文学的態度」(フィリップ・P・ウィーナー篇、荒川幾男他日本語版編集『西洋思想大事典』、平凡社、一九九〇年、第三、四巻)。同著、小黒和子訳『暗い山と栄光の山——無限性の美学の展開』(国書刊行会、一九八九年)。大河内昌「崇高とピクチャレスク」(富山太佳夫編著『岩波講座　文学

七　つくられた自然』、岩波書店、二〇〇三年）。

（43）清河八郎における「奇」の感覚については木下直之「奇をさぐる人」（『世の途中から隠されていること——近代日本の記憶』、晶文社、二〇〇二年）、二四五頁にも指摘がある。

（44）清河、前掲書、五一—五二頁。

（45）「鰐水云、触事感慨、皆在天家可敬、兄亦所謂王室家」（『全集』、四七八頁）。

（46）佐藤一斎「序」（谷文晁『名山図譜』〔文化二年／一八〇五年〕、日本山岳会編『新撰覆刻日本の山岳名著』、大修館書店、一九七八年）。

（47）藤田東湖「和文天祥正気歌」（菊池謙二郎編『新定東湖全集』、博文館、一九四〇年）、三六七—三六九頁。

（48）「江木鰐水評、遊記之於文、属小品、然其人学問文章志気、皆可観也、若此稿、不独奇字奇句累出而已、傍校訂国史、子絢之学可観、而筆力能載数州之山河而出、則文才可観、遇英雄忠臣之跡、徘徊依恋、慷慨嘆息、其志気亦可観、況所照応映帯、数句之記、如一長編、則不可亦以小品観也（…）五月雪窓評、叙事二体、史不待論、其叙今日遊観者、謂之紀行、二体倶不可闕矣、頼山陽吾邦之司馬遷也、畢生精血、整外史、而不及紀行、沢旭山、亦吾邦之徐霞客也、漫遊文草、著于天下、而不及史、碩儒志業、雖不可以常度論、然読者亦憾其不兼全也、如吾友阪谷子絢、北遊放情稿、庶幾兼全無憾者乎、其遊脱東海東山二道常套、而其文挿録古戦于観山泛水之際、併叙今俗于尋花聴鳥之間、弁證訂釈、班班可考、蓋紀行而史者矣」（『全集』、四九九—五〇〇頁）。

（49）久坂玄端の書翰（『興譲館百二十年史』、一三七頁）。月性は清狂とも号する。その字義について超然は、「清者正也、狂者奇也」と解している。「護法小品送清狂道人序」（『月性師事蹟資材』〔一、二、吉田樟堂文庫、山口県文書館蔵〕、海原徹『月性』〔ミネルヴァ評伝選、二〇〇五年〕より重引）。阪谷が否定した「和歌者」流の感受性とそれが居りなすネットワークとが、「尊王」や「攘夷」という心情や行動と結びつかないというわけでは、無論、ない。アン・ウォルソール著、菅原和子他訳『たおやめと明治維新——松尾多勢子の反伝記的生涯』（ぺりかん社、二〇〇五年）参照。

（50）既に松平定信は、文政五、六年（一八二二、二三年）ころの執筆と推定される『宇下人言』において、「寛政四五年（一七九二—九三年）のころより紅毛の書を集む。蕃国は理にくはし。天文地理又は兵器あるは《ママ》内外科の治療、ことに益も少なからず。されどもあるいは好奇之媒となり（…）」と述べる（松平定光校訂『宇下人言・修行録』〔岩波文庫、一九四二年〕、一七七頁）。

タイモン・スクリーチ著、高山宏他訳『大江戸視覚革命――十八世紀日本の西洋科学と民衆文化』（作品社、一九九八年）も、好「奇」の眼差しと「蘭」学との結びつきについて論じている。この時期の「奇」概念が持つ含意の複雑さは、「豪傑」概念のそれへとつながっていくものであろう。「第一奇怪なるものは、今此天地万物也。天地の間、一物として奇怪にあらざる事なし」（『舜庵随筆』）という「発見」を、宣長の「古学」形成の出発点に置き、この時期の「豪傑」と「物」の関係を分析の俎上に載せるのは平石直昭「「物」と「豪傑」――江戸後期思想についての覚書」（懐徳堂記念会編『懐徳』第五十七号、一九八八年）、また、「豪傑」概念につき源了圓「幕末・維新期における「豪傑」的人間像の形成」（『東北大学日本文化研究所研究報告』第十九集、一九八三年）参照。

(51) 福本義亮編『久坂玄端全集』（マツノ書店、一九九二年）、一八頁。

(52) 「行状」は「明年」を嘉永二年（一八四九年）とするが、嘉永元年（一八四八年）のことか。

(53) 「行状」（『興譲館百二十年史』、八三頁）。

(54) 阪谷芳郎「自分の見たる朗廬」（『興譲館百二十年史』、七四頁）。

(55) 『二十四孝詩撰』（『御伽草子』岩波書店、一九九一年）。

(56) 阪谷芳郎「自分の見たる朗廬」（『興譲館百二十年史』、八三頁）。

(57) 『興譲館百二十年史』、九七頁。父の元々の家業が酒造であったこともその原因にあろう、阪谷の作詩千五百首のうち、酒に関する詩は実に二〇四首にのぼる。

(58) 母の死の翌年、「甲寅不言渓観桃記」には、「余久禁酒」（『全集』、二八一頁）とある。

(59) 渡辺浩『近世日本社会と宋学』（東京大学出版会、一九八五年）、一六七―一七〇頁。

(60) 『頼山陽先生品行論』（安藤英男編『頼山陽選集　七』、近藤出版社、一九八一年）、二二九―二三〇頁。

(61) 同上書、一六一―一六二頁。

(62) 阪谷は、当時極めて一般的であった異姓養子の慣行にも否定的であった。自身の養子話も断っている。『賀精渓先生立嗣嫁序』（弘化三年／一八四六年）。

(63) その結節点となったのが李退渓である。阿部吉雄『日本朱子学と朝鮮』（東京大学出版会、一九七八年）参照。

(64) 柴田篤「『白鹿洞書院掲示』と江戸儒学」（『中村璋八博士古希記念東洋学論集』、汲古書院、一九九六年）参照。

(65) 関山邦宏「『白鹿洞書院掲示』の諸藩校への定着とその実態」(『教育研究』第二十一号、一九七七年)参照。
(66) 中村惕斎『学規句解』序(国立国会図書館蔵、写本年代不明)。特別史跡閑谷学校顕彰保存会編『閑谷学校史』(福武書店、一九八七年)参照。
(67) とはいえこうした例が皆無ということはないようである。李栗谷の手になる「学校模範」には、「毎月の朔望、諸生学堂に斉会し、廟に謁し揖礼を行い、畢りたる後、坐定り掌議抗声にて白鹿洞教条および学校模範一遍を読む」とある。世界教育史研究会編『朝鮮教育史』(講談社、一九七五年)、九八―一〇三頁。
(68) 平坂謙二『白鹿洞書院掲示は今も日本に生きている』(私家版、一九九五年)、二四頁。
(69) 後述するように、阪谷は広島藩中に「掲示」を頒布するに際し、「国字解」は必要ないとしている。「跋文之大意」(『関係文書』、一三八―三)。
(70) 「独方今至急務、不可不激論者、有一焉、理財之術是也」(『全集』、九頁)。
(71) 「夫財用不足、取於民無制、上下困頓、失其恒心、専労心身於活計、武備何由修、士気民心何由振、学与道、又何暇講明之、一朝変生於倉卒、某知其覆亡無他也」(『全集』、一九頁)。
(72) 「誠思我講武之士人也、彼講利之市人也、彼講利猶我講武、終身之業在此、而廃我業与之角利、雖我占其権、猶不可勝、而況其既失者乎」(『全集』、一三頁)。
(73) 「ユヘニ今極貧ノ大名ハ思ヒキリテ、大坂ノ銀主ヘナゲダシテ、ドフデモヨイヨフニシテタモレト、丸デタノム也。ケ様ニスル大名ハ日々ニ身上ナオル也。(…)ソノ大坂ノ疑ヒ、丸デアヅケタラバ、丸デ奪フカトイフヨフナルウタガヒヲ出ス事、甚愚ナル事也。(…)今ノ日ニテ町人ガ、大名ノ国ヲウバフワケトントナキ事也。且礼楽刑政ヲ町人ニアヅケルニアラズ。金銀ノトリマワシカタヲ町人ニナロフテ、町人ノイフ通リニスル也。政ヲ町人ニワタスニアラズ。大坂ニテ慥カナル銀主ヲ見定メテ、トツクリト内外ウチアケテ見セテ、金銀事ヲワタス也」。海保青陵『本富談』、蔵並省自編『海保青陵全集』(八千代出版、一九七六年)、一二二―一二三頁。
(74) 「故為之之道、必先絶私欲、堅我死守之志、彼以利、我以義、彼以詐偽、我以吾剛正質直之徳、凡誘我為便利之説者、皆駆逐不近、其区画処置断然破尋常姑息之見、一以君子理財之道」(『全集』、一三―一四頁)。
(75) 「古人当軍国多事之際、猶能振富強於一世、今日治平、断無不能保一国之理矣、在幕府、固宜省事為諸侯、在侯国、則当謹供其職也、以之提撕我惰気、以之節約我用度、昇平警戒莫善焉」(『全集』、一六頁)。

(76)「抑理財有二道、仁慈為質、移風変俗、祛虚文、省冗費、使上下倶贍、同跡仁寿者、聖賢之富国也、任数行譎(…)苟上可富、不必䘏下、果利帰己、忮害不復問者、小人之蓄財也」「理財論」(甲申/文政七年/一八二四年七月)『侗庵三集』(静嘉堂文庫蔵)参照。

(77) ちなみに上記侗庵の「理財論」は、「後宮」「商賈」「防火」「浮屠」「従卒」「請負」等の個々具体的な制度や社会集団に焦点を合わせた、各論的色彩の強い著作である。

(78)「白鹿洞掲示こそ、繁簡の中を得候て、万道万芸の大本と相成候」。「掲示上言」(岡山県後月郡役所編『後月郡誌』、中国民報社、一九二五年)、一〇五七頁。

(79) 同上書、一〇五七頁。

(80)「上々より、断然御勇決、御となへ被為遊、可然事に奉存候、総て上の被成候事は、善悪によらず、下の者、草の風になひき候者にて、忽ち申伝相習候、況て、至当の善事、誰か違背可仕や、たとひ、初は彼是私儀仕候ても、終りは帰服仕り候」(同上書、一〇五七―一〇五八頁)。

(81) 同上書、一〇五八―一〇五九頁。

(82)『新論』(『日本思想体系五十三　水戸学』、岩波書店、一九七三年)、一四九―一五〇頁。またこうした会澤の政治思想の特徴を、本居宣長との比較において明らかにしたものとして星山京子「国学と後期水戸学の比較――統治論における民と鬼神を中心に」(『季刊　日本思想史』第四十七号、一九九六年)参照。

(83)「天祖」という漢語が、会澤の発明であることについて、子安宣邦『国家と祭祀――国家神道の現在』(青土社、二〇〇四年)、第四章。

(84) 阪谷のノートには会澤の『新論』の抜書きもある。「課問塗鴉」(『関係文書』、一八四―一一四)。

(85) 阪谷芳郎「自分の見たる朗廬」(『興譲館百二十年史』、七七頁)。

(86)「掲示上言」前掲『後月郡誌』、一〇五九頁。

(87) 阪谷の「理気」論にもっぱら着目した先行研究としては山田芳則「阪谷素論」(『就実女子大学史学論集』第三号、一九八八年、後に「阪谷朗盧――朱子学より天皇への忠誠へ」と改題の上、『幕末・明治期の儒学思想の変遷』、思文閣出版、一九九八年所収）がある。

(88)「曰、天理与気而已、理之霊、気之運、神妙不測、無意而意、無知而知、無賞罰而賞罰、皆自然而然矣、則安得不敬畏、而但理有常、而気有変、為善而必祥、為悪而必殃、理為之也、有時而不必祥、不必殃者、気為之也、変則不久而帰于常」（『全集』、六五頁）。

(89)「天下無奇策／要勉除私意／天下有奇策／平均唯両字」（『全集』、六一五頁）。

(90)「家塾生に示す書」（『興譲館百二十年史』、二六頁）。

(91) 同上、二六—二七頁。

(92)「蓋洋人所謂窮理者窮気、而非吾所謂窮理、然其気学精密亦無比」（『全集』、二九四頁）。

(93)『全集』、二八頁。

(94) 同上、二八—二九頁。

(95) 同上、二九頁。

(96)「外交余勢」（明治二十二年／一八八九年）（滕部真長他編『勝海舟全集』第十一巻、勁草書房、一九七五年）、二五一頁。

(97)「都のつと」『旅のなくさ・都のつと——松尾多勢子上京日記』（下伊那郡教育会（飯田）、一九四四年）、一頁。

(98) アン・ウォルソール著、菅原和子他訳『手弱女と明治維新：松尾多勢子の反伝記的生涯』（ぺりかん社、二〇〇五年）参照。

(99) 宮原寿三郎（木石）については桑原伸介「幕末一洋学者の手紙」（『みすず』第三〇六—三一五号、一九八六年）。

(100) 宮原木石書翰、安政六年（一八五九年）八月七日付。

(101) 同上、十一月二十七日付。

(102) 福澤諭吉『福翁自伝』『福澤全集』第七巻、岩波書店、一九五八年、一五〇頁。

(103) 山本俊一『日本コレラ史』（東京大学出版会、一九八二年）。高橋敏『幕末狂乱——コレラがやって来た！』（朝日新聞社、二〇〇五年）、三九頁。杉山伸也「疫病と人口——幕末・維新期の日本」（速水融他編『歴史人口学のフロンティア』、東洋経済新報社、二〇〇一年）、九四—九六頁。

(104) 江木鰐水書翰、文久二年（一八六二年）閏八月十三日。

(105) 同上。

(106) 宮原木石書翰、文久三年（一八六三年）夏。
(107) 江木鰐水書翰、文久二年（一八六二年）閏八月二十七日付。
(108) 板倉勝静の命を受け、島津久光の動静を探るべく、同時期に「西国探索」に出た三島中洲も以下のように言う。「六日坂谷希八郎と佐嘉にて出会す同人も処士とは申ながら元来憂国の念を抱きたる故に九州漫遊の序でに内々人気を探索したる故委細に尋ねんとすれども佐嘉人陸続来訪し密語する暇なし」。三島中洲「西国探索録」（『二松学友会誌』第四十号、二松学舎大学図書館蔵、一九一九年）、一〇頁。
(109) これを「状況化」という言葉で把握することもできよう。岡義達『政治』（岩波新書、一九七一年）、一一八―一二四頁。
(110) 柴原和宛書翰、文久二年（一八六二年）七月二十三日付。
(111) なお、本文の解読にあたっては、山下五樹編の『阪谷朗廬先生書翰書』（私家版、一九九〇年）、二七五―二八一頁を参考にした。
(112) 「その仁と信も、御一身一家より始まる事に候、と申して田舎者、上々の事、これと申す事は一つも存ぜず、然し今日天下の手本となり、天下の目を付くるは、王姫御東下に付き、将軍御夫婦、最も御一に候間、これより御始めありたく候」。
(113) 阪谷も徳川政治体制において行列が統治において持つ意味に自覚的だったのである。一般に徳川政治体制における行列の持つ意味については渡辺浩「「御威光」と象徴――徳川政治体制の側面」（『思想』第七百四十号、一九八六年、『東アジアの王権と思想』東京大学出版会、一九九七年、第一章所収）。ただし、阪谷は「御威光」の性質自体を変えようと考えていた点については本文後述。
(114) 文久三年（一八六三年）の貨幣方歳出細目には「和宮下向に付品々入用」として金三千四百五十七両、銀五十四、五貫が計上されている。とはいえ、これに手許金、召物代を合わせても、大奥全体の生活費「奥向経費」の総額十二万両中の比重はさほど大きいものではない。大口勇次郎「文久期の幕府財政」（近代日本研究会編『幕末・維新の日本』山川出版社、一九八一年）、三八―四一頁。和宮問題は、あくまで契機にすぎず、「大奥」の改革が彼の真意であろう。
(115) 「この上とも、ありがたく王姫に婦道あい取らせ申すが、至極の上品なるを、傍人より、御位の、御車の、御衣裳のと、自然と婦道の守れぬように致し候は、実に御いたわしきは申すも中々、慷慨にたえぬ事に候」。
(116) 関口すみ子『御一新とジェンダー――荻生徂徠から教育勅語まで』（東京大学出版会、二〇〇五年）、六―九頁。

(117)　三谷博『明治維新とナショナリズム――幕末の外交と政治活動』（山川出版社、一九九七年）、第三部第六章。

(118)　「交易」については、一橋擁立派の一員であった伊達宗城の安政五年（一八五八年）十二月の書翰には以下のようにある。「当今は一向交易工面と存候、廿日総出仕之節岩瀬修理へ及寛話候所、此人は著眼も粗有之存込も宜敷如本邦封建之製《ママ》度海外に無御坐故交易御ゆるしと相成候而も此処御反正なくては内治之工夫相違致候間、諸侯如当今窮迫にては非常之動向も難相成、幕計にて此上貿易之利しぼり被取候様にては以之外之義に付、一般に富有相成様無之而は不相済旨申候間、愚意も兼々御卓論御同情痛嘆話申述置候」。「交易」を進めるにあたって、分権的な「封建之製度」がその障害となり得るという点において、伊達と岩瀬とは同意見であった。「封建」国制下で「交易」を進めた場合、実質的な交易主体は公儀であり、「幕計にて此上貿易之利しぼり被取」ということになるのではないか。彼らの懸念は根拠のないものではなかったことは、その後、万延元年（一八六〇年）に「国益主法掛」が設置されたことからもうかがえよう。むしろ「交易」の独占を梃子に、分権的な「封建」国制を徳川を中心とするより集権的な体制に改めようとする企図が公儀の一部にはあったのである。石井孝「佐藤信淵学説実践の企図――国益主法掛設置の思想的背景」（『歴史学研究』第二百二十二号、一九五八年）、山崎圭「文久期幕府経済政策と国益主法掛」（『中央大学文学部紀要』史学科第五十一号、二〇〇六年）参照。

(119)　勝海舟は文久二年（一八六二年）六月に海軍の創設について建白している。「兵制の義は、その国の地形広狭および人口、貧富によつて、海陸兵備の多寡ここに一定仕りがたく候へども、已に本邦の如きは四面海に瀕し候地形に御座候へば、何ぶん海軍専一に御拡張これあり候はもちろんに御座候。次に沿海山境の諸侯伯組分、ならびに農兵、募兵、常備軍、海岸、陸地、台場等、内備の御兵備、これまた偏に大衆を欲し候は、申し上げ候までもこれなく候へども、前章申し上げ候通り、国の大小、貧富により、兵械ならびに資給の費用を算し、かれこれ相当の兵備立て候よりほかこれなく候。さりながら、向後きびしく贅事御省略相成り、御仕法御一変にも相成り候はば、追々御武威御拡張の期、瞭然指掌仕るべきことに御座候。全国御備への義は暫く置き、差向き候親衛の兵備は、守城の羅兵、幕下の護衛兵等に御座候。元来欧羅巴各国の兵制に依り候へば、王の親衛は格外小勢のものに御座候。然るに本邦、封建の御立政を申し、殊に方今の形勢にとりては、諸侯いづれも大衆を競ひ候向も少からず候やにつき、外国の制度にのみ拘泥仕りがたく、衆寡両端の間を計り、政府御相当の親衛相備へたく、右の見込みを以て相立て候へば、大約左に申し上げ候通りに御座候」（『陸軍歴史Ⅲ』『勝海舟全集』第十七巻、勁草書房、一九七七年、六頁）。海軍の「全国御備」にとって、また「親衛の兵備」にとって、「本邦、封建の御立制」自体が既に障害なのである。その論理的帰結として、「封建」国制自体の変革をも導きかねない、これらの諸改革の一部として、「王姫御東下」と「将軍上洛」とを利用する。それが公儀当路者の狙いである。逆に言えば、「封建」国制による統合の危機はそれほどまでに進行していたのである。

(120)「以後幕府之威勢隠然不振、如此にして不已不特数年間、外患未至内憂先興らん。各々割拠方隅、右並左呑、国家之安危実在此時」。「幕府之威勢」の「不振」がこれ以上続くようであれば、「封建」国制は、統合の契機を失い「各々割拠」に陥ることは明らかだったのである。前掲、宮原木石書翰、安政六年(一八五九年)付。

(121)同上。

(122)東京大学史料編纂所編『江木鰐水日記』上巻(岩波書店、一九五四年)、三二六頁。

(123)同上。

(124)『福翁自伝』(『福澤諭吉全集』第七巻、岩波書店、一九五九年)、一二九頁。

(125)当時の「公儀」内部の「改革」派については菊池久「維新の変革と幕臣の系譜——改革派勢力を中心に(一)—(六)」(『北大法学論集』第二十九巻第三・四号、第三十巻第四号、第三十一巻第一号、第三十一巻第二号、第三十二巻第一号、第三十二巻第三号、一九七八—八一年)。

(126)高橋秀直『幕末維新の政治と天皇』(吉川弘文館、二〇〇七年)、第一、二章。

(127)同上書、第三章。大原重徳については、稲雄次「幕末維新史における一搢紳——大原重徳」『秋田法学』第三十八号、二〇〇一年、九〇—九四頁。

(128)明治元年(一八六八年)、明治天皇の「関東御行幸」について、当時議政官上局参与だった横井小楠は、徳川公方の日光社参とは異なって、その行列が簡素であることを称賛している。阪谷とも共通する見方であろう。山崎正董『横井小楠遺稿』(日新書院、一九四二年)、五三八、五四七、五五三頁。この点について苅部直「「不思議の世界」の公共哲学——横井小楠における「公論」」(佐々木毅他編『公共哲学十　二一世紀の公共哲学の地平』東京大学出版会、二〇〇二年)参照。

(129)前掲『江木日記』上巻、三二三—三二四頁。

(130)同上書、三二四頁。

(131)『海国図志』の「俄羅斯国総記」では、自ら「国都」を離れ、「工芸」を「講習」した「比達王」を「聡明奇杰」と評価していた。こうした知識は、古賀の久敬舎に学んだ阪谷にとっては常識に属していただろう。魏源撰『海国図志』(早稲田大学古典籍総合データベース、一八七六年版）、巻五十四、二丁ォ—ゥ。

(132)「開国」に議論の主眼があるとすればそれはこの時点では極めて危険な議論だった。「皇威」の発揮を、「開国」の正当化に用いる論法は、当時、公儀の「改革」勢力によって盛んに唱えられていたからである。それは京都との、江戸主導による妥協を可能にする論法だった。だが、江戸と京都との提携というそこでの企図は、「諸藩の足軽、下士、小身者、藩侯に因縁薄きもの、政治上の失意者」と、「政治上の敗北者たる公卿諸侯」とが、「尊王攘夷なる譜牒の下」に、形成しつつあった「政権争奪の攻撃大同盟」による攻撃に直面しつつあった（竹越三叉『新日本史』上巻〔明治二十五年／一八九二年刊行、岩波文庫、二〇〇五年〕、五二—五三頁）。「皇威」を伸張するための「開国」を、という主張は、動揺しやすく、妥協的な孝明天皇や彼を取り巻く上層公卿にとって抵抗感が少なく、容認可能なものだった。だからこそ、この「大同盟」にとって一層危険だったのである（家近良樹『幕末の朝廷——若き孝明帝と鷹司関白』〔中央公論新社、二〇〇七年〕）。「鎖国の叡慮思召替られ、皇威海外に振ひ、五大洲の貢悉く皇国へ捧げ来らずば赦さずとの御国是」（「航海遠略策」）を定めよ、と主張する長井雅楽の孝明天皇への働きかけが最終的に失敗に帰したのは、島津久光入京の二ヶ月後の六月のこと、阪谷が本書を執筆したわずか一ヶ月前のことにすぎない。長井雅楽は、実際、周旋が失敗に帰するまでは、その主張によって久坂玄端（阪谷は彼と交流を持っていた）から執拗に命を狙われていたのである。高橋、前掲書、第一、二章。「航海遠略論」（『長井雅楽詳伝』、マツノ書店、一九七九年）、五八頁参照。

(133) 宮原寿三郎書翰、安政六年（一八五九年）。「如御高説、政教分離之世は緘黙之外致方有之間敷と存候」とあるので、宮原宛の書翰にこのような表現があったのである。

(134)「是索正大光明、繁簡得中、万古無弊者、為標準焉、白鹿洞掲示是也」（『全集』、三七頁）。

(135)「公之発於漢土」の意味がやや不分明だが、同時期に書かれた「掲示上言」中の、「「天祖公平に、我国の私と不被為遊、夷狄の孔孟朱子に命し、万国の公道を御示し被為遊候義にて、実に御託宣と奉存候」と同義であろう。前掲『後月郡誌』、一〇五七頁。

(136) 平田篤胤「新鬼神論」（『日本思想大系五十　平田篤胤・伴信友・大国隆正』、岩波書店、一九七三年）、一三四—一三八頁。

(137) 藤田東湖『弘道館記述義』（『日本思想大系五十三　水戸学』、岩波書店、一九七三年）、二六〇—二七〇頁。

(138) このうち会澤に由来する「天祖」概念の強調について、「上大原源老公書」では尊攘派公家としての大原重徳を、「掲示上言」では、自らの家臣団に水戸藩からの人材（当然、攘夷論者が含まれよう）を充当していた一橋慶喜（あるいはその家臣たち）をそれぞれ「読み手」に想定していたことに由来する戦略的な説得のレトリックと解するのは李セボン「朱子学者阪谷素における「理」と天皇」（『政治思想研究』第十号、二〇一〇年、四七三―四七五頁）である。確かに、「水戸学的な語彙や発想」の使用をもって、即座に朱子学から水戸学への「転向」と見なすことを戒めるその指摘の趣旨は妥当である。だが「天祖」が「掲示」を「公」なるものとして採用したというその発想は、阪谷の思想の根幹にかかわる部分であろう。また、もしそうだとすれば、後期水戸学のなかには、阪谷や横井小楠のような「公共の政」を目指し、「合議」や「討論」を重視する思想と共鳴するものがあったということにもなるのではないか。つまり、それが「転向」ではないのは、戦術的・戦略的な配慮からたまたまそう見えるにすぎないからというよりはむしろ、もともと阪谷と後期水戸学の発想にはかなり近いところにあったからなのではないだろうか。「水戸学的な語彙や発想」がもたらした――その影響はもちろん日本国内に限られない――悲惨な結末とは一応別個に、それが当時持ち得た〈可能性の中心〉について考察した刺激的な「発題」として、小島毅「藤田東湖における道の公共性――「弘道館記述義」私解」（平石直昭他編『公共する人間三――公共の政を首唱した開国の志士　横井小楠』東京大学出版会、二〇一〇年）、一五七―一六七頁。横井小楠と、会沢や藤田との〈意外な〉までの近さという、それ自体はこれまでもしばしば指摘されてきた思想史的現象は、阪谷という補助線を引くことで、おそらくより立体的に分析可能となるであろう。この点の検討は他日を期したい。横井小楠における「公論」の屈折と、そうした屈折を踏まえるからこそ生まれた豊かな思想的可能性については、苅部直「『利欲世界』と『公共之政』――横井小楠・元田永孚」（『国家学会雑誌』第百四巻第一・二号、一九九一年）。また苅部、前掲「「不思議の世界」の公共哲学」参照。

(139) 慶応四年（一八六八年）二月の「合議説」でも阪谷は、今後の政体が「合議」を中心に構想されることを確認した上で、「合議」による決定が、「天子」に優位するとする。「何程事務御多用なりとも、合議の本立では、万事尾裂焦眉の禍、立処に生ず、何かは棄置せられ、合議の法式次第、第一に合議精明に定め、天子も聞しめし、一決の上は、天子御犯しなさる時は、必其咎を御受あそばさせらるべし。」（『関係文書』、一二八―三、二丁ォ―ゥ）。

(140) 尾藤正英「明治維新と武士――「公論」の理念による維新史像再構成の試み」（『思想』第七百三十五号、一九八五年）。笠谷和比古『近世武家社会の政治構造』（吉川弘文館、一九九三年）、第七章。三谷太一郎「幕末日本における公共観念の転換――議会制の観念の形成過程」（前掲『公共哲学十』）、二九―三〇頁。

(141)　慶応三年（一八六七年）慶喜に宛てて提出された『議題草案』である。大久保利謙編『西周全集』第二巻（宗高書房、一九六二年）、一七〇頁。

(142)　「天下の大権、尽く合議公平の処に帰し、太政大臣、並一時征討の外、将軍職など申すこと、永々廃絶総て合議局に帰し」（「合議説」『関係文書』、一一八—三、八丁ゥ—九丁ォ）。

(143)　「先使諸藩有罪者、自奏其所当、而合議論定之、是立法正大之始也」（『全集』、四〇頁）。「合議」による裁判に先だって、容疑者は、該当する罪を自己申告することになっている。

(144)　「其次則新建大学、法制尽合議新定、以掲示為綱、以衆学為目、明其条理、而講習実用術芸、業不異文武、人不分貴賤、雖皇子皇孫、必入此中、与庶民相歯、是養人材正大之基」（『全集』、四〇—四一頁）。

(145)　「金銀合議局」は、実際に何をするのか。参考になるのは、文久二年（一八六二年）の「求荒策意見」である。この意見書で阪谷が問題にしていたのは、「米価」の暴騰であった。その原因を阪谷は「金位の大変化」に見出す。「米価騰踊致候は前申す通り世事変革に付、備急のため諸藩御儲蓄ある所以もこれあり候得者先は金位大変化の故と相見候（…）僕の考には諸州諸藩にてはこれも一の天災にて水旱同様と心得其策を立可申、幕府にもよぎなき義と存られ候間、徒にごごとを申は無益の（不明）、唯此変を凌ぎ人心維持するこそ忠節と存候」（「救荒策意見書」『関係文書』、一一八—一、三丁ゥ）。「米価」の高騰の基本的な原因は、政情不安にもとづく「金位大変化」にある。それは、「水旱」のような一種の「天災」である。「さりながら水旱は一時の事、金位は急に復せず」、ゆえに、「於是金位に関せず物價を平にする策なかる可らず」。そこで阪谷が着目するのは「銀札」（藩札）である（「是を救ふ唯銀札にあり」〔同上、四丁ゥ〕）。造札によって藩札をさらに増やすべきではない。「当国など専ら銀札通用の地」であって、阪谷にとっては、そもそも喜ばしい状況ではない（「僕平生甚銀を悪む銀札の一国に害ある実に莫大也」〔同上、四丁ゥ〕）。「銀札」と「保字金」（天保一分金）との交換比率を改めるべきなのである。「諸子（不明）の乏きより前年未金位に関せず、壹匁百目迄にも至り候ゆへ、皆札を信ぜず、故に今日の大害を生ず、然るを前年の罪を償ふため今日の金に関せず、札百枚にて保字金壹匁の積りに引替候得者」（同上、五丁ォ）。「金銀の凶荒を札にて挽回支持其釣合を付る」（同上、六丁ゥ）というこの提案は、結局の処、藩札と金との交換比率を統治機構が統制できるという前提に立っていた。貨幣間の交換比率は市場で決定される以上、（たとえ実行に移されたとしても）レート統制の効果は限定的であったろう。

(146)　また、「合議」の方法それ自体も「合議」によって決定されねばならない。「循此以下、皆宜上下同議尽其公不可軽率鹵莽

処事也、（…）至其合議之法制条約、最不可不合議精明也」（『全集』、四九頁）。
(147) 後述するようにこの点は明治初年まで引き続く阪谷の思想課題である。この問題が時代の思想課題でもあったことにつき、「公論」の二重性」に着目した池田勇太「公議輿論と万機親裁――明治初年の立憲政体導入問題と元田永孚」（『史学雑誌』第百十五編第六号、二〇〇六年）、一〇四一―一〇四五頁参照。
(148) 江木鰐水書翰、慶応三年（一八六七年）十二月十六日付。山田芳典「阪谷素宛江木繁太郎書簡――慶応元年から明治六年まで」『吉備地方文化研究』第三号所収の翻刻による。ただし、原文と照合の上、改めた部分がある。
(149) 同上、文久三年（一八六三年）十一月七日付、「因芸重聘云々、因は不知、芸州に而は何にも重役攝要よりの咄はなけれとも、小生は朗廬可応々聘乎否を問、小生含糊笑候」。
(150) 江木鰐水書翰、文久四年（一八六四年）一月二十一日付。
(151) 宮原寿三郎書翰、文久三年（一八六三年）十一月七日付は、「然し阪谷君は唯今頃出てさわぐよふなる迂なる人には有御座間敷と申て一笑致候処、翁之曰く、百石位に而も迚も出はすまいかのー、夫は太鼓之様なる印形を押而置まするると申て笑ひ申候」と阪谷の仕官をめぐる人々の噂話を伝える。
(152) 慶応元年（一八六五年）、阪谷は、当時、一橋慶喜に仕えていた渋澤栄一によって、慶喜への拝謁を要請されたがそれを固辞した。その際の手紙には次のようにある。「将又、前年来、一二藩中より参らぬかと申内談有之候節、老親並身の上無拠差支有之、其旨あからさまに申、当時の処にては参り難き旨に相断り世間同業之者存居候事にて其取次人も迷惑に及候義など有之、是等え対し不義理の筋も有之、又改て上京拝謁と申事に相成候得ば、当時褊心疑惑の人情、種々悪評を生候は必然の義に候。（…）付ては又、田舎住居之学究、無格に無之ては其土地交り不都合に候処、公の如き近来第一等の御方之拝謁仕り候ては、無格御免は固り御許容被下候とも、唯、拝謁而已にて自然の格付、小児に長刀を帯させ候如く、却て不為と相成、差支而已に可相成乎、是亦御憐察可被下候」（慶応元年／一八六五年、澁澤栄一宛）。「田舎住居之学究」は「無格に無之ては其土地交り不都合」であるが、一橋慶喜と謁見ということになれば「謁見而已にて自然の格付」であるというのである。「土地交り」を優先し、それを阻害する「格」を厭う心情が吐露されている。諸藩からの招聘を固辞した際にも、同様の心情が働いていたと見ることができよう。
(153) 江木鰐水書翰、文久三年（一八六三年）十一月七日付。

(154) 宮原木石書翰、文久三年（一八六三年）夏。

(155) 「我兄常々主張、鹿洞説晨昏拝誦、天下之所知所信、而戩独疑、以為我兄非実信鹿洞之説者、何哉、鹿洞題序唱起曰、父子有親、朗盧実行父子之親、戩親視之信之、其二曰君臣有義、而戩未視也、豈独不視而已、諸藩聘之皆辞、至芸藩之聘、義実慫忠、勧進、而固辞之、然而主張鹿洞辞益盛、晨昏拝誦益勉強、然戩相疑、朗盧之鹿洞、恐是葉公之竜乎、不行君臣之義、而漫誦君臣之義、今也芸公馳重使、聘之□重恩厚、而天下之形勢如何、内憂外患不知所底止、然而我兄曰蒲柳、□曰興譲館之旧義、要之興譲館本為備中村落、庄官子弟建之、庄官子弟教育、不必朗盧先生、此等皆不足為固辞之辞、若今般不出、先生何以誦鹿洞之辞、仮令唱之誦之、戩決曰、朗盧之鹿辞葉公之竜、天下誰又信之、戩之説如此、先生不出、戩従此不信先生之説、称先生為仮道学矣」（江木鰐水書翰、明治元年（一八六八）六月十三日付）。

(156) 「左すれは老兄は芸侯の聘に応すべし、乃中備之為なり、学政改革之事あれば猶更之事、何分今度ハ出るカ宜敷、出而不可なれは又可退」（江木鰐水書翰、明治元年／一八六八年、六月十三日付）。

(157) 三百俵は佐久間象山が仕官に掲げた条件と同じである。佐久間象山「三村晴山に贈る」（信濃教育会編『象山全集』第三巻明治文献、一九七五年）、五六二頁。

(158) 西村は交渉過程での阪谷の主張として以下のように伝える。「第一希八郎義従来基本と仕門生へも教授仕義白鹿洞掲示主張仕候義御採用被下様御主意に無之ては渠見込も無御座本意に無之且是迄他藩之招に応し不申義も此処より之事にて此度被為呂候義も此白鹿洞掲示固守之処御採用被下候御主意に候へは他藩へ之名義も相立本意之義にて御請も可仕趣」。橋本素助・川合鱗三編『芸藩志』第十四巻（文献出版、一九七七―七八年）、二七八頁。

(159) 同上、二八一頁。

(160) 浅野長訓、浅野長勲の連名で、「白鹿洞掲示」を隷書で刻した縦七寸、横六尺四寸の額を領内に頒布することが提案されている。

(161) 「此度王政復古神武創業ノ始ニ被為基諸事御一新祭政一致之御制度ニ御回復被遊候」、太政官布告明治元年（一八六八年）三月十三日。また、維新史料編纂会『維新史』第五巻（吉川弘文館、一九四一年）、四七二―四九九頁。

(162) こうした視角から「御委の論理」の形成に着目した研究として大塚桂『明治維新の思想』（成文堂、二〇〇五年）参照。ただし、「朱子学は幕府の体制イデオロギーとして機能していた」（三三一頁）とする同書の立場には同意できない。こうした論理の構築には国学者の役割も重要であった。三ツ松誠「みよさし論の再検討」（藤田覚編『十八世紀日本の政治と外交』、山川出版社、二〇一〇年）第Ⅱ部第三章参照。

(163) ただし、明治政府が暴力を用いなかったというのではない。山路愛山『現代日本教会史論』（隅谷三喜男編『日本の名著四十　徳富蘇峰・山路愛山』、中央公論社、一九八四年）、三四〇頁。坂井信生『明治期長崎のキリスト教――カトリック復活とプロテスタント伝道』（長崎新聞新書、二〇〇五年）、五四―五五頁。

(164) 竹越三叉著、西田毅校注『新日本史』下巻（岩波文庫、二〇〇五年）、二七二頁。

(165) 教導職に選任されたのは、神官四千二百四人、僧侶三千三十四人であったという。数の上からでも両者はほぼ拮抗していた。前掲、『維新史』第五巻、八〇四頁。

(166) 「敬神愛国の旨を存すべき事」「天理人道を明にすべき事」「皇上を奉戴し朝旨を遵守せしむべき事」の三箇条である。

(167) 竹越、前掲書、二七三―二七四頁。小川原正道『大教院の研究――明治初期宗教行政の展開と挫折』（慶應義塾大学出版会、二〇〇四年）、第三章、安丸良夫『文明開化の経験――近代転換期の日本』（岩波書店、二〇〇七年）、一五五―一九五頁。

(168) 磯前順一『近代日本の宗教言説とその系譜――宗教・国家・神道』（岩波書店、二〇〇三年）、二九―三八頁。

(169) 「五倫者人皆自然其身々々に付して須臾離れんとして離る不能者也、人々五倫を明にして下四目（愛国、芸術、祭祀、講武）を講究す之を文明開化と云ふ」（「政教管見」、四丁ゥ）。

(170) 逆に言えば、「政教」が「駕御」してさえいれば、「諸教」の併存という寛容体制も可能である。「且我既に支那教を納れ、天竺教を納る、豈に我より出でざる者悉く絶つべけんや」（同上、五丁ォ―ゥ）。よってどの程度寛容であり得るのか、という問題は、「政教」がどの程度確立しているのかという問題に還元される。例えば現在の西洋においても、「他教を信じぬ者」に対する寛容は存在しない、（またそれは「万国の公論」に反する）というのが阪谷の分析である。

(171) 坂田警軒宛（『興譲館百二十年史』、一六六頁）。

(172) 「且我既に支那教を納れ、天竺教を納る、豈に我より出でざる者悉く絶つべけんや」（「政教管見」、五丁ォ―ゥ）。ここで「支那教」という言葉は注目に値しよう。

(173) 「政教管見」も「学神壇私議」も、草稿にとどまっていることは、阪谷自身も、そのことに自覚的であったことを示唆していよう。

(174) 家族宛書翰　明治四年（一八七一年）四月十九日付に「乍去小子はつき合多く、大原の御子たち参られたり」とあり、これが「御誓文私義」中の「当夏初大原黄門公御三男一僕にて参られ」とあるのと一致する。
(175) 山下太郎『明治の文明開化のさきがけ――静岡学問所と沼津兵学校の教授たち』（北樹出版、一九九五年）。米山梅吉『幕末西洋文化と沼津兵学校』（三省堂、一九三四年）。樋口雄彦『沼津兵学校の研究』（吉川弘文館、二〇〇七年）。
(176) 樋口、前掲書、二九三―二九九頁。西周は明治三年（一八七〇年）に「天朝御雇」として上京。
(177) 大木喬任「奠都当時の東京」（『太陽』明治三十一年／一八九八年、藤森照信『明治の東京計画』〔岩波書店、一九八二年〕より重引。同書は後に同時代ライブラリー〔一九九〇年〕、現代文庫〔二〇〇四年〕再録。引用は現代文庫版から）、二頁。また小木新造『東京――時代　江戸と東京の間で』（日本放送出版協会、一九八〇年）、一一―一六頁参照。
(178) 例えば大森鐘一は静岡の兵学校について、「開成所と、横浜の語学校と、夫に昌平黌の漢学の学校と、此三つが合併した様」と評していたという。三枝康高『静岡藩始末――大政奉還後の徳川家』（新人物往来社、一九七五年）、一八四頁。
(179) 河原宏「「郡県」の観念と近代「中央」観の形成」（『日本政治学会編年報政治学　近代日本政治における中央と地方』、一九八四年）参照。
(180) 樋口、前掲書、三九三―三九六頁は廃藩後の「遊学熱」について指摘する。
(181) 東京女子大学比較文化研究所編『木村熊二・鐙子往復書簡』（東京女子大学、一九九三年）、木村熊二宛明治四年（一八七一年）九月十日付。
(182) 鷲津毅堂は明治二年（一八六九年）に登米県の権知事に任命されていた。永井荷風『下谷叢話』（岩波文庫、二〇〇〇年）、二三五頁。依田学海『学海日録』第三巻、二一三頁。
(183) 徳川氏への忠誠感情にいわば殉じることで、「王政復古」後の自己を、主体的に「無用者」として位置づけるようになる成島柳北、福地源一郎についてはは分析の蓄積がある。前田愛『成島柳北』（朝日新聞社、一九七六年）、坂本多加雄「福地桜痴と明治維新」（『学習院大学法学部研究年報』第十九号、一九八四年）。だが、これらの幕臣の系譜と比較すると、「王政復古」以後、「郡県」以前の各藩における知識人の統治過程への参与と、「郡県」による（他律的な）「無用者」化、より有り体に言えば失業の意味が論じられることは少ないように思われる。この点で、徳川家にしたがって静岡に移住した旧幕臣たちの存在（静岡に一時的にせよとどまった『明六雑誌』寄稿者も西、中村、津田、杉など多数にのぼる）は重要であると思われる。

(184) 明治七年(一八七四年)二月建白書「御利益見込書〔国体等確定ノ議〕」(色川大吉他監修『建白書集成』第二巻、筑摩書房、一九八六年)、九八頁。

(185) 柴原和宛書翰、明治五年(一八七二年)十一月付。

(186) 例えば杉は、廃藩置県前、待遇を不満に帰藩している。樋口、前掲書、二九七頁。

(187) その結節点には例えば栗本鋤雲がいた。三谷太一郎「幕末政治家栗本鋤雲とその維新後」『UP』二〇〇〇年十月号参照。

(188) 例えば依田学海も東京会議所へ積極的に関与している。『学海日録』第三巻、明治五年(一八七二年)、十月朔日条、二〇九頁。

(189) 「友人秋保士晋、取曾子以文会友之語、号曰文会堂、属余記之、余嘗閲明黄陶菴集、其中論会無益者五、曰酒会、曰遊会、曰談会、曰交会、而文会置其首、曰於進徳修業、略無毫髪之助、而或仮此以為下四会之資、余読至此、不勝浩歎、夫二子之所謂文者、雖所指不同、其帰則一也、而古者以為進徳修業之資、後世以為般楽怠敖之資、此文之隆替、其不可悲哉」(「文会堂記」、二二八頁)。

(190) 成島柳北と推定される論者は、以下のように言う。「古は文人と云ふは何か一種類にて別世界の者の如く人も思ひ自からも思ひしなり今日の天地に於ては決して左様なる可き道理は無きこと発明せざる可からず、去りとて鄙俗の人の如く幇間然として世間に媚を献し佞を売り務めて人に容れらるるを求むるが善しとは決して申さざれど平生少こしは世間の情態を通知せねばならぬことにぞ有る、就中天下の形勢は如何、政治の針路は如何、人民の趣向は如何、外国の交際は如何、国力の強弱は如何など云ふことには常に注目して心に留め置く可きなり」「文人古今の異同弁」『朝野新聞』明治十三年(一八八〇年)十月一日付。『柳橋新誌』の作者ですら、「文人」たるもの「天下の形勢」「政治の針路」「人民の趣向」「外国の交際」「国力の強弱」といった問題に敏感であれ、というのである。

(191) とはいえ、朝鮮や中国の知識人たちと比べれば、こうした合議への信頼は自明なことというわけではおそらくなかった。彼らの多くもその中にいた江戸の政治思想においては、そもそも議論による説得それ自体の有効性に疑問を呈する立場も根強かった。高山大毅「説得は有効か——近世日本思想の一潮流」(『政治思想研究』第十号、二〇一〇年)、三九四—四二六頁。

(192) こうしたことは阪谷にとっては、既に論語の中で「和而不流」として説かれてきたことであった。「世之悪異而好同也、悪異故不和、好同故流。夫悪異好同、亦人之性也、而大弊存焉。推弊害之所因、其唯帰於喜諂乎。(…)嘗歴覧古今、諂諛欺罔、

正義衰、公道墜、為之者、與受之者、滔々淪胥、身亡国滅、由此観之、諂者、和之賊、流之源、天下潰乱之本歟」（『全集』、二九六頁）。

(193)「政府なるものは、天地に代り教化・保護、その責の大なる、教門の比にあらず。異の包容尊愛すべきもっともここにあり」（「尊異説」、四丁ゥ）。

(194) 突飛な空想ではない。梁啓超にとって、日清戦争に勝利した日本「文明」の秘密は、確かに「演説」にあった。「犬養木堂語余（梁啓超）曰、日本維新以来、文明普及之法、有三。一曰学校、二曰報紙、三曰演説。大抵国民識字多者、当利用報紙、国民識字少者、当利用演説。日本演説之風、創於福澤諭吉氏。（案福澤氏、日本西学第一之先鋒也。今尚生存、為一時之泰斗）。在其所設之慶応義塾開之、当時目為怪物云。此後有櫻鳴社者、専以演説為事。風気既開、今日凡有集合、無不演説者、雖至数人相集讌飲、亦必有起演者。斯実助文明進化一大力。我中国近年以来、於学校報紙之利益、多有知之者。於演説之利益、則知者極鮮」。梁啓超「伝播文明三利器」（『自由書』〔飲氷室専集二〕、明治三十二年／一八九九年、光緒二十五年）。松崎欣一『語り手としての福澤諭吉――ことばを武器として』（慶應義塾大学出版会、二〇〇五年）参照。

(195)「其時明六社とて箕作秋萍、津田真道、西周助、加藤弘之、杉亨二、森有礼等の諸氏と折々会合することありしかども、演説の一事に付ては何れも半信半疑にて之を共にせんと云ふ者なし。就中森有礼氏の如きは年は少かけれども異論を唱へ、西洋流のスピーチュは西洋語に非ざれば叶はず、日本語は唯談話応対に適するのみ、公衆に向て思ふ所を述ぶ可き性質の語に非ず云々など反対するゆえ、余は之を反駁し、一国の国民が其国の言葉を以て自由自在に談話しながら公衆に向て語ることが出来ぬとは些少の理由なきのみならず、現に我国にも古来今に至るまで立派にスピーチュの慣行あり、君は生来寺の坊主の説法を聴聞したることなきや、説法は聞かずとならば寄席の軍談講釈にても滑稽話にても苦しからず、都て是れ一人の人が大勢の人を相手にして我が思ふ所を述るの法なれば、取りも直さずスピーチュなり、講釈師落語家はスピーチュが出来て吾々学者には出来ぬと云ふか、訳の分からぬ説なり云々と、反復議論すれども中々屈服の色なし。其後或日木挽町の精養軒に明六社員十名ばかりの集会を催ほして、同日も亦スピーチュの話しと為りしかども、相替らず賛成者に乏し。依て余は一策を按じて何気なき風に発言し、今日は諸君に少しお話申すことがあるが聞て呉れないかと云ふに、何れも夫れは面白い聞かうと云ふ。然らば諸君は此テーブルの両側に並んで呉れ給へ、僕はここで饒舌るからとて、テーブルの一端に立ち、頃は丁度台湾征討の時にて、何か其事に付き議論らしきことをぺらぺら饒舌り続けに三十分か一時間ばかり退屈させぬように弁じ終りて椅子に就き、扨今の僕の説は諸君に聞き取りが出来たか如何にと問へば、皆々能く分かったと云ふにぞ、ソリャ見たことか、日本語で演説が叶はぬとは無稽の妄信に非ざれば臆病者の遁辞なり、今僕の弁じたるは日本語にして、僕一人の弁じたる所の言葉が諸君の耳に入て意味が分かれば即ち演説に非ずして何ぞや」(「福澤全集緒言」、『福澤諭吉全集』第一巻、五八―五九頁)。

(196) 同「全集緒言」。また『学問のすゝめ』第十七篇では「或る書生が日本の言語は不便利にして文章も演説も出来ぬゆえ、英語を使い英文を用るなぞと、取るにも足らぬ馬鹿を云う者あり。按ずるに、この書生は日本に生れて、未だ十分に日本語を用いたることなき男ならん。国の言葉は、その国に事物の繁多なる割合に従て次第に増加し、毫も不自由なき筈の者なり。何はさておき、今の日本人は今の日本語を巧に用いて弁舌の上達せんことを勉むべきなり」(『学問のすゝめ』第十七篇、明治七年十一月/一八七四年)と罵倒されているが、この「或る書生」も当然森のことである。

(197) 「明六社第一年回役員改選に付演説」(第三十号)。これが見事な演説であった証拠に、同論文は村上千秋編『雄弁大家祝文新演説』(浜本明昇堂、明治二十四年/一八九一年)に収録されている。

第二章　政体――『明六雑誌』の議会構想

第一節　『明六雑誌』の「国体」論

「国体」

「國體」（以下「国体」と記す）の語は、『明六雑誌』中に頻出する。その意味で「国体」論は、同誌のテーマの一つである。だが、この「国体」が当時、何を意味したのかは自明ではない。この「国体」が「ナショナリティ」を意味したとする先行研究もある。「ナショナリティとしての「国体」」が、『明六雑誌』を「評価」する上での「軸」であり、「明六社」に結集した「同志」たちの間では、近代国家の編成原理として必須のナショナリティの形成が、共通の課題として意識されていた」というのである。(1)だが、例えば、『明六雑誌』同人中で、「国体」の語を意識的に「ナショナリティ」の意に用いたのは福澤諭吉のみである。しかも、それは『明六雑誌』ではなくもっぱら『文明論之概略』中でのことであった。さらに、そこでの「国体」とは、福澤によれば、「言語」や「宗旨」を同じくする「人民」が、「懐古の情」を共有することである。「国体」とは、詮じ詰めれば、こうした「懐古の情」の共有を可能にする政治的な支配が、時間的・空間的に持続してきたということにすぎない。「国体」とはすなわち、「政権」「独立」の持続であって、政治体制としての「政統」（福澤はこれを「政治の風」とも言い換える）や、「国君の血統」とは鋭く区別されるべきものである。(2)「国体」とは、政治体制を意味しない。また、「国君の血統」をも意味しない。それは「自国の政権」の「独立」をのみ意味する。こうした彼の理解は、無論、当時異例である。福澤が言うように、「世間一般の通論」は、むしろ「皇統」「血統」の連続をして「金甌無欠」の「国体」としていたからである。例えば、「宇宙の真主と坐《まし》まして終古太政の天権を執持したまう本邦の国体」を称揚する『開化本論』（明治十年／一八七七年）も、福澤の「国体」論を「自国上古の綱紀を信ぜず、徒《いたず》らに外蕃の国風に目迷いせる洋学者流の輩」の「揚言」と見なす。[3] こうした論者が鋭敏に察知したように、「国体」と「血統」とを峻別し、「皇統連綿難きに非ず、国体維持甚だ難し」とする福澤の主張には、「皇統」の問題を括弧に入れ、議論の主戦場を「自国の独立」いかんに限定しようとする極めて戦略的な意図が隠されていた。

福澤のこうした用法に影響を受けたと見られる例が『明六雑誌』論説中にないわけではない。津田真道が「廃娼論」（第四十二号）において、「今にして娼妓を廃せずんば二千五百有余年の久しきいまだかつて外国の侮辱を受けざる堂々たる我大日本帝国も永くその独立の国体を維持せんことあに危殆ならずや」と述べたのはその例である。ただ、ここでの「独立の国体」も、娼妓との関係が問題になっていることからうかがえるように、国の名誉という程度の意味で使われている可能性がある。こうした江戸以来の用法は、例えば津田自身「拷問論の二」（第十号）にも見える。外国との条約について、「乃ち彼我同権の条約に非ず、到底我国国体を虧損する所なしと謂うべからず」という時の「国体」がそれである。単に名誉の意ではない「国体」の用法もある。「怪説」（第二十五号）で津田は、「国家は譬ば人身の如し、君主は脳なり、百官有司は神経五官百体なり」とした上で「百官有司その職分を誤る時は国体潰乱、国家の病患」と言う。その語義は必ずしも明快ではないが、人体との比喩でこの語が用いられているのは確かである。もっとも、ここでは漠然と国家機構の内部構造あるいは広義の政治体制くらいの意味であり、対外的な独立や、君主の血統が問題とされていないことは明らかである。杉亨二の「かくの如くして国体を創立し国家の後栄を発せしむ」（「真為政者の説」、第十号）や、同じく杉の「人民安栄にして人主威権あれば君民あいともにその国体を遵守して国家を維持することを務む可し」（「人間公共の説四」、第二十一号）といった表現とほぼ同義であろう。また、より狭義に特定の政治体制の上位概念を指す場合もあった。箕作麟祥「リボルチーの説」（第十四号）では、「羅馬」の「共和政治」が「人民を見るあたかも土芥の如く、国体終《つい》に一変して帝国となり」とする。神田孝平「民選議院の時未だ到らざるの論」（第十九号）は、「民選議院建設の時節は国体の変じて君主専権より君民分権に遷るの時なり」とする。前者は、「共和政治」と「帝国」の、後者は「君主専制」と「君民分権」の上位概念である。

つまり、『明六雑誌』寄稿者の大部分は、「国体」を福澤が定義したような意味において用いることはなかったし、「世間一般」通俗の意味において用いることもなかったのである。[4]おそらくそれは意識的な選択であった（序章参照）。ちなみに、「国体」を、当時通俗的な意味で、つまり「皇統」の連続の意味で理解し、用いていたのは、『明六雑誌』投稿者中では、阪谷素のみである（「本邦万古一姓の国体たるは固りなり」〔「租税の権上下公共すべきの説」、第十五号〕）。また、こうした意味での「国体」が、「本邦」の文化的固有性であるという意識も阪谷は有していた（「それ本邦国体開闢一姓統御人心固結して海外と異なるいやしくも少く知覚あるものみなこれを知る」〔「民選議院を立るには先政体を定むべきの疑問」、第十三号〕、「国体風習が異いまするゆえ」〔「民選議院変則論」（二）第二十七号〕）。

ところが、「国体」を「皇統」の連続の意味で用いていたこの阪谷ですら、『明六雑誌』においては自身の議論が時に「高天原くさく」（「民選議院変則論」（二）第二十七号）響くことに意識的だった。また「国体」それ自身について正面から論じることはなかった。[5]彼がこの雑誌でもっぱら論じたのは「政体」である。第十三号への投稿の表題「民選議院を立るには先政体を定むべきの疑問」はその意味でまさに象徴的である。このことは、『明六雑誌』寄稿者たちの関心が、「政権」の持続としての「国体」でも、「皇統」の連続としての「国体」でもなく、「政体」としての「国体」にあったことの一つの証左であろう。「国体」の語の用法という点においても、福澤と阪谷は、『明六雑誌』における、例外であった。『明六雑誌』において「国体」とは、ほとんどの場合、「政権」の「独立」（福澤）でも、「皇統」の「連綿」（阪谷）でもなかった。それは福澤の用語では「政統」、阪谷の用語では「政体」のこと、すなわち政治体制を意味したのである。したがって、福澤と阪谷にとって、「国体」とは明治革命以前から持続してきたもの、そして革命後も持続するべきものであったが、『明六雑誌』の他の多くの論者において、それは変革されるべきものであった。政治的支配の同一性の持続でも、政治支配者の同一性の持続でもなく、政治的支配の形式が問題であったのである。「御一新」がこの意味での「国体」の変革にあたるというのも『明六雑誌』寄稿者たちのほぼ共通の理解である。『明六雑誌』の主題は、したがって、「政体」論である。あるべき政治体制とはどのようなものか。それが彼らの会話の中心的なテーマである。

「政体」

制度論よりも、むしろ精神論が、つまり、政治体制論よりも政治文化論が大事ではないのか。そうした主張を繰り広げそうな人物も、この雑誌の投稿者の中には、いた。例えば儒者である中村正直である。事実、彼は「人民の性質を改造する説」（第三十号）の中で、「御一新」について「しからば政体の一新というまでにて人民の一新したるに非ず」（七丁ォ）と述べる。「政体」の変化にもかかわらず「人民の性質」に変化が見られないことが彼にとって問題であった。中村によれば、「人民の性質」は次のような状態にある。

奴隷根情の人民なり。下に驕り上に媚る人民なり。無学文盲の人民なり。酒色を好む人民なり。読書を好まざる人民なり。天理を知らず職分を省みざる人民なり。智識浅短局量褊小なる人民なり。労苦を厭い艱難に堪ざる人民なり。私智を挟み小慧を行う人民なり。勉強忍耐の性なき人民なり。浮薄軽躁、胸中主なき人民なり。自立の志なくして人に依頼するを好む人民なり。観察思想の性に乏しき人民なり。金銭を用うるを知ざる人民なり。約諾を破り信義を重んぜざる人民なり。友愛の情に薄く合同一致しがたき人民なり。新発明の事を務めざる人民なり。[6]（七丁ォ―ゥ、下巻、六七頁）

中村はサミュエル・スマイルズの *Self Help* を通して、「西国」の富強の秘密を、「勤勉忍耐、自主の志行」を持つ「民」の「品行」に求めていた。[7] 政治制度より民の「品行」の方が重要である。[8] 儒者としても納得の主張である。だがその中村すら「民選議院」という制度については次のように述べる。

けだしこの議院興るときは日本国を人民総体にて有ちこれを守護する心持に成るべく、政府有司に依頼するの心改まるべく、奴隷根情日に減ずべく、四方より人材輩出するを得べく、人材を一方より選挙する弊、次第に息むべきなれば、民選議院は民心を一新するの一助たることはもとより論ずるを待たず。（八丁ォ、下巻、六八頁）

無論、「民選議院」もまた「政治の形態少しく変ずるまでの事」にすぎない。それには「人民の性質を改造する主要の功効」を期待することは到底できない。「人民の性質」を「改造」する手段として重視されるべきは「芸術」（技術）であり、「教法」（宗教）である。彼はそう主張する。だが、「民心を一心」する装置としての「民選議院」への期待も、他方で、覆いようもない。

かつて「郡県議」（これについては後述する）において「制度は末なり」と書いたことのあった西村茂樹も同様であった。「民選議院」という「政体」について西村は次のように述べる。

近今、開化日に進み、火車火船より電機気燈の如き工芸の末に至ては、ほとんど欧米諸国と並馳するの勢あり。

独り政体の本に至りてはいまだ確定せる法度あらず。これ有志者の深く憂うる所なり。それ政体は本なり、工芸は末なり。その本を棄てただ末をこれ努む、おそらくは計の得たる者に非ざるなり。しからば今日の要務は、政体を確定するに如く者なく、政体を確定せんとするには民選議院を興すより先なるは無かるべし。(9)

「政体は本なり」。「民選議院」が設立しなくては「政体」が「確定」しない、というのである。西村は『明六雑誌』でも「政体三種説」(第二十八号)を展開した。儒学を深く学んだ彼らの間にすら、(いやもしかしたら深く儒学に学んだからこそ)、「御一新」とはなによりも政治体制の大転換であること。また、よき政治体制においてこそ人々の「民心」もまた向上すること。こうしたことについて一致があったのである。

「民選議院」

では、『明六雑誌』寄稿者たちにおいて「政体」論とは何だったのか。それは必ずしも直ちに「民選議院」のみを意味するのではなかった。上記引用からも明らかなように、『明六雑誌』寄稿者たちの「政体」論への関心を刺激したのが、「民撰議院設立建白書」であったことは疑いない。従来の研究において、『明六雑誌』の議会論を、もっぱら建白書に対する反応によって即時断行派と時期尚早派に分類し、その背後に「人民開化の度」に対する認識の相違を見るという傾向が一般的であったのも、その意味で、無理はない(10)。

だが、第一に、民撰議院設立建白書に対する賛成・反対を分析の指針にすることは難しい。というのも、同一の論者が短期間のうちに異なった態度を表明していることが往々にしてあるからである。

例えば津田真道である。津田は「政論の三」において、民選議院の設立について、「然らばすなわち此事や未だ必ずしも時世の然らざるを得ざる者にあらずと謂うべからず、又未だ必ずしも事情の止むべからざる者にあらずと謂うべからざるに似たり」という。微妙な言い方であるが、肯定である。だが、ほぼ同時期に執筆されたと推定される「雛助散人」の筆名になる「民選議院論」(未発表)では次のように言う(11)。

そもそも我国人民かくの如く不文明の境内に生じ不開化の度中に在て、欧米各国の人民文明開化の成効結果なる君民同治の国体に倣《なら》い俄《にわか》に民選議院を設立せんとす。そもそもこれを軽躁の人民といわんか、将《はた》童心の人民といわんか(…)そもそも旧参議諸氏一度民選議院の議を唱えてより以来新聞紙上民選議院の議論嘖々《さくさく》呶々《どうどう》ほとんど休時なし、各種の論者記者あに民選議院を以て果たして我国目今の形勢に適応せりと思えるにや。実に我輩の理会する能わざる所なり(12)。

「我国人民」の「不文明」「不開化」を強調し、「目今の形勢」と「民選議院」との明らかな不適合を指摘している。こうした論調それ自体は、この時期、珍しくはなかった。だが、これが津田の筆によるものだとすれば、「政論の三」との不整合は明らかである。

また神田孝平の態度も微妙である。「民選議院の時未だ至らざるの論」(第十九号)において「民選議院」の設立について慎重な態度を明らかにした神田は、しかし、わずか一ヶ月前に『日新真事誌』に掲載した論説「民選議院可設立の議」では、表題のとおり、断行論を主張したのである。

「民選議院」の設立に単に賛成か、反対かという視点だけでは、彼らの議会構想を適切に捉えることはできない。どのような点に賛成し、どのような点には反対したのか、個々具体的な論点に則して分析する必要がある。

さらに、第二に、「人民の開化」の程度に対する評価のみを軸に、彼らの議論を分析することにも問題がある。例えば典型例として加藤弘之の議論を引照しつつ、「人民の開化」の程度に対する悲観的な見解が、『明六雑誌』同人の「民選議院」設立に対する慎重な態度の背景にあった、とされる場合がある。(13) 確かに、先の津田の議論にもあるように、そうした見解は、間違いではない。だが、『明六雑誌』寄稿者が問題にしていたのは「人民の開化」のみではない。「華族」や「地方官」のそれも問題であった。「民選議院」は当時唯一の議会構想ではなかったのである。地方官会議や官選議院、地方民会など様々な議会構想がこの時期、実践され、検討されていた。『明六雑誌』寄稿者が「政体」について考えたのはこうした環境においてである。例えば、西周は「網羅議院の説」(第二十九号)において次のように言う。

一たび民撰議院の論出でてより紛論百出すと雖も要するにこれを建立するの方法大同小異あるに非るはなし。しかしてその大綱は則ち四つあり曰く令参の議会一なり。これ去秋政府かつて令する所にして中間天下の多事に会して沮息する者なり。曰く官撰議院二なり。あるいは勅撰ともいえり、これ新聞紙上に藉々たらずと雖もけだしかつてこの議を主張する者あり。曰く府県の議会三なり。これ既に彼此にあり着手する者ありと聞く。曰く大小区の議会四なり。これなお小部分より始めんと欲する者なり。これ皆真の民撰議院に至るの道路にして大鴻鵠に達せんと欲するの弓矢なり。(二丁ォ―ゥ、下巻、二六―二七頁)

ここで「令参」とは、県令・参事を指す。「令参の議会」とは、明治七年(一八七四年)九月に開催される予定であった地方官会議のこと、「官撰議院」とは当時においては「左院」を、そしてこのすぐ後に行われることになる「元老院」を指す。また「府県の議会」と「大小区の議会」とは当時のいわゆる地方民会を指している。西の「網羅議院の説」とは、「此数の者を網羅してことごとくこれを行い以て真の民撰議院を実地に建立せんと欲するの説」である。西は、当時の議会をかなりの程度まで評価し、そこでの実践を積み重ねていくことが「真の民撰議院」への道であると捉えていた。それは「民撰議院設立建白書」起草者たちの意図する「民撰議院」とはおそらく大きく異なるものであったかもしれない。だが、そもそも「民撰議院設立建白書」の議会構想それ自体が実はそれほど明瞭とは言えなかった。例えば、この点、森有礼は「民撰議院設立建言書之評」（第三号）で、「「民撰議院」なる者はその制果して如何ぞや」と鋭くもついている。為にする議論ではない。建白書の議会構想は、「議院」設立の方法について、「政府人民に令してこれを立るにあるか、将《は》た今、これを政府に申告し以て人民随意に会議を興すにあるか、あるいは政府の許可を得てこれを立るにあるか」について明らかにしていない、というのである（三丁ゥ、上巻、一〇七─一〇八頁）。それどころか建言書中の「この段よろしく御評議を遂げらるべく候」という表現からすれば、その三つのどれでもなく単に「政府は人民のために議院を立つべしと云うの義」にすぎないとも取れる。仮にそうであるとすれば、それは「人民の議院」ではなく、「政府の議院」に他ならない。けだし、「「民撰」の文字も、民間の人物を政府の撰にて設くる議員の儀」なのであろう。そうした「議員」は、単に「政府の太鼓持」以外にはなり得ないではないか。「民撰」の意味を突き詰めようとする森の理想論（理想論は、しばしば現実政治の中で、現状維持論として機能しよう）に比すならば、当時、既に実際に行われていた様々な議会の実践に対して注意を促し、そうした実践の延長線上に「民撰議院」を位置づける西の議論は、極めて具体性の高い実践的なものであったと言えよう。とはいえ、両者は「人民の開化」の度合いというよりはむしろ、現実の議会の担い手をどのように評価し、あるべき議会の担い手に対しどのような資質を期待するのかということを問題にしていた、という点では共通するのである。

こうした議会の担い手の資質を改めて問題にしたのは津田である。「政論の三」（第十二号）において、津田は次のように言う。

> 前参議副島氏ら民撰議院の建言ありてより以来、互に弁駁方を尽くし、攻守、力を竭し、新聞紙上あたかも一種の戦場に似たり。続てまた地方官会議を開くの特詔あり。また華族会議を創むるの説あり。（三丁ォ、上巻、三八九

頁)

津田も、「地方官会議」「華族会議」を俎上に載せる。だが、津田の結論は、西とは異なり、むしろ森に近い。津田は、「今や我大日本帝国に於てもまたこれ(欧米)に倣い三種(地方官会議、華族会議、民撰議院)の議員を興さんとす。あに国家の最大美事にして人民の一大福祉ならずや」という混合議会構想(それは西の議論の論理的帰結である)を否定する。津田の「地方官会議」と「華族会議」(後述するように西村はこれを重視した)への評価は厳しいものだった。「けだし議員の国家に裨益あるゆえんは専らその智識にあり」と考える津田にとって、「智識」を基準に選抜されたのではない「華族」の「議員」としての適格は、極めて疑わしいものだったからである。「地方官会議」についても、それが代表している利益がどこに存するか不明であるという理由から「議員」としての適格性にはやはり懐疑的である(「天皇陛下の代理人なりやまた人民の代議人なりや」)。残るのは「民撰議院」である(「民撰議院は民の選挙する所にして信に国民の代議人なり」(四丁ゥ、下巻、三九二頁))。

西と津田とで、その結論は異なる。だが、両者とも「民撰議院」を、「地方官会議」や「華族会議」といった同時代の他の議会構想との関連の中で議論したという点では一致する。「民撰議院」は選択肢の一つではあっても、すべてではなかったのである。逆に言えば、この時代の「政体」論は、「民撰議院」には限られない含みを持っていたのである。

それも当然であった。「民撰議院設立建白書」によって彼らが初めて議会や「政体」について考え始めたというわけではなかったからである。彼らの多くは、はるか以前から「政体」や、「政体」としての「国体」について独自の思索をめぐらしてきたのである。『明六雑誌』における彼らの議論を論じる際に、こうした点についての彼らの過去の思索や構想——それを取り巻く環境は劇的に変化したのだが——を無視するわけにはいかない。「民撰議院設立建白書」に対する彼らの賛意や懐疑や当惑は、こうした点を考慮に入れなければ、正確に理解することは難しい。以下、やや時間を遡って議論するゆえんである。

第二節　思想問題としての「封建」「郡県」論

明治二年の「国体」論――「封建」「郡県」

阪谷がまだ広島藩政に携わっていた明治二年（一八六九年）、森有礼は公議所（それは明治政府のスローガンとしての「公議」の実践の場であった）において「御国体之儀ニ付問題四条」と題して次のように問うている。

第一
方今、我国体、封建郡県相半する者に似たり、かくのごとくにして従来の国是果たして如何
第二
もしこれを改め一に帰せんとせばその制封建に帰すべきかまた郡県に帰すべきか、その理非得失果たして如何
第三
もしすべてこれを封建にせばこれを如何措置して人情時勢に適当すべきや
第四
もしすべてこれを郡県にせばこれを如何措置して人情時勢に適当すべきや(14)

向かうべきは「封建」か「郡県」か。明治二年、森が提起した「国体」論とは、政治体制論、なかんずく「封建」「郡県」論だった。この時点で「封建」とは、徳川以来の政治体制――世襲君主による地方統治（「藩」）――とほぼ同義

であった。他方、「郡県」とは、この二年後、廃藩置県によってまさに実現することになった体制――中央政府から任命された非世襲の官吏による地方統治――のことである。森の見るところ、明治二年という「今」は、「封建郡県相半」し、「封建」か、「郡県」か、そのどちらに帰着するのかにわかには判じがたい、極めて不透明な時代である。向かうべき方向性について、森自身の考えはこの時点で既に明らかであった。「郡県」賛成である。[15] ところが同時期に彼が提出したいわゆる廃刀論の場合とは異なって、ここで彼が自らの意見を示すことはなかった。それだけ情勢はいまだ不透明であったのである。事実、森の建議に対し、「公議所」の大部分は「封建」賛成をもって応えた。[16]「郡県」に賛成した論者でさえも、その提案は「郡県」案としてははなはだ微温的なものであった。[17] 佐倉藩の参事としてこの時、「郡県議」を起草した依田学海ですら、「京にて諸藩より上書は、すべて封土を一度奉りてしかしてのち新に名義を正して給わらんとの主意にして、あながち郡県の制を行われんとの意にあらず」と事態を把握していた。[18]

「封建」か、「郡県」か。それはまた、単に現状維持か改革かという問題でもなかった。「郡県」を是とするものにとってそれは、神武天皇（正確には天智天皇であるとの主張も有力であった[19]）による創業の「古」の制度であった。[20] 他方、非とするものにとってそれは秦の始皇帝による悪政の象徴であり、「封建」こそが「三代聖人の古」であった。「復古」を建前とする政治体制にとって、それはいかなる「古」を選択するのか、という問題でもあったのである。

「封建」と「郡県」とは、さらに、あるべき政治体制のモデルとしての西洋を理解する際の準拠枠でもあった。「西洋各国皆郡県」（加藤弘之『隣草』）として、徳川政治体制と比較した場合の「西洋」の政治体制の特質を、まさにその点に見出す者もいた。「西洋」内部の差異の検出にもそれは用いられた。フランスについて、「昔法蘭西路易《ルイ》第十四、その国の巨族大豪が、土地を擁して王命を梗《こう》するを疾《にく》み、智術を以てこれを削奪刈除し、封建の勢を変じて郡県の形とせり」と理解するものがいた。[21] 他方、「米国は合衆政治と雖もその実無前一種の封建なり」とするものもいた。[22] それは比較政治学的な思考の道具であった。[23]

こうした事情の下で、「封建」「郡県」論が帯びることになった熱気を成島柳北は、『柳橋新誌』第二編（明治四年／一八七一年）の中で、やや皮肉な筆致で次のように描いている。

士人二個《フタリ》、錦袴を穿《ハキ》ち、金刀を佩《お》び、その楼に対飲す。酒数行、談宇内《うだい》の形勢に及び、ついに郡県封建の得失《ヨシアシ》を論じ、辯駁刻《トキ》を移して決せず。口角火を吐き、舌頭血を噴く、酒冷かに、殺《さかな》爛《ただ》れて、顧みざるなり。数妓侍坐、傍聴して倦《タイクツ》む。妓起って厠にゆく。一妓これに従う。廊下に相会す。甲曰く、「今日の客、何等の痴漢《トンチキ》。酒もまた飲まず、殺もまた食わず。聒々《ガヤガヤ》、半日、鮮すべからざる《ワカラヌ》事を談ず。奴《ワチキ》、性、いわゆる議論という者を喜ばず。これを聴けば、則ち懊悩《モヤクヤ》、瞑せんと欲す」と。乙、頗《すこぶ》る気力あり、曰く、「阿姉《ネエサン》、悶する《フサグ》を休めよ。奴、まさに彼の両痴を壓せんとす」と。すなわちあい携えて席に反る。両個、舌戦なお劇《ハゲ》し、乙進んで両客の間に離坐し、一大白《オオサカズキ》を挙げて問うて曰く、「公等論ずる所は、はなして何の論ぞや」と。客曰く、「僕等論ずる所は、天下の政体、郡県封建の利害得失《ヨシアシ》、卿等《オマヘガタ》、何ぞ問《あずか》らん」と。乙、盃を属して《サシテ》曰く、「公等何ぞ謬れる。それ郡県封建の得失は、秦漢以来《ムカシヨリ》、先哲論じて遺すことなし。今また何ぞ公等呶々《ガヤガヤ》の言を俟たんや。妾聞く、米国《メリケン》に共和の政あり、極めて公、極めて明、極めて正、極めて大、唐虞の治と雖も過ぐる能わずと。公等よろしく古人の糟粕《カス》を棄て、ふたりながら郡県封建の説を廃し、共和の美を徇《トナフ》うべし。かつそれ遊びなる者は最も共和して楽しむを要す。今、公等既に酒楼にあり。酒肉を置いて食わず、管弦を擲って奏せず。空論妄言、妾等をして隅に向いて睡りを催さしむ。これを共和して楽しむというべきか。公等、真に遊びを知らざる者、妾まさに大統領となり、この衰頽《リニオチタ》の勢を一振《タテナオス》せんとす。請う、まずこの罰盃を吸え」と。ここに於て二客大いに慚じて、両首並肯して謝して曰く、「謹んで女王殿下の令を奉せん」と。[24]

「封建」か、「郡県」か。ここで二人の士人が、その「衰頽《リニオチタ》の勢」を揶揄されながらも、「口角吐火舌頭噴血」して議論している「天下の政体」論はやはり「封建」「郡県」論である。それは当時、あるべき政治体制について考えようとするものならば、誰しも避けては通れない根本的な問題であった。

「封建」の「議会」構想——一八六一—六八

「封建」か、「郡県」か。それは議会（立憲政体）構想とも密接に関係していた。例えば、議会が、「封建」において可能なのかどうかという問題は、実は、自明ではなかった。「封建」と議会の関係について、問答体で書かれた『隣草』（文久元年／一八六一年）において加藤は次のように書いている。

問曰
足下の説、実に理に当たれり。ただし西洋各国皆郡県にしてこの政体を用る者なれば今郡県の清朝にてこれを用るは適当せることとなるべけれども、もし三代の時の如き封建の世にこれを用いてはその利害如何あるべきや。

答曰
僕が考る所にてはたとい封建にても郡県にてもこの政体を能く用ることを知れば決してこれがために害を生ずることはなかるべし、もし封建の世なれば各別の諸侯よりもその封領の大小戸口の多少等に従てその出す所の公会官員の多少を定め、大事もしくは非常の事あるいは万民の苦楽に関することなど起こるときは、必ずこれを会衆せしめてその事を謀議すべきなり。しかるときは諸侯もその仁政に懐き朝廷を仰て真忠を尽くさんこと疑いなし。しかるに勉めて諸侯の権を奪わんと欲して諸侯をして少しも国事に喙を容ること能わざらしむるときは、朝廷の大権一時盛なるが如しと雖どもその実は却りて諸侯をして朝廷を怨ましむるの原因にして、もし一旦事起るときは諸侯のために害を受ること少からざるべし。ゆえにたとい封建と雖ども人和を破らざらんことを欲せば必ず上下分権の政体を立てずしては叶わざるなり。(25)

アロー戦争に苦しむ清朝にこと寄せて、加藤がここで主張するのは「上下分権の政体」の導入である。それは「君主万民の上に在りてこれを統御すと雖ども、確乎たる大律を設けまた公会といえる者を置て王権を殺ぐ者」である。そもそも加藤によれば「世界万国の政体」は「君主握権、上下分権、豪族専権、万民同権」の「四政体」からなる。このうち「君主握権」「豪族専権」は「実に公平ならざ」る「政体」である。「公明正大にして尤も天意に協い与情に合する者」（これを加藤は後になって「立憲政体」と言い換えている）は、「上下分権」と「万民同権」の二つである。このうち、清朝の改革に現実にふさわしいのは君主制たる「上下分権」の方である。引用部分は、その上で、君主制という点では清朝と共通するものの、「封建」という点で異なる徳川体制への「上下分権の政体」（「公会」）の導入の可否を検討する部分である。加藤の議論の主眼は、無論、ここにあった。

加藤によれば、「上下分権の政体」（議会）は、「封建」下でも十分に機能する。それどころか「上下分権の政体」（議会）を導入してこそ、「諸侯」の「朝廷」（当然徳川家である）に対する忠誠（「真忠」）は確保され、「仁政」は実現する（「諸侯もその仁政に懐き朝廷を仰て真忠を尽くさんこと疑いなし」）。また、逆に「しかるに勉めて諸侯の権を奪わんと欲して諸侯をして少しも国事に喙を容ること能わざらしむる」（つまり「郡県」する）ようになれば、「朝廷の大権一時盛なるが如しと雖どもその実は却りて諸侯をして朝廷を怨ましむるの原因」となるという。

「郡県」の議会に対する「封建」の議会の擁護論である。加藤の主張の背景には、西洋列強が「公会」（議会）による政治を行っているという認識と、西洋の政体が「郡県」であるという認識とが（「西洋各国皆郡県」）、どちらも急速に一般化しつつあったという事情があった。(26)そうであるとすれば「郡県」は、君主制を維持しながら「議会」制を導入するための必要条件なのではないか。「封建」において「議会」は可能か。可能だとすればいかなる形態においてなのか。こうした問いは、加藤の見るところ、「郡県」である西洋や清朝が直面したことのない、新たな政治学の課題なのである。(27)

加藤の前にあったのは、「西洋」化についての二つの競合する道筋であったのだと事態を言い換えることもできる。一方は、将来の「議会」制導入のために目前の「郡県」を目指す道、他方は、「郡県」抜きの「議会」の導入と定着を目指す道であった。阪谷が「探索」に出る直前文久元年（一八六一年）のこの時、前者は、福澤も一枚そこに噛んでいたと思しき「朝廷」（徳川政府）中心の「郡県」化（＝「大君のモナルキ」（福澤諭吉））構想であり、(28)後者は横井小楠らによって主張された有力大名による合議制の構想である。加藤が選択したのは後者である。「たとい封建と雖ども人和を破らざらんことを欲せば必ず上下分権の政体を立てずしては叶わざるなり」とは、「封建」を前提にしたままでの、「上下分権の政体」（議会）導入を体制統合の秘策とする加藤の主張の眼目であった。

では、そもそもなぜ「上下分権」の政体が優れているのか。それは「公」であるためと説明された。「すべて君主握権の国にては万事王室朝廷のために謀」るのに対し、「上下分権の国にては万事国家万民のために謀る」という違いがある。この「差異」こそ「この二政体の公私如何」を分けるのだという。「上下分権」の政体においては、「天下は天下万民の天下たることを忘れず、万事皆ひとり国王のために謀らず、専ら国家万民のために謀るを本意」とする「仁政」が行われるというのである。「上下分権」政体は「公」なる「仁政」の実現という儒学的な価値から弁証されたのである。「君主握権」と比較した際の、「公会」を備えた「上下分権」の具体的な強みは、第一に、「暴君暗主」に対する備えである。「明主」の下では繁栄を謳歌する「君主握権」は、この点が弱点である。第二には、「上下の志情」「人和」が「相親睦」「和合」することである。加藤が強調するのは後者の方である。というのも、加藤は「上下の志情」

「人和」が「親睦」「和合」することで、「武備の精神」が備わり、「国威」が振るう、と考えたからである。

どちらの政体が「公」であり、どちらの政体が「私」であるのか。こうした形での問題の立て方それ自体は、実は、「封建」「郡県」論争についてむしろ長らく問われてきた問題であった。[29]また、そこでの「公」の内実はやはり「上下」の情誼的結合であり、その効用は国家の富強であるという点でも共通していた。問題の立て方も、その答えも共通していたのである。違うのは使われている言葉だけであった。

加藤の「上下分権」政体論は、「封建」「郡県」論の側から見れば、一面で新たな対立軸を導入することで、これまでの議論を一挙に精算することを図ったものであった。[30]だが他面においてそれは、「封建」「郡県」論争で目指された目的──「上下」が「和合」する「公」にして「富強」なる「仁政」を実現すること──それ自体を新たな政治学の中に再生させるものでもあった。「封建」「郡県」という枠組みの中で政治を考えるという伝統の蓄積は、西洋由来とされた「立憲政体」の理解を助ける一方で、「立憲政体」の理解を深く規定することにもなったのである。

西周『議題草案』と津田真道『日本国総制度』

加藤が理論的に肯定した「封建」の「議会」構想を、慶応三年（一八六七年）十一月の時点──いわゆる大政奉還の直後──で、再び具体的に展開したのは、開成所教授職にあった西周である。西はその『議題草案』で、「方今封建の治、我が同宗臣属の藩屏全域の半に居候天下を以て千載之久、天禄永終之家に附し、とみに郡県之制に復し口分職田之法を興さんと欲候は、三歳の児童も万ゝ一可無之を存候義」とする。文久元年（一八六一年）の加藤が警戒したのは徳川政府を中心とする「郡県」構想であったが、ここで西が牽制する「郡県」論は、「二三雄藩」の「家臣等中立候所」の「郡県」論。つまり「禁裏」が主導する「郡県」論であった。[31]「公方様即ち徳川家の御当代を奉尊而是が元首」となす「公方様政府」と、上下両院からなる「議政院」とを基本とする、[32]西の「封建」の「議会」構想は、王政復古直後の依然流動的な政治情勢の中で、徳川家を中心とした統合を可能とする唯一の解であった。

とはいえ、「郡県」が「議会」の必要条件ではないか。疑いは依然として根強かった。文久元年（一八六一年）、かつて「封建」の「議会」構想を提示した加藤は、慶応四年（一八六八年）七月の『立憲政体略』では今度は次のように述べる。

この政体（万民共治）を立る各国多は元来自主の数邦国を合して一国となせるものなるがゆえにその数邦は上下同治の国の州県の如き者にはあらず、各邦必ずまた政府ありて邦内の政は都《すべ》てこの政府にて施行したただ全国に関係する事は全国の大政府にて施行す。けだし封建の制度と大に相類する所ありて大政府は朝廷（徳川政府のことであろう）の如く自主の各邦は諸侯の如し、これゆえに封建の国にて立憲政体を建てんには上下同治の制度よりは反りてこの政体の制度取る所多からん。(33)

「封建」では、「上下同治」（「上下分権」の言い換えである）の「政体」よりは、むしろ「万民共治」の「政体」を参考にしやすいというのである。同書において、「立憲政体」とは、「公明正大確然不抜の国憲を制立し民と政を共にして以て治安を求むる所の政体」である。こうした「立憲政体」は、「君政」においては「上下同治」に、「民政」においては「万民共治」において実現するとされる。その上で加藤は、「封建」を「万民共治」に、「郡県」を「上下同治」にそれぞれ割り当てるのである。これを額面どおりに受け止めれば、「封建」において「君政」たる「上下同治」を導入することは、困難である。その結論は、かつての『隣草』のそれとはほぼ正反対のものである。『隣草』とは異なって、同書は確かに理論的な色彩が強い。とはいえ単なる理論的な指摘ではこれはあるまい。そこに込められたものそれは、「万民共治」への期待というよりはむしろ、「郡県」への期待――福澤の後年の回想によれば、戊辰戦争時彼は、強硬な主戦論者であった[34]——であろう。

加藤と同様に、「封建」という前提の中で、「郡県」への期待を込めたのは、戊辰戦争時は、加藤とともに目付の職にあった津田真道である。慶応三年（一八六七年）九月、西より三ヶ月早く——ということは大政奉還の以前に——、徳川政府の求めに応じて提出した『日本国総制度』で津田は、「日本総政府」と「制法上下両院」からなる政治体制を提案していた。[35]一見、西の『議題草案』と類似するが、その実質は大きく異なる。焦点は議会の構成にあった。「上院」が「万石以上」の大名に限られることについて両者に異同はない。だが、「下院」について西の『議題草案』が、一藩あたり一人の「藩士」が「藩上下総名代」として列席するとするのに対し、[36]津田の『日本総制度』は、「日本全国民の総代にして国民十万人に付壱人ヅヽ推挙すべき事」としていた。[37]「下院」の議員が、「藩」ごとに一人という自身の構想について西は、「洋制にては、人口の多寡に準じ総代差出候例には有之候得共、方今封建の治にて左様も相成不申」とする。西は、「郡県」である「洋制」の「議会」においては、「下院」の「総代多寡あるいは声の軽重」は、「国の大小に依り」異なるものと認識していた。西によれば、「下院」の構成こそが、「封建」か「郡県」かを分かつメルクマールなのであり、この意味では、津田の議会構想は、西に比べてより「郡県」的であった。「下院」の構成は、「封建」によっていわば制度的に保障されているのである。そしてこの点では、加藤も、津田と同様——「各別の諸侯より「邦領の大小戸口の多少」に従って「公会官員」を出す[38]——であった。

津田の「郡県」志向は、政府と議会の関係のありかたについての両者の考えの違いにもおそらく反映していた。西は、「行法」と「制法」とを峻別し、「公方様政府」が「全国行法の権」を、上下両院で構成される「議政院」が、「立法権」をそれぞれ行使するとした。[39]政府と議会と、両者の機能や権限を峻別することに西の関心は向かう。これに対し津田はやはり「政令」と「制法」とを分けるものの、「政令」については、「日本全国政令の大権」を「総政府」が有し、「日本全国政令の監視」を受け持つとする。また「制法の大権」についても「制法上下両院」と「総政府」とが分掌するとする。(40) 議会と政府とを機能や権限によって峻別するのではなく、両者が一致協力して統治の任にあたる。それが彼の「制度」構想であった。

そもそも「通国の安富幸福」「日本闔国の安富幸福」を強調する津田の『日本総制度』は、「方今我日本国の形勢」が「洋人所謂《いわゆる》合邦の姿に類似」することに批判的であった。津田はこの「合邦の姿」を「西洋中古藉土の状」、さらには「漢土古昔封建の姿」とも言い換えて次のように言う。

鎌倉以来本邦の形勢いつしか漢土古昔封建の姿、西洋中古藉土の状に類し元和偃武以来各藩屈服恭順仕来候処、近来強藩割拠の勢微に相露われ、周末の春秋もしくは戦国唐末の藩鎮あるいは日耳蔓列国我国においては足利末葉の姿に相移中間敷義、乍恐確然としては難相保など杞憂不少義ニ奉存候。(41)

慶応三年（一八六七年）当時の「強藩割拠の勢」を「春秋」「戦国」「足利末葉の姿」に喩える津田の問題意識は鮮明である。そもそもここで「封建」と互換的に使用される「藉土の制」（feudal system の訳である）は、津田が学んだS・フィッセリング（Simon Vissering）の講義によれば、「設施巧なりというべし、しかれどもただ文化半開の国において行るべき制度」であった。また、「公共の国益民利」を統治の正当性の基準と説くフィッセリングの政治学においては、「藉土の君主は国内所在一切諸物総轄の主にしてただ統馭主宰の威権を擅にするのみならず国土もまたその所有に属す（『泰西国法論』巻三第六編第三章）」という。「藉土の制」は、「威権」が支配する不安定な政体なのである。

藉土の制の主とする所は公共の国益民利に非ずただ君主の威権を支分するに在り。ゆえに本来永久に耐う可らざる制なり。（同上、第六編第十章）

この制の弊や本来民の主宰たる君主の大権を鉅室顕族仮て帰さず、よりて以て下民を凌虐するにあり。（同上、第十一章）

またその末弊、藉君はその威権を保守弘大にせん事を欲し、藉臣は強て当務の義を免れん事を謀るにあり、ゆえにこの制の行る所何《いず》れの国にてもただ藉君藉臣互に争闘するのみ。（同上、第十二章）

かかる政体においては到底永久の安定は保証できず、必ず「争闘」が勃発することになる。それはヨーロッパの歴史が証明している、と津田は考える（第十四章）。また「合邦」についても、「しかるに総国の通利と列邦の特利と動《やや》もすればその平均を失い易しとす、そのゆえは列邦その私利を視る事通国の公利より切なればなり。これ合邦分争のよりて起る縁由なり（第七編第十七章）」と、「私利」をめぐる分裂を引き起こしやすい体制であるというのが津田の理解であった。それは、「先年来時論洶沸あるいは尊王攘夷等相唱候族もその実はその私を挟み候」という目下の日本政治に対する現状認識とも響きあうものであったに違いない。津田の『日本総制度』は、フィッセリングの政治学によれば極めて特殊な「奇異の政体」「奇異の国体」（第一編政体総論）[42]という条件の下で構想されたものだったのである。[43]

その意味で、津田は、「王政一新」の実現を、かかる「奇異の政体」を必要とする条件からの脱却として積極的に評価することができた。戊辰戦争の帰趨が決して後、津田は、「天皇陛下に上る書」において、「今日寡君政権奉還の功業遠く大国主に踰ゆと言うと雖も敢て過言に非ず[44]」と、徳川家の「政権奉還」を、かつて大国主の「国譲り」に喩え、その意図を弁明する。「政権奉還」は、例えば西にとっては明らかに徳川を中心とする「封建」の議会への第一歩だったはずである。だが、津田においては、議会への関心は後景に退き、それは「封建」という「国体」（政体）自体の変革の第一歩を意味することになる。

我国鎌倉以還の形勢、天皇の下に将軍あり専ら国政を執り大権を握る。あたかも国に二王あるが如く人に二頭あるが如くはなはだ体裁をなさざる事にて国体よろしきを得ざるなり。いわんや近来外国交際の道漸く開け西洋の文学、東方の名教と和し世界の文教まさに合して一とならんとするの秋《とき》来たれるにおいてをや。この時にあたりて人に二頭ある如き国に二王ある国体永く我日本国内に存すべからず。

「鎌倉以還」の政治体制を「国に二王ある国体」として捉え、王政復古をこうした状態からの脱却と称えるのである。この「天皇陛下に上る書」の下書きは、フィッセリングに学んだ西洋の政治学の知見が随所に応用された、より理論的な文章であった。「国に二王ある国体」は、「漢土封建の形」「西洋藉土の勢」と表現される。これに代わって打ち立てられるべきは「唯一君之御国体」である。

武臣政権を執て以来漢土封建の形、西洋藉土の勢と変化し（…）けだし時情不得止の勢にして皇列祖の聖意抑家元（ママ）所謂《いわゆる》聖人の意に非る事さらに論弁を待不申候。於西洋諸州も近来文化漸開にことごとく中古支離滅裂藉土の制跡を絶して国内唯一君之《の》政体と相成申候由に及承候（…）皇列祖神武天皇之聖意に非る封建の形を一変して海内唯一君之御国体に仕度素願為国に家を忘れ候微（ママ）衰のみに御座候（…）(45)

「唯一君之《の》御国体」の「之」は同格を意味し、「唯一君」という「国体」の意である。ここでの「国体」が政治体制を意味すること無論である。「漢土封建の形」「西洋藉土の勢」は遂に終わりを告げ、「近来」の「西洋諸州」と同様の「唯一君」の政治体制が訪れた。津田にとって、もはや権力の担い手は問題ではなかった。権力が行使される政治空間の形式こそが問題であった。「封建」「郡県」と「立憲政体」（議会）をめぐる思索の積み重ねは、津田をしてかかる問題意識を取らしめるに至ったのである。

「封建」の「議会」実践——一八六八—七一

それではこの「唯一君」の「国体」の実現は、直ちに「郡県」の実現をも意味することになったのか。そうではなかった。それどころか、実現したのはむしろ「封建」の議会の方であった。議事所、公議所、集議院といった諸議会がそれである。そこでは、「列藩」の強固な自律性が当然の前提とされていた(46)。

もちろん、それでも「郡県」への志向は随所に見られた。戊辰戦争のさなか明治政府が開催した「議事所」の「下局」には、まず、「命即日より朝臣と相心得勿論旧藩に全く関係混合無之」とされる「徴士」が、その「賢才」ゆえに抜擢されることになっていた。この「徴士」と並んで、各「藩」の代表として「貢士」が置かれるとされるものの、それも「大藩四十万石以上三員」「中藩十万石以上三十九万石に至る二員」「小藩一万石以上九万石に至る一員」と、「藩」の大小を反映するものとされていた(47)。下院の構成は西の構想よりも津田のそれに近いものだったのである。

だが、他方で、「議院」の「所議条件」には「彼藩与此藩争訴」が含まれていた。また、その議事規則には「会日早午相聚、昏暮而散為常（有故不在此限：原文注）合歓情者、莫若酒、敢不禁、但在温克声歓而罷、勿至過量喧呼」（「列藩貢士会盟条約」）という規定も見える(48)。この議会では酒が供されたのである。明治二年（一八六九年）開設の公議所においても、この点、同様であった（「町家酒楼之日限を定め集会候儀固く相止候事」との決議が残る(49)）。従来、こうした規定や決議は、「近代的知識に全く欠け(50)」た「第二流以下の人物(51)」が集まり、「現状維持的で因循姑息(52)」な議論を繰り広げた結果、機能不全に陥ったこの時期の議会の質の低さの証左と見なされてきた。だが、そうした見方は一面的にすぎるであろう。先に見たように、こうした先行する「議会」実践をどう評価するのかについて、『明六雑誌』寄稿者間で意見は分かれていた。また、こうした「議会」の議員たちの多くが、かつて徳川末期の政局の中で、外国情報をも含む情報収集・分析と、そうした情報にもとづいた虚々実々の駆け引きの舞台としての「藩際外交」を担った留守居役であったという事実は、思い起こす必要がある。(53) 彼らは議員というよりは、むしろ外交官に似ていた。(54)「琉球国太守」の名で島津家が独自にパリ万博(一八六七年)に参加したのはわずか数年前のことにすぎなかったこの時期においては、(55)「封建の形」はある種の国際関係としての緊張感をはらむものであった。ずっと後、明治二十二年(一八八九年)になって、田口卯吉が「今や世界の諸国はみな郡県にしてその境域の内には諸侯の割拠するものあるなし。しかれども国々相対峙するの点より観察すればこれまた一封建にすぎず」と、(56) 国際関係を「封建」に喩えることができたゆえんである。各国の体制が「郡県」化して初めて「封建」は国際関係に転写されたのであり、逆に言えば「封建」のイメージが「国際関係」理解の原基ともなり得たのである。

そして、こうした「封建の形」への遠心的傾向は、森が公議所において「御国体」について問いかけた明治二年(一八六九年)には極点に達しようとしていた。例えば、当時の政治情勢について、「郡県」推進派としてまさに当事者であった鳥尾小弥太は、「かくて争乱中は、大敵の目前に在るがために、いささか不満の意ある者も相互に耐忍して、王事に鞠躬せ」し昔日に比して、「賊讎既に平定せし後は、各諸侯及びその臣賊も、ことごとくその邦内に退き、漸く割拠の勢を成し、朝政を疑惑するの状を顕せり」と回想している。「天下の政権は、全く朝廷に帰せしと雖も、彼の封建の状勢は、依然として旧に依」り、結果として、「当時の政略は、専ら各藩諸侯を制御統治するの事に非ざるは無し」というのである。(57) 明白な敵を失った政府の求心力は低下し、「封建の状勢」は当時むしろ強まっていた。鳥尾が鋭く指摘したように、対徳川連合という性格が薄れた時、明治政府は改めて統合の度合いと単位の問題に直面することになった。各地方(武装)政府の権力をどの程度まで認めるべきなのかという問題である。それは「封建」「郡県」という古い語彙を用いて分析され、議論された。森がこの年、「御国体」の問題として改めて「封建」か「郡県」かと問うた背景には、「各藩諸侯」を「制御統治」すること、言い換えれば、「封建に郡県の意を寓する」(『岩倉公実記』中巻、七二九頁）という当初の狙いとは正反対に、公議所がむしろ、かかる「封建の状勢」を顕在化させる場所になりかねないという危機意識が存したのである。その意味では、「封建」の議会において、「郡県」の可能性を問うた森の自己破壊的な建議は、たしかに「封建」の議会の行き詰まりを露呈するものであった。だが、その行き詰まりは、各議員の無能力のゆえにではなかった。「封建」において議会がそもそも可能なのか。加藤や西や津田が悩んだ問題に彼らが改めて直面したということであった。ここに至って問題は、「郡県」か「議会」か、ではなく、「封建」か「郡県」か、という形でふたたび問い直されることになったのである。

津田真道と西村茂樹、二人の「郡県議」

こうした中で、再び「郡県」を主張したのは津田である。『中外新聞』第六号（明治二年／一八六九年三月）に掲載した「郡県議」において津田は次のように言う。

宇内国体数種あれども、概するに君民二政に過ぎず。皇国および漢土にては君政の内ただ封建郡県の二体あるのみ。古来この二政体につきて紛々議論ありと雖も、必竟いわゆる時勢の致す所にして、元来是非得失ある事無し。しかれども概してこれを言へば、封建は国初草昧の世に生じ、郡県は稍《やや》文明嚮化の秋に成れり。(58)

「封建」「郡県」の優劣は制度内在的な価値からは決定できない。それは「時勢の致す所」である。そのように言う一方で、津田はすぐさま「文明」と「野蛮」という対抗軸を導入し、「郡県」を前者に「封建」を後者に割り当てる。無論、津田の強調したいのはこちらである。フィッセリングを通して触れることになったアダム・スミス等スコットランド学派の基本的な考え方――人間の商業活動が、技芸を進展させ、その結果として、貨財は増大し、人間の習俗は穏やかに洗練されていくというわゆる文明社会論――は、「藉土の制」に似た「封建」を「文明」の観点から劣ったものと見なす視点をもたらしたのである。私利をめぐる分裂と、野放図な「威権」との間、つまりアナーキーと専制との間で揺れ動く「野蛮」な政体からの脱却を「郡県」が意味する以上、それは統合の実現、重畳的な主従関係の精算(「天下皆郡県となりし上は四海ただ一君にして、余は陪臣も陪々臣も皆朝臣なり。これを除て外に君臣の名義ある事無し」)であるのは無論のこと、君主権力の制限をも意味するはずである。「封建を変じて郡県とするは、断じて天皇の独り国権を私し玉うべきためにあらず」[59]。だが、そのことは逆に言えば、「郡県」とは「天皇」が「国権」を「私」する政治体制ではないかという懸念――例えば岩倉具視による「王土王民」論に対する反発の背後にあったもの――が、当時存在したということでもあった。「封建」「郡県」は、「文明」「野蛮」という軸ではなく、依然として「公」「私」という軸によって議論されてもいたのである。

では、「郡県」が「私」にならないためにはどうすればよいのか。津田が提案するのは「天皇の歳俸」を定めることである(「ゆえに今封建を変じて郡県となさんと欲するには、まず天皇の歳俸を定め、天皇の絶えてその間に私し玉わざる事を天下に明示すべし」[60])。津田は、天皇のそれのみならず「諸臣」の「歳俸」も、「石高」に沿って詳細に設定する。例えば天皇の「歳俸」は金四十万両であるのに対し、「高百万石以上は一万石に付金千両の割」とされる(ということは百万石ならその「歳俸」は十万両であり、単純に換算すれば天皇の「石高」は四百万石と想定されていたことになる)。津田にとって、「公」なる政治体制が、「封建」と「議会」のセットによってではなく、「郡県」と「歳俸」のセットによって実現するとされていることは疑いない。だが、「諸臣」にそれぞれ固有の「石高」があり、それを犯すことがないのが「公」であるという発想それ自体は、廃藩置県後の体制を想起すれば容易に分かるように、はなはだ「封建」的な発想であるとも言える。「議会」という制度を通して、そこにおける「列藩」の自律性を承認するという形で、「公」を担保してきた「封建」体制を破砕し、「郡県」に復するとした場合、「公」を担保するものは果たして何なのか。それは端的に「天皇」の「私」ではないのかという疑問は、確かに容易ならざる問題であった。
「郡県」への動きが「天皇」の「私」にすぎないのではないかという疑いを、控えめに、しかしはっきりと表明したのは西村である。佐倉藩の政務を執り、公議所・集議院の公議人（議員）でもあった西村は、やはり「郡県議」を提出して次のように言う。

近頃聞く、諸侯おのおのその土地を私有せずして、これを朝廷に献ぜんとすと、諸侯よりしてこれを言えば、国のために私を忘る、ものと云うべし、朝廷これを受んとし玉うは、その是非いまだ如何を知らず。(61)

「郡県」は「諸侯」の側から見れば、「私有」を廃するという意味で「公」である。だが、「朝廷」がこれを受けるのであれば、それは結局、「朝廷」の「私有」に帰するということである。「この説を主張する者」は、西村によれば、「その君を導て尭舜の君たらしめんことを求めず、ただ天下の力を竭して一君の欲に供せんと欲す」る者にして、また、「遂にその君を導て乱亡の階を踏ましめんとする者」に他ならない。「尊王」の名の下に「諸侯」による土地の献上を正当化する動きに対し、西村は批判的である。それは、一見、「公」のように見えてその実、「一君」の「欲」へと奉仕することにすぎないのである。西村の見るところ、「人君の職」とは、結局、「敬天愛民」に帰着する。君主の心のありかた（「とりわけ「愛民」）こそが問題なのであって、制度の良否は二の次である（「国の治乱盛衰は、制度によりてしかるに非ず」）。「道は本なり、制度は末なり、仁義忠厚は道なり、封建郡県は制度なり、其本を舍て、論ぜず。いたずらに制度の末を以て、天下を治めんとするは、聖賢の取らざる所、英雄の笑う所」なのである。

一の私の字以て天下の怨を招くべく、一の公の字以て天下の心を服すべし。今上御一人より、諸大臣に至るまで、能く大公至誠を以て心とし、愛民の政を行い給う時は、封建郡県皆以て国の治安を致すに足るべし。[62]

西村は「郡県」が間違った制度であるとは言わない。だが、原理論として、「公」「私」を「制度」の関数としてではなく、君主の心のありようのそれとして捉え、他方、目前の制度改革(「郡県」)の動きに対しては、その動機(「欲」)を暴露することで、「私」的な動機による制度改革の必然的失敗を婉曲に、だが、断固として主張したのである。「郡県」よりは「愛民」が優先である。それなりに強力な主張であった。

「封建」の「議会」構想は、確かに、行き詰まっていた。だが、「郡県」構想の展望が明るいわけでもなかった。見てきたように、それは現実の政治情勢(「封建の状勢」)と、理論的な反論という、二重の困難に直面していたからである。

だからこそ、明治四年(一八七一年)の突然の「郡県」の実現は、「廃藩クウデタ」(升味準之輔)に他ならなかった。[63]「郡県」は自らの理論的正当化に成功し、「公議」や「合議」によって決せられたのではなかった。それは明治政府内部の極めて少数の人間(例えば鳥尾小弥太)による陰謀の結果として実現したのである。

「公議」によってではなく、「力」によって実現した「郡県」は、「封建郡県の得失」をめぐるそれまでの議論に、問題自体の解消という形で決着をつけた。こうした政策問題としての「封建郡県」論の消滅は、だが、思想問題としての「封建郡県」論の消滅を必ずしも意味しなかった。

第三節 「郡県」の政治思想

思想としての「郡県」

「郡県」の実現は知的な衝撃でもあった。「封建」の価値は著しく暴落した。それに伴って、「封建」を「古三代」の理想の統治体制とする儒学の知的権威も大きく揺らいだかに見えた。

事実、「郡県」推進派は、「封建」が儒学の知的権威と結びついていることに自覚的であった。「郡県の制」こそが本来、「皇国の旧典」であると主張する元田直は、その『東京土産』（明治四年／一八七一年）で、「武家」の世が一見、「封建の姿」を呈するに至った原因を「儒生」の言語活動に求める。[64]「朝廷いまだかつて武臣に与うるに侯伯の爵を以てせず」にもかかわらず、「所謂《いわゆる》諸侯大夫」などといった「儒生の私称」を用いてきたことがそもそも問題なのである。こうした「腐儒」が「封建は唐虞三代の制なり、郡県は秦始皇帝の制なり、あに唐虞三代を舍て始皇に従うべけんや」として「封建」の優位を主張するのである。[65]これに対し、元田は反論する。

およそ世間の情勢、古昔は風気開けず、後世は人文明なり、古昔は封建の政行われ後世は郡県に変易す、宇内万国みなしからざるはなし。[66]

「封建」は「国初草昧」、「郡県」は「文明嚮化」にそれぞれ対応するとした津田の議論がここで援用されている。「郡県」を「文明」視し、「封建」を「野蛮」視することで、儒学の知的権威の切り下げを謀る、こうした論法は「郡県」化の後、急速に一般化する。

小川為治の『開化問答』（初篇、明治七年／一八七四年）では、「藩を廃し府県を置せられし問答」を巻頭に配し、「昔より国を治るには、封建の方がよろしくして、郡県は大害あること」であり、「天子様が大名を廃し、県を御置なさることは、秦の始皇の真似をなさるわけにて、終には下々の者の難渋になることかと覚えます」と主張する「旧平」を、「開次郎」が、次のように、説き伏せる。

もと封建をよい杯といふて、漢土の尭舜三代だの、周の代だのと引事にするは、世の腐れ儒者の箸の上下の言葉でござる（…）さて今の封建をよしという人は、なんでも漢土の昔しの事はみなよきように思い、実地の有様を見ず。またその大本を知らぬゆゑでござる。まず世界万国とも太古をたゞせば、みな今の蝦夷の様にて、何れも蛮野の風俗でござる。さりながらその仲間には自然と衆人の帰服する酋長がありて、一群々々の支配をなし、酋長の上にはまた酋長がありて、ほとんど一郷一国を自由にする勢いでございました。これが即封建のはじめにて封建ははやくいえば野蛮の風習でござる。それゆえ世界の国々皆ひらけはじめは封建の政体にて、これは今の蝦夷をはじめ、亜弗利加の土人杯の風俗を見てもわかることでござる。(67)

やはり、「封建」は「野蛮の風習」だという。「郡県」の正当化は、「封建」を理想の政体とする「世の腐れ儒者」に対する批判として展開されたのである。

「郡県」の歴史叙述

こうした事態をでは儒者たちはどう考えていたのか。この問題を考えるにあたり、参考になるのは、この時期、様々な場所で同時発生的に編纂された「地誌」(68)——それはまさに「郡県」によって可能になった——である。(69)というのも、文部省、陸軍省、正院といった各院省において、こうした「地誌」編纂作業に実際に従事したのは、阪谷素や中根淑といった儒者——彼らの多くは廃藩によって失職し、東京で生活の資を求めていた——であったからである。(70)(71)ここで言う「地誌」は、単に地形や産物についての統計的な調査のことではない。「英仏の書法」に「倣」えという上司の指示にもかかわらず、阪谷は自らの地誌草案について「風俗気質を挙げたし正院地誌提要にて諸県に問合あるはずその成時を以て参考せば可ならん」と注する。(72)「風俗気質」、つまり統治の対象の道徳的な質を俯瞰することが、「地誌」には必要であると阪谷は考える。こうした態度は、無論、その土地その土地の「孝子」を記載する隣国の『大明一統志』『大清一統志』といった「郡県」の地誌を強く意識したものである。

さらにそもそも、「地誌」を書かせ、まとめるということが、そこを統治していることの徴表だという儒学的な感覚が、おそらく共有されていた。それぞれ独立した諸侯による「封建」の統治ではなく、「天子」による一括支配としての「郡県」統治の実現が、「天子」によって統治されるべき空間的なまとまりを俯瞰する作業――「郡県」の「地誌」――を要請したのである。

例えば、明治八年（一八七五年）一月に完成した正院の『地誌提要』は、「沿革」と題して次のように述べる。

皇国上古大八洲という、神武天皇都大倭の橿原に定め、功臣椎根津彦等に、地を賜うて、国造とせしより、疆域日に開け、成務の朝に至り、国境を分ち、その後治化益弘り、国造凡百四十四。推古以降、国司を交え置き、孝徳の朝、始て各州国司を設け、郡司諸吏、多く国造を以て之に任し、漸く国を省て郡に改む。大宝中、畿内七道の称始て定り、国司限年遷任、治所を国府と称す。嵯峨の朝に至て、大国十三、上国三十五、中国十一、下国九、凡て四等、六十八国。是に於て、古制一変して、郡県の治となる。昇平久く、藤原氏権を専らせしより、国司多く京に在て、吏をして代治せしめ、公卿の荘園、皆家人を以て地頭とし、ほとんど七道に遍く、治体漸変す。源頼朝府を鎌倉に開き、兵馬の権を執に及で、地を裂て家臣に授け、文治元年、奏請して守護地頭を置てこれに補し、往々世襲。国司復た任に赴かす。是に於て、始て封建の漸を成。建武中興、功臣を守護とし、国司をして治所に就しむ。足利氏に至て、国郡を分ち、家臣を封して、守護と称し、三管領四職以下、皆地を以て子孫に伝え、正平四年、関東管領を置き、鎌倉に鎮め、八州および奥羽を統しむ。是に於て、形勢終に一変して、封建となる。応仁以降、天下大乱。群雄諸道に割拠して、互に相呑滅す。織田氏興て、東海、東山、畿内、山陰の地を略定し、豊臣氏これに継て海内を盪平し、群雄服従、其大者六姓（徳川、島津、毛利、上杉、前田、佐竹：原割注）。其次三十余家。慶長五年、関原役畢り、徳川氏、諸氏を統率し、子弟功臣を封する者数十、その後加削増減一ならず。慶応中、およそ二百七十一藩。王政革新、あらためて藩を建る者十四。既にして奥羽を分て七国とし、蝦夷を以て北海道と称し、十一国分ち、明治四年諸藩を廃して県となし、郡県の治に復す。凡そ五畿、七道、七十三国、二京、三府、六鎮、六十県。皇居を東京に定め、開拓使を置て、北海道十一国を経理し、琉球を封して、藩属王国とす。これ古今沿革の大略なり。(73)

「嵯峨朝」に至り「古制」が「一変」して「郡県の治」となり、「正平」年間に「封建」となり、「明治四年」に「郡県」に復したというのである。明治六年（一八七三年）一月に上梓され、同八年（一八七五年）七月に再刻された中根の『改訂兵要日本地理小誌』にも次のようにある。

神武天皇国造県主を置き、天下を治め玉いしより列聖相承ること数十世、中古に至り唐の制度に倣い文武百官を設け国に守介を置き軍団を造りて以て不虞に備う。源平氏の時に至り制度漸く解弛し諸国の武士皆私に二氏に属し守介の令ほとんど行われず。然れども上古郡県を以て国を建しよりここに至るまで未だ封建の勢あらざるなり。源頼朝天下を掃蕩するに及びて自ら乞うて天下総補使となり国衙に守護を置き荘園に地頭を置き以て国政を執れり。これを覇府の始とす。しかしてその守護多くその土を子孫に伝え漸く封建の勢をなせり。足利氏に至りて大にその功臣将士を封じ全く封建の制を成せり。織田豊臣及び徳川氏おのおのその法を異にすと雖もまた皆その制に倣う近歳王室みずから政を執り玉うに及びて各藩を廃し再び郡県の制に復し官省を建て海陸軍を設け府に知事を置き県に令を置て以て天下を統轄し玉う。（「政治」の項）(74)

中根は「上古」を、一応、「郡県」とした上で源氏、北条氏による支配が「封建の勢」を生じ、足利氏において「封建の制」が完成し、廃藩置県によって「郡県の制」に復したとする。最初の「郡県」が「上古」にあたるか「中古」にあたるかは異なるとしても、「郡県」から「封建」、「封建」から「郡県」への変遷として歴史を叙述するという態度では、どちらも共通している。また中根の『改訂兵要日本地理小誌』の場合には、「政治」という項目に先行する「歴史」という項目では、「南朝」「北朝」「足利氏」「織田氏」「徳川氏」など支配者の変遷を略述していただけに、「封建」「郡県」という概念を中心とした叙述の意図が際立っている。「封建」「郡県」概念を用いた歴史叙述という点では阪谷のそれも同様である。彼は、とりわけこの概念を多用した。「それ郡県の勢より封建の勢となり、封建よりして郡県となり、また転じて封建となりまた復して郡県となる。その間沿革枚挙にたえずしかして大要十変の数以て括すべし」とは、「日本全国」の「沿革」についての彼の記述である(75)。

これらの「地誌」においては、「封建」が「聖人の古」、「郡県」が始皇帝の「暴政」というのでは既にない。だが、他方で、「封建」が「野蛮」、「郡県」が「文明」というわけでもなかった。「封建」と「郡県」という二つの類型は、「地誌」においては、ある種、価値中立的な分析の道具として自立していた。「郡県」の〈今〉という大前提の上で、しかし、歴史の全体は、「封建」から「郡県」へ、また「郡県」から「封建」へという往復として見えるようになったのである。

もちろん、分析の道具が価値中立的であったとしても、その含意するところもそうであるとは限らない。「封建」「郡県」往復史観の一つの含意は、「郡県」の「文明」史観への反発であろう。それは単純な「郡県」の「文明」史観によっては扱いきれない歴史のひだを、「封建」から「郡県」へだけでなく、「郡県」から「封建」への変化をも丹念に描くことを通して、浮かび上がらせることができたからである。

とはいえ、意図せざる不穏な含意も、そこには同時に存在した。「封建」から「郡県」、また「郡県」から「封建」

への往復（「十変」!）を「沿革」とする以上、現在の「郡県」が「封建」に再び変化しない保証はない。「地誌」編纂者たちは鋭敏にこの問題に気づいたと見られる。正院、陸軍省、文部省のいずれの「地誌」も完結を見なかったこととそれは関係しよう。

変遷する政治体制とは区別された、「皇統」の連続としての「国体」の強調は、こうした歴史叙述の困難に直面した編纂者が取った一つの方策であった。阪谷は、歴史叙述に際して、「封建」「郡県」概念と並んで、神武天皇の即位をゼロ年とする「皇紀」（これも明治五年／一八七二年、政府によって定められた「郡県」の産物である）を用いる。

我日本古え数称あり。曰く豊葦原、曰く瑞穂、曰く細戈千足、曰く秋津洲、曰く敷島、曰く耶麻騰又大八洲の号あり。のち専ら日本と称す。皇統開闢より一姓変易なく地形もまた大変革なし。然れども郡国の制度に至りては古今沿革一ならず。大要十変とす。太古遼遠にして明にす可す《(ママ)》と雖も、神聖極を建て下民教化し郡県の体定めずして自ら立つこれ第一変なり。智巧漸く開け弊習随て生じ梟雄角立して封建の勢また自ら生ず。これ第二変なり。神武天皇乱を撥い正に反し《(ママ)》即位紀元万世大規模ここに立つしかして遐方獷俗猶王化に霑わず、郡県封建自ら並立の勢をなす。これ第三変なり。紀元五百七十三年（崇神天皇十年）四道将軍を分遣し、七百四十二年（景行天皇十二年）筑紫を親征し、続いて日本武尊に命じ西征東伐して海内大に定る。七百九十五年（成務天皇五年）その勢により国郡県邑官吏を改め置き、山河を表界し邑里を定め、東西を日縦とし南北を日横となし山陽を影面と称し山陰を背面と称し、郡県の勢日に隆ん、五畿七道の形勢大略立つ。これ第四変なり。この後列聖纉述経緯して潤色世々加る。けだし紀元之際割拠の勢全く消し難く姑くその自然に因り漸く強梗を抜除し以て郡県の勢に向う。故にその初め小国無数にしてその大なる者は却て度に過ぐ。後時勢一応し分割合併その宜に就く。旧記所伝百四十四国あり。千二百五十三年（推古天皇元年）、なお百二十国を存す。千三百三十五年（天武天皇三年）、小を併せ大を分ち三十三国とす。千三百七十七年（元正天皇養老元年）、約して六十四州とす。千四百七十二年（嵯峨天皇弘仁三年）、五畿七道の六十六州を定め、壱岐対馬二島を陸せ洲とす。大抵五畿七道の制その規模七百四十二年、七百九十五年の際に立て、千三百六十二年（文武天皇大宝二年）の際、筑紫を改め西海道と称するに至り定る。この時に当り守介掾目考課易置の法明に定り、国造全く廃し、郡県治法具に備る。これ第五変なり。六十六国二島の制、その規模もまた七百九十五年の頃に起り、分割合併久きを歴て千四百八十四年（淳和天皇天長元年）、多褹島国を大隅へ合するに至り全く備り、近世に至るまで因て革めず。その国界を表し国おのおのを分つ封建の如くにして、しかして郡県治法を以て管轄経緯するは形勢の自然に生じて我邦の独する所なり。これ第六変なり。隆盛の極、封建の兆漸く動き、公卿の荘園土豪の武断日に加り終に平氏の横暴となる。千八百四十六年（後鳥羽天皇元年）、源頼朝総追捕使に任ずるに至り、封建治体再び開け天子に代り政を為す。足利豊臣徳川皆その例を襲う。これ紀元以来大転換にして第七変なり。しかして後、北条氏の時、南北（朝）之際以て足利氏の末に至るまで兵乱絶えず。時勢数変するも封建の勢、小異大同日に増し月に加うる。これ第八変なり。徳川氏に至りその形勢全く成り侯国を分立し縫綴するにその領するところの郡県を以てし海内無事ほとんど三百年。蝦夷を開き琉球を服属す。これ第九変なり。二千五百二十八年（明治戊辰）、王政維新百度更革数百歳の渣滓一洗し竭く、この年陸奥を分て磐城岩代陸前陸中陸奥の五国とし、出羽を分て羽前羽後の二国とし、分国旧制の遺を補う。明年（己巳）蝦夷を以て北海道とし十一国を創置す。また明年（庚午）、諸侯版籍を奉還し、府藩県の制暫く立つ。また明年（辛未）諸藩を廃し、海内一新、郡県治体立どころに定り、四海一家の古制に復す。また明年（壬申）琉球国を藩となす。ここにおいて五畿八道八十四国府県道国郡村之制、粲として列眉の如し、これまた紀元以来の大転換にして第十変とす。（『日本沿革略説（二稿）』〔『関係文書』、一二九―五〕）[76]

「封建」と「郡県」という政体の変遷を、皇紀という時間指標の中に位置づけることで、政治体制を超越した「皇国」の一体性と持続性を表象するという仕掛けである。阪谷の地誌には、中根のそれなどと比べても頻繁に皇紀が用いられている。こうした皇紀へのこだわりは、中根とは異なり、阪谷が「皇統開闢より一姓」を強調することと関連している。(77) また、前章で見たとおりこの時期、阪谷の議論の基軸が、「掲示」から「御誓文」に移行したこととそれは関連していよう。

別の方法による問題処理もあり得た。例えば中根の場合である。変転極まりなき「封建」「郡県」往復史観がもたらす不穏な含意を克服するために、彼が模索したのは「国体」ではなく、よりよき「政体」であった。明治八年（一八七五年）の漸次立憲政体の詔勅を受けて中根は、『改訂兵要日本地理小誌』「政治」の項に「国初より今に至るまで二千五百有余年治乱変革一ならずと雖ども我国政体常に立君独裁たり、明治八年に至り始めて元老大審の二院を置き地方官会議を設け以て立憲政体の基を成せり」と付け加えた。(78) 中根は、「封建」「郡県」概念を「立君独裁」という「政体」として捉え、議論の全体を、「立君独裁」対「立憲政体」という西洋由来の政体論――こうした「政体」理解自体は加藤弘之以来、既に広く流布していた――の土俵の上に移してしまった。「封建」と「郡県」の間で、「治乱変革一ならざる「二千五百有余年」は、今や「立君独裁」としてひとくくりにされ、元老院、大審院、地方官会議からなる「立憲政体」の成立がこうした「独裁」の終わりとして――いわば〈歴史の終わり〉として――提示されるのである。

「郡県」の〈今〉を単純に言祝ぐことはできない。「封建」か、「郡県」か、という歴史的な循環から脱出するためには、やはり「封建」「郡県」から超越した「政体」の導入が不可欠ではないか。同時代の知識人たちにひろく共有されていたであろう、かかる問題意識の中で、再び、「立憲政体」＝「議会」構想が検討される。ただし、今度は「郡県」のそれである。とりわけ焦点は地方官の議会構想であった。

うに記している。

「郡県」は財政問題でもあった。明治四年（一八七一年）七月、廃藩置県の知らせを聞いたグリフィスは日記に次のよ

まさに青天の霹靂。政治的大地震（the political earthquake）が日本をその中心から揺さぶっている。（…）役人主義という悪夢（the incubus of *yakuninerie*）は、振り捨てられた。積年にわたる日本最大の宿痾は、働かない役人とむだ飯ぐらい（lazy rice-eaters）が多すぎることにあった。シンドバッドは今や「海の老人」（the Old Man of the Sea：シンドバッド第五の航海に出る怪物）を振り落としたのだ。フレー、フレー、新生日本！[79]

各「藩」財政の破綻状況と非効率性を熟知していたグリフィスにとって、lazy rice-eaters のリストラを意味する「郡県」の実現は朗報だった。「郡県」は大きすぎる各地方政府を解体し、政府機能を中央政府に集中する試みであった。「郡県」の成立は、この列島の人と金と名誉の分配の仕方に、大きな変化をもたらした。徴兵告諭、太政官制の改革（位階相当制度の廃止[80]）、そして秩禄処分と地租改正、さらには戸籍の作成といったこの時期行われた一連の諸改革は、すべてこうした点にかかわっている。とりわけ「租税」は重要だった。[81]そもそも、「郡県」の必要それ自体が、岩倉ないしそのブレーンによれば、「ただし従来税法を改革すべきか如きも、万民の力を一にするの事なり、しかしてこれを行うの順序を論ずれば、郡県の制挙る者あるにあらざれば不可なるものあるに似たり」[82]として、「税法」の観点から説かれることとすらあった。「万民の力」を「一」にするための一律の「税法」は、「郡県」の政治空間を前提にする。

とはいえ、実際に「郡県」が成立しても、直ちに全国一律「公平」の「税法」を行うことなどできなかった。[83]第一に、「封建」体制下における地方ごとの格差が極めて大きかった。「各州各郡の地租某郡に在ては極めて偏重、某郡に

在ては極めて偏軽」という事情が存したのである。(84) 第二に、そうした状態を改革（増税）しようとすることは困難を極めた。(85) 既に徳川政府の下においても、年貢の増徴は実質的に不可能な場合がほとんどだった。神田孝平は言う。

旧政府の末葉、風俗頽廃政治よろしきを失い一令の下るごとに事聚斂に渉らざるなく彼検地法の如きは最も甚しとす。民心のこれに懲るるもまたはなはだしく。一たび検地の声を聞くやまず竹槍の準備をなせしは衆人の熟知するところなり。(86)

「旧政府」の下であれば、各地方政府が負担していたであろうこうした徴税コストを、今度は「郡県」の中央政府が新たに担うことを求められる。それは、被徴収者の不満が、中央政府、就中、「天子様」に向かうこともあり得るということである。事実、「封建」の擁護者であった先の「旧平」は「天子様」への不満を口にする。

天子様の御直に御政事をなさるは一つも御自分の栄耀栄花のためではなく、皆民百姓の安楽に世渉りの出来るやうなさることだといいなされるけれど、御一新以来何でもむやみに諸運上の穿議をなされ、屁を放つたことまで運上をおとりなさる。ナントこれでは民百姓安楽のために御政事をなされるとは申されますまい。それゆえ下々の一口ばなしにも、この頃天子様は喘息を御累いなさる、何故というにしきりに税々おっしゃるなどと悪口をいうて居ります。(87)

「旧平」によれば、「仁政を行うは税斂を薄くするにありというて、なんでも運上を軽くするのが第一の仁政」である。ところが、「当時では政府の御役人が蚕取眼をして、運上をとらうとらうと穿鑿」している。「百姓の諸年貢の外」

は「運上というもの」が存在しなかった「公方様の頃」に比べ、「当時では町地面家作は勿論、芝居寄場貸座敷娼妓芸妓に至るまで運上を御取立なさる」という。「ナントこれではなんぼ天子様が御自分の百姓町人の物を取上ることだというて、あまり酷」であり、したがって、「下々のものが帰服せずして、やゝもすれば天子様のことを悪くいい、もとの徳川家のことを誉はやす」のである。「これみな天子様が欲ばかりつよく、民百姓に仁政を施さぬゆえ」ではないのか。(88)「郡県」は、「旧平」にとってやはり、（西村がかつてそう指摘したように）「天子」の「欲」の実現なのであり、それは直ちに増税を意味したのである。「政府は人民の仕事を取扱う場所、天子様は請負人の頭取」として、その徴税を正当化する「開次郎」も、その「請負人」（ないしその「頭取」）が私欲のためではなく、依頼人のために働いているのだという証拠を挙げることは難しかった。「天子様はこれを御取立なされても、御自分の栄耀栄花に御用いなさるわけは更になく」という根拠は、結局、「御自分さまは宮内省という御役所の御賄いにて、一年纔《わずかに》六十万両位のおくらしでござる。ナント勿体なきほどの御倹約」ということに求めるしかない。(89)金額はともかくも、それは津田がかつて提案した「天皇の歳俸」提案が現実となったということでもあった。だが、それが現実となってみれば、これだけで「旧平」を納得させることは難しかった。「郡県」は「天皇」の「私」ではない。それを証拠立てるためには「天皇の歳俸」のみでは不足であった。

では、どうすればよいのか。「議会」である。「郡県」統治固有の問題として浮上した、「地方」(90)における「租税」徴収という要請が、(91)明治政府に対して従来とは全く別個の「議会」の開設を迫ることになったのである。そうした課題に応えるべく構想されたのが地方官会同である。井上馨はその意図について次のように述べる。

> 租税も粗申上候様改革致し不申ては、人民より既当年冬はきっと申出すの勢故、不得止取懸り度心組にて、正院へも申立候中、大蔵省に坐し一人二人の臆説を以為法数千万にこれを遵奉致させ候事は六つか敷事故、地方官の

内一県一人宛集会をなし、先方一地方之入費と公税との区分相定不申而者当時双方の煩累不可続の勢に御座候。(92)

「人民より既当年(明治五年/一八七二年)冬はきっと申出すの勢」(それは多くの「旧平」による不満の表出である)は、もはや「一人二人の臆説」によっては対応できない。少なくとも「地方官」の「集会」による意思統一が、同意調達のため必要不可欠である。そのことが、当局者によって認識されていたのである。無論、「民」の同意を直接得るというのではない。だが、徴税基準——あるいはまた「地方之入費」(地方税)(93)と「公税」(国税)とをどのように配分するのかという基準——が地域によって異なるようでは「民」を納得させることは難しい。「郡県」の成立はこうした問題を直ちに顕在化させた。それは「高に準じ差出公府の用途に給」(慶応三年/一八六七年、西周『議題草案』)するとされている「封建」の「議会」においては、そもそも議論の対象にはなり得ない事柄であった。

被治者の納得という観点からのみならず、そもそも統治者同士の一体感を積極的に醸成するべきだという観点から「会議」が提唱されることもあった。秋田県令であった杉孫七郎は「当今地方官の措置方法一轍に出ざる」は「互に割拠の勢をなし気脈を通ぜざる」より生ずるとし、「廃藩置県以来封建の余習地を払いたるはずなれどもややもすれば彼県は此県を侮どり此県は彼県を嘲り名は県にして実は藩なり」(94)と慨嘆する。こうした事態を打開するために提示されるのはやはり「会議」「集会」である。

よりて思うに大蔵省中に会議所を設け、地方官奏任以上在府の者は毎月三日宛集会の規則を定め、互に一局同僚の念をなし、治術を問い要法を謀り此を捨て彼を取り決して忌憚包蔵することなく心情を吐露し、時あって本省および各寮長官もまたその席に臨み民情を問い、租税の軽重、治民の得失を論じ、上下隔絶の憂なきときは終に各県措置一轍に帰し、封建の余習も始めて一洗せん。(95)

「藩」を真の「県」にするために、地方官同士が「心情」を「吐露」し合い、「一局同僚の念」を高めるためにも会議が必要なのである。この時期、盛んに提唱された地方官会同――西が「網羅議院の説」で述べた「令参の議会」――は、この意味で、典型的な「郡県」の議会構想であった[96]。

第四節　「封建」の逆襲

「慈愛」「民心」

「封建」は「野蛮」であり、「郡県」は「文明」である。『開化問答』や『今昔較』に見えるこうしたいわば「郡県」の「文明」史観の高唱は、だが、現実の「郡県」に対する不満の裏返しでもあろう。そうした「郡県世界」への不満は、しばしば、今度は「封建」概念を媒介に表出された。例えば、明治七年（一八七四年）に勃発した佐賀の士族反乱を、『東京日日新聞』は「佐賀県の士族、征韓を唱え、封建を主張」（明治七年／一八七四年三月三日付）と報道した。また、明治九年（一八七六年）伊勢片山村の農民反乱を目撃した庄屋は、次のように述懐している。

封建の世、諸侯禄を士卒に給して以て兵となす。ゆえに農民をして武事に煩わしめず、兄弟一つに居てその業を楽む。また官舎の営繕あるいは郷吏の資の如き皆侯よりなすところなり。しかして庶民を子の如くし、飢饉に備えあるいは窮民を救う等は侯の慈愛に依ると雖もいまだこれを煩と覚えず[97]。

「封建の世」において行われていたのは「庶民を子の如く」に扱う「慈愛」の政治である。これに対し、「郡県の政」は「農民を制するに冠讐に向かうが如し」であるという[98]。

単に統治者の心構えの問題としてではなく、「民心」という観点から「封建」を擁護する議論もあり得た。〈反動〉

的士族や庄屋ではない。西洋の学者もそのように考えていた。田口卯吉は明治九年（一八七六年）にJ・S・ミルの『経済学原理』（*Principles of Political Economy*）ノートを取るに際し、ミルの議論を敷衍する形で、「郡県の国は民心に害あり、封建は民心に益ありと言うが如し。且つ亜細亜の諸国必ずしも郡県のみにあらず[99]」と書きこんでいる。ミルもまた「民心」という点から比較した場合に、「郡県」よりは「封建」の方に分があると捉えている。田口はそのように考えた。[100]「封建」という概念は、「郡県」によって失われた（と考えられた）、統治者の「慈愛」と（おそらくはその結果としての）「民心」の安定を含意しているのである。

かつて、森有礼が提出した建議に対して公議所で展開された「封建」擁護論でも、「君臣世契」「上下相親」といった表現が頻繁に見られた。統治者と被統治者との（世襲的）分離を前提にした上での、「上下」間の道徳的紐帯（「廉恥の美俗」）の安定性に対する高い評価が「封建」擁護論の核心にはあった。

さらに、そうした道徳的紐帯こそが、軍事力の要なのであるとされることもあった。すなわち「封建は兵力強し、郡県は兵力弱し」であるというのである。なぜなら、「封建にて君臣の情義ありしところ今や郡県となり我天とするところを失えり、それ戦士の必ず君のために死するは易し、隊長のために死するは難」からである。[101]「戦士」から「君」への忠誠感情こそが、軍隊の死命を制する。そうした強力な忠誠感情は、「封建」においてのみ培養されるという考え方である。もしそうした議論が正しいとすれば、「郡県」は軍事的にも弱体であるということになる。

そもそも伝統的な「封建」「郡県」論は、どちらが「公」的な支配秩序であるかを競う一方で、実質的には「私」のもたらすメリットを考え、天子、諸侯いずれの「私」的支配がより優れた結果をもたらすかを論ずるもの」（石井紫郎）という側面を持っていた。[102]目前の「郡県世界」に対する不満や異議申し立ての多くが、「封建」概念を媒介に表出されることになったのもこうした経緯を考えれば不思議ではなかった。現実の政治秩序が、実際に「郡県」化し、各地方統治が世襲の支配者から中央が派遣した官吏によってなされるようになったことで、かつての諸侯による「私」

的支配のメリットが、体制に不満を持つものによって改めて強調され出したのである。

「気力」「自由」

こうした伝統的な「封建」論の再生には、西洋政治思想も一役買っていた。森は明治八年（一八七五年）、明六社の演説会で「廃藩置県」後の「人民の精神気力」が「萎靡衰爾すること藩治の日より甚し」とする。[103] 森は、さらにこの「抵抗力」「精神気力」を「自由」と言い換えて次のように言う。

要するに、自由は、衆理衆説の抵抗相攻より起る。人民の衆理衆説抵抗せしむるは地方の政治を藩治専制の如く変通するに在り。然らざれば、いたずらに廃藩置県するのみにて、その実は人民の精神気力退歩すること甚し。[104]

廃藩置県によって出現した「薩人加賀に令たり、長人陸中に令たり」という状況は、本来「平生胡越し視るの人を令とし参」とすることに他ならない。だが、「その民恬然これに安ん」じ「他県の人の頤指を受を肯」ている。その状態を「無気無力のはなはだしき」と森は非難するのである。

この演説会の発言者中で、「自由」が「抵抗」「抑圧」から生まれるとする理解において森と共通していたのは加藤弘之であった（「何となれば自由は抵抗刺衝より起るものにして、而抵抗刺衝は他物の抑圧より生ず」）。[105] 加藤もこうした観点から、「藩治」を高く評価する。「前日藩治おのおのその管するところの士民を鼓舞作興し、知事の民を専制するもとよりはなはだしく、民のこれに抵抗するもまた随いて強し、その抵抗既に強ければ、則ち自由の力ここに起る必せり」というのがその理由である。

その理由づけは、微妙に異なってはいても、廃藩置県以前の「封建」に存在したはずの道徳的紐帯を、「気力」「抵抗」といった用語を通して「自由」と結びつける点でも両者は共通していた。彼らのこうした議論の実際の狙いは、廃藩置県を「自由」の喪失と把握することで、当時、問題となっていた「民撰議院」開設の可否について「尚早」との結論を導くことにあった。[106]というのも、「民撰議院」が適切に機能するためには、「自由の理」を「認得」した「人民」の存在が必要不可欠であるという認識において参加者全員が一致していたからである（理想論が現状維持論として機能した一つの例である）。したがって、参加者中ただ一人、「民撰議院」開設断行を主張した福澤諭吉は、逆に、「自由の真境裏に住得るの始歩は廃藩置県より始まる」と、「自由の暁光」として廃藩置県を高く評価することになった。[107]

だが、廃藩置県（「郡県」）の実現と、民撰議院を二つながらに「自由」の実現と捉え肯定する福澤の見方の方が、当時、例外的であった。そして実は、民撰議院設立建白書の起草者たちの語彙は、次節で見るように福澤よりもむしろ加藤や森に近いものであった。「郡県」によって失われた「気力」「自由」が、「民撰議院」の前提条件として必要であるという森や加藤の論理は、むしろ、「民撰議院」の設置によってそうした「気力」「自由」を回復せよという論理——それは民撰議院設立建白書の核心にある主張である——と裏表の関係にあったのである。

「封建」論としての民撰議院設立建白書

岡本健三郎・小室信夫・古沢滋といった民撰議院設立建白書起草者たちにとっても当時、最大の問題は、「恂々」たる「民心」と、「相疑」う「上下」であった。[108]「政府人民の間、その懸隔する者すでにはなはだはだしく、しかしてその痛痒かつて相関するところな」しという状態、[109]つまり「民心」の動揺と、「上下」（政府と人民）の情誼的な一体性の欠如こそが危機の核心であった。そしてまた、「上」（政府）と「下」（人民）のそれぞれもその固有の一体性を失いつつある。例えば、「上」については、「貫属県官の間常に互に相猜疑不満し、その政事上気脈の如きに至ては、ほとんど機関のとみに歇住して復た動かざるが如き者あり」という、「下」についても「人民にわかにその政事上相連絡するところの気脈を断去せられし者の如く、これに加えていやしくもその一才一能ある者多く去つて官商となり、以て都会の地に寄寓す」というありさまである。(110) これらは皆、「藩の廃せしより」、つまり「郡県世界」固有の問題であった。

こうした「郡県世界」を彼らは、西洋政治思想の語彙を用いて、「亜細亜」的な「専裁」とも表現する。

地方千里戦士数万、出入警蹕し貴重天の如し。一国の中央に坐ししかして全版図の政を制す一に何ぞその盛なるや。然るに一旦敵国と釁を啓き、その一二大将外に敗衂するに及んでは、則ち向きのいわゆる盛なる者復た用うるところなく、勢窮し力竭き出んところを知らず。宗廟鬼餒へ社稷忽諸す。また一に何ぞ其のにわかなるや。これいわゆるその愕く可きが如く然る者なり。そもそも亜細亜各国皆専裁を以て立国し、凡百国家の事務ことごとくこれを君主政府の間に左右し、その人民に臨む、なお爾輩蠢々蚩々、只須らく力役力服以て租を出し税を納むべし。爾輩の事すなわち畢る矣。もしそれ軍国事務租税軽重等の如きに至ては、自ら我們君主政府の事しかして復た爾輩の得て与り知るべき事にあらずと謂う者の如し。これを以て強迫圧制常にその君主政府の性質に属ししかして卑屈狡獪ひとりその人民の風を成す。けだし君主政府はなはだ高きに過ぎ、しかして人民はなはだ卑きに過ぐ。上下の間気脈索然断えて復た相繋るところなし。(111)

広大にして平滑な統治の空間。重税。一見すると強大だが、負け戦には極めて脆弱な軍隊。卑屈でばらばらな諸個人。諸個人から隔絶した強力な政府。モンテスキューら西洋の政治学者たちが最悪の政体として描いた「専制」と「郡県」とがここでは二重写しになっているのである。

無論、彼らが直接問題にしたのは「有司の専裁」である。それはつまり、「政府の官員たる者常に多く薩長土の人に出で、しかして政府の権常にその手に専ら」という状態である。だが、他方で、「薩長土の人」に対する彼らの評価は意外に高い。それは彼らが「封建」の「固有の元気精神」を保ち続けているからである。「薩長土の人」は、「郡県世界」において唯一、その影響を免れた存在として描かれるのである。

それ徳川氏封建の制を以て天下を御せしや、その桎梏の弊ついに我国一般人民の精神気風に及び、これを圧滅して復た遺無きにちかし矣。ひとり彼の三藩（薩長土）の如きあるいは一遍に僻在し、あるいは自ら鎖してその隣邦と相往来せず。その樸陋野鄙あるいは笑うべきが如き者ありしと雖も、めぐりてなお能くその固有の元気精神を保存するを得たり。ただその能く固有の元気精神を保存するを得んや。その士人の心志自ら高大にして、しかして復た勇敢なるを得たり。ゆえに三藩の能くその人材に富むゆえんの者はその能く彼の精神気風を保存し得しが故なり(112)。

「薩長土」の「三藩」のみが、「封建」の「精神気風」を保っている。そしてこの「精神気風」こそが、彼らの成功の原因である。こうした「三藩」への評価は、「四民」のうち「士族」を高く評価する態度とも結びついていた。「士族」は、「万物の霊たる本然の貴」を「保存」し、「固有精神元気」を「遺存」する者だというのである(113)。「郡県世界」の進展は、こうした「士族」の精神の消滅を意味する。それはまさにトクヴィル的問題状況である。

しかるに吾輩復た切に慮る、いやしくも我れ今に及んで早くこれが計をなさず、則ち我固有精神元気のわずかに士族の間に遺存する者と雖もまた且つその久しきを保つ能わざらんとす。何を以てこれを言うや、それ輓近革新の大勢が旧制度を挙げてことごとくこれをその前に捲倒掃去《けんとうそうきょ》し、四民平等の令既に布く、しかして四民平等の制度いまだ立たず。これ「トクエヴヰル」氏のいわゆるいまだその平等の制度を立てずしかしてまずその景況を平等にする者なり。[114]

「輓近革新の大勢」としての「景況の平等」(l'égalité des conditions)[115]、つまり、デモクラシーが世界を覆い尽くし、「かつて圧政に単独で抗しえた個別的存在」[116]を支えたアリストクラシーの精神(「士族」の「固有精神元気」)は失われていく。デモクラシー(「景況の平等」)は実現しても、デモクラシーの「制度」(「平等の制度」)はいまだ立てられていない。

建白書起草者たちの見るところ、「民撰議院」こそが、このデモクラシーの制度に他ならない。「民撰議院」は、デモクラシーの状況の中に、アリストクラシーの精神を埋め込むための装置である。それは「則ち三府六十県の人民を挙げ以てことごとく薩長土三藩の人民となす」ための制度、全国の人民が「封建」の「精神気風」を保つための制度であった。「民撰議院」によって初めて、全国の人民が、「敢為勇往の気」「不羈独立の気風」「愛国の心」を持ち、「自ら治むること」を知り、「天下」「公共の事」を「分任するの義務を辨知担当」するであろう。よって「議院制度」が「一たび立」てば、「則ち我帝国人民愛国愛君の心志気風の発動上進する者必ずこれよりして大」であろう。というのも、「この制度能く上下の愛を結合し以て一となす」からである。「上下」の「結合」、すなわち、「国は人民分子の相聚りしかしてその大塊を成すのところ」であるゆえんを「民撰議院」は人々に体得させるのである。[117]「郡県」によって失われた「上下」の一体性が、「民撰議院」によって再び回復する。そのように彼らは主張する。「封建」への回帰を彼らが望んだというのではない。だが、彼らの喪失感は、「封建」の秩序イメージによって縁取られていたのである。

「分権」と「封建」

「郡県」はデモクラシーに、「封建」はアリストクラシーにそれぞれ重ね合わせられる。[118]デモクラシーの空間としての「郡県」の中に、かつて「封建」において培養されてきた特殊なエートス(「士族」の精神)と、そうしたエートスによって支えられ、充たされている政治世界の一体性、全体性の感覚を蘇らせること。こうしたことが彼らの課題であり、そのための制度が「民撰議院」であった。だがなぜ、「民撰議院」がアリストクラシーのための制度なのか。トクヴィル的な視点からすれば問題となる。なぜなら、トクヴィルと彼を学んだフェデラリストたちにとって、問題はむしろ「立法府の専制」であったはずだからである。(119) デモクラシーの専制への傾きは立法府において顕著となる。デモクラシーの最悪の帰結としての穏やかな専制を回避し、自由を保障する制度として彼らが重視したのは地方自治や陪審制度であり、そうした制度を支える結社の術と精神であった。結社の術と地方自治の重視は、また、政治空間の規模についてのモンテスキュー問題——共和国は小さな国家においてしか成り立たない——の克服の要でもあった。広大な平滑空間を実現するデモクラシーは、専制政体を招来しかねない。だが、米国においては、複数の共和国が「連邦」という技術によって結合することで、こうした困難を克服しているのである。

政治社会の一体性を強調し、立法府としての議会の建設を主張する彼らは、この点では、トクヴィルと袂を分かっているように見える。だが、明治日本の状況と引き比べてトクヴィルを読んだ彼らの創見は、立法府としての「民撰議院」の中に、地方自治の構想を読み込んだことにあった。そうした読み込みは、「郡県」以前の「議会」が、長く「封建」の議会として構想されてきたことによっておそらくは可能となった。事実、彼らの議会の実際の形は、一方における一体性の強調にもかかわらず、「郡県」以前の「藩別議院」に近いのである。

今日この議院を建つるの意、まただ彼の藩別議院を出すの制を収拾完備し、御誓文の意味を拡張せんとするのみ。今それ斯議院を立つるもまた遽かに人民その名代人を選ぶの権利を一般にせんと云ふには非ず。(「加藤弘之に答える書」)(120)

また、後藤象二郎も板垣退助に対し、「今後の事は地方に割拠して封建の旧態に復するにあらざればむしろさらに一歩進めて人民の代議制を主張せんのみ」と述べたという。[121] 後藤においても、「代議制」は「封建」の変奏として意識されており、その「封建」とはつまり「地方」の「割拠」なのである。[122] さらに、『東京日日新聞』の一読者は、民選議院設立反対の立場から、以下のように投書している。

王政僅に古に復しやや郡県の美治に赴く、しかしてかくの如き説（民撰議院設立建白）ある。これ皇国をして復び覇治たらしむるなり封建たらしむるなり共和政治たらしむるなり連邦合衆たらしむるなり。[123]

民撰議院は「郡県の美治」を脅かし、「封建」「連邦合衆」（それは「覇治」「共和政治」とも重ね合わされている）をもたらすというのである。議会と「封建」＝「連邦合衆」との結びつきは、推進派にとっても、賛成派にとっても意識されていたのである。こうした議論を念頭に置いてのことであろう福澤は『分権論』（明治十年／一八七七年）の中で次のように言う。

また民選議院を以て分権の旨とする者あれども、議院を首府に設立すると地方に権を分つとは全く別事にして互に関係なきものなり。[124]

正確にトクヴィルを読み込んだ福澤からすれば、政治的集権の場であるところの議会に「分権」機能を期待するのは誤解にすぎない。だが、「上下同治」とも置き換えられる「上下」の「分権」と、「中央」に対する「地方分権」とは、「分権」という語を介して、さらには「封建」の記憶に支えられて、同時代の言論の中では、確かに結びついていたのである。民撰議院設立建白書を契機として活発化するいわゆる自由民権運動が、国会の設立とともに、地方分権をもその旗印としたことの理由の一端はここにあろう。確かに「封建は地方分権の制」とは、この時期の知識人の常識だった。(125)

「民撰議院設立建白」は、「郡県」という時代の趨勢の中では、以上のような意味において〈反動的〉だった。だが、それゆえにこそ魅力的だった。『明六雑誌』寄稿者たちが応答を迫られた「民撰議院」論は、「封建」の政治哲学をその背景に持った魅力的な議会構想だったのである。

第五節　『明六雑誌』の政体構想

西村茂樹――「怨民」と議会　情念の政治思想

西村はかつて提出した「郡県議」（明治二年／一八六九年）において、次のように予言している。

縦令《たとい》郡県の制果して国の為に利ありと雖ども、今急に之を挙行わんとするときは、全国の人心再び動揺し、民の困窮を増すこと益々大なるべし。(126)

さらに、明治十五年（一八八二年）になって西村は、この「郡県議」に、「長州、肥前、薩州等の内乱は皆廃藩の不平より起こりたる者なり」、「廃藩の策は実は内乱の道なり」と注を付している。(127)「郡県」は「全国の人心」に動揺をもたらし、結局は、「内乱」を帰結するというのである。西村はこうした自身の考えについて晩年次のように振り返っている。

余よりて謂えらく今日の勢もっとも禍源とならんは士族を以て第一とすべし、この士族を処するはいたずらに廃禄のみを以て事を了せりとなすべからず、必ずその不平の気を消散せしむるの法なかるべからず。(128)

「郡県」による「人心」の動揺。その震源地こそ「士族」である。「士族」の「不平の気を消散せしむるの法」こそ講じられなければならない。西村の見るところ、「立法院」こそ、こうした「人心」の動揺を「反乱」に転化させないための緩衝装置である。

その法は立法院を開きて、士族をしてその言論意気を発揚せしむるに如くはなし、然れば君民同治は我邦の急務にしてまた我邦に最も適当するの政体なり（…）今日国家の利害に関するもっとも多きは士族なり、農工商の三民はその知識いまだ国事を議するに足らずして、また維新に付きて別に痛苦を感じたることもなし。ゆえに今はまず会議上院を興すを目的とし、下院の事は是を他日に期すべし。(129)

この時、西村の念頭にあったのは「農工商の三民」ではなく、「華士族」の「胸中の不満」を解消するための「上院」設立であった。この「上院」において「議員」は、「世襲」とされ、「およそ旧諸侯にして、かつて土地人民を所有したる者」に限られる。また、「議員」は「自ら議場に出るに及ば」ない。彼等は「その旧臣をして代議員」とするのである。ここで「議員」とされているのは、実質的には選挙権者にあたり、実際に議会に出席するのは「旧臣」からなる「代議員」である。(130)西村の考える「上院」は、かつて津田や西によって構想された「封建」の議会構想――上院が諸侯、下院は貢士――に一面で極めて近いものであった。(131)西村の「上院」構想は、「封建」議会の上下両院を圧縮して「上院」に繰り込んだものであったと言えよう。征韓論争に伴う政府の分裂直後、西村は自身の構想を、木戸孝にあるように以下のよう允を通して実現しようと試みていた。木戸の伊藤博文宛の書翰（明治六年／一八七三年十一月二十二日付）には以下のようにある。

過日西村なるものへ議院の談に及び（華族連引立のため：原割注、以下同）候処、直ちに則今より華族と士族（一県二人）とを召集し立法の大議院相立度と申、取調らべいたし候。(132)

木戸は西村が提出した「立法大議院」の案（おそらく上述の「大日本会議上院」創立案）を検討し、「かかる事が容易に成就候位に候えば決て如当時つまらぬ混雑も無之」と、その具体的内容については否定的な結論を下していた。とはいえ、西村と木戸はその問題意識を共有していたことは疑いない。(133) 西村自身も次のように振り返る。

木戸まず余が意見を問う、余曰う、今日の如く有司専制にして国人を畏縮せしむるは国家の福にあらざるべし。廃藩の一挙は大に政府の威権を示せり。これと同時に華士族胸中の不満は、けだし甚しき者あらん。もし公議輿論を採るの途を開かず、強てこの事を圧伏せば、他日却て恐るべきの反動を起さん。よろしく今に於て会議院を開き、彼等をして言論するの地を与えしむべし。これ野生が国家のためまた華士族のために謀るゆえんなりと。因て余が草せる会議院の規則案を出してこれを示す。木戸欧米を巡遊して彼邦立憲政体の状を見、大に悟る所あり。余が言を聞てこれを首肯するものの如し。(134)

「元老院を起し維持の一具となさん」とする木戸の構想は、明治八年（一八七五年）二月の大阪会議以後、実際に左院を改組して元老院とするという形で具体化するのである。それは不十分であるとはいえ、西村の「上院」構想の一部実現でもあったはずである。西村が板垣らの「民撰議院」構想に賛意を表明した背景には、「左院」「元老院」という「上院」の実践や構想があったと考えるべきであろう。板垣らの「民撰議院」構想は、「大日本会議上院創立案」の時点では「他日に期」されていた「下院」だったのである。

西村のこの「上院」への期待は、津田と比べた場合に際だった特色を成している。例えば西村が「議員」として、「上院」の中に組み込むことを図った「旧諸侯」（華族）について、津田の評価は、既に述べたように、極めて低いものだった。「華族会議」の構想について津田は次のように言う。

けだし議員の国家に裨益あるゆえんはもっぱらその智識にあり、縉神華族は概するに皆封建の旧藩君にして諌を納れ人に長たるの徳ありと雖も、おおよそ深宮に成長し甚だ事情に迂闊にして智識の如きは尤その短所なり。（「政論の三」〔第十二号〕、三丁ゥ、上巻、三九〇頁）

「智識」を「議員」の要件に求める津田にとって、「華族」はその要件を充たした存在ではなかった。津田は「華族」については「学校」を設立し、その子弟の教育に力を注ぐべきだとするにとどまった。西村が「智識」を重視しなかったというのではない。だが、「華族会議」の構想にこだわった西村が重視したのはむしろ情念であった。

方今政教休明なりと雖ども、いまだ一二の闕失なしと云うべからず。国民安富なりと雖ども、いまだ一二の怨民なしと云うべからず。誠によろしく言路を洞開し、上下の情を通ずべきの時なり。(135)

「郡県」の進行は「怨民」を生み出さずにはいない。西村は、こうした「怨民」（その大部分は士族である）を、「代議員」として、議会に組み込んでおくことが重要であると考えていた[136]。こうした政治における情念の重視は、その「政体」論の構成にも反映している。西村はその「政体三種説」(第二十八号)において、「政体」を「因襲政治」「因襲道理混合政治」「道理政治」の三種類に区別する。支配者の数ないし、支配の態様によってする西洋政治学伝統の分類法(西村の用語によれば「人君独裁」「君民同治」「平民共和」)とは異なって、それは「民」の「開化」の度合い——「因襲」か「道理」か——によって定まるとされる。「道理」のみを重視するならば「道理政治」が最善である。しかし、「功験」を重視するなら「道理因襲混合政治」も時と場合によっては捨てがたい。西村自身の好みは「混合政治」に傾く。「功験」を重視するその立場は、政治における情念の働きに関する彼の深い洞察に支えられてもいよう。「政体三種説」は、「政体」相互の優劣について、抽象的な「道理」によってではなく、個々具体的な「建国」の態様や「民」の状態をふまえる必要があるという一般的な主張であるとともに、実は、「君民同治」の援護射撃という側面も持っていた。なぜなら、「道理」「道理因襲混合」「因襲」はそれぞれ「平民共和」「君民同治」「人君独裁」に対応するとされていたからである。「道理因襲混合政治」の擁護は、同時に、「君民同治」の擁護を意味したのである(「ゆえに君民同治の政体は、因襲道理混合政治の別名とするも可なり」)。伝統の三分類において、「人君独裁」が採れないのは当然だとしても、「平民共和」と「君民共治」との間の優劣を決する基準は見あたらない(それどころか「平民共和」の方がよいとも言えそうである)。加藤弘之も悩んだのであろうこうした問題について、西村は、「道理」に代えて「功験」という基準を持ち出し、なおかつ政体の分類自体をも組み替えることで決着を図ったのである。

「君民同治」(「上下分権」「上下同治」)の「政体」を選択するという点では、津田も「民撰議院設立建白」起草者も、西村と同様である。だが、その理由づけは、三者三様であった。さらに、「郡県」世界における人々の情念のありように着目したという点では、西村は建白書起草者たちと共通している。西村は、だが、そうした情念を「自由」という概念を用いて定式化し、論じることはなかった。彼は、森や加藤とは異なって、「気力」を「自由」として捉えることはなかったのである（西村の「自由」理解については、「自主自由解西語十二解の二」（第三十七号））。こうした違いの背景には、議会を実際に担う「代議員」をどのような存在として捉えるのか。そこに反映されるのは、情念なのか、理性なのか、といった重大な論点が存在した。『明六雑誌』とはこうした点について活発な議論が交わされる場であった。

神田孝平――「量出為入」と「会計検査」

神田にとっても「民選議院」の設立は、「集権」から「分権」への「国体」（「政体」と同義である）の変革に他ならない。

抑《そもそ》も民選議院建設の時節は、国体の変じて君主専権より、君民分権に遷るの時なり。（「民選議院の時未だ到らざるの論」（第十九号）三丁ォ、中巻、一六二頁）

神田自身は、こうした「国体」の変革には否定的である。次のように、条件が揃う限りでは、「君主専権」すなわち「郡県」体制はうまく機能するはずである。

聖賢位に在る間は民選議院起らず。敵国外患の迫らざる間は民選議院起らず。外国人の金を貸す間は民選議院起らず。楮幣通用する間は民選議院起らず。人民増税を甘承する間は民選議院起らず。（三丁ォ―ゥ、中巻、一六三―一六四頁）

だが、「世界は活物」であり、こうした条件が持続的に存在する保証はどこにもない。「郡県」体制は、あまりに多くの条件に依存しすぎているのである。『明六雑誌』上における神田の立場は、長期的に見れば、「君民分権」への「国体」変革を不可避と捉えながらも、「国体」変革の時期（すなわち「民選議院」設立時期）については慎重に検討するべきだとする消極的なものであった。ところが、既に述べたように、このわずか一ヶ月前に『日新真事誌』に掲載された「民選議院可設立の議」で神田は、一見、正反対ともいえる主張を繰り広げていた。表題のとおり、神田は民選議院設立の断行論を主張したのである。なぜ、こうした論調の変化が生じたのか。その理由は定かではないが、『日新真事誌』上の論説において神田が強調した論点が「税則」であったことは注目に値する。「民選議院の時未だ到らざるの論」（第十九号）で「郡県」が機能する諸条件の一つとして挙げた「人民増税を甘承する」という条件が、実際には存在しないと神田は既に認識していたのである。そして「税」の徴収は、「契約」や「所有」という「性法」の基本理念に深くかかわる事柄であった。

契約より生ずる権なくして人民の所有を奪う者は、これを名づけて盗賊と云う。これ則ち性法の基本にして文明各国の普く尊奉する所なり。しかるに特り我邦に於てはしからず。政府独り擅に税則を定め、新税増税に係わる者と雖もかつて民と議することなく、税を徴するに及て民これを怠る者あれば、処するに身代限りを以てす。性法に拠てこれを論ずれば、殆ど条理に合わざる者あり。[137]

ここで「性法」とは、Natuurregt（自然法）の訳語である。神田は、この時、既にNatuurregt に関するフィッセリングの講義を『性法略』――第一編第一条は「性法は人の性に基づく所の法なり」と定めていた[138]――と題して翻訳してもいたのである。「独り擅」に「税則」を定め、勝手に「新税増税」を課して「人民の所有」を奪う現在の政府を「盗賊」に等しいとまで言い切る神田の態度を支えているのは、この「人の性」に本来内在する規範としての「性法」であった。「性法」という批判の基準に加え、そこには、「郡県」世界に特有の事情もあった。明治五年（一八七二年）九月二十四日の太政官布告第二百八十五号は、納税期限である四月末日から二ヶ月以上未納付が続いた場合、未納者が身代限の処分を受ける旨を定めていた。この「身代限」という処分は、本人に負債ある場合は、「親族隣伍をして負債を償わしむ」という従来の徴税実務のありかたに大きな変更を加えるものだったのである。[139] 租税滞納処分としての「身代限」という新たな制度こそは、「郡県」の悪政の象徴である。

旧幕の時にも税則は政府の定次第にはありしなれど、収斂虐政の名を憚りて今の如く厳急苛酷に至らざりしは漢学流行の効なるべし。[140]

徳川政府においても、「税則」は政府の「定次第」とはいえ、「収斂虐政」の名を憚り、政府が自制したというのである。ここで言う「漢学の効」が「封建」の「仁政」理念であること無論である。「郡県」の政治は、「税則」の「一事」については、「封建」に劣る。[141]「性法」に反し、「条理」に合わないこうした「郡県」政府の徴税活動を正当化するものは、やはり「民選議院」である。[142]

徴税の基準とその方法という論点について神田は、『明六雑誌』上においては政府の財政状況の問題として議論している。徴税システムの不当性については「財政変革の説」（第十七号）で神田は「我邦従来の財政」について次のように述べる。神田の見るところ、明治政府の「財政」には様々な「弊害」が存する。

政府は漏税あらんことを疑い、自然税吏の習気を帯び、毎事苛察に過ぎ、人に委任すること能わず、また自ら担当すること能わず、万機の逗滞《とうたい》これより生ずる者多し。また政府ひとり擅に税則を変更し身代限を度として取り

立てるが如きは条理に於ていまだ穏当ならざる者あり。（一丁ォ、中巻、一〇六頁）

「独り擅」に「税則」を変更し、「身代限を度として取り立て」る政府の姿勢がここでも批判されている。だが、さらに重要なのはこの「従来の財政」が、「人民」と「政事」との関係をも規定していることである。

また人民は政府の定次第《さだめしだい》、税を納むれば一切義務すでに終るとし、政事は政府の請合仕事の姿となり、人民殆ど国家の安危を意とせざるに至る。この数の者みな人心を離散し国礎をして堅からざらしむる所の根蔕なり。（一丁ォ—ゥ、中巻、一〇六頁）

こうした「従来の財政」では、「人民」は「政府の定次第」の税を納めれば、それで「義務」は終りになり、「政事は政府の請負仕事」になる。やはり「人民」と「政府」との一体感の欠如が問題なのである。そこで、「民選議院」の設立とともに、「会計検査の一局」の設立が提案される。

まず民選議院の制を定め、次に会計検査の一局を措き、次に各省寮司をして翌年間の政費の見積をなさしめ集めて政費の総額とし、民選議院の公議を経てその額数を確定しこれを国中に配当し、徴収し、政費に充て使用終て後に見積高に照して精算し、さらに民選議院の公認を経て以て完成に至るなり。（一丁ゥ、中巻、一〇六—一〇七頁）

問題意識を共有してはいても、建白書起草者たちとは異なって、「民撰議院」設立による直接的な「上下」の一体化が図られているのではない。「会計検査の一局」をという媒介項がそこには導入されている。その導入は、また、政府が維持するべき財政理念を支えるとされる。それは「量出為入」という財政理念である。それを従来の「量入為出」という伝統的な財政理念に取って代えようというのである。彼のこうした議論は、政府財政の基本理念について当時繰り広げられた論争において、例えば、「夫れ出るを量りて入るを制するは欧米諸国の政をなすゆえんにして、今我が国力民情いまだここに出る能わざる者、人々の能く知る所なれば、方今の策はしばらく入を量りて出るを制するの旧を守」るべきである、とする渋澤栄一らの主張とは真っ向から対立するものであった(143)。渋澤は、大隈重信によって主導された積極的な政府支出によるインフラ整備を主眼とする積極財政を、西洋的な「量出為入」の財政理念によって規定されたものと捉え、批判したのである。代わって彼が提唱するのは、緊縮、均衡的な予算を実現するための伝統的(『大学』に由来する)な財政規律の理念たる「量入為出」であった。神田の議論の特徴は、積極財政の立場を取りつつも、「会計検査の一局」の導入がその前提として必要であるとした点である。積極財政を取るならなおのこと、政府財政に対する適切な監視が制度的に担保されている必要がある。人民の信頼を確保することで、「政府」と「人民」の間の懸隔も再び縮まる。「なかんずくこの法の国のために鴻益あるは人民油然として国事を憂うるの心を生ずるにあ」るのである。さらに、

> 国家の財計、玲瓏透徹、官民の間、毫《ごう》も猜疑の心を貯えず、互に赤心を吐露し、民間の事は民間の自由に任せ置きて差し支なきがゆえに、許多《きょた》の官員を省約することを得べし。実にこれまで地方に許多の官員を要し、政府に酸酷苛察の吏を要するが如きは人民もしや税を免るる者なきやとの猜疑に出ずる者を多しとす。(四丁ォ―ゥ、中巻、二二一―二二三頁)

「官民」の間に「猜疑の心」が生ずることによって、不必要な政府機構、徴税機構が必要となるのであり、もしそれ

らがなくなれば「許多の官員」を「省約」し、結果的に小さい政府が実現することにもなるというのである。「民選議院」と「会計検査局」とを備え、「量出為入」という新たな原理に則った財政は(144)、「官民」の間の「猜疑の心」を消し、「人民」に「国事を憂うるの心」をもたらすのである。

津田真道――「監察糾弾」の議会構想

『明六雑誌』中で、神田とほぼ同様の構想を提示したのは津田である。さらに津田は、選挙権の資格という観点から、議会の構成についてより踏み込んだ議論を展開した。「政論の三」(第十二号)中で、「撰挙せられて議員となる所の人に制限を設けずして、却て撰挙をなす所の人に制限を加う」と言う。もちろん、ここで「制限を設けず」というのは誇張である(女性、「廃疾者」、「徒」以上の刑に処せられた者はどちらからも排除されている)。津田は、選挙権と被選挙権とで制限の基準を変え、前者の基準は「租税の多寡」(「都会に於いては譬えば二百円ないし千円以上の地券を有する者」「村落に於ては五十円ないし百円以上の地券を有する者」)とし、後者については「智識」(「ただその識見国事を可否するに足るを以て目的とするのみ」)とした。後者についての条件は、結局、「縉神、華士族、文人、武夫、豪農、富商、空窮、書生、野人の別なくみな撰まれて代議士たる」ということを帰結する。被選挙権を広く開放するこの発想は、既に述べた『日本国総制度』にも見られた。「万石以上」といういわば財産資格を要件とする「制法上院」に対し、「日本全国民の総代」たる「制法下院」は、「国民十万人に付、一人ずつ推挙」とされていたのである。このような「下院」の構想は、例えば、西周のそれと比較した場合にも、その特異性が際だつものであった(145)。「郡県」における津田の「民選議院」構想は、「日本国総制度」における「上院」と「下院」とを、選挙権者と被選挙権者という形に制度化し直したものであったと言える。そしてまた、「政論の三」においては被選挙権者の要件として、『日本国総制度』には見られない、「智識」が加えられていたことも重要である。「封建」論的な「民撰議院」構想に対する反発が、被選挙者に「智識」のみを求める津田の態度には潜んでいたと言えよう。この点は、「民撰議院設立建白」の趣旨に全面的に賛同した西村茂樹が、「民撰議院」の条件として「学識」に加え、「気力」を求めていたのとは対照的であった（「転換説」〔第四十三号〕）。

また、『東京日日新聞』に、「ひとり報知新聞の投書中にて天外如来君が吾曹と所見を同うしたる説を載せしのみ」として津田の「政体論」に全面的な賛意を表した福地桜痴は、この時期、やはり「士族の気力」としての「封建の精神」を厳しく批判していた。

日本の独立は最早《もはや》士族に依頼すべき時節にあらず。しかして士族の気力を失うは今日にあらずして已に廃藩の時に萌したり。記者もしその気力の衰退を以て日本の大患としこれを振起せんと欲せば吾曹容易なる一策あり。請うこれを献ぜん。曰く封建に復するに如くはなし。もし封建を不可なりとせば、封建の遺物なる士族に気力あるも決して良民のために慶すべき事にあらず。(146)

「郡県」においては、もはや「封建の精神」たる「士族の気力」は不要である。福地が代わって提示するのは「日本平民」の「沈実忠良なる気力」であった。「日本平民」のこの「沈実忠良なる気力」こそ、福地が「封建の精神」に対抗して提示した「郡県」の「精神」でありモラルであった。無論、津田も、建白書起草者たちと同様に「国の元気」の「振作」を「民撰議院」設立の理由の一つに挙げてはいた。

国の元気萎爾《いじ》して振わず国威の振わざるゆえんなり。今これを振作して旺盛ならしむるの方法他なし、人民をして国事に干与せしむるなり。人民をして国事に干与せしむるは民撰議員を創むるに如くはなし。しからばすなわち、この事やいまだ必ずしも時世のしからざるを得ざる者にあらずと謂うべからず。またいまだ必ずしも事情の止むべからざる者にあらずと謂うべからざるに似たり。（「政論の二」〔第十二号〕、六丁ゥ、上巻、三九六―三九七頁）

だが、「郡県」論者としての過去の津田の議論を考えに入れるならば、ここで「国の元気」として念頭に置かれているのは、「士族」の「精神元気」ではなく、福地の言う「日本平民」の「沈実忠良なる気力」に近いものであったろう。

もう一つ、津田の「民撰議院」構想に特徴的な点は、議会の役割に関する考え方にあった。津田は「民撰議院」の役割について「政論四」（第十五号）において次のように述べる。

けだし政令の得失を監督するは上下両院あるいは一院の特権にしてまたその職務とす。罪悪を摘発糾弾するは検事の職掌、現行非違を糾すは警吏の職務、各庁公事の失錯を糾判するは本庁判官の職掌に属す。また司税官吏等金銭を司る者は小吏と雖も独掌独行することを聴さず、必らずや監察一人を附し錙銖の微と雖も必ずこれを督視す。しかしてその歳入歳出の総額等、国家の大会計は特に民撰議院の監督する所なり。（七丁ォ、中巻、七〇―七一頁）

津田は、「政令の得失」は「上下両院あるいは一院の特権」であるのに対し、「歳入歳出の総額等、国家の大会計」は「特に民撰議院の監督する所」とする。津田は、議論の前提として、次のような事実に注意を促している。

本邦支那監察糾弾の官あり、旧幕府の目官これなり。しかるに欧米各国の職員録を按ずるにこの一派の官職を欠

く。（六丁ゥ―七丁ォ、中巻、七〇頁）

例えば、徳川政府において、「目官」（目付）という統治機構を内側から監視する制度が存在した。[147] だが、「欧米各国」には一見そういった制度がないように見えるというのである。だが、同時に、「熟《つらつ》ら彼国の制度を察すればその実備わらざるはなし、ただ監察糾弾等の名なきのみ」と津田は言う。欧米各国において、実質的に「目官」（目付）の役割を果たしているものが「民撰議院」なのである。さらに、「民撰議院」の「議法員」の「間暇なき所」を補うべく「帝王直隷の官」として設けられるのが「統計院」（会計検査院）である。津田は、この「統計院」についても徳川政府の機構の中に対応する制度の存在を指摘する。

ひとり旧幕府勘定吟味役の職掌尤相似たり。けだしこれ白石新井翁の建議に刱《はじ》まり、当時頗るその益ありしか後世に及て吟味役あたかも奉行の属官となりただ奉行の鼻息を伺うのみとなれり。（七丁ゥ、中巻、七二頁）

「勘定吟味役」という制度をどのように活性化させ、統治に役立てるかという問題は、確かに、徳川知識人によって盛んに議論されてきた問題であった。[148] 徳川政府においては惜しくも失敗した「勘定吟味役」がはらんでいた可能性が、「欧米各国」においては「統計院」という形で花開いていることを、津田は発見したのである。「民撰議院」を「目官」（目付）に、「統計院」（会計検査院）を「勘定吟味役」に、それぞれ類比し、あたかもラインとスタッフのような関係に立たせる津田の構想は、権力分立論を前提にした後世の人間にはやや理解しにくいものがある。だが、津田にとっては、「民撰議院」も「統計院」も、統治機構の内部にあり、それを「監察糾弾」することで、統治機構全体の質を高めていく機能が期待されていたのである。[149]

統治機構内部のチェック体制については徳川政府に一日の長があったと主張する者は津田以外にもいた。木下真弘は、大政官勤務の経験にもとづいて徳川政府と明治政府とを様々な点において比較した「新旧比較表（族別）」において、官吏の不正について次のように述べる。

朝廷かつて監官弾台を置かるるは、けだしこの事のためなるべし。しかして、その弊是非転倒を免れず。西洋に該職無きを以て、これを罷らる。聞く、西洋に監官を置かざるは、全国の人民敢えて公務を論じ、隠然としてこれを監察すればなり。今已に監察なく、また人民の西洋に似たるにあらず(150)。

木下も、津田同様、「全国の人民敢えて公務を論じ、隠然としてこれを監察」することが、「監官」に代位していたとする。木下の観察によれば、「郡県」を実現した明治政府は、むしろそれゆえに、徳川政府が備えていた統治機構内部のチェック機能を失っていたのである。またこうした議会の役割については以前、同趣旨の主張を後に民撰議院設立建白書に署名することになる江藤新平も繰り広げていた。

それ監督討論は議院の権なり、因て議院行わるるときは監察官も監督司も無用なり（…）かつこれまでの御官制は乍恐百官上下を監察するものなし（…）監察討論の権、皇国支那は監察官にあり、ただ西洋は議事院にあり、これを要するにその監事行事の両條を以て国を治るは和漢西洋符節を合するが如し（…）監察討論の精く至るは監察官は迚《とて》も議事院に不可及（議事院は加うるに督事の権を以てす）これ西洋の独り所日進なり。依て議事院の調べ届き行わるるまでは監察官置かずんばあるべからず(151)。

津田の「民撰議院」の役割についての考え方も、木下や江藤等の考え方と基本的に同じものである。津田は、以上のような機能を果たす「民撰議院」とそれを補完する「統計院」とにより、初めて「政府」の信頼が確保されると考えた。

ここに於てや政府始めて天下の大信を得べし。それ国力の強大を致すゆえんは民心の一和にあり。民心の一和するゆえんは兆民の政府を信ずるにあり。（「政論四」〔第十五号〕、八丁ォ、中巻、七三頁）

「封建」論の系譜を引く「民撰議院」論でも盛んに口にされていた「民心の一致」は、津田においてはその意味を異にしている。「封建」論的な「民撰議院」構想が、「民心の一致」を唱える時、そこでは「士族の気力」を中核とした情緒的な融合が目指されていた。これに対し、津田の「民撰議院」構想は、「気力」ではなく「智識」によって、情緒的な融合ではなく、「会計」の「監察糾弾」による「天下の大信」の確保を目指すものだった。「民撰議院」の建設を「国体」（政体）の変革と捉える点で、神田と津田とは共通している。そしてまた、「封建」論的な「民撰議院」構想に反対し、自ら打ち出した「民撰議院」が、「会計検査院」を備え、統治機構を内側から「監察」し、人民の政府に対する信頼を確保しつつ、統治への積極的参加の意識を高めるものとして構想されたという点でも両者の構想は一致していた。

阪谷素――「租税公共の政」としての議会

津田や神田は、「会計」「監察」という制度と「智識」を中核とする冷静な計算の精神（「郡県の精神」）を、議会を通して統治体制の中に定着することを図った。これに対し、西村は、議会を通して「気力」や「不平」といった情念（「封建の精神」）を体制の中に取り込むことを図った。その両者と異なり、独特の議会構想を『明六雑誌』で盛んに主張したのが阪谷であった。

「民選議院」の導入は「政体」の変革にかかわると阪谷も考える。だが、彼は「民選議院」と「政体」を区別する。「民選議院」の導入に先立って「政体」を変更しなくてならないのである。

小子ひそかに疑う政体定まらずして民選議院何の用をなさん。しかるに論者いたずらに民選議院の起こすべきを説て一言政体に及ばず。何や。それ民選議院は上下同治の事なり。今献白して上より民選議院を起こすを欲るに上下同治の体を定めずしてその事果て益有るや。（「民選議院を立るには先政体を定むべきの疑問」〔第十三号〕、五丁ゥ、上巻、四二二頁）

新たに導入されるべき「政体」とは「上下同治」である。この「上下同治」の「政体」とは、既に述べたように、加藤弘之によって「君主億兆の上にありてこれを統御すと雖も、敢て天下を私有することなく必ず公明正大確然不抜の国憲を制立し、万機必ずこの国憲に則りて施行しかつ臣民をして国事に参預するの権を有せしむるものを云う」（「立憲政体略」）とされていたものと同じである。「上下同治」は、「立憲政体」であり、あくまで君主政体である。だが、そこでは君主が「天下を私有」することはない。それは、「生殺与奪の権独りその欲する所に任」ずる「君主擅制」でも、「習俗」が「自ずから法律」となり「君権」をかろうじて制限するにとどまる「君主専治」とも違う[153]。そこでは、「公明正大確然不抜」の「国憲」により「君権」が制限され、「臣民」に「国事」への参加が保証されているのである。「国憲」と議会とを「政体」のメルクマールとする加藤の定義に阪谷はあくまで忠実である。そうであればこそ、議会が「政体」に先立つのではなく、「政体」が議会に先立つ。議会は「立憲政体」の必要条件ではあっても、十分条件ではないのである。

西や西村がかなりの程度まで評価していた同時代の議会実践は、阪谷にとってはほとんど無意味なものにすぎなかった。阪谷は、例えば「集議院」について「無用の玩具非産の消費」と言い切る。「民選議院」を、「上下同治」の「政体」が定められた後に、全く新しいものとして構想されるべきだとした点で、同時代の議会実践を大なり小なり評価してきた他の寄稿者たちと阪谷の立場とは根本的に異なる。

神田や津田とは異なり、阪谷にとって、「政体」の変革は「国体」の変革を意味しない。阪谷は、「政体」と「国体」とを区別し、「国体」をもっぱら「皇統」の意味で理解するからである。

かつ小子平生以為《おもえら》く、今に当て皇国を富強開明にし皇統を保護するの誠を致す、上下同治の政体を定るの説を進むべし。それ本邦国体開闢一姓統御、人心固結して海外諸国と異なる、いやしくも少く知覚ある者みなこれを知る。試に花旗(米国)、瑞典(スウェーデン)の諸賢哲公平正大なる人をして本邦に生育せしめば、人民保護の上に於て自然の国体に戻り、合衆連邦の説を立ざる明々昭々疑を容れず。(六丁ォ、上巻、四二三頁)

「開闢一姓」の「国体」「皇統」を保護するためにも、「皇国」の「富強開明」のためにも、「上下同治の政体」を定めることが必要である。「皇国」の「富強開明」のために、「民選議院」が必要なのは、君主個人の「徳」に「盛衰」があるからである。

しかれども統は改まらずして世は則ち改まる。君徳を継ぎ明にするの方、固よりこれを謹むも、千百年の間、その徳の盛衰あるもまた自然に出づ。(…)かつ暴暗主の出る、前日明主の法制、一時に潰乱し尽く。明君また起るも力を回復に費し、漸くにしてなすあらんとすれば年老い身死す。しかして纉《つ》ぐ者また賢ならず、暗君継立すればまた潰乱してその後の明主を労するのみ。一盛一衰反覆因循何を以て開明を得ん。（六丁ォ―ゥ、上巻、四二四頁）

「一盛一衰反覆因循」する「君徳」によっては、「開明富強」はなし得ない。統治は安定それ自体を目的にしているのではない。それは「開明富強」を目的にしているのである。統治の安定性は、目的ではなく、「開明富強」をなし遂げるための必要条件であった。君主個人の徳性・能力に依存しすぎるならば、暗愚な君主の出現は、直ちに君主政体自体の危機ともなるのである。

阪谷にとって、「上下同治」の「政体」導入を理念的に正当化するのは、板垣らと同じく「広く会議を起し万機公論に決すべし」という五箇条の御誓文であった。だが、阪谷によれば、「会議」というこの理念は、「民選議院」という特定の制度にのみ結実するのではなかった。それは「上下同治」の「政体」自体を規定する「目的」なのであった。議会に限られることなくやはり、意思決定のあらゆる過程で「会議」が行われるべきである。それでこそ「上下同治」の「政体」なのである。

まず大臣合論、協和の法を厳斉にし、一議合せずとて辞表、免職、区々の痴態をなさず、反覆討論至当に帰して、しかして後行い以て上下同治の目的を正す。諸省また一省の説を張ず一省内各一分のりきみを以て公理を後にせず、必ず反覆討論至当に帰して後之を行い以て上下同治の目的を正す、凡そ一省は一省中上下同議諸省は諸省合て上下同議、各議事課を起し、不議は行わず行とすれば必ず議す、議成て行い難きは行い難きの任にある者必議論論定以て上下同治の目的を正す。（八丁ォ、上巻、四二八―九頁）

大臣から諸省の内部までおよそ物事を行う際の原理として「反覆討論至当に帰して後行」という原理を確立することがなによりも重要なのである。「上下同治」の「政体」の確立と、その「目的」（反覆討論）の徹底した浸透を主張し、またその観点から、現実の議会実践を否定した阪谷の民選議院構想はだが、「諸道諸県、有名有望の士民、公論により年々官選して議員に列し、漸く民選の法を施さば、三年効あり、七年小成、十年にしていわゆる民選議院始て大成（九丁ォ）」という慎重なものであった。「会議」が体制の原理として理想化されることで、逆に制度としての議会をいかに構想するのかという点については、焦点がややぼけてしまったとも言える。

とはいえ、阪谷の場合にも、その特徴はむしろ民選議院の位置づけ方にあった。阪谷は津田や神田同様に、「民選議院」の果たすべき機能として「租税」に着目する。だがその着目の仕方は、津田や神田とは異なっていた。阪谷は、次のように言う。

ことに精神〈スペリット〉胆力は担当〈レスポンシビリチー〉に生ずる者にて、学問よりも担当の力は財貨に発し、金といえば愚民にも能く分る者ゆえ、議院の主とする租税費用に於て君民公共たるの義を明に致しますると、これまで奴隷習になれし者もこれでは黙っておられぬとスペリットを興します。万国中財貨に使われぬ者は御座りません。その権が上にあると下の者はみな奴隷習になりへいへいはいはいで正直はすたり諂諛となる。諂諛ではつまり乱の外、何が出きるもので御座りますか。（「民選議院変則論」（第二十七号）、七丁ォ―ゥ、中巻、三六八頁）

「金といえば愚民にも能く分かる者」であり、「万国中財貨に使われぬ者」はいない。阪谷は、「租税」が「金」の問題であることに（「租税」が米納ではなく金納になったことは「郡県」のもたらした大きな変化の一つである）、徹頭徹尾こだわる。そして「金」の問題こそが、知識のいかんを問わず、人間の「精神」の発条となる。阪谷はそう考える。「金」の問題を通して、かつては「士族」が担っていた政治の「精神」を誰もが懐くようになる。「民選議院」の、阪谷における秘密は、その点にこそあった。

精神の注ぐは欲の注ぐなり、欲の注ぐ所、則ち国家神経の注ぐ所なり。ゆえに政を公明にし、およそ租税、鋳幣、国家公利に関する諸出入、尽くその実を を《(ママ)》明示し、その公論に任じてこれを行えば、人々みな財の公共にしてこれを保護しこれを生殖するの任、おのおの身上にあるを知り、事に担当して生死を論ぜず。(「天降説の続き」〔第三十六号〕、三丁ゥ、下巻、二〇七—二〇八頁)

「精神の注ぐは欲の注ぐ」ところである。人間の金銭に対する欲望が政治体を担う「担当の力」「胆力」「精神」へと向かっていくためには、「議院の主とする租税費用に於いて君民公共の義」が明らかにされていなくてはならないのである。「租税公共の政」と名づけられる以上のような阪谷の政治構想の背景にあるのは、当時の「人心」に対する危機感である。例えば、「人心主なく」という表現は阪谷の論説に頻出する。しかもそれは「上下」を問わず妥当する。

上下人々心に主なく、眼に定見なく、分離違逆、おのおのその方向を異にす。官既にかくのごとし。下民の衆かつ広き更にその甚き知るべきなり。(「民選議院を立るには先政体を定むべきの疑問」〔第十三号〕、八丁ゥ、上巻、四三〇頁)

統治機構の動揺は、そのまま被統治者の動揺と重なる。このような被統治者の動揺は、統治機構の動揺と同じく、統治にとって危険である。人々の「疑」は統治にとって危険なのである。「租税公共の政」は、このような「下民の疑心を消し」「下民疑心消滅一心上を敬愛し」（「租税の権上下公共すべきの説」、第十五号、六丁ゥ、中巻、六八―六九頁）という状態をもたらすために構想されるのである。

翻って、津田が彼の「民選議院」構想によって調達しようと試みたのは「天下の大信」であった。神田にとっても「人民」の「猜疑の心」が問題だった。また西村にとっても「士族」の「不平」が問題であった。

その解決への道筋は様々に異なっていても、人間の情念と統治との関係は彼らの共通の問題であった。人々の不安、不満、疑いをどのように解消し、あるいは取り込み、統治体制に必要な信頼をどのように確保するべきなのか、彼らが悩んだ問題をこのようにまとめることができる。統治機構が「信」をいかにして調達するべきなのか。彼らが答えようとした問いは共通している。だが、阪谷は、津田や神田とは異なり、「監察」「会計」を問題にしたのでもなかった。また西村のようにもっぱら「不平」を制御する場所として議会を考えたのでもなかった。議会において政治を担う「精神」が創出されると考えた点では、阪谷はむしろ建白書起草者たちにも近い。だが、彼らのようにもっぱら「士族」の「気力」に着目したのでも、阪谷は、なかった。阪谷は人間が誰でも持つであろう「財貨」への「欲」に着目した。個々人の「欲」が、議会において政治共同体を担う「気力」「公欲」（「租税の権上下公共すべきの説」〔第十五号〕）へと変換される。これが阪谷が議会に託したプロジェクトである。

個々人の「私欲」の存在をリアルに認識しつつ、そうした「私欲」をどのようにして公共の秩序を担う力へ（「公欲」）と導いていくのか。また、そのためにはいかなる制度を設計すればよいのか。「政体」をめぐって阪谷が、そして『明六雑誌』の多くの論者が論じたこうした問いは、実は、江戸期以来の問題であった。そしてそうした議論を熟知していた彼らにおいて、「私欲」を調停するための制度が「政体」にとどまらないことは、自明であった。次章では『明六雑誌』における彼らの議論を、広く「文明」という視点から見ていく。それによって、彼らの「政体」論が『明六雑誌』の政治思想全体の中にどのように位置づけられるのかも明らかになる。

(1) 中野目徹「解説」(中野目徹・山室信一校注『明六雑誌』上巻、岩波文庫、一九九九年)、四六八頁。

(2) 福澤諭吉『文明論之概略』巻之一、第二章「西洋の文明を目的とする事」(福澤諭吉『全集』第四巻、岩波書店、一九六四年)、二六―三三頁。

(3) 吉岡徳明『開化本論』(明治十年／一八七七年)(明治文化研究会編『明治文化全集』第二十四巻、文明開化篇、日本評論社、一九六七年〔第二版第一刷〕)、三〇二―三〇三頁。

(4)「世間一般」の用法を意識した想定反論ならばある。「政府の教門に於ける亦其の人々の信ずる所に任すべ」しとする西周「教門論一」(『明六雑誌』第四号)では、「或曰く子の言然り。然りと雖も其国体と相関渉する者之を如何、子の言の如く政府既に教門を是非するの権なしとし、而て人民の所好に任さは則ち因て以て国体を害するに至らむ」との反論が見える。

(5) 第十三号の「民選議院を立るには先政体を定むべきの疑問」でも「一姓統御」の「国体」は自明の前提であって、議論の対象ではない。

(6) 中村は畳みかけるように「人民の性質」の具体的なありようを列挙する。それらは、当時の人々に、すぐさま中村がその訳を刊行していた Samuel Smiles の *Self Help* を思い起こさせたであろう。中村がここで列挙する「人民の性質」は、そこで賞賛されていた様々な character とほぼ(無論その否定形において)対応したものであったからである。Samuel Smiles, *Self-Help with illustrations of Character, Conduct, and Perseverance* (Oxford University Press), 2002.

(7) サミュエル・スマイルズ著、中村正直訳『改正西国立志編』(木平愛二、一八七七年)、松澤弘陽『近代日本の形成と西洋経験』(岩波書店、一九九三年)、第Ⅳ章参照。

(8)「この人民の性質を変じ善良なる心情高尚なる品行に化せしめんと欲せば、ただ政体を改むるのみにてはその効験絶てこれ無し、ただ円きものが四角となる八角となるばかりにてその中の家の質性は改まらず、故に政体の改まるよりは寧ろ人民性質の変じて愈々善く旧染を去り日に新たにして又日に新ならんことこそ望ましきなり」(同上、七丁ゥ)。

(9)「民選議院設立の議に付左院に建言す」(明治七年／一八七四年三月)(『西村茂樹全集』〔増補改訂版〕第四巻、日本弘道会、二〇〇六年)、三一二頁。

(10) ただし、こうした点から直ちに、民撰議院設立建白書について、「かつての合理性を喪失した政府に対する民権派勢力の果敢な挑戦」(松本三之介『近代日本の政治と人間——その思想的考察』〔創文社、一九六六年〕、七頁)と捉え、断行派を進歩的、時期尚早派を反動的と評価した上で（服部之総「明治の思想」〔大久保利謙編『明治文学全集三　明治啓蒙思想集』、筑摩書房、一九六七年〕、四二一頁、宮川透「日本啓蒙思想の構造——民選議院問題を中心として」同、四三一頁）、時期尚早派の多かった『明六雑誌』について、「明六社の人々の思想的ないし進歩性の限界を如実に反映したのが「民選議院設立問題」であった」（西尾陽太郎「西洋近代思想と伝統思想の融和と相剋」〔古川哲史・石田一良編『日本思想史講座六　近代の思想一』、雄山閣、一九七六年〕、五八頁）との結論を導くことは本文後述のようにできない。論証は本文に譲るとして、ここではそうした研究動向が、『自由党史』史観ともいうべき、一定の歴史理解と対応している点を指摘したい（家永三郎『歴史のなかの憲法』上巻〔東京大学出版会、一九七七年〕、色川大吉『自由民権』〔岩波新書、一九八一年〕、色川大吉他編『民衆憲法の創造——埋もれた多摩の人脈』〔評論社、一九八三年〕）。すなわち、西洋近代の議会制を範型としつつ、徳川末期の「公論」の興隆をかかる議会制の端緒として、次に「五箇条の御誓文」を議会制受容のマニフェストに読み替え、民撰議院設立建白書に始まる国会開設運動をこうした潮流の延長線上に置き、高く評価する立場である。こうした枠組みの下で、明治七年（一八七四年）の民撰議院設立建白書は、特権的とも言える地位を獲得してきた。だが、こうした枠組みそれ自体が近年の研究の進展に伴い、もはや維持できなくなりつつある。

第一に、「公論」である。最近の「公論」研究、そして本書第一章も、徳川末期に盛んに呼号された「公論」は、様々なアクターが、様々な意図にもとづいて用いたスローガンにすぎなかったという事実を重視し、さらに「公論」の具体的制度化の構想には様々な幅があり得たことに光を当ててきた（三谷博「維新と「公議」——最初の「公議」政体創出の試みを中心に」〔『年報　近代日本研究十四』、山川出版社、一九九二年〕、同『明治維新とナショナリズム』〔山川出版社、一九九七年〕、第三部参照。そうした意味で「公論」は、直ちに機構としての「立憲政」ましてや「民選議院」を導出するものではない。また、直ちには自立した個々人の水平的討議による意思決定という規範的含意を持つものでもない。

第二に、「民撰議院設立建白書」である。近年の研究は、板垣らの民撰議院構想の画期性自体に疑問を呈している。明治六年（一八七三年）政変において政府に残留した大久保利通や木戸孝允も、議会の導入それ自体については否定的ではなかった。それは時間の問題にすぎなかった。「民撰議院設立建白」は、同時期に政府内部を含む様々な主体によって構想されていた議会構想の一つのヴァリエーションとして捉えるべきなのである（鳥海靖『日本近代史講義——明治立憲制の形成とその理念』〔東京大学出版会、一九八八年〕、特に第二、三、四章参照。また奥田晴樹『立憲政体成立史の研究』〔岩田書院、二〇〇四年〕参照）。

『自由党史』史観とはさしあたり別の潮流に属すると目されてきた「憲政史」研究にも注意が必要である（尾佐竹猛『維新前後に於ける立憲思想』〔文化生活研究会、一九二六年〕、同『日本憲政史大綱』上下〔日本評論社、一九三八―三九年〕、稲田正次『明治憲法成立史』上下〔有斐閣、一九六〇年〕）。議会思想という一つの思想が存在し、その紹介ないし現実化の試み、それへの抵抗、妥協を含んだ現実化と定着という一連の流れが存在するかのように歴史を叙述するという点でそれは『自由党史』史観と多くを共有する。明治二十三年（一八九〇年）に開設された議会を「達成」と評価するにせよ、「限界」と評価するにせよ、先行する規範的な「議会」を基準に置き、その上でそれぞれの時代の議会思想や実践の質と深さとが論じられているという点に変わりはないからである。

(11) 同文書を収める「津田文書」の概要と執筆時期の推定につき大久保利謙編『津田真道――研究と伝記』（みすず書房、一九九七年）、八四―八五頁。

(12) 津田真道「民選議院論」（『津田真道全集』上巻、みすず書房、二〇〇一年）、三五九頁。

(13) 「尚早論の根拠は彼らの愚民観にあり」（西尾、前掲書、五八頁）等。こうした例は枚挙に暇がない。

(14) 『公議所日誌』第十二（明治二年／一八六九年五月）（明治文化研究会編『明治文化全集』第一巻、憲政篇、日本評論社、一九六七年〔第三版第一刷〕）、六三頁。

(15) 大久保利通宛書翰、明治二年（一八六九年）二月二十五日付。大久保利謙編『新修森有禮全集』（文泉堂書店、一九九八年）、七九頁。

(16) 「方今我国体、所謂郡県の如き者相参と雖も、大抵其制封建に近し」とし、「今一旦強て之を改め、一に帰せんとせば、只人情に悖り、騒擾を醸すのみならず、廉恥の美俗を毀り、躁進の悪弊を生じ、国脈をして衰弱せしむるに至」るとする意見などは典型的である（同上「封建議」『公議所日誌』、六五頁）。

(17) 同上書、六三―六四頁。具体的には、「大国は一府を設」け「毎府知府事一人を置」き、「大凡十万石の土地毎に一県を設け、知藩事一人を置き、其国府に属す」ことであり、また「藩臣を朝臣と」することにすぎなかった。そこには到底「郡県」的でない提案も含まれていた。版籍奉還の後も、「知事」には原則として、「旧藩主」が任じられること（「藩主則ち知事に任ずること」「郡県議」、「府県の知事は当分を限り、旧藩主並執政参政中より、任ぜしむべき事」「御国体改正の議」）、かつその職は世襲されるべきこと（「右の知事は、大故なければ、世襲の事」）が他ならぬ「郡県」賛成案の中で提唱されていたのである。果たして実際に行われた制度も、知事の世襲を何とか免れたものの、従来の藩主をそのまま知事として任命するものであった。結果として、「普天率土其有に非ざるはなし」といういわゆる「王土王民論」の建前の下、諸「藩主」が「版籍」を返還するというこの行為は、大政奉還と同様に、従来妥当してきた政治支配秩序を、本来の権原は京都の「朝廷」が持つ、いわば「委託契約」として遡及的に捉え直すことに成功したにすぎなかった。そして、とりわけ「藩主」側にとっては、「版籍奉還」はいわば建前にすぎない象徴的行為として理解され、従前どおりの所領が再び「安堵」されることが期待されていた。勝田政治『廃藩置県――「明治国家」が生まれた日』（講談社、二〇〇〇年）、六一―六二頁。

(18)『学海日録』第二巻（学海日録研究会、一九九一年）、明治二年（一八六九年）五月二日条。

(19) 小川為治『開化問答』（明治七年／一八七四年）（『明治文化全集』第二十四巻、文明開化篇）、一〇九頁。

(20) 岡蘭平『今昔較』（明治七年／一八七四年）（明治文化研究会編『明治文化全集』第八巻、風俗篇、日本評論社、一九六八年〔第三版第一刷〕）、一五四頁。

(21) 西村茂樹「郡県議」（『西村茂樹全集』第四巻〔増補改訂版〕）、三〇九頁。

(22) 同上『今昔較』、一五五頁。とはいえアメリカの政治体制が「封建」かどうかは、それ自体問題だった。アメリカは「封建」ではないとするのは西村の「郡県議」である。だが、西洋の政体を「封建」「郡県」との関連で考えていたのは確かである。

(23) こうした点につき、中田喜万「政治学からみた「封建」と「郡県」――概念の限定のために」（張翔・園田英弘編『「封建」・「郡県」再考――東アジア社会体制論の深層』、思文閣出版、二〇〇六年）参照。

(24) 日野龍夫校注『新日本古典文学大系　江戸繁盛記　柳橋新誌』、（岩波書店、一九八九年）、四〇一―四〇二頁。原文は以下。

「士人二個穿錦袴佩金刀対飲其楼、酒数行談及宇内形勢、竟論郡県封建之得失、辯駁移刻而不決口角吐火舌頭噴血酒冷殽爛而不顧也、数妓侍坐傍聴而倦、妓起而如厠一妓従之相会廊下、甲曰、今日之客何等痴漢酒亦不飲、殽亦不食聒々半日談不可解事、奴性不喜所謂議論者聴之則懊悩、欲瞑、乙頗有気力曰阿姉休悶、奴将壓彼両痴乃相携反席、両個舌戦猶劇、乙進離坐於両客之間、挙一大白而問、曰公等所論果何論、客曰僕等所論天下之政体郡県封建之利害得失、何問焉、乙属盃曰公等何謬也。夫郡県封建之得失秦漢以来先哲論而無遺、今復何俟公等呶々之言哉、妾聞米国有共和之政、極公極明極正極大、雖唐虞之治不能過焉、公等宜棄古人糟粕両廃郡県封建之説而徇共和之美矣、且夫遊者最要共和而楽、今公等既在酒楼置酒肉而不食擲管弦而不奏空論妄言、使妾等向隅催睡、可謂之共和而楽那、公等真不知遊者妾将為大統領一振此衰頽之勢、請先吸此罰盃於是二客大慚両首並肯

而謝曰謹奉女王殿下之令」（同上、五六〇―五六一頁、但し原文のルビは除いた）。
（25）大久保利謙・田畑忍編『加藤弘之文書』第一巻（同朋舎出版、一九九一年）、三一―三二頁。
（26）浅井清『明治維新と郡県思想』（巌松堂書店、一九三九年）、八九―九二頁参照。
（27）もちろん、西洋にも「封建」議会はあり得た。そして実は、清朝中国の知識人にとってもこれは大きな問題であった。例えば章炳麟は代議制について次のように言う。「代議政体は封建制の変形である。上に貴族院を設置するのは、封建制を継承するからに他ならない」。西順蔵・近藤邦康訳『章炳麟集』（岩波文庫、一九九〇年）、四一一頁。「議会」を「封建」の文脈で捉えるか、「郡県」の文脈で捉えるかについては清朝知識人の間でも議論が分かれたことについて佐藤慎一「封建制は復活すべきか」（張・岡田編、前掲『「封建」・「郡県」再考』）、二四三―二四四頁。
（28）福澤英之助宛慶応二年（一八六六年）十一月七日付（慶應義塾編『福澤諭吉書簡集』、岩波書店、二〇〇一年）、六五頁。また「長州再征に関する建白書」（『福澤諭吉全集』第二十巻、岩波書店、一九七一年）も参照。
（29）それは既に江戸時代から引き続く問いであった。石井紫郎『日本国制史研究Ⅱ　日本人の国家生活』（東京大学出版会、一九八六年）、第六章参照。また、小沢栄一「幕藩制下における封建・郡県論序説」（『東京学芸大学紀要』第三部門、第二十四集、後に『近世史学思想史研究』、吉川弘文館、一九七四年所収）、増淵龍夫「歴史認識における尚古主義と現実批判――日中両国の「封建」・「郡県」論を中心に」（『岩波講座哲学四』、岩波書店、一九六九年）参照。
（30）こうした見方について前田勉「近世日本の封建・郡県論のふたつの論点」（張・岡田編、前掲『「封建」・「郡県」再考』）、二七六頁。なお同論文は後に前田勉『江戸後期の思想空間』（ぺりかん社、二〇〇九年）にも収められた。
（31）西周『議題草案』（『西周全集』第二巻、宗高書房、一九六六年）、一六九頁。
（32）同上書、一七四―一八〇頁。
（33）加藤弘之『立憲政体略』（『加藤弘之文書』第一巻、同朋舎出版、一九九〇年）、四八頁。
（34）『福翁自伝』（『福澤諭吉全集』第七巻）、一五一―一五二頁。ただし、開成所における会議の記録によれば、圧到的な主戦論のなかで加藤の立場は「攻守両方」と記されている。尾佐竹猛編『幕末秘史新聞薈叢』（岩波書店、一九三四年）、四二六頁。
（35）大久保、前掲『津田真道――研究と伝記』、六一―六二頁。
（36）西、前掲『議題草案』（『西周全集』第二巻）、一八一頁。

(37) 津田真道『日本国総制度』(『津田真道全集』上巻)、二六五頁。

(38) 加藤弘之『隣草』(『加藤弘之文書』第一巻)、三一頁。

(39) 西、前掲『議題草案』(『西周全集』第二巻)、一七四頁。

(40) 津田、前掲『日本国総制度』(『津田真道全集』上巻)、二六四—二六五頁。

(41) 同上書、二六三—二六四頁。

(42) 「一種奇異の政体は藉土の制なり、此制の本旨は厳然たる一頭政治の国なりと雖も其実は多頭なり(第八章)」「更に又奇異の国体は盟邦及び合邦なり、此は多頭の国一頭の国に拘わらず衆邦合して一と成れる者を云ふ(第九章)」(津田真道『泰西国法論』(『津田真道全集』上巻)、一五一—一五二頁)。津田と西が学んだフィッセリング講義の詳細については大久保健晴『近代日本の政治構想とオランダ』、東京大学出版会、二〇一〇年、第一章。

(43) とはいえ、「藉土の制」「合邦」が必ず失敗するとされていたわけではなかった。「藉土の制は鉅大なる邦国を一権威の下に統轄して其分崩離析を防ぐ妙節制と謂ふ可し」(第二章)「土壌広大なる国に於て総国の通利を増益し併せて列邦の特利を増長する為には合邦の連結正に其宜しきに適せり、故に合邦の連結は富国強兵に至便の妙制と謂ふべし」(第七篇第十五章)。

(44) 津田真道「天皇陛下に上る書」(『津田真道全集』上巻)、二七八頁。

(45) 同上書、二七七—二八〇頁。

(46) 山崎有恒「「公議」抽出機構の形成と崩壊——公議所と集議院」(伊藤隆編『日本近代史の再構築』、山川出版社、一九九三年)。同「明治初年の公議所・集議院——議員の意識と行動」(鳥海靖・三谷博・西川誠・矢野信幸編『日本立憲政治の形成と変質』、吉川弘文館、二〇〇五年)、第一章等参照。

(47) 尾佐竹、前掲『維新前後に於ける立憲思想』、二三八—二四一頁。

(48) 尾佐竹、前掲『日本憲政史大綱』上巻、一八六頁。

(49) 禁止決議の存在自体が慣行の持続を示唆している。「議院問示記二」(『秋元家文書』、山崎、前掲「明治初年の公議所・集議院——議員の意識と行動」、二〇頁から重引)。女性との縁も切れぬものであったようである。龍岡藩の公議人であった中山真琴は、「公議人」を「今日の代議士のやうなもの」としつつ、「各藩の公議人始め公用人等中々傲《ママ》奢を極めたもので、ドンナ、謹直な人でも芸者に関係せぬ者はなく」と回顧する(榎元半重『大給亀崖公伝』(平田春行、一九一三年)、二三九頁)。

(50) 稲田、前掲書、五〇頁。

(51) 尾佐竹、前掲『日本憲政史大綱』上巻、二一四頁。また、尾佐竹、前掲『維新前後に於ける立憲思想』は、弘田直衛の「其の辟されて徴士貢士に出でし者は、悉く一藩の選良に非ずして、実は二流三流の人物なりしかば、中央舞台に出でし後と雖も、政府の目的たる地方勢力の減殺には、何等の効果を齎さず、実に郷藩の鼻息を窺つて行動するの勢を示し、其制度制定の目的に対する効果は、頗る良好なるものにはあらざりき」(弘田直衛『内閣更迭五十年史』〔春陽堂、一九三〇年〕、七八、七九頁)を引くが、「地方勢力の減殺」への積極的協力が、「一流」の証明というのはあまりに偏った見方であろう。あまつさえ弘田の、「恰も後年、代議士なる者が、必ずしも一県の選長に非ずして、其の人物甲乙互に優劣ありて、遂には藩閥政府の為に、情意投合と云ふが如き変節を為すに至りしが如く然るなり」(同上)と述べるにおよんでは、語るに落ちたと言うべきであろう。

(52) 鳥海、前掲書、四二頁。

(53) 「留守居」の役割については笠谷和比彦「大名「留守居組合」の制度史的考察」(『史林』第六十五巻第五号、一九八二年)、同『江戸御留守居役――近世の外交官』(吉川弘文館、二〇〇〇年)参照。

(54) 「故に節操に乏しき多数の貢士は、媚を本藩に献し、朝政の機密及天下の藩情を密察し、之を本藩に通じ、其弊たる全く其出身本藩の探偵者に異ならず」。当時の公議所に対する「郡県」論者からの不満の言は、こうした推測を裏づけるものである(鳥尾小弥太『国勢因果論』上巻、『得庵全書』〔鳥尾光、一九一一年〕、五二頁)。さらに、「評判の株式市場」が、その実績に直結する外交官の職務は、その必要不可欠な部分として「カクテル・パーティー的な面をもっている」(H・ニコルソン『外交』)。現代の外交にあっても事情は同様である。「前に、飲食は外交の核心ではないと書いた。しかし、重要な一部であることは確かである」とする、ある元外交官によれば、「二〇〇五年九月のある週について数えてみたら、仕事関係のものだけで、ランチが四回、ディナーが三回、レセプションが二回、ティーが一回だった」ということである(北岡伸一『国連の政治力学――日本はどこにいるのか』〔中公新書、二〇〇七年〕、八七頁)。「評判の株式市場」をその行動原理とする「留守居」の存在形態は、既に荻生徂徠の活写するところである。「さてその留守居という者は、諸大名の留守居一つに組合いて仲間と称し、酒宴遊興に主人の者を使いてこれを主人への奉公と称す。さて公儀を鼻に掛けて主人の掟を用いず。仲間にいとまにてもだされたる者あれば、仲間にてかこいおき、その跡役をば仲間へ入れず、主人にこまらする仕形、当時は所々に多き事也」(荻生徂徠『政談』巻之二)。

(55)『明治事物起源』第三編「国際部」(明治文化研究会編『明治文化全集』別巻、日本評論社、一九六九年〔第一版第一刷〕)、三三三五頁。
(56)『鼎軒田口卯吉全集』第八巻(吉川弘文館、一九九〇年)、一七五頁。
(57)鳥尾、前掲『国勢因果論』上巻、五五九―五六〇頁。
(58)津田「郡県議」(『津田真道全集』上巻)、二八六頁。
(59)同上書、二八七頁。
(60)同上。
(61)西村茂樹「郡県議」(『西村茂樹全集』第四巻)、三一〇頁。
(62)同上、三〇九頁。
(63)升味準之輔『日本政党史論』第一巻(東京大学出版会、一九六五年)、七三―九二頁。松尾正人『廃藩置県の研究』(吉川弘文館、二〇〇一年)も参照。
(64)元田直。南豊とも称す。豊後杵筑の人。帆足万里の高弟であった(大日本人名辞書刊行会編『大日本人名辞書』内外書籍、一九七三年)。執筆時は太政官大史。
(65)元田直『東京土産』(明治文化研究会編『明治文化全集』第二十四巻文明開化篇に所収。ただし引用は国会図書館近代デジタルライブラリーより)、七丁ォ―ゥ。
(66)同上書、八丁ォ。
(67)小川、前掲『開化問答』、一〇九頁。
(68)最も動きが早かったのは文部省であった。「地理誌略編輯に付其県々管内有名の産物両三品つ、取調別紙雛型之通相認め来二月十日迄に無相違可被差出候此段及回達候也」(明治五年/一八七二年一月二十七日付、文部省達、番外)。次に陸軍省が続いた。「今般於当省全国地理図誌編輯につき御用有之候間各管下元一藩或は一県限り兼て取調有之候国郡村郷明細地図幷に城市村落山河海岸の形状その外風土記等幷に別紙の廉々に関係する分詳悉記載し早々差出すへく候此旨相達候事」(明治五年/一八七二年四月二十四日付、陸軍省達、第七十二号)。こうした動きをまとめるべく企画されたのが正院の「皇国地誌」であった。「今般正院に於て皇国地誌編集相成候に付是迄諸省並各府県右編集関係の事件は一切管轄候條此旨相達候事」(明治五年/一八七二年九月二十四日、太政官布告第二百八十八号）。また翌日の布告第二百九十号は、「今般於正院皇国地誌編集相成に付右関渉の書籍並地図類遍く採集致し候間諸省各府県に於て只今迄備置候分は勿論其管下私著の分をも早々取調書目可差出候此旨相達候事」とする。

（69）この時期の「地誌」編纂をめぐる動きについて石田龍次郎「皇国地誌の編纂——その経過と思想」（『一橋大学研究年報　社会学研究』第八号、一九六六年）が詳しい。

（70）明六社への参加と並行して彼が従事していたのは「地誌」編纂作業だった。前章冒頭に紹介した『天王寺大懺悔』の中根淑と阪谷との実生活における接点はこの時期にあった。中根も当初、陸軍で、後に、文部省で地理誌の編纂に携わっている。同様に望月毅軒も、正院の地誌課で『地誌提要』の編纂に携わっていた。中根の小説『天王寺大懺悔』には、編纂の裏話とも言えるものも収められており、地誌編纂が本作のモチーフの一つであることは疑いない。『天王寺大懺悔』で中根が描いた文人たちの交遊は、地誌編纂がその契機となったものも多かったのである。地誌は彼らを結ぶ結節点であった。望月毅軒は明治六年（一八七三年）に正院修史局地誌課に着任、明治九年（一八七六年）に同課が廃されるまで在籍。『続近世名家碑文集』（『大日本人名辞書』所収）には「九年地誌課廃せらる是より学を講じ徒に授け以て没するに至る」とある。中根、阪谷、望月の三人は、同僚として同じ仕事に携わり、そうでなくても、お互いの仕事を意識していたのである。

（71）阪谷の異動と「地誌」関連著作表

・明治五年／一八七二年四月十四日　陸軍省八等出仕（秘史局分課）

同年　　五月十八日　陸軍省参謀局分課地理図誌編輯掛

同年　十一月十七日　正院八等（地理課）出仕

「若狭国草稿」（明治五年／一八七二年）

「加賀国草稿」

「越前国草稿」

「越中国草稿」

「能登国草稿」

「越後国草稿」

「佐渡国草稿」
「北海道琉球藩提要」
「北陸道七国提要」
「琉球国志」
「大地志編輯意見」（明治六年／一八七三年二月）〔『関係文書』、一七八―一〕
「地誌編纂意見」（明治六年／一八七三年二月十日）〔『関係文書』、一七八―三〕
・明治六年（一八七三年）　五月五日　文部省八等出仕（編書課）
同年　　六月十二日　文部省（編書課）地理誌編輯専務
「日本地理啓蒙　草案一端」（明治六年／一八七三年五月）〔『関係文書』、一七八―一八〕
「日本国勢沿革略説」（明治六年／一八七三年七月再訂）〔『関係文書』、一二九―九〕
・明治七年（一八七四年）
「小学地理誌」（明治七年／一八七四年）
・明治八年　（一八七五年）
「小学日本地理書」（明治八年／一八七五年刊行）
『日本地理啓蒙草案一稿』（『関係文書』、一七八―一八）。

(72)　『日本地誌提要』第一巻（『内務省地理局編纂善本叢書四　明治前期地誌資料』、ゆまに書房、一九八五年）、五―八頁。
(73)　中根淑『改訂兵要日本地理小誌』（山中市兵衛、一八七七年）、二二丁ゥ―二三丁ゥ。
(74)　「日本沿革略説（二稿）」（『関係文書』、一七八―一八）。
(75)　引用は第二稿の地の文（よって実質的には第一稿）から。第五稿まで存在する。
(76)　阪谷は、「日本」の「沿革」について、「十変の数以て括すべし」と述べた後、「其変愈多くして而て神聖之規模皇統不変之勢益堅牢恢張」とする。これに対し、中根の「皇統」に対する思いはやや複雑であったと推察される。中根が、戊辰戦争における徳川方を「賊兵」と書くことに最後まで抵抗したことについて小笠原長生「中根香亭の人物」（『同方会誌』第五十八号、一

九三二年十一月編、立体社)、一九七七―一九八八頁。

(78) 中根、前掲『改訂兵要日本地理小誌』、二三丁ゥ。

(79) 'The thunder-bolt has fallen! The political earthquake has shaken Japan to its centre (...) The incubus of *yakuninerie* is being thrown off. Japan's greatest curse for ages has been an excess of officials and lazy rice-eaters who do not work. Sindbad has shaken off the Old Man of the Sea. Hurra for the New Japan! July 18th (1877),' W. E. Griffis, 'Personal Experience, Observations, and Studies in Japan 1870–1874,' *Mikado's Empire*, book2 (New York, 1887). グリフィス著、山下英一訳『日本体験記』(東洋文庫、平凡社、一九八四年)、二三二―二三三頁。訳文を一部改めた。

(80) 西川誠「廃藩置県後の太政官制改革――渋沢栄一と江藤新平」(前掲『日本立憲政治の形成と変質』)第二章、同「明治期の位階制度」(『日本歴史』第五百七十七号、一九九六年)参照。

(81) 福島正夫『地租改正の研究』(増訂版、有斐閣、一九六二年)、第一章参照。

(82) 岩倉具視「国体昭明政体確立」(日本史籍協会編『岩倉具視関係文書』第一巻、東京大学出版会、一九六八年)、三三八―三六二頁。

(83) そもそも金納の場合と米納の場合とがあり、それぞれ取り扱い場所も異なっていた。「租税納方、諸府県、諸藩御預所共、金ハ会計、官米ハ大阪会計官へ、当辰年ヨリ上納可致事」(明治元年／一八六八年八月七日付、太政官布告)。

(84) 『理路稽蹟』(大蔵省編『明治前期財政経済史料集成』第一巻、明治文献資料刊行会、一九六二年)、一四頁。

(85) こうした困難を、明治初期の地方政治状況を貫く視点として採用するのは有泉貞夫『明治政治史の基礎過程――地方政治状況史論』(吉川弘文館、一九八〇年)、特に第一章である。

(86) 神田孝平「田租改革建議」(明治三年／一八七〇年六月)(『明治前期財政経済史料集成』第七巻、一九六三年)、三〇一頁。

(87) 小川、前掲『開化問答』、一一六頁。

(88) 同上。

(89) 同上、一一八頁。

(90) 「中央」の成立は、他方における「地方」の成立を、同時に――少なくとも観念の次元では――意味する。河原、前掲「「郡県」の観念と近代「中央」観の形成」参照。こうして成立した「地方」をどのように位置づけるか、「統治」「政治」の対象か、

「行政」「経営」の対象か。また、「統治」の対象として、あるいは「経営」の対象としての実質をいかにつくっていくのか。こうしたことが、明治二十三年（一八九〇年）に至る政治過程の最重要課題の一つである。

(91) 少なくとも明治十一（一八七八年）年の地方三新法まで、「地方」は「経営」の対象ではなく「統治」の対象であったとの立場を本書は取る。明治十四年（一八八一年）以後を「地方経営」の時代として捉えるのは御厨貴『明治国家形成と地方経営――一八八一～一八九〇年』（東京大学出版会、一九八〇年）である。「地方経営」という概念の持つ含意については同書、二八〇頁参照。

(92) 「国内政情並ニ所管事項報告書　大久保大蔵卿、伊藤工部大輔宛書　明治五年（一八七二年）六月十日付（『井上馨関係文書』、六五七―二二）。福島、前掲『地租改正の研究』、一〇三頁参照。

(93) ただし、法令上、「地方税」は明治十一年（一八七八年）七月二十二日まで存在しない。それまでは「府県費」「区費」まとめて「民費」である。

(94) 明治六年（一八七三年）一月『新聞雑誌』第七十二号。福島、前掲、六五〇―六五八頁。

(95) 同上。

(96) 井上馨が起草した地方官会議の「議事章程」にも以下のようにある。「既にその廃すべきを廃し棄つべきを棄て、以て郡県の体を定むれば亦能く之を修整回護して、其の保全を勉めざる可らず、若尚輙く釐革を覔めて徒に変易を事とせば、百事竟に渙散して法制統理の期なきに至らん」「議事章程」（前掲『明治文化全集』第一巻、憲政篇）、二二三頁。

(97) 「伊勢片山村旧庄屋の過去記」（『日本近代思想大系二十一　民衆運動』、岩波書店、一九八九年）、一二〇頁。

(98) 同上。

(99) 田口卯吉「鼎軒余稿」（『鼎軒田口卯吉全集』第八巻）、九五頁。

(100) 田口が直接に参照したのはミルの以下の議論である。“this gave rise to a sort of European counterpart of the economical condition of Asiatic countries; except that, in lieu of a single monarch and a fluctuating body of favourites and employes, there was a numerous and in a considerable degree fixed class of great landholders; exhibiting far less splendor, because individually disposing of a much smaller surplus produce, and for a long time expending the chief part of it in maintaining the body of retainers whom the warlike habits of society, and the little protection afforded by government, rendered indispensable to their safety. The greater

stability, the fixity of personal position, which this state of society afforded, in comparison with the Asiatic polity to which it economically corresponded, was one main reason why it was also found more favourable to improvement." John Stuart Mill, *Principles Of Political Economy* (1848), Collected works of John Stuart Mill 2, London, University of Toronto Press, 1965, p. 18.
またミルは"feudal Europe ripened into commercial and manufacturing Europe" (ibid.) とも言う。田口はミルの言う Asiatic polity を「郡県」、Feudal Europe を「封建」とそれぞれ捉えた。そうした観点から見れば、君主とその寵臣や使用人からなる「郡県」より、武装した家臣団を抱える土地領主からなる「封建」がもたらす安定性や固定性こそがヨーロッパに向上をもたらしたのだとミルが主張していることになるのである。

(101) 元田、前掲『東京土産』、九丁ォ、一三丁ォ。

(102) 石井紫郎、前掲書、二六五頁。そもそも例えば儒学において政治秩序のメタファーとしての「家」の位置は両義的である。「天下を以て一家と為し」(『礼記』・礼運篇)とあればそれは聖人の始めてよくなすところであるが、同じ『礼記』礼運篇に「今大道既に隠れ、天下を家と為す」とあれば、それは「天下を公と為」す「大同」よりは劣った状態のことである(それでもそう悪い状態ではないが)。

(103) 福澤諭吉(『全集』第二十一巻)、二九八頁。

(104) 同上。

(105) 同上。加藤の発言より。

(106) 「二千五百年余年来専制の下に馴」れた、「一般人民」は「漠然卑屈の酔夢に狃」れ、「自由の曙光に醒覚する」ことがない。だからこそ「民選議院を以て今日の人民を治むるよりは参議果断、以て充分に圧制するに如かず」というのが加藤の意見である。その理由として持ち出されるのはやはり、「物皆弾力あり。之を圧する強ければ抵抗の力随て強し。苟も抵抗の力強からざれば、人民自由を自認するを得ず。若人民の圧制を受ること其極に至れば、彼必反射自由を視認し、政府を待ずして能く自ら民会を立んのみ」(同上、二九七頁)というアクロバティックな理屈である。

(107) 無論、「丁丑公論」において西郷を擁護し「抵抗の精神」を説いた福澤がこうした問題に無関心であったとは思われない。だが、彼は、当時としては例外的なことに、こうした問題を「封建」「郡県」のタームを用いて語ることがなかったのである。

(108) 『民撰議院集説』(『明治文化全集』第一巻、憲政篇)、三六四頁。

（109）岡本健三郎・小室信夫・古澤滋「民撰議院建白原稿」（『明治文化全集』第一巻、憲政篇）、三六八頁。
（110）「民撰議院辨」（『明治文化全集』第一巻、憲政篇）、三八一頁。
（111）同上、三八二頁。
（112）同上、三七九―三八〇頁。
（113）「四民の中に就き独り士族は其の従前の地位大に他三民の上に在り、而して稍々其の所謂万物の霊たる本然の貴を保存し得る者に近し。惟だ此の一事実即ち能く今日士族をして其の国家を憂念するの心独り四民に冠たらしむるを致せし所以なり。然るに吾輩復た切に慮る、苟も我れ今に及んで早く之が計を為さず、則ち我固有精神元気の纔に士族の間に遺存する者と雖も亦且つ其の久しきを保つ能はざらんとす。」（同上、三八四頁）。
（114）同上、三八四頁。
（115）Alexis de Tocqueville, *De La Démocratie en Amérique*, Tome1 (1835), Euvres 2 (Pléiade), introduction, p. 3. トクヴィル著、松本礼二訳『アメリカのデモクラシー』第一巻（上）、岩波文庫、二〇〇五年、九頁。ただし、同書では「境遇の平等」と訳されている。
（116）'J'aperçois que nous avons détruit les existences individuelles qui pouvaient lutter séparément contre la tyrannie; ...' (ibid., 11.)
（117）前掲、「民撰議院辨」（『明治文化全集』第一巻、憲政篇）、三八二頁。
（118）渡辺浩は、「封建」「郡県」という「政体」は、トクヴィルにおける「デモクラシー」「アリストクラシー」と同様に、「社会類型」にも「拡張」されうるとする。その上で、「トクヴィルの射程は、多分、「グローバリズム」の「現代」のはるか以前から、「アジア」にも届いている」とする。「トクヴィル氏、「アジア」へ」『ＵＰ』（東京大学出版会、二〇〇八年一月号）、二八頁。多分、そのとおりである。しかも、建白書起草者たちもそのことに気づいていたのである。
（119）*De La Démocratie en Amérique* 1, Premièr partie, Chapitre 8: De la Constitution Fédérale, pp. 123–192.
（120）前掲、「民撰議院集説」（『明治文化全集』第一巻、憲政篇）、三七四頁。また尾佐竹、前掲『日本憲政史大綱』下巻、三七九頁。
（121）大町桂月『伯爵後藤象二郎』（富山房、一九一四年）、四四二頁。

(122) 吉野作造とともに明治文化研究会の一員であった藤井甚太郎も、「若し藩が永続して居たならば藩を土台として我国の立憲政治は発達して居たに相違ない（…）而し明治四年七月に廃藩置県の令が出たので、藩は跡形もなく流されてしまって立憲政治の思想は拠るべき形がなくなつて宙に舞つた。此の宙に舞つた思想が再び下界に降りて来て、幕煙の如くに拡がつたのが明治七年以降の民権論である」という。藤井甚太郎「地方官会議を中心として」（『新旧時代』第二年第四・五冊、一九二六年八月号）、二七頁。

(123) 『東京日々新聞』明治七年（一八七四年）一月二十八日付。

(124) 『分権論』（『福澤諭吉全集』第四巻、岩波書店、一九五九年）、二六七頁。またやや時代は下るが陸羯南も「如何に分権を行ふとも（中央政府の）干渉依然たるを得るが如く、如何に自治を行ふとも場合によりて（例へば国会に権力を集めて地方議会に分配せざるとき）集権は矢張り依然たるを得べし」、「分権」と「自治」とは、「学理上全く別物にして混同すべからず」として、明治二十年（一八八七年）当時の「地方分権」＝「地方自治論」を牽制する。同「松永道一『地方自治論』書評」（『出版月評』第二号、一八八七年九月二十五日、『陸羯南全集』第九巻、みすず書房、一九七五年）、五八二頁。「封建」が「分権」の政治体制であるという理解にはほぼ異同がない一方で、「分権」という概念それ自体は、この時期、議会制度であったり、地方制度であったり、論者や文脈によって様々な対象を含意したのである。この時期の「分権」論が持っていた豊かな含意を、福澤に即して明らかにしたのは松田宏一郎『江戸の知識から明治の政治へ』（ぺりかん社、二〇〇八年）、第四章である。

(125) 竹越三叉『新日本史』下巻（一八九三年）（岩波文庫、二〇〇五年）、七一頁。明治二十年（一八八七年）十一月、かつての強硬な「郡県」論者鳥尾小弥太も次のように述べる。「或は中央集権と云ひ或は地方分権と云ふ是一に西洋諸国に行われしのみにて東洋には絶えて無きが如き感触を懐く者多しと雖も其実然らず、惟文字の異なるのみ東洋にも古来より封建の制あり郡県の制あり、封建は是れ分権にして郡県は中央集権なり、郡県の制たる政治の脈絡貫通し至極落着はよきも動もすれば国勢の衰弱を来し外国の侵攻を受け屈辱を被る多し。故に支那にては郡県の改体漸く衰ふるに至れば既往に鑑み又封建の制に倣はんとするも是又一得一失を免れずして或は私欲を擅にし、或は尾大悼はずして交も敗滅を来す、或は交来其長短を折衷し一種の制を設け則ち国を十八省に分ち各省に総督を置き以て一省の政柄を総ふ、其総督は我が謂う所の一等官に相当して随分権力重きを持せり、個は郡県の如くにして真の郡県に非ず封建に似て実は封建に非ず、稍や弊を矯め失を救ひたるの結果此に至りたるものならん東洋の政事家と雖も古より政事に骨折たり此の如し必ず欧州政事家を待て之を知に非らざるなり、今日の時態に於て東西風土を殊にすと雖も分権の制を設くるは至極適当の事なりと信ず」。『元老院会議筆記』後期第二十八巻（元老院会議筆記刊行会、一九八三年）、一三八―一三九頁。なお尾原宏之「明治前期の政治思想と軍事――元老院を中心として」（都立大学博士論文、二〇一一年未刊行）第二章は、元老院期の津田の思想を鮮やかに描く。元老院における市制町村制審議については亀掛川浩『自治五十年史（制度篇）』（東京市政調査会編、良書普及会、一九二五年）、一八〇―二一七頁。また、出原政雄『自由民権期の政治思想――人権・地方自治・平和』（法律文化社、一九九五年）第二部参照。

(126) 西村、前掲「郡県議」（明治二年／一八六九年）（『西村茂樹全集』第四巻）、三一〇頁。

(127) 同上、三一〇―三一一頁。

(128) 西村茂樹『往時録』（『西村茂樹全集』第四巻）、四五二頁。

(129) 同上。

(130) 「一、会議上院の議案は旧諸侯を以て之に任ず、一、凡そ旧諸侯にして、曾て土地人民を所有したる者は、老少の別なく皆議員たることを得べし、一、議員は自ら議場に出るに及ばず、其旧臣をして代議員たらしむべし」「大日本会議上院創立案」（同上、四五四頁）。

(131) 尾佐竹、前掲『日本憲政史大綱』上巻、二七五頁。

(132) 伊藤博文関係文書研究会編『伊藤博文関係文書』第四巻（塙書房、一九七六年）、二一八頁。また奥田、前掲書、二四〇―二四一頁。

(133) 木戸の明治六年（一八七三年）十月二十五日の日記にはこうある。「横山孫一西村茂樹を同伴せり元老院を起し維持の一具となさんと欲し曾て高輪邸に至従三位公（毛利元徳）へ建言せり然るに西村亦此志ありと聞依て相談論せり」。日本史籍協会編『木戸孝允日記』第二巻（東京大学出版会、一九六七年）、四三七頁。

(134) 西村、前掲『往時録』（『西村茂樹全集』第四巻）、四五三頁。

(135) 西村茂樹「民選議院設立の議に付左院に建言す」（『西村茂樹全集』第四巻）、三一一頁。

(136) とはいえ実際の華族制度はむしろ津田の構想の方向で創設された。自らの「上院」構想が木戸に受け入れられず、代わりに尾崎三郎から示された華族制度案につき西村は不満を漏らしている。「其後、戸田三郎（尾崎三郎）英国より帰り、木戸参議の添書を持して来たり、華族処分の事を説く、其説余の意見と同じからず、戸田の意は華族を以て王室の藩屏とせんとするにあり、余は謂へらく、王室の藩屏とせんと欲せば藩を廃すべからず、既に土地人民を失ふ、単身の華族安んぞ王室の藩屏となることを得んと、議合わずして去る」（西村、前掲『往時録』〔『西村茂樹全集』第四巻、四五五頁〕）。

(137)『日新真事誌』明治七年（一八七四年）九月五日付、第百十八号。

(138) 畢酒林著、神田孟恪訳『性法略』（紀伊國屋源兵衛、一八七一年）。グロティウスを中心に再編成された自然法学は、「法律淵源乎人性云者豈謂虚妄耶」（西周『性法略』序）、「種々の律法は皆神随《かんながら》なりける人の性に基けり」（津田真道、同序）などとして、あるいは「人物各循其性之自然」（『中庸』集注）という朱子学的言語によって、あるいは「神随」という国学的言語によって、受容されていたのである。

(139)「めったに、今のように身代限りということはいたしませぬ。昔は身代限りをさせないので、貸金出入を願えば勧解するのであります」旧事諮問会編、進士慶幹校注「司法の事（評定所）」『旧事諮問録——江戸幕府役人の証言』（岩波文庫、一九八六年）一一七頁。こうした徳川政府の徴税実務のあり方は、明治政府の当局者によってさえ、「道義的」には優れているとして回顧されていた。「貢租及び負債を償弁する能わざるものあれば、親族隣伍をして、之を代償せしむるは、大して平素相勧め相導き、以て互に其生計を助立せしむるの意にして、道義上より之を言えば、至当のことなり」（木下真弘著、宮地正人校注『維新旧幕比較論』〔岩波文庫、一九九三年〕、一五四頁。明治十年／一八七七年執筆と推定される）。江戸期以来、存在してきた一種の強制執行としての「身体限」が、この時期には、租税の滞納処分としても機能していたことにつき瀧川叡一「明治初期の身体限法制」（梧陰文庫研究会編『明治国家形成と井上毅』、木鐸社、一九九二年）、六九七頁。

(140)『日新真事誌』明治七年（一八七四年）九月五日付、第百十八号。

(141)「御一新以来旧幕の余弊を除き、万事寛大に趨くの際に在りて、税法の一事のみ厳急苛酷、旧幕の敢て為さざる所に出て、公然之を行ふて顧慮する所なきは抑も故ある文明各国に行はるる所の税則すべて此の如しと云ふを拠とする者なり」（同上）。

(142)「殊に知らず文明各国には原来民選議院の設けありて、税は云ふに及ばず一切律法先つ民と議し民と共に契約を立て正当の権を生じたる上に非らされは行はず。（…）是に由て之を観れば、税則は末なり、税則を定めんと欲せば先つ民選議院を設立せさる可らす、民選議院を設立せされは税則を立と雖も正当の権生せす。正当の権なくして税を取り立て、税を収めさる者を身代限りに処する時は性法の基本に悖戻し、殆と云ふに忍さる不体裁を生するに至らんとす。（…）只応に速に民選議院を設立し、以て一大欠陥を補ふへきのみ」（同上）。

(143)「財政改革に関する奏議」(『渋沢栄一伝記資料集成』、渋沢栄一伝記資料刊行会、一九五五年)、七四一―七四八頁。

(144)「民選議院」構想とセットになった神田の財政改革構想は、当然、いかなる基準で課税するかという税制の問題に直面する。彼が提案した地価総額への定率課税方式が、この後、表面化していくことになる地租改正の矛盾を先取り的に解消する狙いを持っていたことについて奥田晴樹「神田孝平の土地所有・租税論」(明治維新史学会編『明治維新の人物と思想』吉川弘文館、一九九五年)、後に奥田晴樹『日本の近代的土地所有』(弘文堂、二〇〇一年)所収参照。

(145)西、前掲『議題草案』(『西周全集』第二巻)、一六七―一八三頁。

(146)『東京日日新聞』明治八年(一八七五年)三月二十日付。

(147)「大目付は将軍及び老中に代わりて庶政を監察するの任なり、則ち大名以下老中管轄の諸士を監督して政務の得失を検断するを以て任となす」「此職、役職三千石にして芙蓉間に班す、老中の管轄たり」「多く作事、勘定、槍町奉行等より任ぜられ、留守居、御側等に昇るを順序とすれども、又町奉行、作事奉行、三殿家老等に任ぜらるるもあり、此職、元、万石以上の者も補せられしが、後世全く旗本の任となれり、然れども其任万石以上の監察なるが故に、待遇万石以上に準じ(…)」「目付も亦監察に任ず、専ら若年寄の耳目となりて政事の得失を糾察し、諸有司の非礼を弾劾す、然れどもその関渉するところ、奥向及万石以上の諸侯に及ばず」「目付は布衣にして役高一千石、若年寄の管轄たり」(松平太郎『校訂江戸時代制度の研究』、柏書房、一九六四年、四一二―四一九頁)。「それから目付には、誓詞の文言に諸向とは異なっている箇条がある。その文に、たとえ老中の事たりとも言上すべしというようなことがありました。上、老中の事たりとも間違ったことなら、将軍家へ直に言上しろというのでありました」「問:目付は、株を買ったとかどうとかした成上がりは、すべてしなかったのですか。答:さようです。門地のある人を目付にするというのです。」(「目付、町奉行および外交の事」『旧事諮問録』、岩波文庫、一二三四―一二三五頁)。ただし、徂徠は目付に批判的だった。「只今は何役も大方最初の出場は御目付になり、大ていそれより役抜けの筋極りたるようなる故に、ただ例格式を覚え、利口に走り廻るばかりを仕習わしめて、才智生ずべきようなし。その上御目付は元来非法を咎むる事当役也。ただ殿中を走り廻り、御作法になるるばかりの事也。(…)非法を咎める仕くせのこりて、いずれの役も当時は役顔というもの一種ありて、物を咎むる事を第一とす。これはなはだ宜しからざる事也」(荻生徂徠『政談』(辻達也校注、岩波文庫、一九八七年)、一七四頁)「皆大形は目付より立身する故に、いずれの役も目付の風なり」(同上、一九二頁)。

(148)「勘定吟味役は吟味団体の首席に班す、勘定所に於ける金穀の出納、貢租の決額、封地の割与、金銀の改鋳及争界の訴訟等一切の検覈監視を掌り、奉行以下非違あるは、直ちに剔抉して老中に開陳するの特権と責務を有す」「元禄十二年十二月一たび是職を中廃し、正徳二年七月に至りて新井君美（白石）の建議に基き再び設く」「役高五百俵、役料三百俵、中の間に班し、布衣を允され」「概ね勘定組頭、評定所留役、代官等より出て、勘定奉行、二丸留守居役、遠国奉行等に遷る」（前掲『校訂江戸時代制度の研究』、六三九―六四二頁）。「その当時は勘定奉行は錠口から内に入ることはできません。ところが勘定吟味役に限って錠口から這入ることができたので。というのは、勘定役取締とかがあって、奉行によらず、見込みを申し立てるわけになっておりましたから、吟味役は権力があったというのであります。」「問：現今の会計検査院（明治十三年設置）の如きものですか。答：さよう。」（『旧事諮問録』、岩波文庫、六二、七九頁）。「白石新井翁ノ建議」については「我おもふ事共ありければ、「当時、御勘定と申すは、いにしへの代にありては、大禹・伯益などのつかさどり給ひしところ、三代の時の大司空の職掌にて、漢・唐・宋・明の代にても、皆々重んじまうけられし官職をかねし所にして、我朝の官制に比し候にも、民部・大蔵・刑部等の三省、並びに勘解由使等、四つの官を兼ねあはせ、その下に属せし官も、六つも七つもつかさどりしところ、天下の財を生じ、出すも納るも此御役にかかりぬれば、六十余州の人民の楽しむべきも、苦しむべきも、此職を奉れる人々の、その人を得ると得ざるとにより候歟。これらの劇務、備らむことを一人に求むべからず。されば、むかしの御代のごとく、其吟味の役といふ職置かれずしては、しかるべからず」と申す封事奉りたりけり。」（新井白石『折たく柴の記』〔松村明校注、岩波文庫、一九九九年〕、二五三頁）。「吟味役恰モ奉行の属官トナリ」につき、やや文脈は異なるが、徂徠も「地方には吟味役というものありて、丞のような者なれども、助なし。頭大勢なり」とその機能不全を指摘する。頭・丞・助・目（頭役・添役・下役・留役）という階頭制の構造が大事だと主張する徂徠は、吟味役の下役となるスタッフが存在しないこと、頭役である奉行の人数が多く互いに同格であることなどが勘定所全体の作業効率を下げていると考える。「吟味役ノ位卑シテ」については、「勘定所と目付は江戸官界の双璧だったわけだが、人事の仕組みは対照的だった。目付になるには筋目正しい旗本であることがほぼ絶対の条件で、下級旗本や御家人には閉ざされた別世界である。他方勘定所は、これら下級幕臣でも、頂点の勘定奉行まで上れる可能性のある人気官庁だというのが、江戸官界の常識だった」。水谷三公『江戸の役人事情――『よしの冊子』の世界』（ちくま新書、二〇〇〇年）、一三六頁。

(149) こうした「統計院」イメージが、後に実際の統計院で路線対立が生ずる前提にあったのではないか。学知として統計を極めんとする杉と、「政府委員」の人材プールとして統計院を活用せんとする大隈との間に存在した緊張について大久保、前掲書、

第二章第六節参照。

(150) 木下、前掲『維新旧幕比較論』、一五九頁、三〇五頁。

(151) 明治元年(一八六八年)十一月の建議。的野半介編『江藤南白』下巻、南白顕彰会、一九一三年、三四一―三四二頁。

(152) 加藤、前掲「立憲政体略」(『加藤弘之文書』第一巻)、四二頁。

(153) 同上、四一―四二頁。

第三章　文明――『明六雑誌』と「租税公共の政」

第一節　開化の現実／文明の夢

文明と開化

今、何が起きているのか。我々はどのような方向に向かえばよいのか。「歴史を察するに、人生の始めは莽昧にして、次第に文明開化に赴くものなり」（福澤諭吉『西洋事情外篇』「世の文明開化」慶応三年／一八六七年）[(1)]。時代の大きな方向性を把握するべく、希代のコピーライターであった福澤諭吉が、当時、案出した「新造語」こそ「文明開化」である[(2)]。当初、御公儀の政策を先導するスローガンとして鋳造されたこの語は、瞬く間に人口に膾炙し、「瓦解」後の巷にも「文明開化」あるいは「文明」や「開化」を冠した書物があふれることとなった[(3)]。「文明開化」は時代の自画像となったのである。その影響力は大きかった。明治四年（一八七一年）、廃藩置県という大仕事をなし遂げたばかりの鳥尾小弥太に、すぐさま第二革命としての「征韓論」を思い立たせたほどである。「今日の計は断然武政を布きて、天下柔弱軽佻の気風を一変し、国家の独立を全うするためには、外国と一戦するの覚悟を取るを以て上計とす」と、当時、思うに至ったその原因について、鳥尾自身が次のように回顧している。

顧みるに余は元来軍人を以て出身せし者なり。ゆえに王政維新已来専ら軍事にのみ尽力して、この帝国の軍事を統一するに至らば、始めて王政維新の実効を見るべしと信じ、危険を犯し誹謗の衝に方り、只管《ひたすら》軍事の改正に従事せり。以為《おもえら》くこの軍事統一（廃藩置県による「郡県」の実現を指す）の後は、武道を以て国民を教育し、天下の人民をして封建時代の武士の如き性質を具えしめ、以て外国の難に当り、我国家の独立を全うすべしと。しかるに何ぞ図らん文明開化ちょう風の吹廻はしにより、天下一般に騒ぎ立て、無二無三に西洋流と称し、一時に俗を破り風を変じ、人心転《うた》た浮薄に流れ、その甚しきは楠公を権助に比する者さえあるに至る。(4)

「天下の人民」を「封建時代の武士の如」くするという「郡県」化本来のもくろみ（と彼が思うもの）(5)は、福澤が煽った「文明開化ちょう風の吹廻はし」によって狂わされたというのである（「楠公を権助に」云々とはもちろん福澤のことを指している）。当時のこうした「風」の影響の大きさを物語るとともに、この「風」の質についてもなにほどかをうかがわせる述懐であろう。

ただ他方、鳥尾が憎んだこの「文明開化の風」が、彼の言うように、単に「無二無三に西洋流」の模倣にすぎないのかどうか。単に「人心」を「軽佻」「浮薄」にするだけなのかどうか。実のところ、それほど自明ではなかった。というのも、おそらく「文明開化」とは様々な要素や方向性のアマルガムであったのであり（逆に言えば、そうした漠然とした空気を新語一語で捉えてみせたのが福澤の才能である）、当時の人々はそのことに自覚的であったように思われるからである。「文明開化」の正体を、知的に真剣に、突き詰めようと思考をめぐらす人々も少なくなかった。

成島柳北は、例えば、その一人である。明治八年（一八七五年）、彼は福澤が繫ぎ合わせた「文明」と「開化」とを再び区別して次のように述べている。

世は開化に進みしか。曰くしかり。世は文明に進みしか。曰く否な。もし我輩は何故にかかる奇怪なる答をなすと問う者あらば既にその問いに対えて言わん。汽車走り、汽船走せ、電信達し、瓦斯《がす》耀く。人民の智見もまた漸く惷愚の幾分をか脱し去れり。我輩これを目して開化に進みしと云えるのみ。しかりしかして今日の天下文学の凋零し文辞の卑汙甚しきを見れば、知らず何れの所に文明の二字を下すことを得んや。それ文明とはその邦の文運隆盛にして士君子おのおのその品行を整粛にし、その言辞を高雅にし、所謂《いわゆる》郁々乎たるの景況を称して謂えるものにあらずや。(6)

「開化」には進んでいる。だが、「文明」に進んでいるとは言えない。成島はそのように現状を分析してみせる。成島にとって「開化」とは、「汽車」「汽船」「電信」「瓦斯」といった最新のテクノロジーと「人民の智見」の進歩とを指す。一方、「文明」とは、「文運」、「言辞」、そして「士君子」の「品行」にかかわる。このような「文明」と「開化」の峻別が、当時流行の「文明開化」の語を意識してのものであったことは、成島自身が自らの解答を「奇怪なる答」としていることからもうかがえる。複雑な時代の雰囲気を、「文明」と「開化」という二語を組み合わせることでうまく捉まえた福澤に対する、そこはかとなしの抵抗感もそこにはにじみ出ている。他方確かに、成島にとってみれば、「文明」と「開化」を分けて考えることは、理の当然であったのかもしれない。というのもこれは元来、その由来を大きく異にするからである。「文明」は『書経』・舜典や『易経』・乾など儒学における規範的テクスト（経）に典拠を持つ。これに対し、「開化」はそのような意味での典拠を持たない。わずかに顧愷之の「定命論」などに出るにすぎない。(7)さらに、江戸時代以来盛んに使われていた「ひらけ」「ひらける」の言葉が、この時期、「開化」と融合しようとしていた。(8)仮名垣魯文が「追々我国も文明開化と号《い》つて、ひらけてきやしたから」（『牛店雑談安愚楽鍋』、明治四年／一八七一年）という時の「ひらけ」がそれである。『安愚楽鍋』の想定読者にはともかくも、「文明」と「開化」と、それぞれの経学上のいわば由緒正しさの差は、成島のように徳川日本においていやしくも儒者として位を極めた人物にとっては、自明であったはずである。成島が「文明」について「所謂郁々乎たるの景況」と言う時、その脳裏には西洋の政治学者たちがギリシャやローマについて懐くのと同じような感慨とともに、ほとんど無意識のうちに必ずや「古三代の治」（なかんずくこの場合には周）が浮かんでいなければならなかった。

子曰、周監於二代、郁郁乎文哉、吾従周（『論語』・八佾篇）

同条の解釈は、朱子によれば、「監、視也。二代、夏商也。言其視二代之礼而損益之。郁郁、文盛貌」となる。(9)「周」は「夏」と「商」という「二代之礼」を「損益」し、特に「文」において優れていた。孔子はだからこそ「周」に「従」うのだ、というのである。

成島にとって、「文明」とは、civilization の訳語などではなかった。逆に、西洋語である civilization の方こそ、理想の「文明」について、西洋人たちですらが有している概念的な等価物である。そう感じられたのではないか。「文明」。それは四書五経を中心とした規範的なテクストとその解釈を目的として組み立てられてきた膨大な概念体系とが幻出させる、馴染みの理想郷であったはずである。「郁郁乎」として「文」なる理想の「文明」と、たかだかテクノロジーや「智」が進歩した「ひらけ」としての「開化」との差は大きい。成島にとってみれば、鳥尾の「文明開化ちょう風」批判は、もっぱら「開化」についてのみ当てはまる。「文明」の理念は、むしろそうした「開化」の現実を批判する際の準拠点になり得るものであった。

こうした意味での「文明」理解が、儒者にのみ特有のものであったというわけではおそらくない。鳥尾に担がれた「征韓論」の首謀者、西郷隆盛も「文明」について次のように語ったという。

文明とは道のあまねく行わるるを、賛称せる言にして、宮室の荘厳、衣服の美麗、外観の浮華を言うにはあらず。世人の唱うるところ、何が文明や、何が野蛮やらちともわからぬぞ。予かつてある人と議論せしことあり。西洋は野蛮じゃといいしかば、否な文明ぞと争う。否な野蛮じゃとたたみかけしに、何とてそれほどに申すやと推せしゆえ、実に文明ならば、未開の国に対しなば、慈愛を本とし、懇々説諭して開明にみちびくべきに、左はなくして未開蒙昧の国に対するほどむごく残忍のことを致し、己を利するは野蛮じゃと申せしかば、そのひと口をつぼめて言なかりきとして笑われける。(10)

「文明」とは「道のあまねく行わるる」を「賛称せる言」なのである。そうした観点からすれば「西洋」の実際の姿は「野蛮」にすぎないとも言い得る。そうであってみれば、「西洋」を表面的に模倣することは、実は、「野蛮」化に他ならぬのではないか。成島が「開化」の語に込めたものと、西郷の「野蛮」への感性は確かに共鳴していよう。現実の「開化」の姿について成島はまた次のようにも言う。

皆曰く儒学は陳腐にして用うるに足らず、仏教は妄誕にして取るに足らず。理学は学者の事業のみ、詩章は閑人の玩具のみ、洋教は外国の教法のみと。彼を棄て此を斥け徒《いたず》らに大言空論して更《さら》に一事一業に勉励するなく、その好む所の者は妾にあらざれば妓、酒にあらざれば財のみ。一家後来の産業を立てずして美宅美服を造り、父母妻子の奉養を問わずして盤遊逸楽を恣にす。その他言う所、行う所、一として古来伝うる所の典型《オキテ》に協うものなし。(11)

従来、人々の「言う所」「行う所」つまり、「文辞」や「品行」を規律してきた「古来伝うる所の典型《オキテ》」は革命によって崩壊した。代わって出来したのは精神的アナーキーである。人々が求めるのは、「妾にあらざれば妓、酒にあらざれば財」にすぎない。テクノロジーと「智」の進歩によって特徴づけられる「開化」は、また、「典型《オキテ》」を失ったアモルフな欲望の噴出によっても特徴づけられることになろう。こうした意味での「開化」は、やはりほとんど鳥尾の言う「文明開化の風」に近いものである。

「文明開化」という流行語をただ消費するのでなく、そうした言葉の背後にある現象について真摯に考えようとする姿勢を示したのは、なにも成島だけではない。『明六雑誌』においても津田真道は、「開化」と「文明」とを区別することがある。

我帝国の開化はなお人の始めて智見を生ずるの時なり。すなわちまさに色慾発生の時なり。すなわち所謂感の時なり。これを支那の詩に比するに国風の開化にしていまだ雅頌の文明に至らず。むべなり男女交感の事尤多きや。
（「新聞紙論」、第二十号、一丁ゥ、中巻、一八四—一八五頁）

津田はここで、「新聞紙」が「人の智見を弘闡し文明開化の裨益を為すこと浅少なら」ざることを認めつつ、記事の内容が「犯姦賊盗の記事大抵その半に居」り、往々にしてスキャンダラスな暴露に傾くことを批判している。引用文はその原因の彼なりの分析である。

「帝国の開化」は、「色慾発生の時」「感の時」（『易経』にもとづく）にあたっている。それゆえ、「男女交感の事」が多い、というのである。「開化」を有機体の成長段階と類比的に捉えることで津田は、「文明開化」によってもたらされた結果の一見相反する諸側面の整合的な説明を試みているのである。

文中、「帝国の開化」は一般名詞であるが、「国風の開化」と「雅頌の文明」とは区別され、それぞれが「開化」の特定の段階を指すものとされている。ここで「国風」「雅〔・〕頌」とはいずれも儒学の経典である『詩経』の篇名である。朱子による代表的な解釈によれば、「国風」篇に収められた詩は、元来、当時の「里巷歌謡之作」であり、したがって「男女相与詠歌」である。他方、「雅」「頌」篇に収められた詩は、理想的な「文明」が実現したとされる「周之世」における「朝廷郊廟楽歌之詞」に由来する。[12] 津田は朱子による解釈をおそらくふまえた上で、単なる「情」の噴出としての「開化」と、「万世法程」としての「文明」とを区別しているのである。[13]

そして実は、「文明開化」の語の仕掛け人、福澤諭吉も、『文明論之概略』では、「文明には外に見わるる事物と内に存する精神と二様の区別あり」[14]と、「文明」を原理的に二つに分けて考察を進めている。「外に見わるる文明の事物」とは、「衣服、飲食、器械、住居より、政令、法律等」の「すべて耳目以て聞見すべきもの」を指す。これら「文明の外形」に対し、「文明の精神」とは「人民の気風」に他ならない。同書でもっぱら福澤が論じようとするのは後者の方である。

福澤がこのようにして思い描く「文明の極致」は、無数のニュートンと七十歳を超えた孔子たち（「七十而従心所欲不踰矩」『論語』・為政篇）からなる「智」と「徳」のユートピアである。[15] それは成島や多くの儒者たちが思い描いてきたであろう夢の社会からも、おそらくそう遠くはないであろう。無論、成島の「文明」と、津田の「文明」と、福澤のそれとが完全に一致しているというのではない。とはいえだが、福澤が「文明には限りなきものにて、今の西洋諸国を以て満足すべきにあらざるなり」[16]と言う時、福澤にとっての「文明」は、現実の「西洋諸国」にさえ繋留されることのない理想状態の謂いであったのである。そうした事情は、津田や成島においても（むしろより強い程度に）同様であったのである。[17]

こうしてみてくるならば、鳥尾の尻馬に乗って、あるいは福澤に煽られて、「文明開化」を単に「西洋」化、あるいは「欧米の文化をいかに日本に導入し定着させる」かを「基本課題」とした運動とだけ見なすことには、一定の留保が必要であろう。[18] ましてや『明六雑誌』について、「欧米を起源（傍点引用者）とする「文明」をいかにして日本に定着させるのか、その際の「文明」理解の質と応用の妥当性」を「思想評価の軸」に求めることには、なお一層の留保が必要である。[19]

「文明開化」とは何か。「文明」とは、「開化」とは、それぞれいかなる状態を指すのか。『明六雑誌』では、そのこと自体が、問題にされ、議論の対象となったからである。『明六雑誌』とは、一部の知識人にとって既に自明の「文明」についてその教化、普及を図るための場などではなかった。「文明」とは何なのか。何であるべきなのか。改めて一から真剣に考え、議論を繰り広げるための場で、それはあったのである。[20] 彼らの「文明」についての議論は、しばしば私たちが持つ既成の「文明」観を裏切るものである。以下、彼らの議論を見ていく。

第二節　文字と文明

「文字」

『明六雑誌』第一号は、「文字」についての二篇（西周「洋字を以て国語を書するの論」、西村茂樹「開化の度に因て改文字を発すべきの論」）のみからなっている。これはむろん偶然ではない。新しい時代には、いかなる「文字」がふさわしいのか。この問題が、当時の知識人にとって、重大な思想課題だったからである。[21] 第一号の構成は、そのことをすなおに反映していたのである。この「文字」論争において悪役ははっきりとしていた。漢字である。当時の論者は、概ねほぼ例外なく、漢字の使用に批判的であった。その意味で、この議論には、方向性において大まかな一致があった。[22] だが、そこから先、具体的な処方箋は大きく二つに分かれていた。漢字の字数制限か、あるいは全廃か、という二つである。前者の代表、福澤諭吉は、『文字之教』（明治六年／一八七三年十一月）で、「漢字の数は二千か三千で沢山」であり、「むずかしき漢字をば成る丈け用いざるよう心掛」るべきであると提案する。[23] 現今の常用漢字を想起するまでもなく、極めて現実的な提言であった[24]。他方、福澤が「願うべくして俄に行われ難きこと」とした「漢字を全く廃するの説」も、当時、相当に強く主張された。『明六雑誌』第一号の劈頭をかざる西の「洋字を以て国語を書するの論」もその一つである。漢字を（段階的にとはいえ）全廃し、それに代えて「洋字」（具体的にはローマ字）を採用するという提案である。

突飛な提案にも見える。だが、この時期、ローマ字の採用を提唱していたのは西だけではなかった。他にも例えば南部義籌が、西に先立ってしかもさらに過激な筆致で、「至便の洋字を以て至不便の漢字に換え」ることを主張していた[25]。

現実味のない提案のようにも見える。ただし、西や南部の提言に比べて、福澤のそれが穏当で「現実」的なものに見えるのは、単に彼の案が後世実際に行われたゆえに生じた、錯覚にすぎないのだともいえよう。中国あるいはモンゴル、トルコ、ベトナムを始めとする非西洋圏の文字改革の歴史に鑑みるならば、漢字に代えての洋字（ローマ字）の採用（ただしトルコの場合には漢字ではなくアラビア語からの）は、当時、福澤の提案と同様に十分に現実味のある選択肢であり得た[26]。

とはいえ、これが論争的な提案であることには違いはない。というのも第一に、漢字全廃論者の陣営においてすら、洋字（ローマ字）という選択肢は、自明ではなかった。漢字に代えて採用されるべきなのは和字（平仮名）であるという主張も、例えば前島密によって首唱され（「漢字御廃止之儀」〔慶応二年／一八六六年〕、「国文教育之儀ニ付建議」〔明治二年／一八六九年〕、「興国文廃漢字議」〔明治六年／一八七三年〕[27]）、『明六雑誌』上では清水卯三郎がこれに続いた（「平仮名の説」第七号）。朝鮮半島の事例（ハングル化）を鑑みるならば、これも、無論、現実味のある選択肢としてあり得た。漢字に代えてどのような文字を採用するのかについて、漢字全廃論者の間で意見の一致はなかったのである。

そして、第二に、そもそも漢字の勢力自体が全く弱まっていなかった。むしろ強まっているようにも見えた。熱烈な漢字廃止論者の前島が見るところ、その原因は「漢学生」が広めた「漢文体」にあった。「近日漢学生の世に志を得たるより俄に文書の体裁を変じ官私文書とも稍く漢文体に擬せんとするの勢」が生じているというのである[28]。前島が慨嘆するこうした「漢字猛進と謂べき逆勢[29]」は、森有礼によれば、外国人によっても観察され、指摘されていた。森が慶応二年（一八六六年、前島が「漢字廃止論」を提起したその年である）、ロシアで出会ったある人物は、日本語について、「ただ和語ばかりならば至て学ぶに容易くかつ綺麗なる国語なり、併ら当時（現在の意である）漢語を混じ合て甚だよろしからず、殊に近頃その弊日に増して漢語の方殆ど過半なり、歎ずべし」と述べたという[30]。ローマ字採用論者も、平仮名採用論者も、この時期は、自らの提言をローマ字や平仮名によっては記さず、当時通用の漢文読み下しの訓読文体を用いていたことは象徴的である（南部の「修国語論」に至っては漢文である[31]）。「漢語法」を用いた「片仮名交りの文」が、この時期、「すこぶる一定の文体」（西周）となりつつあり、その規制が慣習として極めて強力だったことの証左であろう（『明六雑誌』の論説も津田の「本は一つにあらざる論」〔第八号〕や演説収録といった一、二の例外を除きすべてこの文体である）。

さらに、第三に、「漢語法」を用いた「片仮名交りの文」よりも、ある意味でさらに強力な文体として候文があった。「公用」（前島にとっては「官用」の言い換えである[32]）の文体としては「漢文体」に取って代わられたものの、「私用」の文体として候文のプレゼンスはいまだ圧倒的であった。『文字之教附録』において、当時通用の漢文体のパロディを「悪文の例」として創作し、「文言も馬鹿らしく、文字もまた馬鹿にむずかしきものを拾い集め、皇の字などをむやみに用いて、ありもせぬ熟字を作り、実に取りどころもなき難文」「世間に折々この体の難文あり」と痛罵した福澤においても、添削した読みやすい文章の例は候文であった[33]。

西のローマ字論は、こうした環境の中に提出された。「漢文体」と「候文」という当時支配的な文字と文体への抵抗と挑戦の試みであった。では、西にとってこうした現状の何が問題なのか。西は言う。

しかるに今、そのいわゆる我の文章なるもの、言うところ、書するところ、その法を異にして、言うべきは書すべからず、書すべきは言うべからず。これまた文章中の愚なるものにして、文章中の一大艱険なり。（二丁ゥ、上巻、三一頁）

「言うところ」と「書するところ」とが、「法」を異にしている。こうした言文不一致な文章のありかたが、「人民の愚」（それはもはや「愚暗の堅軍」と化していると彼は言う）を「開明」へと導く際に、最大の障害になっている。西はそう考える。こうした現状に対して出された西の提案は、だが、しばしばそう誤解されているが、言文一致を推奨するものではなかった。(34)「今の俗語を直書して、いわゆるテニヲハの法をも挙げてこれを廃せんと欲す」（六丁ゥ、上巻、四二頁）といういわゆる言文一致は、西の見るところ、単に「俗語の首唱」にすぎず採るべきではない。現状は、厳格な「語格」を備えた「雅文」と、「実用に適」する「俗語」との間に勃発した「雅俗両家の喧嘩」として捉え直されるべきである。さらに、そこで必要なのは、「雅文」を廃し、「俗語」に統一することでも、その逆でもない。両者の「喧嘩」を「講和」に至らしめることなのである。そのために西が提唱するのが、「洋字を以て和語を書し呼法を立て以てこれを読む」こと、具体的には左のような規則を定めることである。

上の仮名は綴字
下の仮名は呼法

ヲモシロシ
omosirosi

ヲモシロ・イ

（七丁ォ、上巻、四三頁、原文は横書き）

「綴字」が「雅文」に、「呼法」が「俗語」にそれぞれ対応する。従来なら書き言葉（綴字・雅文）では「面白し」と書き、話し言葉（呼法・俗語）では「おもしろい」と読んでいたところを、「omosirosi」（綴字）と書いて「オモシロ・イ」（呼法）と読む、と定めるのである。[35]「雅文」と「俗語」のどちらも保存したままで、両者を統一的に表記・発音するシステムを構築することが必要なのである。さらに、こうした統一的な表記・発音のシステム構築のためには、「和字」よりも「洋字」のほうが優れている。西はそう主張する。「和字にては子母音相合して不便たれば洋字を要する」というのである。前島や清水ら、同じ漢字全廃論者陣営に属する「和字」採用論者との論争において、「和字」に対する「洋字」の優越性を西はこの点に求める。[36]「綴字」と「呼法」とが異なっていることを前提に、それに一定の規則を定めること。このことによって、従来同様、「雅文」と「俗語」の棲み分けを実現しつつ、「洋字」という共通の水路を両者の間に設けることで、「愚暗の堅軍」をも破る力を文章に期待することが可能になる。西はそう考える。

とはいえ、注目するべきは、西が文章に「実用」のみを求めていない、ということだろう。「実用」を重視しない、というのでは無論ない。だが、「実用」に偏した「俗」一辺倒に陥ることを彼は認めない。文章は、やはり、「雅」で「美」なるものでも、やはり、あるべきなのである。当時、支配的だった、「漢文の転倒読を直読に書き直したるか如」（南部）き「漢文体」や「候文」でもない。また、後に支配的になるであろう「テニヲハの法をも挙げてこれを廃せん」とする「今の俗語」の「直書」でもない。あるいは「雅俗めちゃめちゃ」[37]（福澤）の文体ではもちろんない。「文明」の「文体」を西は目指した。[38]成島が、「文辞」「文章」が「文明」である、という時と、同様の感覚がそこにはあるであろう。

「言語」

「和字」よりも「洋字」を。その理由は、無論、「子母音」の「配合」だけではない。「欧州の習俗」の「我に入るすこぶるその多きにおる」という「方今の勢」も、当然、考慮すべきである。「衣服なり、飲食なり、居住なり、法律なり、政事なり、風俗なり、そのほか百工学術に至るまで彼に採るに向わざるものなし」。「洋教」（当然、キリスト教）も入って来るであろう。外国人の「雑居」も始まるであろう。そうであれば、「文字を併せてこれを取るにしかず」。まして「襲踏に長じ模倣に巧にして、自ら機軸を出すに短」という「国民の性質」を鑑みるならば、「人の長を取て我が長とな」し、「己を捨てて人に従」（「舎己従人」『孟子』公孫丑上篇）い、「善を見て遷り長を取て用」（「見善則遷」『周易』益）いるべきは当然ではないか（三丁ォ、上巻、三四―三五頁）。西はそう主張する。とはいえこうしたことは、彼が断固たる西洋化論者であったことを意味しない。「つまるところ、その主張は西欧を手本にするべきであると信ずる欧化主義の産物」であることを全く意味しない[39]。というのも、「方今の勢」の肯定を、論理的に推し進めれば到達し得る結論（「彼の文字を用うる、もとより可なり、ついに英語もしくは仏語を用いしむるにしかず」）を彼は否定するからである。西は「洋字」（アルファベット）の採用を主張はしても、当時、森有礼のように英語公用語化を主張（彼が本当にそう主張したかどうかは実のところ曖昧だが、少なくとも当時はそうみなされた[40]）したのではなかったのである。現実との妥協にもとづく、漸進主義のゆえではない。彼が目指したのはあくまで「洋字」によって「国語を書する」ことであり、「国語」を「修める」ことであった[41]。「英語」や「仏語」を導入するべきではない積極的な理由があるのである。「言語」が「風土寒熱人種の原由」によって異なるためである。

けだし人民の言語、天性に本づく。風土寒熱人種の源由、相合して生ず。かならず変ずべからず、昔、我国、漢土の音を学ぶ。沿襲の久しき、その真を失す。これを呉音という。中葉に及んで再び漢音を学ばしむ。沿襲の久しき、再びその真を失う。これを漢音という。ゆえに今の唐音と別なるものを生ず。ついにこの二音の真ならざるものを伝え、また除くべからざるに至る。かつ王朝の古、官府もまた漢語を用う、ゆえにその文化局して海内に布くを得ず。ついに変じて候文となり和語においても奉ル、致ス、為メ、如シ等を上に置く、およそこれら天性の言語を廃し、他の言語を用いんと欲するの弊、殷鑑的然たるものにあらずや。（四丁ォ―ゥ、上巻、三五―三六頁）

「文字」（書き言葉）と「言語」（話し言葉）とは異なる。そして後者は「天性」にもとづくというのである。ここで「天性」とは、すべての人間に共通に備わる性質という意味ではない。それは「風土寒熱人種」によって、それぞれに異なる人間集団の属性というほどの意味であろう。「文字」とは異なり、「言語」には「風土寒熱人種」による差異が必然的にともなうというのである。「風土寒熱人種」によって異なる「天性の言語」という発想は、その題名に出る「国語」という、この当時いまだ新奇だったであろう語の選択にも反映している。ただ、この「国語」とは、西にとって、積極的に提示できるなにものかではない。純粋な「唐音」が、「呉音」「漢音」へと変化し、純粋な「漢語」よりも、それが崩れた「候文」のほうが広く流通するに至るという変遷の過程に傾向性としてかかわる、いわば消極的なものとして現れるのである。その意味でそれは、後に上田万年によって主導され、明治三十年代以降一般化するような意味における積極的な「国語」創造の試みではなかった。西はおそらく、「日本語は日本人の精神的血液なりといいつべし。日本の国体は、この精神的血液にて主として維持せられ、日本の人種はこの最もつよき最も永く保存せらるべき鎖のために散乱せざるなり(42)」などという考え方からはいまだ遠くにいた。西にとって、「文字」はあくまで普遍的なものであり、それはそれぞれの「風土寒熱人種」に固有の「言語」を記述可能なのである。こうした説明のしかたは、江戸時代の儒学者たちの説明にむしろ近いものである。例えば「神州」の「万国」に対する「冠絶」を主張する藤田東湖ですら、見事な漢文で、「神州之尊冠絶万国固也、然質有余而文或不足、実既完而名或有闕、西土之為邦智巧夙開、制度典章煥乎可観、則資彼有余以補我不足者亦天地之常理而聖知之用心也」と言う[43]。「質」は余っていても「文」が、「実」は備わっていても「名」が、それぞれ足りない。そこで「西土」の「典章煥乎」とした「制度」を見習った。そして、そうした「西土」との往来によって「邦家之治」は日に「文明」に赴いた、というのである[44]。西も次のように言う。

それ我が国の文字、先王はじめこれを漢土に取てこれを用う。かの時、文献またことごとくこれを漢土に取る。今ひとたび世運に逢うて、文献すでにこれを欧州に取る。すなわち何ぞひとり文字を取らざるの説あらんや。それ支那のごとき、土地広大、人民蕃殖、国勢すでに巍然、しかして文物典章もまた煥然たり。これを古に沿れば、文明すでに欧州に恥じず。（三丁ォ—ゥ、上巻、三三頁）

「土地広大、人民蕃殖、国勢すでに巍然、しかして文物典章もまた煥然」という「支那」のありさまはやはり「文明」に他ならないとされる。かつて、「文」と「献」[45]とを「漢土」より取り入れた。現在それは「欧州」から取り入れている。そうであれば、「文字」だけ取らないことがあり得るだろうか。西の主張とその発想は、藤田の言う「西土」を、「支那」から「欧州」に切り替えればそのまま妥当する。普遍的な「文明」がどの地域に最も良く妥当しているのか。問題はその地域をめぐる事実認識の違いにすぎない。西が、「漢字」ではなく、「洋字」を主張したことは確かである。また西が、「中華」の字を用いず、洋学者たちが用いだした「支那」の字を用いていることは[46]、西にとっての「中華」が「漢土」から「欧州」に完全に移行していたことを示していよう（論説の題に見える「国語」もそもそも洋学者由来の字である[47]）。だが、江戸の儒学者たちが、「古三代」と孔子への帰依を、（国学者からは時にそう非難されたにせよ）現実の清朝や「唐国」への精神的服属と意識していなかったのと同様に、西においても「文明」の「文字」としての「洋字」（アルファベット）への帰依は、その言語（英語や仏語）の採用を、もちろん現実の西洋諸国への服属を、意味しないであろう。まして儒学者の「漢意」を、口を極めて非難する国学者にしても、「当代の口語を俚言とし、俗語としてこれを卑しめひたすら古典の言語に憧れ」るという、[48]その精神的態度は（無論その憧れの対象は異なるにせよ）その発想の形式において儒学者たちと同型であったのであればなおのことである。かつて杉田玄白が、「西洋」ではなく「支那」について、「道なるものは、支那の聖人の立つるところにあらず、天地の道なり。（…）道とは何ぞや。悪を去り善を進むるなり。悪を去り善を進むれば、人倫の道明らかなり。他は皆風俗なり[49]」と述べたことは、今度は、「支那」ではなく「西洋」についても妥当するであろう。

「天」と「公論」

だが、「文字」が普遍的なものであるならば、どうして「言語」（話し言葉）がそうではないと言えるのだろうか。「言語」が「風土寒熱人種」によって異なる、固有なものであるという前提はそもそも疑わしい。そのように考えた論者もいた。英語公用語化を高唱していた（と見られていた）森有礼ではない。儒者の阪谷素である。「質疑一則」（第十号）で阪谷は次のように言う。

ああ実用の道、あに文字・言語の異同にあらんや。しかしてその異同により多少の精神、光陰を消費す、実に五大州中開化を妨ぐるもまた大なり。あに歎ずべきの甚にあらずや。しからばすなわち如何。曰く万国、文字・言語を一にせんのみ。それ天地の間、同に同の妙あり。人おのおの善悪を善悪とし、利害を利害とするごときの類これなり。異に異の妙あり。この器物かの器物と形質を異にし、もって万用に応じ、我父母妻子、彼父母妻子と顔面を別にし、混乱の害なきごときこれなり。ひとり文字・言語に至りては人々その辞を殊にし、その声音を別にすれば、これを同一にする、害なくしてただ利あるのみ。その便にして学問交際の益をなす実に宏大なり。今ただわが国内のみを同一にせんとすること、行れ難く、礙りもまた多し。よろしくその説を大にし万国混同の策を立つべし。（八丁ォ―ゥ、上巻、三四九―三五〇頁）

各国の「文字言語」に「異同」があるのは「開化」の妨げである。無論、後に「尊異説」（第十八号）を唱えることになる阪谷にあって、一般論として「異に異の妙」があることは当然である。だが、こと「文字」「言語」について言えば、「異の功用」（「尊異説」）は存在しない。阪谷はそう考える。むしろ「混同」こそ「害なくしてただ利あるのみ」である。「万国文字言語を一にせん」。「文字」のみではない。「言語」をも「混同」すること、「一」になることが本来的に望ましいのである。

突飛な提案のように見える。たしかに過激な提案ではある。だが、阪谷はこうした「万国文字言語」の「一」を実現するための方法をも議論する。『明六雑誌』の「文字」論の一つの特徴は、単に文字改革の方向性を提案するのみならず、その実施方法についても意識的であるということにあった。西は、自らの「洋字」採用論について、「同好」が「相投」じ、「社を結」び、そうした「社圏〈シルクル〉」を拡大していくことによって、自らの提案を現実のものにしようと考えた。「改正」のための「社中」を組織するというこうした方法論自体が、従来の「文字」改革論が軒並み政府に対する建白書の形式を取っていたことに対するアンチテーゼであったろうこと無論である。この点に関する阪谷の提案は、だが、西のものとは異なっている。彼が選択するのは例の「公議」である。どのような「文字言語」が「万国」共通に用いられるべきなのか。それを決定する方法は、「公理」に従い、各国の「合議」によるべきである。阪谷はそのように考える。

その策を立つ、いかん。曰く、万国普通の公理により各国合議、論定するのみ。しかれどもそのことの大にして難きや、欧米文明の国もいまだこの案に及ばず。今、明六社首唱の旗鼓を建て、毎会その規則、次序を討論して、各国文字・言語の長を取り、短を捨て、混一に帰するの基本を開き、各国に咨詢し、勉強耐忍、百折不撓、天地間、同文同語の大益を成す、あに万古の大愉快にあらずや。(八丁ゥ、上巻、三五〇—三五一頁)

西が明六社を、「洋字」使用のための「社中」に、あるいは、そうした「社中」のモデルにしようと試みたのだとすれば、阪谷は、明六社をやはり「万国言語混同」に関する世界大の「合議」、そのための「首唱の旗鼓」の役目を担わせようとしたのである。このようにして定まった「文字言語」を「公用字語」として各国が採用し、従来の「文字言語」を「私用字語」とすればよい。しかし、「合議」が仮に実際に行われたとすればその結果は、「公用字語」として採用されなかった特定の言語共同体に莫大な不利益がもたらされるということではないか。また、「私用字語」とされた「文字言語」は必然的に衰退するのではないか。結局、有り体に言えば「公用字語」はやはり英語か仏語ということになるのではないか。そのような反問も、当然、あり得よう。だが、それでも構わないと阪谷は断固として考える。それは「天下の公議」だからである。

そのはじめ、公用私用の別を立て、各国旧習の字語を私用とし、新定の字語を公用とし、著書および交際の簡牘《かんとく》かならず公用字語を用い、漸々公用字語を盛にして私用字語衰うるようにせば何如。かくのごとくにして公用字語は魯漢とか、英仏とか一に帰する。帰するところの国、ひとり公私同用の益を受くるも、天下の公議なり。またおのおの交際学問の大益たれば、これ論ぜずして可ならん。(九丁ォ、上巻、三五一—三五二頁)

阪谷の「公用」「私用」という言葉遣いはおそらく、例えば前島のそれとは微妙に異なる。阪谷のここでの「公用」とは、前島が「官用」と置換的に用いるそれではない。また、それは、現代の多言語国家におけるいわゆる「公用語」(an official language) のことでもあるまい。また、阪谷の言う「私用」とは、英語 private とは異なって、そこには原理的に価値が内在してはいない。日本語の「わたくし」とは異なって、「おほやけ」とは領域的に、あるいは階層的に異なる次元や場面を指すのでもない。やがて普遍的に正しい「公」へと昇華されるべきなにものかなのであろう。「漸々公用字語を盛にして私用字語衰うるようにせば何如」とは、そうした感覚に裏打ちされていなければ出てこない主張であろう。人類が一つの「公用字語」によって、「交際」し「学問」する世界。それが阪谷にとって本来そうあるべき「開化」の実現を意味するのである。その意味で、阪谷にとって、「文字言語」は「公」なるべきものであった。このような態度が、「国語」と「国民」と「国体」とを同視する上述の上田万年が、「言語の混同あるべき理なし」「言語の混同が国家の命運上賀すべき事にあらざる」と強調したのとはまさに正反対なものであったことは無論である。(50)

また、それは過激な理想主義を唱えておいて、議論の落としどころとしては現状維持を狙うという姑息な論争上の戦術でもおそらくなかった（提案があまりに過激なので一瞬それを疑うが）。阪谷はおそらく本気であった。そして、阪谷のこうした本気を支えていたのは「天」という考え方である。

> 文字・言語に至りては、各国貧富強弱に関せずして、ただ同一なるの利あるのみ。しかして造化の及ばざるところを輔相し天地間開化を速にす、いまだその度に至らずして、大言無当、迂闊無比もその理は確然たり。（九丁ォ、上巻、三五一頁）

「万国言語」の「混同」は、阪谷によれば、「造化の及ばざるところを輔相し天地間開化を速にす」ることであった。

「造化」の及ばない所を「輔相」する。この言い回しは「裁成輔相」という儒学または朱子学に特有の考え方に由来する（「裁成輔相」の語は「女飾の疑」〔第二十一号〕にも見える）。それは、直接には『易経』泰卦象伝の「后以財成天地之道、輔相天地之宜、以左右民」にもとづいて展開された考え方である。「天」から付与された「人之性」を完全に発揮することができれば、人は「天」の大いなる運行に参加し、それを助けることができる。「天」が本来そうであるべきはずの目的を実現する過程に、人が参加することが可能なのである。(51)

「天」と「人」との関係をめぐる長い議論の一つの解答として提出されたこの「裁成輔相」の考え方を、阪谷もまた取る。「天」が期待する、人類が本来そうであるべきはずの状態としての「開化」への移行を、人類自身が「速」めることが可能である。「裁成輔相」としての「開化」「文明」。それは阪谷に特徴的な感覚である。「公議」による「万国文字言語」の「理」に沿った「混同」も、そのような「裁成輔相」の実現である。阪谷はそのように考え、その結果、「言語文字」の「混同」を断固として肯定したのである。

「文字」のみならず、「言語」をも含むという点で、また、あるべき「言語文字」を「漢土」や「欧州」という特定の地域と、原理的には、結びつけないという点で、阪谷の「開化」は、西のそれとは異なる。しかし、一方で、「文字」のみか、あるいは「言語」をも含むか、その範囲はともかくも、人間生活を規律するための普遍的に妥当する「典型《オキテ》」が存在すると考える点では両者は一致する。その具体的な内容は様々に異なっていても、その中心には普遍的に妥当する「典型」として観念される「文明」や「開化」があった。

もちろん、阪谷の提案は、仮に現実化すれば、それは容易に英語や仏語の導入に繋がったであろう。そうだとしてもそれは、やはり「文明」化ではあっても「西洋」化ではなかったのである。このような感覚を、例えば一世代あとの田口卯吉は次のように表現するであろう。

且つ夫れ吾人が今日物理学、心理学、経済学、其他万般の学科を学ぶものは、決してその泰西発明の学たるが為に学ぶにあらずして、宇内の真理なるが為に学ぶにあらずや。吾人が立憲政体を我邦に設立せんと希望する所以のものは、其泰西流行の政体なるが為に之を設立せんと欲するにあらずして、この政体は人民固有の天性に適合するものなるが為に之を設立せんと欲するものにあらずや。(…) 吾人の目的は我国を西洋風にするにあらず、吾人の幸福を進歩するなり。(52)

西や阪谷にとっての「文明」もまた、現実の「西洋」や「支那」に拘泥されることのない「宇内の真理」「天地の道」としてのそれであった。しかし、他方で、「宇内の真理」「天地の道」としての「文明」が、儒学的古典に典拠を持つ「文明」という言葉で書き表されたことは、事実である。彼らにとっての「文明」の姿は、儒学的古典の語彙によって観念され、また、儒学的古典の語彙相互の連関を規定するいわば文法規則に影響を受けた。

統治と文明

藤田東湖による先の引用文中「制度典章煥乎可観」といった表現は、西の論文中にも「巍然」「煥然」「文物典章」などとしてやはり見える。これらの語は、当時の読者には直ちに、「尭」による古代の理想的統治を称えた『論語』の次の条とそれに関する朱子の注釈を想起させたであろう。

巍巍乎、其有成功也、煥乎、其有文章（『論語』・泰伯篇）

朱子の注によれば「成功」とは「事業」、「煥」とは「光明之貌」、「文章」とは「礼楽法度」をそれぞれ意味する。

「天道」に則った君主の理想的統治によって天下は安らかに治まり、その表れとして事業が雄大な姿を見せ、礼楽法度が光り輝いている。それが同条の趣旨であるとされる。「文明」の条件として、「煥然」たる「文物典章」を直ちに思い浮かべる連想の回路は、このように西のテクストに埋め込まれている。(53)

もちろん、この論説でさしあたり西が提唱しているのは、「礼楽法度」の改革ではない。だが、伝統的な用法において「文」の含意するものは、単に「文字」に止まらない。そして単純に「文章」「文体」のみ論じているように見える西の議論も、「文」の伝統的な意味の広がりに沿って、より広い射程を有している。

今しばらく社の題号たる学・術・文章の三義につきてこれを論ずるに、いわゆる学なり術なりは、文章有て始めて立つべし。いやしくも文章なし、何をか学とし何をか術とせん。文は貫道の器なりと、古人もまたこれを言えり。(「洋字を以て国語を書するの論」、二丁ゥ、上巻、三一頁)

「文は貫道の器なり」とは李漢の引用である。(54)「文章」が「学」や「術」の基礎であるとする西の主張が説得力を持つのも、「文」なるものが、その伝統的な用法において、「文字」を含みながら、「文字」によって構成される認識の制度、またそのような認識に規定される行動の制度すべての広がりをも、時に、含み得るからである。(55)「文字」が「文明」の本質にある。成島がその喪失を嘆じた「典型《オキテ》」としての「文」は、西にとっては新たに導入されるべきものだったのである。

「文明」の語に、いわば積載された意味の負荷は、例えば、「文明」や「開化」の担い手は誰なのかという問題への彼らの回答にも現れる。「裁成輔相」論において、「人」とは、通常の場合、統治者を指す。「天」の目的の実現に参与するのは、「人之性」を十全に発揮している(ことになっている)統治者の役割である。阪谷もまた「開化」の担い手は、第一義的には、「政府」であると考える。箕作麟祥の翻訳論文「開化の進むは政府に因らず人民の衆論に因るの説」（第七号）に対し、阪谷は次のように述べる。

麟祥先生、バツクル氏開化説訳文すでに雑志にあり、また、真事誌（『日新真事誌』）に載す。大賢達観、確乎不易の公論にして感誦にたえず。しかれどもこの説、世の功に矜り自得する者および古人いわゆる苗を助け長ずる者（「予助苗長」『孟子』・公孫丑上篇）の謬妄を戒むるために、治乱に関せず、形勢自然の蹟により教を垂れしものに似たり。この末に政府たるもの、この自然の理を知り、苦心勉強、功に矜らず、助け長ぜずして治安を開き、開化を勧むべきの意を附論せざる時は、政府あるいは勉強（努力の意）、政を正（「政者正也」『論語』・顔淵篇）を無益なりとして禅学に陥り、猖狂自恣たるの弊あらん。（「質疑一則」（第十一号）、七丁ゥ、上巻、三七四―三七五頁）

「政府たる者」は、「自然の理」を知り、「苦心勉強」して「治安」を保ち、「開化」を進めるように努めねばならない。「開化」が「政府」の手によってではなく、「人民の衆論」によって進むことを説いたH・T・バックルに対し、阪谷はあくまでも「政府」の役割を強調する。ここで注目するべきはバックルの〈近代性〉と阪谷の〈封建性〉などでは、無論、ない。ここには阪谷にとっての「開化」と「政府」との関係のイメージが現れているのである。阪谷にとって、「開化」とは、他の儒者たちと同様、統治と無縁ではあり得ない。福澤と異なり、阪谷にとって「開化」の極限に無政府状態が訪れることはないであろう。そして「開化」や「文明」とは政治的権威による道徳的支配を、おそらく必然的に、含意する。このような「文明」や「開化」と「統治」の関係に関する特定の考え方と、それに伴う「政府」に対する高い期待は、同時に、「政府」に対する厳しい要求としても現れる。「政府」がバックルの説を援用して（「政府施々然《しじぜん》（自ら得意になって）として曰く」）、「開化の進むは政府によらず人民の衆論による、大賢バックル氏の説かくのごとし」などと主張するのは「政府」自身の責任放棄に他ならないのである。「文明」の「輔相」者としての役割を「政府」に要求したのは阪谷だけではない。

例えば杉亨二も、「国の盛衰は気運のしからしむるところあるに似たりといえども、その実おおむね平時人民を涵養するもの、その道を得ると得ざるとに由るなり」と言う。「平時人民を涵養するもの」とは、阪谷もそう解したように、「政府」のことである。これは「南北米利堅連邦論」（第七号）中の言葉であり、直接当時の明治政府について述べたものではない。だが、「峨国彼得王の遺訓」（第三号）、「仏人シュルリー氏国の衰微に赴く徴候を挙る条目」（第四号）、「北亜米利加合衆国の自立」（第五号）といった論説を盛んに発表していた杉の狙いは明らかに、「政府」がどのように振る舞うべきかという一般的な準則を、各国の歴史上の経験の中に求めようとするものであった。「真」の「為政者」に期待される行為の準則が様々に羅列される「真為政者の説」（第十号）は、そのような方向の集大成である。箕作がバックルを翻訳することで、「開化」と「人民の衆論」との関係を新たに定義づけようと試みたのだとすれば、杉は「政府」の役割を定義し直すことでこれに対抗したのだと言える。箕作と杉との間には論争的文脈が存在し、阪谷は明確に杉の側に与したのである。

こうした「文明」と「統治」をめぐる論争的文脈はまた、「政府」に対する、「自己世道〈ソシユル〉」の責任を強調し、自らが提唱する新たな「文字」の普及を「社圏〈シルクル〉」によって行うとしていた西周と、「明六社」が「首唱の旗鼓」（「質疑一則」（第十一号））となっての、「万国文字言語」の「混同」を主張した阪谷との間にもおそらくはあった。西が、「ソシユル」（social）と解した「世道」を、阪谷は、あくまで政府による配慮の対象と捉えていた（「官府深意、世道を維持するためならん」「女飾の疑」（第二十一号））。西の主張・提案には、その意味で確かに、政府と鋭く区別された自発的結社の原像を読み取ることができよう[56]。だが他方、阪谷にとって、「文字言語」の「混同」を先導する「明六社」は、統治とは区別されたそうした自発的結社によって構成される〈市民社会〉の活動に従事しているというよりは、むしろ、彼が考える広い意味での統治の任務（「裁成輔相」）に携わっていたのである。そして西にあっても、「文字」の制定それ自体は、明らかに「政府」の役割であると考えられていた。その時念頭に置かれていたのは、「非天子、不議礼、不制度、不考文」（『中庸』、第二十八章）という一節である。

第二の難事は、政事上の難事なり。天子にあらざれば文を考えず。今、吾輩ひたすらにこれを好みすとも、政事上の許可なく、文部省より一度呵禁を喫すればことごとく徒為に属すべし。しかれども方今維新の機に際し、公卿大臣、みな化を尚ぶの人なれば、いやしくもこれを説くに理をもってし、これを請うに道をもってし、その国家に利ありて害なきを察せば、また允可を受るに至るべし。（「洋字を以て国語を書するの論」、七丁ォ―八丁ォ、上巻、四五―四六頁）

「明六社」は、「公卿大臣」に「理」と「道」を説く集団なのである。その意味ではやはり、この「社圏〈シルクル〉」もまた統治の任務と責任を一部負っているということになろう。統治機構に対する高い期待と、また、自らを統治機構とは論理的にも、歴史的にも異なる〈市民社会〉の一員としてではなく、むしろ、統治の任務に、直接的であれ、間接的であれ、携わるものと見なすこうした強い自覚は、多かれ少なかれ、『明六雑誌』上で共有されていたものではないか。そうした自覚が、例えば阪谷にあっては、「民選議院開設」断行論として現れることにもなる。〈近代的〉な〈市民社会〉の擁護者ではなく、むしろ「政府」による「開化」の主導を求める人物が、断乎として議会の開設を求めた。このことは逆説ではない。また、それ自体が彼の立憲制理解が〈封建的限界〉を有していたことを示しているというのでもない。それは「文明」や「開化」と統治との関係、また議会とそれらとの関係について、通常考えられているよりも多様な理解があり得た、ということなのである。

第三節　品行と文明

civilization

「文明」とは「品行」の向上でもあった。「文明開化」をcivilizationの訳語とした西村茂樹は、その意味について次のように言う。

なお委くその義を言えば、一は交際の品位段々に進みてその全体ことごとく安昌幸福を受ること、二は人民各個の品位段々に進みて同く安昌幸福を受ることこれなり。人民各個の身と交際の全体と並んでその品位を進めざれば、シヴィリゼーションと名くること能わず。（「西語十二解」〔第三十六号〕、七丁ォ、下巻、二一六—二一七頁）

「文明開化」とは、各人（「人民各個の身」）と社会全体（「交際の全体」）とについて、その「品位」「礼儀」が向上することに他ならない。このような理解は西村の独創ではない。例えば、J・S・ミルもcivilizationを各人と社会全体とについてのcharacteristicsの向上と捉えていた。(57) ここでの西村の「文明開化」の理解は、同時代の西洋におけるcivilizationの理解を素直に反映しているのである。だが、ここでもやはり、個人と社会についての「品位」の向上こそがcivilizationなのだとする西洋の理解が、西村の「文明」理解に影響を与え、新たなものを付け加えたということではないであろう。むしろ、西村が元々懐いていた「文明」理解と西洋の学者のcivilization理解とがすんなりと一致したのである。このことは「修身」と「治国」との関係についての彼の論説からもうかがえる。「修身」と「治国」の語はいずれも『大学』の「修身斉家治国平天下」に由来する。そしてこの語は、人々、そしてとりわけ家長や君主が、この宇宙に本来内在する人倫の秩序に正しく則ることにより、「身」「家」「国」「天下」という同心円的な秩序もまた正しいものに保たれるという儒学ないし朱子学の根本的な理想を表現している。「修身治国非二途論」（第三十一号）において西村が力説したのは、『大学』のこの「修身斉家治国平天下の順序」に端的に示される「天下の本は家にあり、家の本は身にありと云い、その他修身を以て治国の本とな」すという教えが「西国諸賢の説」とも一致していることであった。「人民各個の身」と「交際の全体」、「身」と「国」とは同心円の内側と外側の関係にある。それらは無論、次元を異にする。だが実際のところ、例えば「人民各個の身」における「品行」の向上と、「交際の全体」における「品行」の向上とが食い違う可能性は想定されない。「人民各個の身」の「品行」の向上が、すなわち「交際の全体」の「品行」の向上でもあるような世界。それが「文明」なのである。西村にとって、悪しき個人と良き秩序とは両立しない。良き個人と悪しき秩序もまた同様に両立し得ない。行為の外面を規制する法と、行為者の内面を規律する道徳という二分法は、そもそもなり立たないのである。

個人と社会との関係について、『大学』と「西洋諸賢の説」とが一致することは、中村正直にとっても明らかだった。『西国立志篇』第一篇の三「国政は人民の光の返照なり」は次のように説く。

> 元来、邦国は、人民によりて成り立ちたるものなれば、人民の性行の集まれるもの、結果成就して、律法となり、政事となることなり。さるからに、人民と政事とは、その善悪の位価は同等にして優劣なきことなり。たとえば水のごとし、その昇降ともに、おのおのその自己の水平に至ることを求むるなり。品格尊き人民は、品格善き政事をもって統治せざることを得ず、蚩愚にして懐悪なる人民は、おのずから愚なる政事をもって管理せらるることとなり。あまねく古今を察し、成跡を案ずるに、邦国の優劣強弱は、その人民の品行に関係すること多くして、その国政に関係すること少なし。いかにとなれば、邦国は、特に人民各自一箇のものの合併せる総名なれば、いわゆる、開化文明というものは他なし、その国の人民男女老少、各自に品行を正しくし、職業を勉め芸事を修め

善くするもの、合集して開化文明となることなり。(58)

ここに見える「人民」について中村は、「士農工商をすべて人民という。農のみにあらず」と注する。「品行」を正しくするすべての人々が「開化文明」を構成するのである。「修身」と「治国」とを連続的に捉える『大学』の視点は、「人民の品行」と「邦国」全体の「開化文明」とを連続的に捉える西洋の書物によって、ますますその正しさが証明されたであろう。(59)

そして、以上のような「文明開化」の理解は、容易に、現実の為政者や人民の姿に対する批判にも転化し得る。

方今、在上の諸賢、野蛮を厭いて文明を好むの心甚だ鋭し。ここに於て詿誤違式の如き繁細の律を定め、露脚立尿の如きもみな尽く罰あり。謂えらく、その行、醜陋にして野蛮に近しと。殊に知らず、官員貴族の醜行、更に露脚立尿より甚しき者あることを。その大を棄てその小を罪す、われその本末軽重の序を失するを怪しむなり。

(「修身治国非二途論」〈第三十一号〉、六丁ォ、下巻、八六―八七頁)

ここで「詿誤違式の如き繁細の律」とは、明治五年(一八七二年)東京を皮切りに施行され始めた違式詿違条例を指している。(60)西村は、「露脚立尿」を禁じるこれらの煩瑣な規則が、「在上の諸賢」の「文明を好むの心」より出たことを認めつつも、「本末軽重の序」を失したものとして厳しく非難している。庶民の「露脚立尿」よりも、「官員貴族の醜行」の方が重大なのである。「文明」の基準は「国富」にも「兵強」にもない。それは「官員貴族の内行」にこそあった。「官員貴族の内行、終に修まらざるときはたとい国富み、兵強く、雄を海外に奮うと雖も、なお文明の国と称すること能わざるべし」(同上)というのである。だがなぜ、「官員貴族の内行」がそれほどまでに重要なのか。無論、最終的に重要なのは「民の風俗」である。だが、「在上の品行」は「民の風俗」に甚大な影響を与えるがゆえに、常に厳しく問われるべきなのである。[61]

野蛮国と云い、文明国と云うも、民の風俗上よりその品位を定めたる者なり。在上の品行に依て民の風俗変じ、民の風俗に依て国の品位定まる。しからば民の上たる者、いずくんぞその身を修めざるべけんや。（同上、五丁ゥ—六丁ォ、下巻、八六頁）

統治の任務に携わる者がその「身」を修めることで、自ずから周囲の人間はそれに感化され、そうしたものたちもまた道徳的存在へと変化していく。統治者の「修身」がもたらす道徳的波及効果への確信は西村にも根強い。「西国諸賢の説」として西村は次のような主張を紹介する。

人の身を脩め、家を斉え、国を治め、天下を平にするは、ともに道理世界の事にして動物世界（あるいは禽獣世界：西村注）の事にあらず。およそ道理分の力強くして常に動物分を圧伏する者を君子とし聖賢とす。動物分の力強くして常に道理分を圧伏する者を小人とし凡人とし、また名けて禽獣に近しとす。ゆえに能く身を修むる者は、また能く国を治むべきの理なり。何んとなれば修身治国はともに道理世界の事なればなり。物欲に制せられて身を修むること能わざる者はまた国を治むること能わざるの理なり。何んとなれば国を治むるは禽獣世界の事にあらざればなり。（同上、四丁ゥ—五丁ォ、下巻、八四頁）

「動物分とは儒者のいわゆる物欲と云う者」であり、「道理分はいわゆる天理と云う者」である。統治が道徳の実現であり、だからこそ道徳的に優れたものこそが統治の任にあたるべきである。[62]これは「儒者」と「西国諸賢」とがともに同意する真理である。「文明」は、西村にとっては、統治者が自ら則り、そして実現するべきこの「道理世界」の言い換えでもあった。だからこそ「文明」の理念は、道徳の実践を統治者に厳しく迫る役割を担っていたのである。だが、「文明」という視点から摘発され、非難される統治者の「醜行」自体もまた、革命によって起きた巨大な変化によって引き起こされたものではないか。彼らの「醜行」は、単に新たな征服者が勝利の美酒に酔って羽目を外しているというのではない。それは実現されるはずのこの「文明」に不可避的に伴うものではないのか。否、革命を導いた巨大な力は、「道理世界」の実現という意味での「文明」とはどこか異質な何かを含んでいるのではないか。そうした疑いをやはり西村も抱いていた。成島が「文明」と区別された「開化」という言葉で表そうとした事態に西村もまた直面していたのである。「陳言一則」（第三号）で西村はローマの歴史から次のような教訓を引き出す。

国力富盛を極むるの後、その民また智巧を競い、技術を磨き、以て開化の域に進む。しかるにこの時より民風大に淪胥《りんしょ》し、倹樸強毅の風変じて、淫蕩、驕侈《きょうし》、偸薄《とうはく》、譎黠《けっかつ》の俗となり、終に日耳曼《ゲルマン》諸族の民にその国を滅ぼさる。これに由てこれを観れば倹樸剛毅は国を興すの良薬にして、奢侈軽薄は国を亡すの酖毒たること明なり。（二丁ォ、上巻、一〇三頁）

「富盛」を極め、「智巧」や「技術」に優れた「開化の域」では、「倹樸強毅の風」は「淫蕩驕侈偸薄譎黠の俗」へと変じていく。それはまた歴史の一般法則でもあるというのである。当然、目前の状況にもそれは妥当する。

我国古来の民風また希臘、羅馬の民に下らず。近年以来、民の智識日に開け、工芸技術大いにその等を進むと雖も、旧来固有せし強毅質直の気は漸々に衰滅し、今日に至りその弊風頗る希臘、羅馬の末世に似たり。あに畏る

べきの甚だしきにあらずや。（二丁ォ、上巻、一〇三頁）

「文明」とは区別された「開化」。「民の智識」の「開け」や、「工芸技術」の進歩によって特徴づけられたこの「開化」は、同時に、「奢侈軽薄」を引き起こし、「強毅質直の気」を衰滅に導く。(63) この意味での「開化」は統治にとって危険でさえある。「工芸技術」は「太平を装飾するの具」であるかもしれないが、「国を維持するの具」ではないからである。

それ工芸技術は太平を装飾するの具にして国を維持するの具にあらず。能く国を維持すべきはただ民の心術と操行とにあるのみ。古人曰く、天理人欲消長を相為す、と。一分の奢侈を増せば一分の倹樸を減じ、一分の軽薄を増せば一分の誠信を減ず。目今の時、虎視眈々その欲逐々たる者、我国を環りて駢立す、国を憂うるの士、以て如何とするや。（二丁ォ、上巻、一〇三頁）

「国を維持すべきの具」は、「民の心術と操行」とにある。個々人と社会との「品位」の向上を意味する「文明」は、当然、「国を維持すべきの具」として統治の側にあろう。「天理人欲消長相為」。『論語』の雍也篇に関する朱子の注に依拠しつつ、西村はここで「天理」の「文明」と、「人欲」の「開化」とを峻別し、「人欲」の「開化」を統治にとっての危険要素と見なしているのである。

「自由」

この点、杉亨二の「想像鎖国説」（第三十四号）も興味深い。杉はスパルタのリュクルゴスを「賢名ある立法者」と称え、彼の「愛国の一心」から出た「工夫」について次のように述べる。

そこで土地を分て人々に与え、金銀が通用しては勝手自由が出来て柔弱に流れやすきものゆえ、質朴を主とし国人が不自由になる様に仕掛け、鉄銭を鋳立て金銀を無くする手段でござるから、金銀はいつとなく四方に散じ尽きたれば、スパルタの港には隣国の商売船も自然と入来らず、もとより商人は愛想つかして往来もせず、隣国ではスパルタの悪鉄と唱えて嘲り笑うに至る。（二丁ォ―ゥ、下巻、一五〇頁）

「金銀」の「通用」は人々の「勝手自由」を可能にし、人々を「柔弱」にする。リュクルゴスは、質の悪い「鉄銭」のみ流通を許可するという「仕掛け」によって、「質朴を主とし国人が不自由になる様」に仕向けたのである。この「不自由」なありさまについて杉は、「開化文明の風、地を払」とも表現する。杉はここで「開化」と「文明」とを同視しているが、「金銀」が「通用」し、人々が「勝手自由」に「柔弱」になる世界を「開化文明の風」と表現していることは明らかである。杉が続けて検討するのはアテネである。アテネの立法者ソロンはリュクルゴスとは全く異なった政策を施した。

その法の立て方は全くスパルタとは相違して天然の道に従いて家国を治むることなれば、もとより金貨を造り商売を盛にして、黒海辺から地中海辺まで八十余ケ所も植民地を開くことなれば諸物の流通も広大なり。今もその貨幣の名が書籍に見ゆ。右リキュルギウ（リュクルゴス）の処置は矯枉の策にて、ソロンの常理に従いしとは反体でござった。その後羅馬を歴て漸々後世に至るまで鉄銭のことは一向に見当らず。畢竟人智が開けて自然の道に赴きたることと知らる。（二丁ォ、下巻、一五一―一五二頁）

「金貨」を造り、「商売」を盛んにするソロンの政策を、「天然の道」「自然の道」に沿っていると杉は評価する。ソロンが「常理」に従っているとすれば、リュクルゴスの「鉄銭」は「矯枉の策」にすぎない。だが、ソロンの政策は人々を「勝手自由」に、「柔弱」にさせる危険性も持つ。杉はここで、「開国」のモデルをアテネに置き、「人智」の「開け」という歴史の趨勢を「自然の道」と認めつつ、「鎖国」のモデルとしてのスパルタを対置して、「開国」のはらむ問題を浮かび上がらせようとしたのである。杉は、「開国」後の社会が立ちゆかず、再び「鎖国」に追い込まれるという「未来」（「想像鎖国説」という題名はここに由来する）を描いたのである。「鎖国」後の社会に対する杉の評価は両義的であった。

されば我国は自然と鎖国の姿に成り、世間も漸々不自由に至り、今の世も子孫の世に代れば不自由なること愈々窮り、ここに至て仏国にて唱うるコムミニュスミス（communism）の説始めて我日本国に行わるるか、はたまた一層烈しくスパルタ流に移り、一種の一大強国を興すも知るべからず。世変の勢、預言すべからざれども今時の移り行く未来を想えばまずかくの如きものかと存じ、故を温て〔新を〕知る未来記ではござらず、想像鎖国説を申し述て見ます。（四丁ォ―ゥ、下巻、一五六―一五七頁）

コミュニズムか、あるいはスパルタか。「鎖国」に伴う「不自由」がもたらす結果を「想像」して見せつつ、ここでは実のところ、「開国」がもたらす「勝手自由」と引き換えに、「我日本国」が何を失うことになるのかが問われていたのである。

西村も杉も、「開化」と「文明」とを成島のように区別していたのではない。だが、「文明開化」ととりあえず名づけられた目前の状況が、根本的に矛盾し合う二つの契機を同時に抱え込んでいるのではないか。このような疑問を彼らは基本的に共有していたのである。

第四節　性と文明

「妾」

「開ける」こと、「開化」することによって増大するとされる「勝手自由」は、人々の性的放縦として現れた。例えば「妾」である。阪谷素は「妾説の疑」（第三十二号）で次のように述べる。

今世妾の弊太だ盛ん、小子漫然人情を後にして理屈ばかり申す者にあらざるも、これを談ずれば、その人怒気を発せざる笑て以て迂闊、不開化とす。甚き者はその妾と肩を接し、手を挈《ひっさ》げ同車連歩、白昼の間大道を逍遙し、施々然、誇て曰く、これ西洋風なりと。（四丁ォ、下巻、一〇九―一一〇頁）

阪谷にとって問題なのは、「妾」の存在そのものではない。人々（ここではもっぱら男性）が、それを恥じないことである。「妾の弊」を指摘されても、人々は怒るどころかむしろ、そのような指摘を「迂闊不開化」と笑いものにしようとさえする。とりわけ、統治者においてそのような態度が甚だしい。

近来、前日藩臣勤番放蕩の風、書生無頼の習、目付、門番の拘束を解き、大に自主自由を得て、堂々たる華族、官員にして娼妓を愛し、これを妾としこれを妻とし放逸の極、故郷辛苦の旧妻を棄るに至る。実に廉恥地を掃う。しかも公然と曰く、西洋開化の風、自主自由なる者かくのごときなりと。（六丁ゥ、下巻、一一六頁）

「徳川氏の時」にあたって、「天子将軍諸侯妾数の度なき」[64]は「固り野蛮」であった。しかし、彼らは自らの「野蛮」を自覚し、そのことを恥じていたと阪谷は考える（「妾を置ば人みな是とせず、陰にこれを罵りまたその人の本心に於てこれを是とする者なし、往々人に匿し忍び通をなすに至る、皆自ら愧ればなり」、六丁ゥ、下巻、一一五―一一六頁）。これに対し現在の為政者たちは、自らの不品行を「自主自由」「西洋開化の風」などと言い立て正当化さえするのである。彼ら「頑開化者」の主張する「開化」（「通人開化」とも言う）は、無論、阪谷に言わせれば、真の「開化」「文明」ではない[65]。それは「今日の野蛮習」（七丁ゥ）、つまり新たなる野蛮にすぎない。彼らは「野蛮」を「野蛮」として自覚せず、「開化」と言い立てる倒錯に陥っているのである。阪谷にとって「開化」とは、「夫婦」という関係に具体化する正しい性的秩序の実現を含む。そしてそのような正しい性的秩序の実現がまた、（「父子」の関係と並んで）正しい政治的秩序の基礎でもある。阪谷によれば、それは「和漢西洋の諸賢の論」がともに一致する真理である。

それ夫婦は人倫の大本、礼儀の大源にして、人民の品行を立、邦国の景象を発する基たる事は、和漢西洋の諸賢の論、符節を合する如し、しかしてこれを紊る、政教に因ると雖もまた風習に於て妾の害をなす大なり。（三丁ゥ―四丁ォ、下巻、一〇九頁）

このように考えたのは、阪谷だけではなかった。だからこそ、『明六雑誌』には、「夫婦」の関係、男女の関係、女性の役割などをめぐる論説が多数掲載されたのである。

「夫婦」

一群の論争の口火を切った森有礼も、「妻妾論の一」（第八号）冒頭で「夫婦の交は人倫の大本なり。その本立ちてしかして道行わる。道行われて、しかして国始めて堅立す」(二丁ゥ、上巻、二七六頁)と高らかに宣言する。「夫婦の交りは人倫の大本」とは、『孟子』・万章上篇の「男女居室、人之大倫」に、また『礼記』・内則篇の「礼始於謹夫婦」に由来する。「その本立ちてしかして道行わる」も、『論語』・学而篇の「君子務本、本立而道生」を受けている。欧化政策の推進者として強調されがちな森であるが(無論、そういう部分もあるのだが)、「夫婦」の秩序が、政治的秩序の基礎にあると考えている点では、断乎として儒者であった阪谷と同様の考え方をしていた。阪谷も「夫婦は人倫の大本」という。森も、この点についてはおそらく、「和漢諸賢の論」の一致を確信していたのである。

同様のことは、この時期、『明六雑誌』以外の場所で、以上のような諸問題について盛んに論じていた福澤諭吉についても、ある程度は、言える。福澤は、例えば、明治三年(一八七〇年)の「中津留別の書」で、「人倫の大本は夫婦なり。夫婦ありて後に、親子あり、兄弟姉妹あり。天の人を生ずるや、開闢の始、一男一女なるべし」と森や阪谷とほぼ同様の言い回しで「夫婦」秩序の重要性を主張した。(66)「人倫」の基礎は「夫婦」にあり、「天」は男女を同数うみなしている。そのことが、福澤によれば、一夫多妻という夫婦のありかたが自然に反していることの根拠であり、また、男女の間に「軽重の別」がないことの根拠である。

また男といい女といい、等しく天地間の一人にて軽重の別あるべき理なし。古今支那日本の風俗を見るに、一男子にて数多の婦人を妻妾にし、婦人を取り扱うこと下婢の如くまた罪人の如くして、かつてこれを恥る色なし。浅ましき事ならずや。(67)

福澤、森、そして阪谷に共通していたのは「夫婦」の秩序こそが、道徳の基礎であるとする確信であった。もっとも、福澤は「夫婦」の秩序が直ちに政治秩序の基礎であるとは考えなかった。その点で彼は他の論者とは異なっていた。また、福澤は「夫婦」としての「男女」が、原理的には完全に対等であると考えた。その点でも、彼は他の論者と異なっていた。

まず、後者について言えば、この点をめぐる論争に参加した『明六雑誌』寄稿者の大半は、「男女」が「同権」であるとする主張に対しては、（「権」が何を意味するかについては争いがあったものの）概ね否定的な見解を示した。加藤弘之の二回にわたる「夫婦同権の論流弊（一）（二）」（どちらも第三十一号）はその典型である。また、津田真道「夫婦同権弁」（第三十五号）も、「権」をもっぱら法律上の「権限」と理解した上で、「風俗慣習」上の「夫婦の交際」においては「同等」であり「匹敵の礼」が妥当するのみであるとした。福澤と並び「夫婦同権」論の首唱者と見なされていた森も、加藤の「夫婦同権の論流弊」を受け、続く第三十二号に次のような附言を残した。

夫婦同権の論、加藤君などの説にては、余輩の首唱に出ずとなせり。しかるに余さきに妻妾論を著し、夫妻の間は同等にして尊卑の差なきことを述べたれども、同権に至ては絶てこれを論ぜしことなし。すなわち世人、余の述ぶる所の同等を認て同権となさんことを恐れ、ここに附録していささかこれを弁ず。（八丁ォ―ゥ、下巻、一二〇頁）

森は、自分自身を「同権」論者ではなく、「同等」論者と定義したのである。福澤は以上のような彼らの議論の方向性を敏感に察知し、「男女同数論」（第三十一号）の中では次のように主張した。

今日の所にては同権などむつかしき話は止めにして、男一人女数人の交際は十露盤《そろばん》の勘定に合わぬゆえよろしからずとのみ云て、これを同権の初段となし、その余の議論は学問の上達するまで延引と定むべし。あるいはこの話も尚《なお》早しとの説あらば妾を養うことも芸者を買うことも黙して許さん。ただこれを内証にして人に隠すべし、人に隠すは恥るの初めなり。人に恥るは自から禁ずるの初なり。この同権の初段世に行われて数年の後に、今の水掛論も何れにか落着に及ぶべきなり。（九丁ォ、下巻、九五―九六頁）

福澤は、第一に、「同権」か「同等」かという「水掛論」を回避し、男女の「同数」という誰もが認めざるを得ない客観的事実から、一夫一婦制の正しさという規範を導出しようと試みた。この規範と事実とを意識的に混同する福澤の論争戦術は、少し無理があるとしても、効果的ではあったろう。(68) また、第二に、福澤は、阪谷と同様、事実として「妾」が存在することよりも、それを「恥」と感じない人々の考え方を問題にした。「恥」の感覚こそが、道徳の端緒である。阪谷と福澤はともにそのように考え、まずはその「恥」の感覚を人々に喚起しようと試みたのである。

だが、福澤は阪谷などと異なり、「夫婦」の秩序が、直ちに、政治的秩序の基礎にあるとは考えない。福澤にとって、「夫婦」を中心とする家族の関係と、「他人」同士によって構成される「交際」の世界とは、次元を異にする。「道徳」の支配が妥当するのは、前者であって、後者ではない。それは、例えば、「夫婦別あり」という言葉の解釈にも現れる。

論語に夫婦別ありと記せり。別ありとは分け隔ありということにはあるまじ。夫婦の間は情こそあるべきなり。他人らしく分け隔ありてはとても家は治り難し。されば別とは区別の義にて、この男女はこの夫婦、かの男女はかの夫婦と、二人ずつ区別正しく定るという義なるべし。(69)

「別」を「区別」と解する福澤は、しかし、この『論語』（実は『孟子』）の一節を「夫」と「婦」との間の「分け隔」

を勧めた教えとは解さない。「夫婦の間は情こそあるべき」である。福澤は、むしろ、この一節を、「他人同士の付合」として、「情」ではなく「規則」が支配する「交際」の世界の中に、それぞれの「夫婦」が一つの単位としてきちんと分節されているべきだとする教えとして解釈するのである。「別」があるのは、「夫」と「婦」との間にではなく、「夫婦」と「夫婦」との間に、なのである。

だが、これに対し津田真道は、福澤の解釈は間違いだと考える。清国滞在中に得られた同節の真の意味について、「夫婦有別論」(第二十二号)で津田は次のように言う。

余、往年使を奉じて清国京師に至り、始めて夫婦別ありの別字、他人の夫婦と別異あるの義にあらずして、夫婦内外の別あり、相褻瀆《せっとく》せざるの義たることを知れり。上海天津北京等のところ人口稠密《ちゅうみつ》、街衢を行くに肩摩《けんま》轂撃《こくげき》、倫敦《ロンドン》、巴黎《パリ》と雖、往来かくの如く雑遝《ざっとう》するを見ず。しかりしかして街路上一人の支那婦を見ず。ただしかのみならず舗頭また婦女子の坐するを見ず。けだし婦は室内に閉居してかつて外人に接せざるなり。これ夫婦男女の別を厳にする所以なり。(三丁ゥ、中巻、二四〇—二四一頁)

それは福澤の解するように、「他人の夫婦と別異あるの義」ではない。それは文字どおり、室内から街路に至るまで本来いるべき場所が空間的に「男」と「女」、「夫」と「婦」との間で別々に定められていることを意味するのであった。津田は、「夫婦別あり」という古典の教えが、清国(さらには土耳古や西域諸国全般に至る広い地域)で、実際まさに、人々によって生きられているということに新鮮な驚きを覚えているのである。それは日本にはない光景だった。また、このように、人々が生きる社会空間が構造的に区分されていることには、深い理由がある。津田はそう考える。

そもそも聖人のかくの如く夫婦内外の別を正し、分界を厳にする所以奈何《いかん》、曰く造物主生愛の徳、人獣草木に及ぶ、過るありて及ばざるなく、余ありて足らざることなし。禽獣草木生育蕃殖の盛なること論を竢ず、人の以て生々繁植する所以、男女相愛の情に原く。いやしくも直情径行に任せば禽獣と何ぞ択ばん。何んぞ夫婦の別あらん。およそ聖人の礼を制し法を創むる、大抵過余の性情を節する所以にあらざるはなし。かの西哲、人口の過多を憂え婚姻の法を厳格にする所以と、支那の聖人、夫婦内外の別を厳にする所以と、その旨趣大異なきのみ。(三丁ゥ—四丁ォ、中巻、二四〇—二四一頁)

それは「過余の性情を節する」ためである。(70) そしてそのような配慮は、「西哲」(例えばマルサス!)が「人口の過多」を憂えて、「婚姻の法」を厳格に守るよう人々に促すことと一致している。津田は、現在の清国において女性が「牢獄に幽囚するに異ならず」という状態にあるという事実に否定的に言及する。また、そのような状態は「支那人古を盲信するの弊なり」とも言う。確かに彼は、「夫婦有別」という古典の一節が、清国に現実にもたらした状態を批判した。だが、「聖人」がそこに込めた配慮について否定したわけではなかった。それどころか、例えば「廃娼論」(第四十二号)で彼が展開した主張は、「夫婦有別論」における「聖人」「西哲」の配慮の具体化という面がある。津田によれば、「妾」を廃止するべき理由は次のようなものである。

それ娼妓の世の風俗を頽荒し、人の徳義品行に大害をなすは固より論を竢ず。その民財を糜散し、民力を薄弱にするの弊害もまた勝《たえ》て言うべからざるなり。けだし国は人民に頼て立ち、人民に頼て成る。一人の貧は即全国の貧なり。一民の弱は即全国の弱なり。今それ無智の小民、娼妓のために惑溺し、家産を蕩尽して、以てその家を喪ぼし、因て以て黴毒を買い、身体衰弱、精神昏
槽《こんぼう》となる者、枚挙すべからず。嗚呼それ今の形勢かくの如し、

国、何を以て貧しからず、兵、何を以て弱からざるを得んや。今にして娼妓を廃せずんば二千五百有余年の久しき、いまだかつて外国の侮辱を受けざる堂々たる我大日本帝国も永くその独立の国体を維持せんこと、あに危殆ならずや。（八丁ォ—ゥ、下巻、三九四—三九五頁）

福澤は、先の「夫婦有別」の解釈について述べた一節（「別とは区別の義にて（…）二人ずつ区別正しく定るという義なるべし」）に続けて、「しかるに今多勢の妾を養い、本妻にも子あり、妾にも子あるときは、兄弟同士、父は一人にて母は異なり。夫婦には区別ありとは云われまじ」と述べた。[71] 福澤にとっても「夫婦有別」という古典の一節の意味が、「妾」の存在を否定する（ように人々を説得する）際の根拠であった。「妾」の存在を否定するという意味では、両者は、表面的には、同じことを主張している。だが、その根拠づけの仕方は異なっていた。福澤にとっては、「妾」の問題はあくまでも、「夫婦」という正しい秩序の問題であったのに対し、津田にとっては、それは強い国家のありかたと直接に結びつくのである。両者の相異は、既に述べたように、「夫婦」の秩序と政治的秩序との関係についての考えかたの違いに由来している。福澤が、両者を峻別して考えたとすれば、津田は両者を一体のものと見なしていたのである。

だが、津田のような考えかたが、福澤と比べて、過激さにおいて劣る主張を帰結するわけではない。「廃娼」という結論は同じでも、例えば、福澤の「夫婦有別」の解釈は夫婦間の和合を強調するという点で江戸期以来の伝統の上にあった。[72]「夫婦」の秩序が道徳の基礎であるとしても、福澤にとって、それは、「夫婦」の間の「情」が道徳の基礎にあることを意味したのである。これに対し、例えば森有礼にとって、必要なのは「情」ではなかった。それは「血統」である。

血統を正するは欧米諸州の通習にして倫理の因て以て立つ所なり。亜細亜諸邦に於ては必しもしからず。ことに我が国の如き血統を軽ずる、その最も甚き者なり。これを以て夫婦婚交の道行われず、従て倫理の何者たるを解せざるに至る。（「妻妾論の二」〔第十一号〕、四丁ゥ、上巻、三六六頁）

しかし、従来の江戸社会は、この「血統」を重んずることがなかった。それは「家系」を「一種の株」と見なす「養子制度」「婿養子制度」の存在を、「国法」において許してきたからである。

従来我邦の習俗、家系を一種の株と看做《みな》し、もし子孫のこれを継ぐべきものなきは、他族の者と雖も迎えてこれを嗣がしむるあり。これを名けて養子制度と云う。またもし女子あればこれに男子を迎えて配偶せしめ、その家系を継がしむるあり。これを婿養子制度と云う。婿養子と舅姑との姻縁を国法にて親子と認む。ゆえに婿養子の舅姑に対する、なお実親に於るが如くし、舅姑のこれに接するもまた実子に対するに異なるべからざるの者とす。これに因りてこれを云えば則ちその配偶は兄妹の縁に当る。それ兄妹に婚交するを許すの国法は、いまだ倫理を重じて立る所の者と云うべからず。（四丁ゥ―五丁ォ、上巻、三六六―三六七頁）

実際、養子、婿養子は、江戸社会においては普通に行われていた。それは、明治社会にも引き継がれた。[73]「夫婦」の「別」ではなく「情」「和合」を強調する社会と、「家系」を「一種の株」と見なす社会とは同じ構造の二つの側面であった（例えば江戸時代の儒者たちは、このような社会の状態を「礼楽」「制度」なき社会としてしきりに非難していた）。[74]津田も、森も、それぞれ別の側面から、江戸社会から続く社会の構造に対し、根底的な批判を試みたのである。[75]「妾」の問題は、津田や森が、批判の対象とした社会構造の象徴だった。森は、やはり「血統」を根拠に「妾」制度をも攻撃する。

またここに血統を重ぜざるより、倫理明かならざる一例を示さん。設えば今、妻に生子なく、かえって妾腹に生ずる時は妾腹の子をしてその家系を嗣がしむるを常例とす。しかりと雖も妻は依然としてその本位を占め、妾もまた安じて妾位に居る。しかりしかして嗣子は無縁なる父の妻を認めてその母と仰ぎ、かえって実母に対するあたかも乳母に於けるが如くす。その認むる所の母は養母に似たるも、その実甚だこれと異なり。これを以て内に居りては親子愛敬の精神に通ぜず、外に対しては世交快楽の真味を知らず、人間の幸福また何者たるを解せざるに至る。彼の異族の子を迎えて養子となすは、あるいは恥と思わざるも、その夫の妾に由て得たる所の者を無理にその子と認むるに至ては、実に無情非義の甚き者と云うべし。（五丁ォ、上巻、三六七─三六八頁）

森も、実は、「情」を問題にする。しかし、それは福澤とは異なり「夫婦」間における「情け」ではない。それは「親子愛敬の精神」である。「血統」の正しさが、正しい親子関係、特に母子関係を保証する。森が、道徳の基礎として特に「血統」を重んじたのはこのためである。(76)

「女子の職分」

こうしたことを「女子の職分」という視点から見返してみるとどうなるのか。女性の「職分」は、妻として夫の命令に唯々諾々と従うことにあるのではない。また「男子の遊具」となることにあるのでもない。「女子の職分」について森は次のように言う。

女子、人の妻となり家を治るや、その責既に軽からず。しかしてまたその人の母となり子を教るや、その任実に難かつ重と云べし。それ人の母たる者は先ず身体を健強に保たざるべからず。身体健強ならざれば則ち単《ひとえ》にこれに頼る所の幼穉能く保育するを得べからず。またその性公平その質純清ならざるべからず。もし性公平ならざれば則ち其子を管理するに心服敬従せしむること能わず（…）女子は素と情に富み愛淵深き者なり。しかるに少年学ばず、既に母と成り子を育するにあたりてその愛力を利用するの法を知らず、しばしば子をその淵に溺らす者あり。ゆえに女子はまず学術物理の大体を得、その智界を大にして能くその愛財の用法を通知せざるべからず。しかればすなわちその深淵の愛、いよいよ加り之に従う所の徳沢いよいよ大なるを得べし、噫女子の職分それかくの如く難く、しかしてその責任もまた、それかくの如く重し。（「妻妾論の四」〔第二十号〕、二丁ゥ―三丁ォ、中巻、一八九―一九〇頁）

かくして「女子」の教育が、政治秩序との関係で重要な課題となる。否認されるべき秩序の象徴としての「妾」論は、そのまま、新たに作り上げられるべき秩序の象徴としての「母」論に接続するのである。女性の教育について述べた『明六雑誌』同人は森だけではなかった。そして、それらは、ほぼ例外なく森同様、子を「教育」する「母」としての女性に着目したものであった。例えば、箕作秋坪の「教育談」（第八号）がある。

それ欧米諸国のごとき、人民を教育する諸般の学校を設け、諸般の方法を立る、固より周密備わらざるなし。しかして近来文化ますます進むに従い自家に於て子女を教育する、遙に学校に勝れりとの説ますます盛なり。（四丁ォ、上巻、二八〇―二八一頁）

かつて、あの『大学』に見える「学校」が現にその社会に存在することこそが、知識人たちが西欧諸国を「文明」として受容する契機の一つであった。明治政府がまず着手した大事業の一つに「学校」の創設があったことは、その務とされた。

学校」（同上）とするべきである。「父母の任」とされた「自家を以て最良の学校」とする使命は、実際上は、女性の任「その子女を教育する天道人理に於て固り父母の任たる明」（同上）らかである。「小児を教育する、自家を以て最良の意味で、偶然ではなかった。(77) 箕作は、しかし、ここで「自家に於て子女を教育する」ことを「文化」として推奨する。

かつさらに深く望む所は、今より盛に女学を起し、力を尽して女子を教育し、その母たるに及んでその児を教育するの緊要たるを知らしむるにあるのみ。拿破崙《なぽれおん》第一世ある時有名の女先生カムペン（J. L. H. Campan）に謂いて曰、旧来の教育法はほとんどその貴重すべき者なきに似たり。しかして人民を善く訓導するために欠く所の者何ぞや。カムペン答て曰、母なり。帝大に驚て曰、嗚呼実にしかり。この一語以て教育の法則となすに足れり、と。旨あるかな、言や。（五丁ゥ、上巻、二八三―二八四頁）

箕作が引用するエピソードに現れる、フランス革命後の「共和国の母」の理想像は、「学校」を理想の統治＝教育機構として観念してきた知識人たちにとっては確かに新鮮なものであったろう。(78) それは、知識人たちに、よき政治秩序の実現のために女性が果たす役割（「教育」）の大きさを改めて気づかせたのである。(79) 中村正直も「善良なる母を造る説」（第三十三号）で次のように言う。

けだしその子の精神心術の善悪は、大抵その母に似るものなり。その子後来の嗜好癖習に至るまで、その母に似るもの多し。しかるときは人民をして善き情態風俗に変じ開明の域に進ましめんには、善き母を得ざるべからず。（一丁ゥ、下巻、一二四―一二五頁）

かくして中村が唱える「人民の性質」の「改造」は、女子教育を端緒とするべきである。「好性情の母を得て絶好の児子を造らんことは、吾が前にいえる現今人民の性質を改造するより容易き業なるべし」（三丁ォ、第三十号の「人民の性質を改造する説」を受ける）であれば、「善き母を造らんには女子を教るに如かず」（二丁ォ）というのも当然である。善き「人民」を造るために善き「母」が、そのためには善き「女子」を造ることが必要である。このように考える中村は、また、女子教育の中身にも言及する。

同権か不同権かそれはさておき、男女の教養は同等なるべし。二種あるべからず。いやしくも人類総体をして極高極浄の地位を保たしめんと欲せば、よろしく男子婦人ともにみな一様なる修養を受しめ、それをして同等に進歩をなさしむべし。（二丁ォ、下巻、一二六頁）

中村は、男女「同権」論の是非をやはり回避しつつ、「教養」「修養」において男女は「同等」に「進歩」するべきであるとした(80)。そしてその内容は「モーラルエンドレリヂヲスエヂュケーション（修身及び敬神の教）」（二丁ォ）とされる。このような教育が、従来盛んだった「物質の上、伎芸の上」に「着意」する女子教育と対照されたのである。中村は江戸時代以来、女子教育が盛んに行われてきたという事情を当然ふまえている。ただ、それらは男性を楽しませるもの、あるいは、自活して生計を立てていくための「物質上」の「技芸」の習得にすぎなかった。中村はそう考え、このような女子教育を否定したのである。家庭において善き「人民」を育てる準備としての「教育」こそが、彼にとっては重要であった。

「女徳」

阪谷素も「世の風俗」に大きな影響を与える存在として女性を捉える。だか、彼は、「妾」について論じても、「夫婦」の間の「情」に着目したのではなかった。また「血統」を重視したのでもなかった。さらには女性について家庭における教育者としての役割を求めたのでもなかった。彼が注目したのは、例えば、女性の装身具である。さらに言えば、その背後にある「欲」である。阪谷は、「女飾の疑」（第二十一号）において、流行の装身具を求める女性のありかたに言及する。彼は、装身具について、「みな淫粧冶容《やよう》、風俗を乱るの具のみ」（七丁ゥ、中巻、二二六頁）という。流行の装身具を求めてやまない女性たちの姿と、「妾」と手を取り合い堂々と外出して憚らない為政者たちの姿とは、阪谷にとって、どちらも例の「通人開化」という一つの現象の表れである。それは実のところ「野蛮」にすぎない。

それ質にして文なき、これを野蛮と称す。文にして質なき、これを浮靡と謂う。浮靡なれば道理に合わず、即ちまた野蛮なり。文質彬々（『論語』・雍也篇）そのよろしきを得るこれを開化と謂う。その人に於て男女とも一なり。造化、男に鬚髯を施し、女にこれを削り、おのおのその飾をなす。女に女の飾りあり、以てその身を保護す。ゆえに男に男の飾あり、以てその身を修整す。人また裁成輔相しその宜を取りて廉恥を保護す。男に飾り無るべからず。女また飾に過ぐべからず。女あに独り飾りを主となすの理あらんや。しかしてこれを主とすと称す、これ古今女弊の生じて、淫容冶体《やたい》、人の心を蕩し、家国を傾る所以なり。（六丁ゥ、中巻、二二三―二二四頁）

「女」だけが「飾」る存在なのではない。男にとっても適切な「飾」はあり得る。「その人に於て男女とも一なり」。阪谷は、中村や福澤同様、「男女」が、根本的には、同一な存在であることを強調する。阪谷の場合、それはどちらも「徳行」や「学芸」を「主」とするべき存在であるという意味において「一」なのである。続けて阪谷は言う。

しかるに古今東西その言を一にする者、億兆同欲の色情にして、パッションに生じ覚らざる者にあらざるを得んや。それ人の主とすべき者徳行なり、学芸なり。男然り、女然り。容貌の飾りもまた徳行中の一のみ。徳行に合せざるの飾りは男女ともに不可なり。男女の欲は天理の公なり。公を以て相配し相合す。女何ぞ独り飾りを主とするをなさんや。（六丁ゥ—七丁ォ、中巻、二二四—二二五頁）

「飾」が「色情」や「パッション（passion）」の表れであってはならない。それは、あくまでも、人が嗜むべき「徳行中の一」としてでなければならない。この点で男女の間に違いはない。「徳行に合せざる飾」は「男女ともに不可」なのである。だが、阪谷は人間の欲望それ自体を否定するのではない。人間の欲望は、天が人間に備えたものである。「男女の欲は天理の公」である。問題は、それが「公」から「私」へ堕落することにある。堕落した欲望が、「色欲」であり「パッション」なのである。

「徳行」としての「飾」と「色欲」としての「飾」、「夫婦」という一夫一婦制と「妾」という一夫多妾制、これらは平行関係にある。いずれも前者が「公」的な、それゆえ、適切な欲望の発露であるのに対し、後者は「私」的な、つまり、不適切な欲望の噴出である。「女は飾りを主とする」という言い方は、「男女」ともに妥当する人として当然に「主」とするべき「徳行」「学芸」に触れないという意味で謬っているだけでなく、「男女」の間に存在するべき適切な秩序を紊乱する恐れがあるという意味で危険なのである。

造化、男女を分つ、その飾りおのおのその分を修め、節度を過ぐべからず。人巧、度を失し、造化を乱て、人情の私を長じ、人道の公を滅して、禽獣の行に進む。女は飾りを主とするの語これを開くなり。（七丁ォ、中巻、二二五頁）

服飾という一見些細な「風俗」を、道徳の基礎と、道徳の実現として観念される「文明」や統治秩序の基礎とにかかわる重大な問題であると考えた彼ら知識人と、(81)明治政府の方針とは恐らくそう隔たってはいない。彼らは、以上のような意味での「文明」の実現を政府に期待していた。だからこそ、それが裏切られれば、期待は不満へと変わる。阪谷も、長らく「不振」を極めていた「女徳」「女気」の向上を政府に期待していた。明治四年（一八七一年）のいわゆる断髪令は、阪谷にとっては、その機会となるはずのものであった。

皇国女徳の不振久し。しかるに近年男頭飾一変の際、女頭もまた頗る変化、無用の冶飾《やしょく》を去り、斬て後に垂れ、大に古態に復せんとす。余以為《おもえら》く善くこれを導て一風をなす。女気これより張り徳もまた進むべし。節度を失うの冶容を廃し、色を売るのパッションを消し、徳行学術を重んじ、廉恥を盛んにせば（…）世の風習多く女に生ず。（七丁ゥ―八丁ォ、中巻、二二六―二二七頁）

ところが、明治五年（一八七二年）には東京府で女子の断髪が禁止される。この処置を阪谷は激しく非難する。この処置の背後に、阪谷は為政者の「私欲」を嗅ぎつけるのである。

余ここにおいて造化転換の好機を感ず。既にして令下り、禁厳怪んで人に問えば、曰く女は飾りを主とすと。あるいは曰く、好色官員、冶容の妾乏きに至るを憂うゆえにしかりと。余は以為《おもえ》らく、これ必ず官府深意、世道を維持するためならんと。しかも思うてその説を得ず。（…）大抵事、人民の自主自由に任し、その胆力を養う。女頭もまたよろしくその自主自由に任すべし。自主に正あり不正あり。自由に公あり不公あり。不正不公なる者固り禁じて保護すべし。女の斬髪果して不公不正か。不公不正ならずして男に勧め女に禁ず。あに怪むべきの大な

る者ならずや。（八丁ゥ、中巻、二二七―二二八頁）

問題とされるべきは、本来「一」であるはずの「男女」にとって「斬髪」が「不正不公」か否かということだけである。為政者は、「人民の自主自由」に本来あるべき適切な「節度」を与えなければならない。阪谷にとってはそれが「文明」を「裁成輔相」するべき統治の最大の任務（「保護」）である。「自主に正あり不正あり、自由に公あり不公あり」。阪谷にとって、おそらく「自主自由」とはつまり人間の「欲」に他ならない。それは確かに人間にとって不可欠である。それなしには「男女」の関係に始まるこの世の秩序全体が、そもそも存立し得ない。しかしそれは容易に「不正」にも「不公」にもなり得る。人間が必要不可欠なものとして本来備えているはずの「欲」、その「不正」「不公」への傾きを凝視しつつ、道徳の実現としての「文明」の統治をなし遂げるためにはどのような仕組みが必要なのか。それが阪谷の思想課題である。

第五節　市場と文明

「貨幣」

「欲望」としての「自由」の暴走は、性的秩序の乱れにのみ現れていたのではなかった。それは、人々の奢侈や市場秩序の動揺としても現れた。例えば、明治七年（一八七四年）の一月、新聞紙は兎が人々の間で投機的に売買されていることを伝えている[82]。前年の十二月には東京府知事により兎売買の禁令が出されていた[83]。「みな己《おのれ》連の大切なる本筋の家業を打捨」ることにより、「日本総体乃貧乏に陥る」ことを恐れた知識人によって、政府の介入を正当化するパンフレットも刊行された[84]。この年の十二月には豪商の小野組が破産を余儀なくされる[85]。佐賀の乱、台湾出兵等の兵乱により米価は乱高下を続けていた。不安定な市場の下、人々は投機的行動に走ったのである。また前年の五月には渋沢栄一らによって政府財政が巨額の外債を負っていることも暴露されていた(86)。『明六雑誌』の寄稿者たちは、このような中で、市場秩序はどうあるべきか、市場と統治との関係はどのようであるべきか、といった問題について思索をめぐらせたのである。

例えば杉亨二である。杉が、既に挙げた「想像鎖国説」（第三十四号）の中で、問題としていたのは貨幣の質であった。スパルタは「鉄銭」を、アテナイは「金貨」をそれぞれ貨幣として用いていた。「鉄銭」を用いたスパルタでは商業が衰退し「鎖国」に向かう。「金貨」を用いたアテナイでは商業が繁栄した。それは「開国」のモデルであった。だが、「開国」に向かった現今の「我国」の状況は、意外なことに、貨幣の質という点から見れば、スパルタに似ている。

当今我国にて紙幣という物が出来て、世間の評判にてはその数一億円に近しと申す。一億円の数は、人口三千万ばかりと見積て、老幼男女赤子に至るまで一人も残らず頭割りに割付けると一人前三円程に嵩《かさ》むべし。現今我日本の民力の及ばぬ大数かと思わるるなり。さて紙幣は一枚にて真に何程の値段に積るべきか。人の量見を以て勝手に造ることが出来るからには、その相場も勝手に成ることと存じらる。世間にてその数字の通りに通用し引換なき上は、その紙と金とを同じ位にするなり。かくの如きは人民自由の気象を発するか、はた不自由に至るか、甚だ疑うべし。（三丁ゥ、下巻、一五五頁）

現在、妥当し、流通する貨幣は、「金貨」だけではない。その多くの部分を「紙幣」が占めるのである。「紙幣」が不換紙幣（「引換なき」）として「金貨」と同様に流通する状態では、たとえその額面（「位」）が同じだとしても、そこには自ずと交換レート（「相場」）が形成される。

当時、問題であったのは、この紙幣の濫発と輸入超過とにより、海外に金貨が流出し、国内における紙幣のインフレが進むことであった。この問題について積極的に発言したのは神田孝平である。神田は、「紙幣引換懇願録貨幣四録の一」（第二十二号）、「正金外出嘆息録貨幣四録の二」（第二十三号）、「紙幣成行妄想録貨幣四録の三」（第二十六号）、「貨幣病根療治録貨幣四録の四」（第三十三号）、「貨幣四録附言」（第三十四号）を立て続けに発表し、そこでは「紙幣の病」を攻撃し、政府支出の削減と輸出関税の撤廃による国内産業の育成とによって、金貨の流出を食い止めることを提言していた。

だが、杉はここでそのような個々具体的な政策論を展開したのではなかった。彼はむしろ「紙幣」という貨幣と「人民自由の気象」との関係を問う。また、さらにそれに先だって、彼は「紙幣」の歴史的位置を問題にする。杉によれば、現在のような意味での「紙幣」を発明したのはスコットランド人のＪ・ロー（John Law）である。

蘇国のジオンロウという男が仏国の貧乏を付込て、金さえあれば国はいつも富み盛る者と想い、されば紙を用て金に通用せしむることを得れば則ち富を得ると政府に言立て、信紙を発行す。仏人その便利に惑い一時金貨よりもこれを貴び大に流行したれども、もと天道に背き人を欺く仕方ゆえ、いまだ数年に至らずして、その通用が止みて幾億円の紙札がついに土芥の如く廃り、国人の難儀、言語同《（ママ）》断なる始末にて已に国乱とも成るべき大騒動を引起したる所、政府より兵隊を差向て取押えられ、非道の仕打でござった。（二丁ゥ、下巻、一五三頁）

ローの個人的失敗とそれによるフランスの「大騒動」にもかかわらず、彼がつくった「システム」（杉はこれを「空商」と名づける「空商の事を記す」（第八号）[87]）は、その後も生き続けた。「紙幣」という根本的に世界を不安定にする「システム」を、世界は自らのうちに抱え込むことになった。杉の見るところ、その後に起きたフランス革命すらもこの

「紙幣」システムによる不安定化作用の表れとして説明できる（「某が考では、仏国千七百八十九年近古未有の大転覆、王も后も死刑に遭う程の禍、本はこの紙のこともその一と存ずるなり」、二丁ゥ―三丁ォ、下巻、一五三頁）[88]。そして、「開国」とは、このような「システム」の脅威に直接さらされることを意味した。現今の輸入超過と紙幣のインフレは、長期的視点に立てば、こうした「システム」の帰結なのである。

余嚮《さき》に空商の説を作りてこれを諷すれども聞かず知らざる者の如し。既に空商を栄とし自滅を招くのみならず、全国良民の胆を奪い貧民の疾苦を長じ、我日本政府をして仏国旧政府の覆轍を踏ましむるに至るもまた知るべからず。あに歎ずべきの甚しきにあらずや。（「貿易改正論」〔第二十四号〕、七丁ゥ、中巻、二九九頁）

人のつくった「紙幣」という「システム」は、杉の見るところ、「道理」に反している。だが、これに対し、「金貨」は「道理」に合致している。それは人がつくったものではなく、「天」が人に与えたものであるから。

一体、金銀の山にあるは塩の海中にあるが如し。人の造りし物にあらず。人力にては金も銀も造ること能わず。されば金銀は造物主が世界の人に仲好く睦じく暮して行けよとの意にて恵み造られしことなるべし。日々物を買うにも売るにも金一円に何品何程と自然に諸物を計る指し金の代物として通用す。これ東西同一の事にて金銀は常に世界の人の信仰を得たり。古来宗旨の徒が互に宗論してこれは正なりこれは邪なりと相争い、讎敵の思をなし、甚しきは身命をも顧みず相戦うとも、金銀に至ては何宗旨にても信仰して、宗旨に依て金銀の邪正を争論せし例を聞かず。何れも世界一体の道理に従い金銀を代物に通用せしは数千年来、世人の経験せしことなれば、いよいよ理外のこととは申されぬなり。（「想像鎖国説」〔第三十四号〕、三丁ォ、下巻、一五三―一五四頁）

「東西」を問わず「金銀は常に世界の人の信仰」を得ている。「金銀」は貨幣としての「世界一体の道理」に合致しているのである。このような主張は既に「貨幣の効能」(第十四号)でも繰り広げられていた。やはり、ソロンが採ったのは「自然の道」であって、リュクルゴスのそれは「矯枉の策」にすぎない。だが、既に述べたように、結果として「我が国」の現状は、この「矯枉の策」を採っている。このまま輸入超過による「金銀」の海外流失が続き、国内に「紙幣」のみが残る時、「鎖国」が完成するであろう。その時、人々は「自由」なのか、否か。そしてこの時、果たして「自由」とはいかなる意味か(「勝手自由」の「自由」と「自由の気象」の「自由」とはその意味を異にしているであろう)。

結局、杉はここで二つのやや矛盾する問題を前に悩んでいる(そのことがこのテクストをとりわけ難解なものにしている)。一つは、「紙幣」への欲望およびそれに支えられた商業と、「金貨」への欲望およびそれに支えられた商業とを区別して、前者は不正であり、後者は道理に適っているとする考え方である。「金貨」という「世界一体の道理」に沿った世界(そこでは「紙幣」は存在するとしても、正しく「金貨」と同位にあり、「相場」が形成されることはないであろう)、そこでは「道理」に沿った商業が繁栄するであろう。例えば、神田孝平はこのような考え方を疑うことがなかった。二つに、「紙幣」に対する欲望およびそれに支えられた商業と、「金貨」に対する欲望およびそれに支えられた商業とを区別せず、欲望や商業一般と政治秩序との関係を問題にする考え方である。「道理」に適った商業で繁栄したアテナイは奢侈によって亡び、一方、「矯枉の策」を採ったスパルタが強国となった。この歴史的教訓をもし真剣に受け止めるならば、「紙幣」が乱舞する現状(とやがて来る商業の衰滅と)はある意味で強国への道でもある。

既に述べたように、西村茂樹には、道徳の実現としての「文明」と奢侈軽薄に陥る可能性を持つ「開化」(その際にはローマの歴史が参照された)というダブルイメージがあった。西村は、杉のように「紙幣」と「金貨」とを区別して考えを進めたわけではなかった。西村は欲望や商業それ自体と統治秩序との関係を問題にしたのである。だが、西村が直面した「文明」と「開化」との分裂という問題と、杉がその前に立ち止まった問題とは大きく重なるものである。

そして西村自身は、その「自由交易論」（第二十九号）の中で、杉よりもはっきりとした解答を出した。すなわち、奢侈軽薄をもたらす統治の基礎を掘り崩す「システム」との接続はなるべく遮断するべきである。彼は「自由交易」に反対した。

「情欲」

津田真道も、西村同様、欲望や商業それ自体と統治秩序との関係を問題にした。だが、その上で津田は、西村とは異なる結論を導いた。津田は、杉の「想像鎖国説」が掲載されたのと同じ第三十四号に「情欲論」を掲載し、次のように述べる。

情欲は吾人天賦の尤も重切なる者にして、吾人の因て以て生存する所以なり。もしそれ吾人の性中、情欲を欠く時は、人類何に由て生々蕃植すること得んや。もしそれ人にして情欲なければ、則ち吾人その類の湮滅するや、けだし既に遠くかつ久しきなり。（七丁ゥ、下巻、一六六頁）

「情欲」が人間にとって、「天」から与えられた必要不可欠なものであることは、例えば、阪谷のような儒者であっても同意するであろう。津田の主張の特色は、この「情欲」が「開化」という歴史過程とともに増大することを指摘し、それを肯定的に評価したことである。

人の情欲は天性の自然に出ず。飲食男女の大欲の如き即ちこれなり。しかれどもまた智識と慣習に因て生ずる所の情欲あり。智識と慣習に乏しき者はこれを欠くと雖も、智識と慣習に富む者にありては必要にして須臾も欠くべからず。なお自然の情欲と同一般なり。ゆえに所謂《いわゆる》開化国人の欲は野蛮国人の欲よりさらに大かつ多きを加うるなり。（八丁ォ―ゥ、下巻、一六八頁）

「天性の自然」に由来する「情欲」に加えて、それとは別に「智識と慣習」に由来する「情欲」が存在する。さらにそのような「情欲」は「開化国人」の方が大きいというのである。このような立場からは「煩悩」を戒める仏教ばかりか、「人欲」を廃する教えとして儒学もまた批判を免れない（「ここを以てかの儒仏の教、力めて煩悩を去り、人欲に克つを以て主旨となすなり、その旨意固より善なりと雖も、その説の中正を失したるは則ち免かれざるなり」、八丁ゥ、下巻、一六九頁）。ここで批判される儒学とは、無論、「天理、人欲相反したる者と見解を定め」たる「朱子學者流」に他ならない。このような「朱子学者流」は、「情欲」が「進歩」に与える影響を悟らない。

それ人欲、あに天理にあらずと謂うべけんや。かの事物の性に通ぜんことを希望し、新奇を好み、自由を喜び、幸福を冀望する等の情欲は、人欲の尤も美なる者にして人性の必要なる者にあらずや。けだしこれみな吾人の進歩を提警《ていけい》する所以なり。（九丁ォ、下巻、一七〇頁）

津田は、また「情欲」を「自由」と言い換える。「情欲」を否定しようと躍起になる論者は、結局のところ、「自由」の弊害についてのみ指摘し、その効能については語らないのである(89)。

そもそも自由の権は吾人固有の正権にして文明各国の尤も貴む所なり。しかれども人いやしくも猥にこの権を用いて、他人の自由を害する時は則ち不義なり。ゆえに自由の弊を語れば専横なり。吾東方の俗、古より自由を以て悪徳とせざるなき者は、あにただその弊を視てその益を知らざるか。しかりしかして遂に以て自由の本性を亡滅し、国人一般奴隷卑屈の俗、風となりたるが如く、また財利を好むの心は吾人身体上の幸福を洪大にする所以の天性なれども、その弊は却て貪欲吝嗇にして甚だ厭悪すべしと雖も、儒者の道只管《ひたすら》仁義を説て経済の学を講ぜず、却て全国貧窮にしていまだかつて富まず。国人一般身体上の幸福を欠く者も其教うる所そのよろしきを得ざるがためなり。（八丁ゥ―九丁ォ、下巻、一六九頁）

津田は、「自由」を例えば倫理的な力として捉えたのではなかった。[90] ましてやそれは生きる意味などではなかった。津田は、人間の「情欲」という、善にも悪にも向かいうるエネルギーを「自由」として認識し、そのような「自由」の適正な形での発現が、「開化」「進歩」の原動力となっていると考えたのである。[91] 津田のこのような「情欲」理解と彼の「自由貿易」論との間には関係がある。津田の見るところ、輸入超過による正金の減少は憂うるに足りない。なぜなら、輸入超過という現象それ自体が、外国から物を取り入れようとする人々の欲望の表れであるからである。

しかれば則ちその源因果して安んかあると謂うに吾人の天性に原けるなり。吾人固有の天性に、新奇を好み、華美を喜ぶの心あり。この心即ち是なり、けだしこの心これ吾人の力作を鼓舞し、人間の福祉を増加する所以にして、実に造化の大賚なり。我邦人幸にこの心存す。これ我人民の亜非利加、亜米利加等の野蛮の民に異なる所以なり。（「貿易権衡論」（第二十六号）、六丁ォ―ゥ、中巻、三四〇―三四一頁）

輸入超過は、「新奇を好み、華美を喜」ぶ人々の欲望の発露である。「野蛮の民」とは異なる「開化国人」の特色と考えられるこのような欲望の存在は、津田にとって、むしろ言祝ぐべきことなのである。無論、津田とてこのまま輸入超過に伴う正金流出が続けばよいと考えていたわけではない。だが、その点を取り立てて心配する必要はなかった。津田は、市場には長期的には均衡に向かう「来往循環してその平均を復する天然の規律」（「保護税を非とする説」〔第五号〕、三丁ォ、上巻、一七四頁）が存在すると考えていたのである。均衡をもたらす「天然の規律」という前提に支えられつつも、ここでは津田が、人々の欲望の増大を「開化」「進歩」と捉え、そのことを肯定的に評価していたことが重要である。

第六節　「租税公共の政」——宗教と政治

「法教」

津田は人々の欲望の存在を承認し、さらにその増大を肯定しさえした。欲望の発露としての輸入超過は、それ自体、「開化」として言祝がれるべきであった。それならば、人々が商業を通じて自らの欲望を増大させていけば、いずれ「開化」は実現するのだろうか。

津田はそうは考えなかった。「開化を進むる方法を論ず」（第三号）で津田は、「しからば則ちいまだこの域（「真の文明界」）に至らざる国民一般の化育を賛成すべき者何ぞや。曰く法教なり。法教の目的は概するに不開化の民を導きて善道に進ましむるにあり」（七丁ォ—ゥ、上巻、一一八頁）という。欲望の増大のみでは「開化」は果たせない。「開化」を実現するには「法教」（宗教）が必要だというのである。具体的にはキリスト教であった。

今や宇内人民一般の開化を賛くる者、基教に如く者なし。しかれども中に就て、小大異同、利害得失あるを免れず。さればその尤も新、尤も善、尤も自由、尤も文明の説に近き者を取て、我開化の進歩を助くるを以て我邦今

日の上策とすべし。（八丁ゥ、上巻、一二一頁）

さらに津田は、「目今、諸省に於て許多の洋人を雇てその学術を伝取する如く、かの尤も善、尤も新の法教師を雇て、公然、我人民を教導せしめば奈何」（八丁ゥ）とまで提案する。国民の「化育を賛成」（既に述べたように『中庸』に由来する）し、「教化」し「教導」することが、津田にあっても、必要とされるのである。「文明」、つまり道徳的な統治秩序を達成するためには、宗教が必要である。ここでは、無論、宗教それ自体の価値が問題とされているのではない。あくまで「文明」という道徳的な統治秩序を達成するための、それは手段なのである。もちろん、そのような考え方は、宗教自体に価値を認める考え方からすれば倒錯と言えよう。

「信」

宗教をどのように捉えればよいのか。宗教と統治との関係はいかにあるべきなのか。これらの点について考えたのは西周である。西周は、宗教がそもそも何を基礎としているのか、という点から考える。それは「信」である。

教門は信に因て立つ者なり。信は知の及ばざる所に根ざす者なり。人既にこれを知ればその理や則ち已の有となる。しかれども得て知る能わざれば、ただその知る所を推して以て知らざる所を信ずるのみ。ゆえにその理たるもまた已が有にあらず。しからば則ち匹夫匹婦の木石虫獣を神とし信ずるも、高明博識の天を信じ、理を信じ、上帝を信ずるもみな知らずして信ずる者なり。これ差等ありと雖もその揆は則ち同一なり。（「教門論の一」〔第四号〕、五丁ゥ―六丁ォ、上巻、一五五―一五六頁）

「信」とは「知」の限界において成立するものである。それゆえ、異なる「信」相互の優劣を「知」ることはできない。西によれば、それこそが政府の宗教に対する介入を斥ける理由になる。

ゆえに政府の教門に於けるもまた、その人々の信ずる所に任すべくして、これをして必ずこれを信ぜしめて必ず彼を信ぜざらしむること能わず。如何となれば所謂政府なるものもまた人にあらざるなし。既に人たれば則ち高明博識にして愚夫愚婦に超過すること万々なりと雖もまた知らざる所を信ずる者なればなり。己既に知らず、しかして人をして己が信ずる所を信ぜしめんと欲せばその理なきこと明かなり、それ既にその理なければその権なきもまた明かなり。(同上、六丁ォ、上巻、一五六頁)

統治と宗教とを混同することは悪しき「神教政治」に他ならない。「政教相連絡するの脈を絶ち、教門の害をして政治の害をなさざらしむる」(七丁ゥ、上巻、一六〇頁)ことが必要である。統治の任務は「法度」であり、それぞれの「信」はその関知するところではないのである。西はさしあたりこのように言う。だが、本当に人々が心に懐く「信」それぞれ相互に優劣がないと言い切れるだろうか。そして「信」は統治と無関係なのだろうか。そうではない。「教門論の三」(第六号)で彼は、「政府」と「教門」との間に「文教」という概念を導入する。

かくのごとくなれば政府専ら政治の権を以て自ら任じ、兼《かね》て文教を明らかにして以て政治の資となす。則ち人智日に進み民の信ずる所もまた令せずして自ら高くその鄙粗猥雑の惑溺を離れて純清簡潔の誠信に至らんとす。また何ぞ政令を以て民信を紊乱するあらんや。(二丁ゥ、上巻、二一〇頁)

「文教」は例えば「凡百学術」がそれに当たる。「文教いよいよ進めば信ずる所自ら高」くなる。狐や天狗はもはや「信」の対象たり得なくなる。「文教」を明らかにすることにより人々は「惑溺」を離れ、より高次の「信」、「誠信」に進むのである。そのような「誠信」によって形成された「民信」は、時々の「政令」によって「紊乱」されることはない。

およそかくのごときの類は、人智を開き明かして以て鄙粗猥雑の信を去る者なり。かくのごとくなればその信ずる所自ら純清簡潔にして、かの治術と相背馳することなからんとす。また何ぞ力圧を以て民信を強ゆる、これをなさん。（三丁ォ、上巻、二二一頁）

より優れた「信」への移行が統治によって可能となり、またそうして得られた「誠信」「民信」はより善い統治の基礎ともなる。「政府」と「教門」という二分法では、「信」は統治の領域とは峻別され、「信」はいわば比較不能な価値の迷路に迷い込んだ。「文教」という概念を導入することにより、西は善き統治と善き「信」との連関を示そうと試みたのである。だが、それは見方によっては、追放したはずの「教」を、再び「政」の中に導入することでもあった。[92]

「政」と「信」

この点を鋭く見抜き、西を批判したのは柏原孝章であった。[93] 柏原もまた「信」の位置を問題にする。彼は「教門論疑問第一」（第二十九号）で次のように述べる。

およそ政を行い教を布く、先ず信を人に得るにあり。信ぜられてしかして後に令行れ教立つ。いまだ信ぜられずんば、令して行れず、戒め守られざるなり。これを信ぜしむるの道同じからずと雖も人をして疑わしめざるに至ては則ち一なり。その已に疑わざるに及んでは、水火をも踏ましむべく、木石をも拝せしむべし。けだし信の難きにあらず。これを信ぜしむるを難しとす。(六丁ォ—ゥ、下巻、四〇頁)

「政」も「教」も、それがなり立つためには「信」が必要である。柏原は、西とは異なり、「信」がまず存在するとは考えない。「信」とは与件ではない。それは調達すべきものなのである(「信の難きにあらず、これを信ぜしむるを難す」)。調達の手段としては例えば「徳」があり(「則ち徳を以て信を得る者あり」)、「術」があり(「術を以て信を売る者あり」)、そして「化」がある。

その成功の跡を見れば、恰も初めより知らずして信ずる者の如きあり。所謂知らず知らず帝の則に従う(『詩経』・大雅篇)これなり。これこれを化と云う。その已に化するに及んでは、人これを如何ともすべからざる者なり。(六丁ゥ、下巻、四一頁)

西も当然参照していたであろう徂來的な議論(「化」の重視)を展開することで柏原は、「信」を調達する手法として「政」と「教」とを比較して見せる。「政」も「教」もこのいずれかの手段を用いて「信」の調達を図っているという点では同じなのである。そしてさらに言えば「教」は民をよりよい存在にする「政」という営みの一部にすぎない。そうであれば、「信に本末なし、ただ信とする者を信ずべきなり」などという西の態度は、「手を拱して人を棄るの道」(七丁ゥ、下巻、四三頁)に他ならない。かくして、柏原においては、「教」は「政」において調達されるべき「信」の質を左右する。「政」と「教」とは切り離せない。「神教政治」自体が問題なのではない。そこで調達されている「信」

の質こそが問題なのである。

これに因てこれを見れば、奚ぞ〔政と教とは〕その本を別にすと云べけん。また何ぞ相関渉せずと云べけんや。政府、道なければ法律行われず。人民、教なければ政に服せず。教の人に於る一日も無るべからず。飽食暖衣逸居して教なきは禽獣に近し。教の政に於るその帰一なり（…）教の道、正しからざればその政に害あるもまた少々たらず。これ人の好む所に任すべからざる所以なり。いやしくも教、正にしてかつ真ならば人智の開明に随て、その信いよいよ深くその政を行うに於ていよいよ欠如すべからざる者とす。もしその虚妄なるが如き、何ぞ信を開明の民に得るに足らん。所謂神教政治なる者その実は神教にあらずして愚民を哄騙するの術なり。（八丁ォ―ゥ、下巻、四五―四六頁）

人々の欲望の増大のみでは「開化」は実現しない。それどころか、欲望の増大という意味での「開化」は真の「文明」ではないのかもしれない。その時、必要なのは、宗教なのか、政治なのか。このような問いを前に、柏原は政治を選択した。同様の解答を出したのは阪谷素である。

女色の欲は財利の欲と同じ。これを変ぜんとする、ただ政と宗教とこれを導て、自然に美風美俗を為さしむるにあり。怱卒、軽易にして速なるを求むべからず。そもそも速なるを求めずして却って助け長ずる今日の野蛮習は、速に改めざるべからず。（「妾説の疑」〔第三十二号〕、七丁ォ、下巻、一一七頁）

本来あるべき節度を超えた「女色の欲」と「財利の欲」とを節度あるものに変じていくための手段として政治と宗

教とがある。だが、阪谷の宗教への期待は低い。

人民の心を一にし、悪習を解くは教法にあり。しかれども我邦教法の弊、今日極まる。妻妾に至て最も甚しければ少しも頼むべからず。欧州教法の善なる者多し。しかれども我邦の人にわかに信ぜず。信ずるもまた風習を変ずるはまた急にならずしてさらに新弊を生ず。かつ彼国に於て姦淫盗賊ともに絶ざればこれを独り我邦に頼むべからず。（七丁ォ、下巻、一一七―一一八頁）

それではどうすればよいのか。当然、政治である。

それ教法は以て人心を正す。今我邦妾のことに於て人心既に前に論ずる如くなれば、正すべき者はその品行業事にあり。行の正不正は政法の任なり。政法行れしむるは政法を行う人の行いにあり。しからば則ち今日の弊習は上にあるの人、責に任せざる可らず。上の行は風なり、下民は草なり（『論語』・顔淵篇）（…）およそ華族官員にして醜状汙行ある者はその法律を定て平人より重くす。しかる後古今を考え、支那欧米の長を取り、一定の婚式を公議して立つ。是愚案と雖もあるいは可なるに近らん。（七丁ゥ、下巻、一一八―一一九頁）

それは為政者に「平人」より高い道徳を要求しつつ、制度のあるべき形（例えば「婚式」）については「公議」によって定めるというものであった。このような政治への期待は、阪谷においては人間の欲へのある洞察と結びついていた。人間の欲は結局どこへ向かうのか。「狐説の広義」（第二十号）で阪谷はこの問題を考える。「狐」のように人間を魅了し、堕落させる存在は他にもある。「阿片烟」がそれである。また「酒」もある。「色」もある。だが、その中で、最も強力かつ広範囲に持続的な影響力を発揮するのは「金」である。

独り黄白金なる者、頑然たる無機体の礦《こう》属にして、知覚なく心情なし。ただにその色輝々然目を眩するのみ。しかして貴賤老少男女を分たず、万国一様魅せられて覚らず。その物たる固り飢て食うべからず。寒て衣る可らざるも一日無れば忽ち飢かつ寒、酒と色とまたこれに依てその魅力を発す。（五丁ォ、中巻、一九六―一九七頁）

ここで阪谷は、例えば神田や杉のように「金貨」と「紙幣」とを区別しない。それが「金」であるから人々が「信仰」するのではない。人はあくまでも自分の「欲」に魅せられているだけである。

この物智ありて人を魅するにあらず、人その欲を以て自ら魅するのみ。その罪は欲にありて物にあらず。（五丁ゥ、中巻、一九七頁）

「金」は人間の「欲」の化身として、「万物の代理となり融会流通して世用に供」されている。では、この「欲」を消滅させればよいのか。そうではない。ただ、「欲」に節度を与えることが重要である（「しからば則ち欲を滅せんか。曰否。人ある、欲付す、欲滅すれば人もまた滅す。ただその欲の汎濫を制すべきのみ」、五丁ゥ、中巻、一九七頁）。ではなぜ、しばしばこの「欲の汎濫」を制することができないのか。それは人々の「人心」が一致していないから。つまり統治が正しくなされていないからである。「教法」や「法律」では「人心」を一致させることはできない。それは政治の役目である。

欲の汎濫、制すべからざるに至る者、人心主なくその平均を失えばなり。教法、法律、能く主を立て防制をなす。しかも平均をなす能わず。ゆえに争乱を止むる能わず。独り上に在る者、独裁共和を論ぜず。実政、実行天下の人をして時勢に従い、身分に応じ、自主自由公正の権を得せしむること、四時の気候、万物の大小に随いこれを育養生殺する如くなれば、枯る者怨みず、仆る者怒らず、心主立て胆力張り、良能行れて、私欲消し、人おのおの平均を得て、その守る所を堅くす。（五丁ゥ―六丁ォ、中巻、一九七―一九八頁）

「上に在る者」による、植物を育てるにも似た「育養生殺」の政治こそが「人心」の一致を実現する。それは「上に在る者」が「天下の公心公義」に沿って統治を行うからである。

かくして、「億兆の心を一にする者何ぞ。曰くただ政教あるのみ」（「政教の疑第一」〔第二十二号〕、五丁ゥ）。さらに、「政府なる者は天地に代り教化保護その責の大なる、教門の比に非ず」（「尊異説」〔第十九号〕、五丁ォ）なのである。そして、そのような政治の任務は「天下の公心公義」を発見し、それによって人々の「欲」を「公共」することにある。

天地間およそ智覚ある物に欲なき者なし。これを導きこれを懲すもまたその欲に因るのみ。（…）政府独裁共和を論ぜず、人民を保護し富強を謀る、最もこの欲上にあり。この欲を公共して同じく安全幸福を保つ。これ政治交際の大本なり。（「天降説の続き」〔第三十六号〕、三丁ォ、下巻、二〇五―二〇六頁）

このような政治は、共和政治においても君主独裁政治においても原理的に可能である。だが、それはとりわけ「上下分権」の政体の下においては、特別な形を取る。それこそが彼の「租税公共の政」だった。「欲」を「公共」するものとしての「租税公共の政」の構想は、かくして言語や品行、そして性や市場といった、彼の考える人の普遍的なあるべきありようとしての「文明」の構想と不可分に結びついていた。それは、「文明」のまさに中心的部分としてあるべき統治の営みの中に、「文明」の基礎的条件としての「信」を確保するための制度なのである。

「天降」

単に制度が準備されているだけでは十分ではない。こうした制度を適切に運用していくために、人はどのようにあるべきなのか。この点についても阪谷は考えをめぐらしている。その手がかりは、彼が若いころから信じ続けてきた「天」であった。『明六雑誌』の論説「天降説」（第三十五号）で阪谷は以下のように論じる。

小子などの考にては、おのおのまず天へ登りし心持を以て上より平等に見おろし、万国、万物星の如く列り、差別明かなるも、彼の国と我の国と我父母と彼父母と、尊卑に差別なく大小おのおのその状を異にして、おのおのその理を具し、此に短あり、彼に長あり、彼れ乱れ、此れ治る、自然の妙、強ゆべからざるを悟り、しかる後ゴットとか天とかの命にまかせ、その自然に生れし国へ天降りして観るべし。（五丁ォ―ゥ、下巻、一八六―一八七頁）

ここでは、いわば政治を考えるにあたっての正しい認識の持ちようが語られていると言ってよい。阪谷によれば、それは「天登」から「天降」という視線の往還運動である。このような視線の運動があえて要請されるのは、そこにある困難が存するゆえに他ならない。それは、「天理」と「人道」、「自然」と「作為」との間に存在する困難である。どういうことか。

それ目を上より着けて下を見おろす時は、およそ天下の事みな天理のみ、自然のみ、人為を着くべからざる如し。

またこれに反し目を下より着けて上を見あぐる時は天は天のみ。我身に関係なし。およそ天下の事人道のみ作為のみ。（三丁ゥ、下巻、一八二―一八三頁）

目を「上より着くる者」は「上」に偏し、「下より着くる者」は「下」に偏する。「万国万物星の如く」に見える高みから世界を見下ろす時、人はその高さに「眩」され、すべてが「天理」や「自然」として見えてしまう。すべてを「天理」「自然」の相において見る、このような認識態度に潜む危険は、「人為」の世界を意識のうちから脱落させてしまいがちになることにある、と阪谷は考える。その時、人は自らの「家国」を厭い、「愛国の情」すら失ってしまうに至るであろう。ここでは、もちろん、「天理」「自然」がそれ自体として否定されているのではない。ただ「天理」や「自然」がもたらす高みに「眩」する時、失われてしまうのは、人と人とが現に生きている世俗の政治社会への確かな眼差しなのである。

「天理」「自然」の高みに「眩」する心的態度を、儒者の慣用に従って、彼は「老荘禅学」と表現する。阪谷にとって、人が「天」の高みに立って見下ろすことは、実は事物を正しい焦点において認識する方法ではないのである。だが、他方でもちろん、その逆が正しいわけではない。自らが日常的に住まう環境とその視野のみから世界を眺める時、すべては「人道」であり、「作為」と見える。その時、「天理」の高みも、「外の美」も、「事理の広き」も、想像することは難しい。自らの私的利害、あるいは自らが属する共同体の利害のみからでは、他者や他の共同体が住まう意味の空間を正確に認識することは困難である。それは「狭隘固陋」の道にすぎない。そこで、一度、「天へ登りし心持ち」をもって「天」の高みより世界へ見下ろしてみる。だが、そこにとどまることなく、地上へと視点を下降させていく。このような視線の運動が要請される。「天登」から「天降」へという視線の運動によって得られるこの「上下合観」こそ、「天理」と「人道」との接点に位置する「裁成輔相」としての人間の営みへの認識を確かなものにする。これが「天降説」における阪谷の主張であった。ここで「裁成輔相」という概念で表現されているものこそが、あの世ではなく、この世に、あくまでも世俗の政治社会において生きることを常に強く意識しながら、他者や他の共同体と自らが共有する意味の空間を認識し、そこにおける（この世の）正義を追求する、阪谷にとっての政治という営みの意味であるように思われる。「租税公共の政」は、「裁成輔相」の一つの具体化として、彼の政治構想の中核に位置したのである。

（1）『福澤諭吉全集』第一巻（岩波書店、一九五九年）、三九五頁。

（2）「「文明開化」とは、文明と開化の二語（傍点原文、以下も同じ）を組み合わせた幕末明治初年の新造語」であり、「文明開化をこの意味に用いたのは、おそらく福沢あたりの造出ではなかろうか」とするのは大久保利謙「文明開化」（『岩波講座日本歴史　近代二』（岩波書店、一九六二年）、後に『明六社』（講談社現代文庫、二〇〇七年）所収、引用は後者から）、二七三頁。なお、戯作研究で知られる明治文化研究会の石川巌も、「文明開化」を「新造語」と断定し、「或は福澤翁あたりの新発明ではないか」と述べる。「『文明開化』について」（『明治文化研究』第六巻第一号、一九三〇年一月号）、三〇頁。また、明治六年（一八七三年）頃から「この新熟語が盛んに使用されるに至ったとする（同、三一頁）。なるほど、『東京日日新聞』明治七年（一八七四年）一月七日五百七十五号紙面には、「文明開化の新語」は、「夫れ軽挙浮慢の別号なる乎」とある。流行語になるに至った時期についての石川説を裏づける資料である。とはいえこうしたこととは別に、福澤がこの語を初めて用いたのは『西洋事情外篇』（慶応三年／一八六七年）においてであり、それは福澤がその前年に抱懐していた「大君のモナルキ」としての「郡県」構想と表裏をなすものであったことには注意が必要であろう。

（3）石川巌「文明開化文献年表」（明治文化研究会編『明治文化全集』第二十四巻文明開化篇、日本評論社、一九六七年第二版第一刷）、五五三―五五八頁。

（4）鳥尾小弥太「述懐論」（『時事談』、中正社、一八九一年）、九八―九九頁。

（5）「郡県」についてこれ以外にも様々な意図があり得たことについて本書第二章参照。本書の視角から言えば、「天下の人民」

を「封建武士」のようにするという鳥尾の意図は、民選議院設立建白書起草者たちの意図でもあった。彼らは、「郡県」によってむしろ「封建」のエートスが失われたと考えたのであり、「封建」の機能的代替物としての「分権」(議会開設と地方分権)を求めていくことになったのである。

(6) 「文辞ノ弊ヲ論ズ」(『柳北遺稿』第一巻、一八九〇年)、一一—一二頁。

(7) 『諸橋大漢和辞典』。『漢語大詞典』は南朝の宋の顧願『定命論』、唐の李邕『淄州刺史謝上表』を挙げる。

(8) 渡辺浩「「進歩」と「中華」——日本の場合」(『東アジアの王権と思想』、東京大学出版会、一九九七年)、二四二—二四五頁。

(9) 『論語』・八佾篇。また為政篇、衛霊公篇にも。

(10) 山田済斎編『西郷南洲遺訓　附手抄言志録及遺文』(岩波文庫、一九三九年)、八—九頁。

(11) 「糟粕論」、前掲書、一〇—一一頁。

(12) 朱熹『詩集伝』序(『朱子全書』第一巻、上海古籍出版社、二〇〇二年)、三五一頁。ただし、経学上の解釈は、この点、一定しない。諸橋轍次『詩経研究』(目黒書店、一九一二年)、六六—七一頁参照。

(13) 同上。「曰、然則国風雅頌之体、其不同若是、何也。曰、凡詩之所謂風者、多於里巷歌謡之作、所謂男女相与咏歌、各言其情者也。(…)若夫雅頌之篇、則皆成周之世、朝廷郊廟楽歌之詞、其語和而荘、其義寛而密、其作者往々聖人之徒、固所以為万世法程而不可易者也」。

(14) 『文明論之概略』(『福澤諭吉全集』第四巻、一九頁)。

(15) 「前途の望」(『福翁百話』『福澤諭吉全集』第六巻、二一七頁)。

(16) 『文明論之概略』、一八頁。

(17) 当時の資料からは、「文明」を非難する主張を見つけ出すことは難しい。だが、「開化」を非難するものはしばしば存在する。例えば、木戸孝允も、「又至今日候而は開化々々と各利弁を以て互に僥倖而已を相窺人々自ら軽燥浮薄に相移り忠義仁礼之風払地候勢十年之後真に如何と苦慮」していた(日本史籍協会編『木戸孝允文書』第四巻、〔東京大学出版会、一九七一年〕、三一八頁。明治四年〔一八七一年〕十一月十日付青木周蔵宛書翰)。「開化」が「忠義仁礼之風」に反するものとして把握されているのである。彼は随所で「粉飾之開化」(同上『木戸孝允日記』第二巻、東京大学出版会、一九六七年、三一二頁、明治六年〔一八七三年）一月二十六日付）「当世風之開化」（同上『文書』第五巻、七頁、明治六年〔一八七三年〕二月三日付長三州宛書翰）に警鐘を鳴らしている。J. J. Rousseau: *Discours sur les science et les arts*, 1750. が「非文明論」ではなく「非開化論」（明治十六年／一八八三年）と訳されなくてはならなかったのは当然である。論中には「文明開化」の語も見えるが、その内の数少ない一例、「茲に云ふ所は正さに方今の所謂文明開化の風習なり」は、ルソーの原文にはない（『中江兆民全集』第一巻〔岩波書店、一九八三年〕、二二二頁また、「解説」二八八―二八九頁参照）。同時代への論争的態度をあえて明確にするためであろう。ちなみに朝鮮の金允植は、甲申政変について、一八九一年（高宗二十八年）二月、以下のように記している。「余嘗深怪開化之説、夫開化者如阿塞、諸蛮榛狉之俗、聞欧州之風、而漸革其俗曰開化、東土文明之地、更有何可開之化乎、甲申諸賊、盛尊欧州、薄堯舜・貶孔孟、以彝倫之道、謂之野蛮、欲以其道易之、動称開化、此可謂天理滅絶、冠屨倒置矣（余嘗て深く開化の説をあやしむ、それ開化なるものは、阿塞《オセアニア》諸蛮、榛狉《シンヒ》の俗の如きが、欧州の風を聞き、而して漸くその俗を改めて開化と曰う。東土文明の地、さらに何の開くべきの化あらんか。甲申の諸賊、盛んに欧州を尊び、堯舜を薄んじ、孔孟を貶しり、彝倫の道を以て、之を野蛮と謂い、その道を以て之を易んと欲して、ややもすれば開化を称す、これ天理滅絶、冠屨〔履〕倒置と謂うべきなり）」（『続陰晴史』巻五、〔韓国史料叢書十一、大韓民国文教部国史編纂委員会、一九七一年〕、一五六頁。いわゆる「開化」期の『高宗実録』および『純宗実録』を精査した研究によれば、両実録中には「「文明開化」の用例は一つも」なく、「日本では「文明開化」が一般的な用例であったのとは異なり、「文明」と「開化」を分離して考えるのがむしろ一般的」であったという。金榮作「朝鮮朝末期の西欧受容と伝播様相に関する実証研究――文明開化、自主独立、富国強兵意識の構造を中心に」（朴忠錫・渡辺浩編『「文明」「開化」「平和」――日本と韓国』日韓共同叢書十六、慶應義塾大学出版会、二〇〇六年）、六七頁。成島がいまだに保持していた感覚、つまり福澤が塗り替えようとした感覚を、朝鮮の知識人たちが、むしろより強い程度で分かち持っていたことは想像に難くない。

（18）飛鳥井雅道『文明開化』（岩波新書、一九八五年）、五四頁。飛鳥井は、また、「文明開化が、決して一時期の「政策」や、狭い意味の思想でもなく、また一過性の風俗現象でもなく、国民形成の全過程で貫徹していった、民衆レベルから発してきた力の結集点」（同、二二一―二二三頁）であるとして、「国民形成史における文化構造」（同、一三三頁）の問題として「文明開化」を捉えるべきことを強調する。〈外〉からきた「文明」と、〈内〉なる「国民」形成というこうした図式は、だが、「僕は文明開化というのは、明治維新後におけるヨーロッパ文化の採用と、その結果としてのヨーロッパへの屈服であると思います。（…）文明開化とは実用品文化であって、その中に文化の根源的なるものはありません」というある「「近代」の超克」論者の「根源的」な反省の弁と、逆説的にであれ共鳴するのではないか。河上徹太郎・竹内好編『近代の超克』（冨山房百科文庫、一九七九年）、二三九―二四〇頁。

（19）中野目徹「解説」（山室信一・中野目徹校注『明六雑誌』上巻、岩波文庫、一九九九年）、四六七頁。

（20）この問いは、明治日本全体を貫くものであろう。「外発的」で「皮相上滑り」の「開化」を批判した一九一一年（明治四十四年）八月の夏目漱石の講演について、しばしば見逃されがちなのは、「現代日本の開化」を論じるその前提として、「一般の開化」についても漱石が詳しい分析を行っていることである。漱石によれば、そもそも「開化」とは「積極的のもの」と「消極的のもの」という「根本的に性質の異なつた二種類の活動」によって形成されており、「此二つの互ひに喰違つて反《そり》の合わないやうな活動が入り乱れたりコンガラカツたりして開化と云ふものが出来上がる」。『漱石全集』第十六巻（岩波書店、一九九五年）、四三一頁、四三七頁。「一般の開化」が、「互ひに喰違つて反の合わ」ない二種類の活動から構成されるというこうした見方は、ほぼ同時期の講演「中身と形式」においてもうかがうことができる。「現代の人は頻りに自由とか開放と云ふやうなことを主張する、同時に秩序とか組織とか云ふものを要求して居る、一方では束縛を解いて自由にして貰わなければ堪らないと言つて居ながら、一方では（例えば資本家と云ふやうなものが）、秩序とか組織を立てなければ事業が発展しないと騒いで居る」（「中身と形式」、同、四四九―四五〇頁）。漱石自身が講演中で言及するように、これはドイツの思想家「オイツケン」（Eucken, Rudolf）の著書 *Der Sinn und des Lebens*（1908）（漱石が参照したのは英語版の *The Meaning and Value of Life*（1909）であると見られる）の論旨を彼なりにまとめたものである。「自由」「開放」と「秩序」「組織」、「積極的」と「消極的」、その区分けは完全に重なるものではないにしても、刻一刻と姿を変えていく現実の様相を、基本的に一つの方向へと導いていく不可抗の力が、相互に相いれない二つの力の合成よりなるという認識において漱石の態度は、基本的に一貫している。しかも漱石は、二つの相いれない要求の間で引き裂かれたこうした時代状況を、自らの内なる spiritual life に目覚めることで克服しようとする「オイツケン」の試みそれ自体には否定的である（Rudolf Eucken, *The Meaning and Value of Life* (London, 1916), p. 94）。彼は「この矛盾」を「何方《どつち》かに片付け」ることはしない。この「一種妙なパラドックス」の状態は、「矛盾」のまま、「片付かない」というのである。

（21）当時、『明六雑誌』以外でも様々な議論が繰り広げられた。本章本文以下で紹介する議論の他にも『東京日日新聞』明治七年三月十五日付、六百三十五号。同四月八日付、六百五十五号。『郵便報知新聞』「言語文字論」明治八年八月二十九日付、九月五日付など。阪谷素も「日本文字言語改定の説、先年文部省及世上諸君子紛々立論諸新聞紙中つねに見受たり」(「質疑一則」第十号)という。

(22) 例えば仮名文字論者でもローマ字論者でもあった外山正一のような存在は象徴的であろう。外山が、「いまだ漢字を廃することに定まりもせぬのに、仮名でなくてはならぬの、羅馬字でなくてはいやだのと争う者は、兵法を知らざる者と云はざるべからず」と述べたことはよく知られている。「羅馬字ヲ主張スル者ニ告グ」(明治十七年／一八八四年六月)『東洋学藝雑誌』第三十四号。

(23) 『福澤諭吉全集』第三巻(岩波書店、一九五九年)、五五五頁。

(24) 平成二十二年(二〇一〇年)十一月三十日の内閣告示第二号にもとづく常用漢字表によれば、二〇一〇年三月現在、常用漢字の数は二千百三十六字。福澤の提言どおりである。

(25) 南部義籌「文字ヲ改換スル議」(明治五年／一八七二年)、『洋々社談』第七号、明治八年(一八七五年)刊行月不明、二丁ゥ〔羽賀祥二監修、ゆまに書房、二〇〇七年刊行の復刻版、一二八頁〕。

(26) さねとう・けいしゅう『増補中国の文字改革』(くろしお出版、一九七一年)、また大原信一『近代中国のことばと文字』(東方書店、一九九四年)、藤井(宮西)久美子『近現代中国における言語政策――文字改革を中心に』(三元社、二〇〇三年)など参照。また、第二次大戦後、アメリカの教育使節団も占領軍最高司令官に対し、日本において「いずれ漢字は一般的書き言葉としては全廃され、音標文字システムが採用されるべきであると信ずる」とし、さらに、この音標文字システムとしては「仮名よりもローマ字の方に利が多い」としていた。「ローマ字は民主主義的市民精神と国際的理解の成長に大いに役立つ」からというのがその理由である(村井実訳『アメリカ教育使節団報告書』講談社学術文庫、一九七九年、五六―五七頁)。西の提案は、占領軍によって現実のものとなったかもしれなかった。

(27) 前島密・こにしのぶはち編『国字国文改良建議書』、国会図書館蔵、出版地不明、一八九九年。

(28) 同「国文教育之儀ニ付建議」、一三頁。

(29) 同「興国文廃漢字議」、四二頁。

(30) 森有礼『航魯日記』(慶応二年／一八六六年)、八月二十七日、大久保利謙編、『新修森有禮全集』第三巻、二八頁。

(31) 別に嫌みではなく、「現今の文章即漢文の転倒読を直読に書き直したるか如き者」の「往々語法を錯乱し漢文の法にもあらず和文の法にもあらず仮字の用格にも一定の式なく」という状態に耐えがたく、せめて正格の漢文でと思ったのであろう。南部は後になって、ローマ字の採用と並び、「北京音」による「正則」（つまり読み下しをしない）の「漢学」を提唱するようになった。「我国固有の言語を錯乱する者は漢文を転倒読にするより甚だしきはなし、ゆえにこの際に於て従前の学風を一変し、変則漢学則ち転倒読の弊を改め、正則漢学東京外国語学校にて教授する所の学風を盛に」するべきである、というのである。そうすれば、「漢文に我国の語脈を錯乱せらるるの憂」が除かれるのみならず、「漢文を作るに和習の弊」をも脱し、「双方ともに純粋の正則学」となるのだという。ローマ字採用の建言を漢文で、というのも彼においては一貫した態度だったのである。「以羅馬字写国語並盛正則漢学説」（『洋々社談』第五十九号、明治十二年十月三十一日発兌）、七丁ゥ（復刻版、一九〇頁）、同「前号の続き」（第六十号、明治十二年十一月二十九日発兌）、三丁ゥ—四丁ォ（復刻版、二〇〇—二〇一頁）。

(32) 前掲、前島密、三二頁、七四頁。

(33) 『福澤諭吉全集』第三巻、六一〇—六一一頁。また『増補啓蒙手習之文』下巻（明治六年）において「手習之文」として掲載されるのも候文である。同『全集』、一三—一七頁。

(34) 飯田晴巳『明治を生きる群像——近代日本語の成立』（おうふう、二〇〇二年）、三七頁。山本正秀『言文一致の歴史論考』（桜楓社、一九七一年）も参照。

(35) ここで「・」の字は、発音しない黙字の意である。英語の knight は〔nait〕と発音される訳だが、西流に書くと〔・ないと〕ということになる。飛鳥井、前掲書、一五三頁。

(36) 南部も西と同様の主張を展開した。「既に音声の符識たる文字を用いんと欲せば音声に適当したし《ママ》文字を選はずはあるべからす、音声に適当したる文字とは音に母音子音の別あるか如く文字もまた判然その別なくはあるべからす、いやしくもその別なければ音声を写すに甚だ不十分なる者なり、しかるに仮字は子母配合したる者にして母韻子韻の別をなすこと能はず」。前掲「以羅馬字写国語並正則漢学説」、二丁ゥ（復刻版、一九八頁）。

(37) 「福澤全集緒言」『福澤諭吉全集』第一巻、六頁。

(38) 志賀直哉は敗戦直後に「国語」として英語ではなくフランス語を採用することを主張した。フランス語が、「世界中で一番いい言語、一番美しい言葉」だからである。志賀直哉「国語問題」『改造』一九四六年四月号、九六頁。実用だけではなく、やはり「美しさ」が重視されたのである。

（39）渡部晋太郎『国語国字の根本問題』（新風書房、一九九五年）、一七八頁。直接には南部についての指摘だが、文脈上、西にも当てはまる。

（40）そのように当時見なされるにいたった原因は Arinori Mori, *Education in Japan*, Introduction, pp. 24-25. だが森本来の立場がどのようなものであったのかは存外不分明であるという点につき『森有禮全集』別巻二、二一六―二一八頁所収の Ivan Hall による解説参照。森の意図はどうあれ、これもまた（当時も今も）突飛な話ではないこと無論である。船橋洋一『あえて英語公用語論』（文春新書、二〇〇〇年）、中公新書ラクレ編集部・鈴木義里編『論争・英語が公用語になる日』（中公新書ラクレ、二〇〇二年）等参照。

（41）「修国語論」（明治二年／一八六九年）、『洋々社談』第七号、五丁ォ―六丁ォ（復刻版、一三三―一三五頁）。

（42）上田万年『国語のため』『明治文学全集四十四　落合直文・上田万年・芳賀矢一・藤岡作太郎』（筑摩書房、一九六八年）、一一二頁。また長谷川如是閑は、『明六雑誌』寄稿者の問題意識が、「国字」にあって「国語」になかったことを正確に指摘している。長谷川如是閑「明治維新と国字問題――革命的社会意識の反映としての文化的諸問題」（『改造』、一九二六年十二月一日付）。

（43）藤田東湖『弘道館記述義』（『日本思想大系五十三　水戸学』、岩波書店、一九七三年）、二六〇頁。

（44）同上書。

（45）「文」「献」はここでは記録と賢者の言葉という意味である。

（46）大槻玄沢は「それ天地人才、誰かその至りを窮め、誰かその地を定めんや、支那は一辺に僻在せるに、独り中国と称す。驕傲みづからに限るのみ」と言う。『蘭学階梯』序（『日本思想大系六十四　洋学　上』、岩波書店、一九七六年）、三一三頁。

（47）例えば杉田玄白『解体新書』（『日本思想大系六十四　洋学　上』岩波書店、一九七六年）、二三五頁。ただしここでの「国語」は Japanese の意ではなく、(national) language の意である。明治前期、「国語」の語が指す対象は一定しない。亀井孝「「こくご」とは　いかなる　ことば　なりや―ささやかなる　つゆばらいの　こころを　こめて」『亀井孝論文集Ⅰ　日本語学のために』（吉川弘文館、一九七一年）、二三九―二四一頁、また、イ・ヨンスク『「国語」という思想』（岩波書店、一九九六年）、第三章参照。

(48) 時枝誠記『国語学史』(岩波書店、一九四〇年)、一五七頁。

(49) 杉田玄白「狂医之言」、『洋学 上』、二二九頁。

(50) 上田、前掲書『国語のため』、一一二頁。京極興一は、上田万年の業績に言及しつつ、明治三十年代に至って、「人民」に代わって、「国民」「臣民」の語が定着し、併せて「国語」という語の意味も定着したとする。京極興一「「人民」「国民」「臣民」の語誌」(『近代日本語の研究――表記と表現』、東宛社、一九九八年)、二八一頁。

(51) 「惟天下至誠、為能尽其性、則能尽人之性、能尽人之性、則能尽物之性、能尽物之性、則可以賛天地之化育」(『中庸』第二十二章)。また平石直昭『天』(三省堂、一九九六年)、七九―八五頁も参照。

(52) 田口卯吉「西洋と日本」(明治二十一年四月二十一日、『東京経済雑誌』第四百十五号)『鼎軒田口卯吉全集』第二巻、鼎軒田口卯吉全集刊行会、一九二八年、五二二―五二三頁。

(53) 単に朱子の注だけではない。「言語」「文字」と広く社会制度との関係について江戸の知識人の考察の蓄積も、当然、西には意識されていただろう。江戸知識人の言語と社会の関係をめぐる議論蓄積につき Koichiro Matsuda, "Social Order and the Origin of Language in Tokugawa Political Thought"(『立教法学』第六十三号、二〇〇三年)参照。

(54) 『昌黎先生集』序(李漢編、韓愈著『昌黎先生集』)。朱子語類にも「文以載道」(『朱子語類』第一巻、朱子語類大全、朱子語類後序における黄士毅の言)とほぼ同様の言がある。

(55) 経書が漢字という〈外国語〉で書かれていることに方法論的に意識的であった荻生徂徠はつとにそのことを洞察していた。荻生徂徠「弁名」「文質・体用・本末」八則『日本思想大系三十六 荻生徂徠』(岩波書店、一九七三年)、一七二―一七四頁。

(56) 山室信一「解説」、山室信一・中野目徹校注『明六雑誌』下巻(岩波文庫、二〇一〇年)、四五六―四五七頁。こうした見方に対し、学者職分論における「福澤の問題提起」が、「政府や国家が自称するものとは区別された公共性を、市民社会の中からいかにして構築するかという問題」に連なっていく側面があることを認めつつ、明六社の活動それ自体は、「政府領域と民間領域とにまたがる、境界線上に位置」し、「政府が独占する公共性でも市民運動が自称する公共性でもない、両領域にまたがる公共性を構築する指向性」を有していたと指摘するのは菅原光「明六社の思想家たち」苅部直・片岡龍編『日本思想史ハンドブック』(新書館、二〇〇八年)、一一七頁。

(57) 'The word Civilization, like many other terms of the philosophy of human nature, is a word of double meaning. It sometimes

stands for human improvement in general, and sometimes for certain kinds of improvement in particular.
We are accustomed to call a country more civilized if we think it more improved; more eminent in the best characteristics of Man and Society; farther advanced in the road to perfection; happier, nobler, wiser.' Civilization (1836). John Stuart Mill, *Dissertations and discussions: political, philosophical, and historical*. Repr. Chiefly fr. The Edin, & Westminster reviews. vol. 1–2 (London, John W. Parker, 1859), p. 160.

(58) サミュエル・スマイルズ著、中村正直訳『改正西国立志編』第一編の三（木平愛二、一八七七年）。

(59) 「制度」より人民の「品行」を重んじる態度は、この時期のイングランドの思想家たちにもかなり一般的だった。Stefan Collini, *Public Moralists* (Oxford University Press, 1991), pp. 100–118.

(60) その思想史的意味については成沢光『現代日本の社会秩序――歴史的起源を求めて』（岩波書店、一九九七年）参照。

(61) 後に黒岩涙香『弊風一班――蓄妾の実例』（社会思想社、一九九二年〔一八九八年〕）のような書物が成立し、喝采を博する前提条件であろう。為政者の性的醜行が政治的能力の問題になり得るかどうか自体が政治空間の構造によって異なることについてジョン・ブルーア「スキャンダルと政治――一八世紀イギリスの公共圏」（近藤和彦編『スキャンダルと公共圏』、山川出版社、二〇〇六年）、第三章。

(62) 「動物分」「道理分」という表現は、西村茂樹がこの時期翻訳した米国人Laurence P. Hicockの著書*A System of Moral Science*に由来する。『求諸己斎講義』（首都大学東京都市教養学部法学系図書室蔵、出版地不明、明治七年／一八七四年十月）、「修身学部」「総説」、一丁ォ。泊翁西村茂樹先生伝記編纂会編『泊翁西村茂樹伝』上巻（日本弘道会、一九三三年）、四五七―四六五頁および下巻年譜参照。

(63) 興味深いことに、杉亨二は明治三年（一八七〇年）に出された建白書においても「開化」を三種類に区分している。それらはそれぞれ「有形之産」「無形之産」「精神之開け」とされる。杉亨二『杉亨二自叙伝』（完全復刻、日本統計協会、二〇〇五年〔一九一八年〕）、五八―五九頁。杉については前掲、大久保健晴『近代日本の政治構想とオランダ』第二章。

(64) 「古者天子后立六宮三夫人九嬪」（『礼記』・昏義篇）。

(65) 同様の感覚は津田真道の「廃娼論」（第四十二号）中にも見える。

(66) 前掲『福澤諭吉全集』第二十巻、五〇頁。

(67) 同上。
(68) なおこの論理は福澤が熟読したF. Wayland, *The Elements of Moral Science*, Part 2, Division 1, class 2, ch. 1, The General Duty of Chastity に由来すると思われる。
(69) 前掲『福澤諭吉全集』第二十巻、五〇頁。
(70) 津田は後にその「唯物論」第十二でも「夫婦説」を展開している。大久保利謙他編『津田真道全集』下巻（みすず書房、二〇〇一年）、四五六―四五七頁。
(71) 前掲『福澤諭吉全集』第二十巻、五〇頁。
(72) 渡辺浩「「夫婦有別」と「夫婦相和シ」」（『中国―社会と文化』第十五号、二〇〇〇年）参照。
(73) 東京大学学生の「課業ノ余暇」に催された「茶話会」における講演をまとめた『講学余談』第三号（明治十年／一八七七年七月、出版地不明、東京大学法学部附属明治新聞雑誌文庫蔵）には、「養子論」（講演者不明）なる演目が載録されており、「異姓養子」の弊害が指弾されている。また講演者は「夫れ血統を正ふするは欧米諸国の通俗にして倫理の因て立つ所以なり、我国に於ては即ち然らす、法を以て父子の親を設く是を以て世人或は倫理の何物たるを解せさるに至る」（九丁ォ）という。「欧米諸国」は「血統」によって、「我国」では「法」によって、「父子の親」が定められているというのである。森有礼からの受け売りであろう。
(74) 例えば徂徠である。『政談』において、江戸の政治社会に「制度なきという事」を再三再四指摘した徂徠は、「妾を妻とする事宜しからざる事なり」と述べる（巻の四）。なぜなら、それによって「家の風あしくなり、武儀をもとり失い、子の育てようも悪しく、さまざまの悪事生ず」るからである。
(75) 例えば、森有礼は当時の「国法」を、「血統」を根拠に否認した。当時妥当していた改定律例は「妾」を法的存在としていた。「国法妻妾を同視し、又其生子の権理を平等にす」（第八号、三丁ゥ）。また当時の改定律例・新律綱領における「妾」の法的地位については高柳真三『明治前期家族法の新装』（有斐閣、一九八七年）、二四二頁。
(76) 森も「夫婦」間の「専念深愛の情義」を問題にする（「妻妾論の三」〔第十五号〕、二丁ォ）。とはいえ倫理の基礎として重視しているのは「親子」の関係である。
(77) 中田喜万「近世武士と儒学「学校の政」の理念」（博士論文〔未刊行〕、二〇〇四年）参照。

(78) フランスにおいて教育は長く教会の任務であった。これに対し、例えばルソーは『エミール』において、教育を教会から奪還するために教育の場として家庭の機能を強調した。またそのことは彼の理想社会（「古三代」）としてのローマやスパルタとも関連していた (*Emile ou de l'education*, Garnier-Flammarion, 1966, pp. 39–41)。革命によるルソー的共和主義の勝利が、フランスに教会とは区別された共和国市民の養成のための学校を準備することになった。革命前後の教育をめぐる知識人たちの議論について永見瑞木「コンドルセにおける公教育の構想――科学と権力の関係をめぐって」（『国家学会雑誌』第百二十巻第一・二号、二〇〇七年）、一四六―一四七頁。ただし、同論文は教育の「世俗化」の進展が既に革命以前に始まり、ガリカニズムとの対決の結果としてのジェズイット排斥が（ルソーの『エミール』と並んで）大きな要因となったことをも指摘する。ともあれ共和主義における「共和国の母」理想と福澤の教育論との関係については、関口すみ子『国民道徳とジェンダー――福沢諭吉・井上哲次郎・和辻哲郎』（東京大学出版会、二〇〇七年）、七二―七四頁。また同「福澤諭吉の「徳」と「家族」――中村敏子著『福澤諭吉　文明と社会構想』を読む」（『福澤諭吉年鑑』第二十八巻、慶應義塾大学、二〇〇一年）、一〇三―一三二頁参照。

(79) 無論、例えば儒学において前述のように女性が政治秩序にもたらす役割は（それがたとえ良き統治秩序に対する危険要素という消極的意味においてだとしても）決して小さくない。だが、女性が政治秩序において果たす役割を「教育」という点において捉え重視することは少なかったように思う。人として踏むべき道を最初に学ぶ素読は、家庭においては父から授けられるのである。「教育」者としての女性の役割に、消極的な意味においてではあるが、着目したのは例えばやはり徂徠であった。この点につき関口すみ子『御一新とジェンダー』（東京大学出版会、二〇〇五年）、第一章参照。興味深いことにルソーも教育は、その理想において父親によって行われなければならないと主張し、古代ローマ人（カトーやアウグストゥス）が自ら子供の教育にあたったことを指摘する (Rousseau, *ibid.*, pp. 51–52)。

(80) 「教養」と「修養」とはここでは同意である。知識人たちが、「修養」に対して「教養」に特別の意味を込めるようになるのは大分後の話である。唐木順三『現代史への試み』（『唐木順三全集』第三巻、筑摩書房、一九六七年）。進藤咲子「「教養」の語史」（『言語生活』第二百五十六号、一九七三年）。

(81) 津田真道「服章論」（第八号）、神田孝平「国楽を振興すへきの説」（第十八号）もこのような視点から解釈することが可能である。

(82) 『東京日日新聞』明治七年／一八七四年一月六日付第五百七十四号。突然の兎ブームは、当時の大津絵節にも歌われている。藪重孝「大津絵節に見えた明治開化」(『明治文化研究』第四巻第十二号、一九二八年十二月)、四二頁。
(83) 明治六年／一八七三年十二月五日付東京府達。
(84) 小川為治『兎の問答』(明治六年／一八七三年十二月出板、東京大学法学部附属明治新聞雑誌文庫蔵)、六丁ォ―七丁ォ。後に渋澤栄一の妻になる豪商伊藤八兵衛の娘に奉公していたある女性の回想によれば当時、兎は百二十両ほどしたという。「白毛で目の碧い」のが高価だった。篠田鉱造『幕末明治女百話』上巻(一九三二年)(岩波文庫、一九九七年)、三三頁。また、鏑木清方「兎と万年青」(一九三九年)『明治の東京』(岩波文庫、一九八九年)も参照。
(85) 『東京市史稿』市外篇、第五十六冊(臨川書店、一九六五年)、九五六―九八七頁。
(86) 竹越三叉『新日本史』下巻(岩波文庫、二〇〇五年)、一六三―一七三頁。
(87) 「空商」という言葉は、例えば、中井竹山の『草茅危言』(寛政元年／一七八九年序)にも見られる。巻之九「米相場ノ事」(滝本誠一編『日本経済叢書』第十六巻、日本経済叢書刊行会、一九一五年)、四五二―四五三頁。
(88) J・ローについては明治五年(一八七二年)に彼が訳したキイヒッツ著『交易通史』(出版地不明、[東京大学経済学部図書館蔵、総合図書館所蔵版は第三巻を欠く])に「南海会社の不幸なる空商」についてのかなり詳しい割注があることから、この訳業以前にローについての知識を得ていたと思われる。第三巻下六二丁ゥ―ォ、又七八丁ゥ参照。また、ローが西洋政治思想に与えたインパクトの大きさにつき川出良枝『貴族の徳、商業の精神――モンテスキューと専制批判の系譜』(東京大学出版会、一九九六年)、一五〇―一五一頁。
(89) 当時、「自由」を躍起になって否定した人物には例えば佐田介石がいる。佐田介石「自主自由の事」(『建白』〔明治七年／一八七四年左院宛〕、本庄栄治郎篇『社会経済論』、日本評論社、一九四一年)、一七八―一七九頁。
(90) 半澤孝麿『ヨーロッパ思想史のなかの自由』(創文社、二〇〇六年)、二八―三五頁。同『ヨーロッパ思想史における〈政治〉の位相』(岩波書店、二〇〇三年)、第一章も参照。
(91) 津田真道「人材論」(第三十号)。このような「自由」の理解は、同時代の東アジアにおける「自由」理解と興味深い共通性を持つ。B・I・シュウォルツ著、平野健一郎訳、『中国の近代化と知識人――厳復と西洋』(東京大学出版会、一九七八年)、主に第十二章参照。

(92)　西周の「信」についての議論については菅原光「「宗教」の再構成――西周における啓蒙の戦略」（日本思想史学会編『日本思想史学』第三十五巻、二〇〇三年、後に同『西周の政治思想――規律・功利・信』、ぺりかん社、二〇一〇年所収、ただし参照は前者から）、一八八―二〇六頁。

(93)　号は学而（無論、『論語』の首篇に由来する）。適塾にて医学を学び徳川慶喜の侍医となる。その後、慶喜に伴って静岡に移り、以後、同地にとどまり医者として生きる。伝記として土屋重郎「柏原学而伝」（『日本医事新報』第二四八四―二四九四号、一九七一―七二年）。また、高松市史編集室編『新修高松市史Ⅱ』（高松市、一九六六年）、七五六―七五七頁も参照。洋学を学びつつ、終生、洋服を着ることはなかったという（同、七五七頁）。

終章　統治の倫理——『明六雑誌』の政治思想

是も時代変移の一例でありますが、今日と自分の子供の時分とを比べて見て大に違って来ましたのは朝野共に非常に議論建策の減少したことであります。役人が意見書を出すことの少なくなったのは或は事務が増加して余裕が無くなった為か又は職務の分界が明確になって慎んで他人の権限を侵さぬ故かは知りませぬが、兎に角ぱったりと止みました。又在野の志士が自分の貧乏は苦にもせずに建白書を懐にして遥々と上京をするなど丶云うことも何時となく歴史になりました。此変遷が略二十三年の議会の創設を堺線にして居るのは注意すべき事実であります。成程今日とても請願はあります。穏当不穏当種々なる方法を以て年々数百千通の請願が出て行きます。併し其中に書いてあることは要するに論議では無く希望であります、注文であります。人に言わせるか自ら言うかは兎に角個人又は一団体の為に何かして呉れと云う要求でありまして国の政治を議したものでは無いのです。言はゞ所謂運動費を支払って引合う事業なのであります。又新聞や雑誌を見ても近頃おかしい程減少したのは論難弁駁の文であります。(…)私は今一度勢力地位のある人も無い人も、名聞心からであっても無くても、意見のある者はどしどし之を表白する維新前後のような気風を起したいと思います。(1)

柳田國男『時代ト農政』、一九一〇年

「御利益見込書」

明治八年(一八七五年)に生まれた柳田國男は、明治二十三年(一八九〇年)の「議会の創設」によって、「議論建策」の数がむしろ減少した、と嘆いている。単に数だけではない。その質が変化した、とも言う。なるほど、「請願」は今でもある。だがそれらは、単に「要求」や「希望」にすぎないのであり、かつてのような「国の政治を議」した「論議」ではない。それらは結局、「運動費を支払って引合う事業」に他ならないのである。柳田が「意見のある者はどしどしこれを表白する維新前後のような気風」を、懐かしく回顧したのは、桂太郎と西園寺公望の間で擬似的な政権交代の慣習が確立し、また、日露戦争に伴う重税を通じて有権者が激増し[2]、議会制度が定着したかのように見えた、まさにその時期であった。議会は理想であることをやめ、むしろ、日露戦後の社会に蔓延する拝金主義の風潮を反映して、私的利益の実現の場に、もしくはそうした利害の調整の場へと成り下がってしまったように見えた。そうした中で、個々の利害を離れて、広く政治社会全体のあるべきあり方について見わたし、思いをめぐらせる熱意をも人々は失いつつあるのではないか。柳田のこうした危機感が、二〇年代に入り、「普通選挙」が現実の政策プログラムとして現れてくる中で、彼がそのあり方について盛んに論じ始めることの前提にはあるだろう[3]。

柳田の回顧は、単なるノスタルジーではなかった。例えば、柳田が生まれた当時、左院に対して出された建白書の数々はその証拠である。そこでは、「民撰議院設立建白書」起草者たちのような知的エリートはもちろんのこと、ごく一般の人々までもが、政治社会の現状について分析し、そのあるべきありかたについて盛んに論じているのを見ることができる[4]。明治の人々が、徳川の世に比した〈われらの時代〉の特徴を「政論」の時代として[5]、「政治思想を有するものの世界」として把握する[6]、それは一つの背景であろう。「左院建白書」は、新聞紙の投書欄と並び、そうした政治的意見表明の代表的メディアだった。人々は、政治に対する思いや考えを、そこで一挙に噴出させたのである。

阪谷素もそうした一人であった。明治七年（一八七四年）二月、阪谷も「御利益見込書」と題された建白書を左院に提出している。彼が明六社の活動に参加する直前のことであり、またそこで主張されている内容は、後の『明六雑誌』での論説、特に「租税の権上下公共すべきの説」（第十五号）とほぼ重なるものである。『明六雑誌』と左院。一方は純粋な「学術結社」の機関誌として、他方は立法機関として、後世の眼には全く異なったもののように映る両者の間に、彼が根本的な差異を認めていた形跡はない。『明六雑誌』は、阪谷にとって、左院を舞台に行われている広く一般の人々をも巻き込んだあるべき政治の仕組みについての、「合議」の一部としてあったのではないか。『明六雑誌』は、逆に言えば、阪谷を通して、より広い「合議」の場とも接続していたのである。阪谷が建白書で注目するのは、やはり「財貨」である。

天下の事、財貨のみ、上下貴賤賢愚、一同、心を属する者、また財貨のみ、財貨によりて善をなし、富強をなし、また財貨によりて、悪をなし、衰亡をなす(7)。

だが、なぜことさらに「財貨」に着目するのか。「金」に対する欲望には、「上下貴賤」「男女」「万国」の区別がない。「金」はいわば欲望の普遍的な形であるからである。

独り黄白金なる者、頑然たる無機体の礦《こう》属にして知覚なく心情なし。ただにその色輝々然目を眩するのみ、しかして貴賤老少男女を分たず、万国一様魅せられて覚らず。その物たる固り飢て食うべからず。寒て衣る可らざるも、一日無れば忽ち飢かつ寒、酒と色とまたこれに依てその魅力を発す。（「狐説の広義」、第二十号、五丁ォ、中巻、一九六―一九七頁）

欲望の普遍的な形式としての「財貨」の発見が、彼の「合議」観に一つの飛躍をもたらすことになった。それはまた、幕末以来、阪谷が直面し、思い悩んできた思想課題――「合議」はいかにして「公論」に至るのか――を解決するものでもあった。いかなる時、いかなる場合に、人々は「公論」を目指して議論するのか。「お金の話をする時」というのがその答えであった。政治社会全体のお金の分配をどうするのか。この議論ほど、人を熱くさせるものはない。だからこそ、そうした議論は「公共」の場で行われる必要がある。それが「財権」の「公共」の意味するところなのである[8]。ルソーならば「奴隷の言葉(mot d'esclave)」と軽蔑したであろう「金の話(finance)」(*Du Contrat Social*, 1762, Libre3, chap, 13)。だがそれが、阪谷の答えだった。そして、実は、「西洋文明」の秘密は、まさにこれを実現している点にこそある。

西洋文明諸国に於ては、財貨の権、上文に申し述候如く、上下公共、ただ公平の処に帰し、上下合議の上、その出入を制す。平生私有に区分あるも、大事に至りては、闔国の財貨、各一人の任に持ざるを得ず。利害得失分明にして、匹夫匹婦も、国を護るの心、剛強堅確、貧富共に私に吝なる能わず、私に奢なる能わず。なお我邦仏を信ずる者、無用の事なるも、容易に大土木を成すが如し[9]。

かつて、阪谷は西洋社会において実現している統合の原理を「利欲」に見出していた。そこでの「利欲」とは、死の恐怖や死後の世界での安楽の希求を指していた。したがって、その統合は、「幽明」を手段として利用した宗教による、というのが会澤安同様、阪谷の従来の認識であった(第一章参照)。ところが、ここで阪谷が西洋政治社会の統合と富強の秘密として挙げるのはもはや、宗教ではない。それは政治である。具体的には「財貨」に関する議論の正義こそが、統合の鍵であり、そしてまた富強の秘密でもある[10]。

なぜ、富強か。それは「自主自由の公を以て、自主自由の私を束縛」することにより、個々人の「自主自由」という「権」(それは欲望であり、したがって、エネルギーでもある)を、集合的なそれに組織することが可能となるからである。「財貨」についての「合議」こそは、人々におけるもっぱら私的な利害関心を、「公」へと転轍する回路になり得る。単なる「合議」ではない。「財」をめぐる「合議」こそが「公議」たり得るのである。この世の「利欲」は、その時、「合議」によって政治共同体を「文明」に向かわせるための集合的なエネルギーへと変換されているであろう。「文明」と富強とが結びつく秘密の回路を、こうして阪谷は遂に発見したと信じたのである。儒者として彼が信じる「公論」の理念は、「財貨」を梃子の支点として、やはり議会において、もっともよく具現するのである。

このような彼の思考の道筋は、彼が近代的な議会制度の真髄（そんなものがあるとして）を歪みなく、完璧に理解した、ということを意味しないかもしれない。唯一の「理」の発見ではなく、複数の「利」の暫定的な調停という議会制度や政党制度が持つある種の側面についての十分な理解が欠けているのではないか。そのような疑問もあり得るだろう。そうした疑問におそらく彼はこう答えるだろう。「利」は、つまり人間の情念や欲望は、本当に複数あるのだろうか。それはそう見えているだけで、結局のところ、「財貨」という単一な基準に換算可能なのではないだろうか。そうであれば、「財貨」についての開かれた議論は、「利」を「理」へと変え得るのではないか。欲望を消し去ることはできないし、その必要もない。悪へと傾きがちな個々人の欲望とそれらの積を、適切な埒のうちに収めるためには、むしろ私たちは自らの欲望を適切に測定し、財貨に換算し、開かれた討議に付すべきなのではないか。

またあるいは逆に、唯一の「理」の実在を真摯に信ずる儒者の立場からすれば、複数であれ、単数であれ、結局は、「利」の調停に終わらざるを得ない「議会」を通して、「公論」や「理」を発見することなど、そもそもあまり期待するべきではないのではないか。そのような疑問が出てきもしよう。「公」なる立場には――それを「上帝」と呼ぶか、「天」と呼ぶかはともあれ――大いなる普遍的な理法へと個々人が覚醒することによってのみ至り得るのではないか。「講習討論」それ自体は確かに必要だとしても、それのみで「天理」の「公」に合致するかのような主張は、楽観的にすぎるのではないか。またそうした主張は、時に、「公」の美名の下に「私」的な利益を押し通すような態度を、結果としてではあれ、是認してしまうのではないか。そのように考えるものもいた。「公論」の理想と「合議」の現実の落差に、敏感であらざるを得なかっただろう幕末経験者であればなおさらだった。

中村正直は、例えば、そうした一人だった。明治五年（一八七二年）、彼はJ・S・ミルが「多数の専制（tyranny of majority）」について述べた有名な箇所について（*On Liberty*, 1859, Chap. 2）、「公論必ずしも是ならず」と自らの評言を付している。[11] 多数者の意見が、強大な専制権力として、個人のプライベートな領域を侵していく。ミルが「社会の専制（social tyranny）」として把握した事態を、中村は「公論」への懐疑として把握し直したのである。[12] 中村が、「議会」それ自体に対し、明示的に懐疑的な姿勢を示したわけではない。既に見たように彼にとっても「民撰議院」は大事だった。だが、他方で最終的な「人民の性質」の改正が、「教法」と「芸術」に託されていたこともまた確かだった（第二章参照）。このアンビバレンスにはやはり幕末の、そして「郡県」と「封建」との間で揺れ動き続けた同時代の政治状況が色濃く反映していよう。中村に限らず、唯一の「理」の実在を信じるからこそ、汚い（と見えただろう）「利」の競争市場としての「議会」に嫌気がさし、「議会」という政治の仕組み自体への懐疑を徐々に深めていく。そうした知識人は少なくなかった。

だが、阪谷は違った。「公論」というシンボルそれ自体が、現実には、自己利益を粉飾するスローガンと化した状況（「政教分離の世」と彼は名付けた〔第一章参照〕）を、おそらく『明六雑誌』投稿者中もっとも深く、彼は経験した。また、「公論」の制度化としての諸「議会」の試みと、その失敗や挫折——多くの個別利害の対立がそこには既にあったであろう——を、彼は目撃した。それにもかかわらず、彼は、唯一の「理」の、そして「公論」の実在と、「合議」によるそれへの到達可能性を信じ続けたのである。時に、汚くも見える「利」の、その究極的な形としての「財貨」を、公開の場で「合議」することを通して、それは得られる。彼はそう気づいたのである。それは、過去の経験や、目前の現実を無視したおめでたい楽観主義などではなかった。

これが議会制度に対する唯一の正しい理解というのでは、無論、ない。儒学に関する唯一の正しい見方というのでもさらにない。だが、確かに、「利」の不断にしてかつ暫定的な調停の場としての議会制度それ自体も、神や「教法」といった調停不可能な価値観や世界観の対立が生み出す社会的亀裂を、調停可能な利益の問題に落とし込むことで統合を実現するべく設計されたという側面を持つ。そうであれば阪谷らが信じる唯一の「理」は、個々の「教法」というよりは、様々な価値観を共存させるために必要な妥協・調停・統合の方にむしろかかわるのだ、と言えよう（いわばそれは、「二階の理」なのである）。彼が「教法」に対する「政教」の優位を力説したゆえんである。また、議会の実際が「利」の調停場に他ならないとしても、そうした不断の調停を支える態度の問題もある。統合や共存の実現も「理」に他ならないとすれば、少なくともそうした「理」へのコミットメント抜きに、あるいは「合議」を通してこうした「理」へと到達し得るという内的確信ぬきに、不断の調停という作業に人は耐え得るのだろうか。制度化されたエゴイズムは、エゴイズムのみによって自らを支えることができるのだろうか。柳田の危機感の背後にあるものを、阪谷はまさに問いかけていたのである。

政治思想としての『明六雑誌』

本書では、「政体」と「文明」を中心に、『明六雑誌』寄稿者たちの会話の再構成を試みてきた。「文明」と「政体」は、彼らにとって決して自明なものではなかった。だからこそ彼らはしきりにこれらについて議論したのである。あるべき「文明」とは、そして現今の日本の政治社会が採るべき「政体」とは何なのか。彼らの会話の中心的なテーマがこれであった。そして彼らの会話の焦点には、阪谷素という儒者がいた。会話の焦点とは、単に発話の多寡によって決まるのではない。また、どこか外側にある超越的な基準（例えば、あるべき「近代」など）から決定されるわけでもない（「会話」について深い思索を残したある哲学者は "all utterance should be relevant; but relevence in conversation is determined by the course of the conversation itself, it owes nothing to an external standard." と言う。まさにその通りであろう）[13]。会話には、それ抜きには全体の脈絡が理解できなくなるような種類の発話がある。『明六雑誌』という会話の場において、阪谷の発言はまさにそうしたものであった。

それでは、阪谷を無視することで、失われてしまう全体の脈絡とは何か。それは端的に言えば、『明六雑誌』の「政治」思想としての性格である、と思われる。確かに、森有礼は、「時の政事に係わりて論ずるがごときは、本来わが社開会の主意にあらず」と述べている（「明六社第一年回役員改選に付演説」第三十号）。だが、この言をもって、『明六雑誌』全体の言論が非政治的立場に終始したと考えるのは早計である。第一に、既に見てきたように、「民撰議院」をめぐる活発な議論が誌上では繰り広げられた。当時、最も熾烈な政治的意見の違いがそこでは戦わされたのである。そして、第二に、「政治」の範囲それ自体が、実は問題であった。そのことは『明六雑誌』の危機においてあらわになった。讒謗律および新聞条例の施行を受けて、『明六雑誌』の停刊を提議した福澤諭吉によれば、「明六社は学問の社なり、政治を談ずるものにあらず」として、続刊を主張する立場は、次のような現実をふまえていない。

西洋諸国にては、人間の交際あたかもすでに熟しすでに盛にして、政治もまた、ただ交際中の一部分がごとき勢なれば、諸の会社（明六社のような結社のこと）も自ら別に一世界を設け、その所論・所行もまったく政府を外にして自家のために十分の余地を遺すべしといえども、ひとりわが日本においては、すなわち然らず。人間の事物、十に八、九は政府の関せざるものなし。(14)

「人間（ジンカンと読み、society の訳語である）の事物、十に八、九は政府の関せざるものなし」。社会と政治の関係が、西洋と日本では根本的に異なる。社会の自律なき日本では、ほぼすべてが政治的な意味を帯びる、というのである。福澤が、いかにも彼らしく原理的には克服の対象として、だが、当面の戦術としては則るべきゲームの規則として把握した日本社会のこうした状況は、他方、阪谷や他の『明六雑誌』寄稿者においては、どこまで批判的な意味においてのそれであったのか。文字（言語）論、服装論、音楽論、女性論、家庭論を彼らが活発に議論したのは、彼らが非政治的領域の自律を念頭に置いていたからではおそらくなかった。それらがまさにあるべき政治の仕組みにかかわると考えられたからこそそうしたのである。[15] その意味で、彼らの多くは確信犯だった（阪谷は最後まで停刊に反対だった）のであり、そこに「不要の難事を社に来たすも計るべからず」（同）という森の懸念の、また停刊論を提起した福澤の不安のゆえんがあったのである。

阪谷と多くの『明六雑誌』寄稿者たちは、この世界には一つのあるべきありようが存在すると確信していた。その意味で、彼らは価値相対主義者ではなかった。また、「文字」や「言語」という言語の秩序が、彼らが確信する存在のあるべき秩序と対応していると考えてもいた。彼らが「文字」や「言語」の問題について盛んに語り、「敵」（西周「愛敵論」、第十六号）や「権」（福澤諭吉「男女同数論」、第三十一号）、「文明」（西村茂樹「西語十二解」、第三十六号）や「野蛮」（阪谷素「尊王攘夷説」、第四十三号）といった概念の意味について、忽《ゆるがせ》にしなかったのはこのためである。さらに、彼らは、存在のあるべき秩序と、それと対応する言語のあるべき秩序とを、正しく「保護」し、善き状態（「文明」）に導くものとして統治という営みをおそらくは捉えていた。「天」が本来期待する人間と存在一般のあるべきありよう。それが「文明」なのであり、庭師が樹木を育み開花させるように、統治とは、存在の秩序の一部であるところの人間の本性を完成に導くのである（「裁成補相」）。統治とは、単に暴力による支配などではない。また、単に異なる利害の不断の調整などでもない。人間が人間らしく、人間として生きる際に、必要不可欠な、それ自体独立した価値を持つ輝かしい営みなのである。したがって、当然に、統治者に課せられた道徳的責務は重いのである。『明六雑誌』の政治思想の（全貌ではなく）中心部分をあえてこのようにまとめることも許されよう。

こうした「統治」を中心とした「政治」観は、唾棄すべきものだろうか。捨て去るべき過去の遺物にすぎないであろうか。

デモクラシーと統治の倫理

長く『中央公論』の編集長を務めた粕谷一希は、『対比列伝――戦後人物像を再構築する』の中で、林達夫と安岡正篤とを対比して論じている。(16) その「反時代」的スタイルにおいて一貫した林と、戦前・戦中・戦後を通し一貫して政界・財界の「導師」たり得た安岡とを比較する際に、「反体制」と「体制」のレッテルを貼って事足れりとすることを粕谷は戒める。二人は、激動の時代を expendable hero としてではなく、professional survivor として生きた。そうした彼らの共通点は、「奇しくも生き残る技術として身につけた密教的形態」にこそある。(17) 無論、違いは大きい。時に「園芸に自らを韜晦」しながら、権力と距離をとり、自立的個人の道徳性の領域を死守した林に対して、安岡は常に「エリート及びエリート候補生の教化」に努めた。とはいえ、そのことは安岡が必ずしも「保守」「反動」であることを意味しないのではないか。

体制の「修辞学者」としての安岡正篤に、保守体制の反動性を観ることは事柄の真相を衝いているとはいえない。批判の学としての近代社会科学は、支配階級自体が、儀礼と倫理とを求めている事実を、空隙として残してしまった。権力としての政治の分析に熱中することで、倫理としての政治を見落としてしまった。(…)本来、知識人とか知識階級とかは、批判者なのか、治者なのか、おそらくこの答えは、それほど簡単ではない。(18)

林が「声低く」、権力と鋭く区別された道徳について語ったのだとすれば、安岡はやはり「声低く」、権力の道徳について語り続けたのだというのである。安岡という人物に対する粕谷の評価が妥当かどうかは、ここでは問題ではない。[19] また粕谷の言うように「近代社会科学」が、「権力としての政治」の分析に熱中するあまり、「倫理としての政治」を完全に見落としてしまったのかどうかは必ずしも定かではない。

丸山眞男は、「権力と道徳――近代国家におけるその思想史的前提」（一九五〇年）と題した論考の中で、「政治権力への合一化を原理的に拒否」しうる「人格性の道徳」としての「クリスト教的倫理」の意味について語りつつ、他方で、「政治に対する外からの制約の代りにこれを内側から規律する倫理」「政治に内在的な行動規範」を打ち立てた思想家としての「マキアヴェリ」の意義についても触れている。[20] 前者が「権力と道徳」の問題であるとすれば、後者は「権力の道徳」の問題である。[21]

その意味では、丸山に関して言えば、「権力としての政治」の分析に熱中するあまり、「倫理としての政治」の分析を忘却していたという批判はあたらない。[22] 共約不可能な価値が交錯する状況を粘り強く多角的な視点から検討する「政治的リアリズム」や、「政治的判断力」についてしきりに論じた丸山は、「政治」を「内側から規律する倫理」の存在にむしろ敏感であったとも言えよう。[23]

とはいえ福澤をとりわけ高く評価した丸山の本領は、非政治的領域の自律におそらくはあった。政治はそれ自体では価値を持たない。自立的に存在する諸価値を調整し、共存させるための「必要悪」のアートでそれはあり、またあるべきなのである。[24] 政治の倫理化は、むしろ倫理の政治化を招くであろう。倫理が倫理として自律するために必要なのは政治の謙抑である。語るべきは治者よりも、むしろ被治者の「政治学」であるということにもなろう。[25]

だが、政治は、それ自体では価値を持たないのだろうか。治者の倫理は語らずとも済むのだろうか。『明六雑誌』の大部分の寄稿者たちは、福澤とは異なって、おそらくこの問いに否定形で答えたものと思われる。彼らは「統治の倫理」について語ったのである。彼らは皆確かに政府の批判者としてあった。だが同時に、熱心な演説の聴講者だった植木枝盛が福澤に（すら、と言うべきであろう）見出したような「治者了簡」を懐いていたのである。[26]「知識人とか知識階級とかは、批判者なのか、治者なのか」。やはり、答えはそう簡単ではなかったのである。

革命をprofessional survivorとして生き抜いた阪谷素は、とりわけ、「統治の倫理」について語った。彼の信ずるところによれば、「統治の倫理」が劇的に顕現するのは、「租税」について議会が「合議」する瞬間である。その瞬間、個々人の私的欲望は、「合議」によって、人々を結びつける政治的正義としての「公論」へ、そして国家を富強に導く集合的なエネルギーへと変換される。

突飛な考え方であろうか。だが、デモクラシーとは、本来、被治者もまた治者たらねばならぬという突飛かつ苛酷な政体ではないのか。[27]多くの人が〈被治者了簡〉に安住することは、デモクラシーにとって本当によいことなのだろうか。租税について議論する時、私たちは、自分にとって得になることばかり考えていていいのだろうか。資源の分配に関しての議論は、確かに、個人の私的利害から離れた（将来世代をも含めた）政治社会の共通の問題へと、私たちの思いを誘っていく場合があるのではないか（それはある種の「治者了簡」ではないのか）。租税は、その端的な例ではないのか。[28]

「統治の倫理」について（植木にその「治者了簡」を揶揄されたとしても）多くを語ろうとしなかったのは同様にprofessional survivorとして革命を生き抜いた福澤であった。彼は、『明六雑誌』寄稿者中、ほぼ例外的に、「統治」と峻別された倫理の領域について語り、実践しようと試みた人物であった。だが、幸運なことに、阪谷と、福澤は、林と安岡のように互いに隔絶した世界を生きたのではなかった。阪谷と、福澤とは、（驚いたことに）互いに同じ雑誌に寄稿し、時に、ともに議論し得たのである。[29]異なる声が、そこでは、共存し得ていたのである。

（1）柳田國男『時代ト農政』（一九一〇年）（『柳田國男全集』第二巻、筑摩書房、一九九七年）、二三六―二三七頁。

（2）三谷太一郎『近代日本の戦争と政治』（岩波書店、一九九七年）、四二―四三頁。

（3）「普選」の前提条件として、農村における（「平和の百姓一揆」としての）「共同団結の自治」の復興が必要である、とする彼の二〇年代の政治構想とも通底する危機感であろう。二〇年代の柳田の政治構想については、田澤晴子「一九二〇年代における柳田国男の「共同生存」と「共同団結の自治」――吉野作造と比較して」（『社会思想史研究』第三十四号、二〇一〇年）、一五〇―一五六頁参照。

（4）「明治前期は建白書の時代であった」とする牧原憲夫は、柳田出生の一年前、そして『明六雑誌』の刊行が始まった明治七年（一八七四年）を「論争元年」とする。牧原憲夫『明治七年の大論争――建白書から見た近代国家と民衆』（日本経済評論社、一九九〇年）、一―六頁。

（5）松田宏一郎「「近時政論考」考（一）――陸羯南における〈政論〉の方法」（『東京都立大学法学会雑誌』第三十三巻第一号、一九九二年）、一一四頁。

（6）田口卯吉『時勢論』（明治十六年／一八八三年）、『鼎軒田口卯吉全集』第五巻（鼎軒田口卯吉全集刊行会、一九二八年）、一九頁。

（7）「御利益見込書（国体等確定ノ議）」（色川大吉他監修『建白書集成』第二巻、筑摩書房、一九八六年）、九八頁。

（8）「故に天下の公にすべくして、私にすべからざる物、財貨なり、此財権を、毫の私なく、明に上に握して、下々に、其自主自由の権を得せしめ、下に上を疑の心なく、天下皆一家親子の如く、以て開明に向う」（同上書、九八頁）。

（9）同上書、九九頁。

（10）「故に財権公共にして、議院の処置に任ぜざる時は、従来の如く、租税の額を量り、節倹を主とし、時に、今年の田租を免すなど申す如き、仁政ならでは、下々の上を信ずることなく、国治り難く奉存候」（同上書、九九頁）。

（11）中村敬宇訳『自由之理』第二巻（東京大学総合図書館蔵、同人社、明治五年／一八七二年）、三丁ォ。

（12）苅部直「「不思議の世界」の公共哲学――横井小楠における「公論」」佐々木毅他編『公共哲学十　二一世紀の公共哲学の地平』（東京大学出版会、二〇〇二年）、六一―六二頁。

（13）Michael Oakeshott, Voice of Poetry in the Conversation of Mankind, *Rationalism in Politics* (London, 1962), p. 202.

（14）『郵便報知新聞』明治八年（一八七五年）九月四日付。

（15）火葬や断髪、暦などについて述べた、「一見非政治的な建白にすら」こめられている、「民衆」たちの「「御一新」の政府への期待と、国家の役に立ちたいという彼らの熱い思い」ともそれは相似形をなすであろう。牧原、前掲書、四頁。

(16) 粕谷一希『対比列伝——戦後人物像を再構築する』、新潮社、一九八二年。二人は旧制一高の同期生である。

(17) 同上書、九四頁。

(18) 同上書、九七—九八頁。

(19) 陽明学者としての学問的達成において優れているというわけでもない安岡が、当時多くの人を魅了した原因については、その言論が当時有していた、「大正教養主義」「人格主義」との「相互乗り入れ」可能性について指摘する片山杜秀『近代日本の右翼思想』(講談社、二〇〇七年)、一〇二—一〇五頁の議論は参考になる。

(20) 『丸山眞男集』第四巻、岩波書店、一九九五年、二六六—二六七頁。

(21) また、丸山は、東京大学法学部における講義においてより直截に「統治の倫理」について論じてもいる。『丸山眞男講義録一九六四』第四冊(東京大学出版会、一九九八年)、一一七—一四六頁。

(22) 『丸山眞男集』第七巻、四七—四八頁。苅部直「回想と忘却——丸山眞男の『神皇正統記』論をめぐって」(『思想』第九百八十八号、二〇〇六年)参照。

(23) 丸山眞男のこうした側面については Sasaki Takeshi, "Maruyama Masao and the Spirit of Politics," *Japan quarterly* 44 (1), pp. 59–63, 1997. 苅部直『丸山眞男——リベラリストの肖像』(岩波新書、二〇〇六年)、一五八—一六〇頁。佐々木毅『政治の精神』(岩波新書、二〇〇九年)、二—九頁、一三二—一三五頁参照。

(24) 丸山眞男『自由について　七つの問答』(編集グループSURE、二〇〇五年)、一七二—一七三頁。

(25) 丸山眞男に対して後続世代の政治学者が抱くことになった違和感は、こうした点から捉え直すこともできるのではないか。「統治」の「術」への鋭敏な感覚と、「政治」それ自体は本質的に無価値だとする考えには、確かに親和性もあろう。そして、そうだとすると、「市民」にせいぜい許されているのは、善良なる「お上」を選択することくらいではないのか、という疑問は確かにあり得よう(デモクラシーも所詮はエリート交代の制度化に過ぎぬのではないかという近代政治学の、また benevolent despot は是か非かという古典政治学の難問の系である)。「政治」に本質的価値を認めない「政治学」の、「術」としての、あるいは「統治」としての「政治」イメージを批判し、「大衆民主政」が「善良な非政治的市民」の存在を許さないがゆえに、求められるべきは「政治社会を価値とし技能の熟練を価値とするカルチュア」の涵養及び制度化であるとして、「政治的市民」の「活動」

としての「市民運動」に期待をかけた高畠通敏の、丸山眞男（特にその『政治の世界』〔一九五二年〕）に対する違和感は、やはり丸山における、権力の再生産過程としての政治把握や「権力的政治観」（やはり『政治の世界』が念頭にある）を批判した神島二郎や藤原保信と共鳴するものであったろう（高畠通敏「政治の発見」『政治の発見――市民の政治理論序説』〔岩波同時代ライブラリー、一九九七年、ただし同論文の初出は『展望』一九六五年六月号〕、四四―四六頁。神島二郎『政治をみる眼』〔日本放送出版協会、一九七九年〕、一四〇―一四五頁。藤原保信『政治理論のパラダイム転換』〔岩波書店、一九八五年〕、二一六―二二五頁）。ただし、丸山眞男の「政治（学）」観が「権力」的なそれから、（おそらく高畠も目指したであろうような）「市民」の art としての「政治学」へ転回を遂げつつあったのだとする見方もある。松沢弘陽「市民の日常的な立場からの art としての政治学――丸山眞男の模索」松沢弘陽・千葉眞編著『政治学講義』〔国際基督教大学、二〇〇三年〕、三―四頁。また、こうした議論を踏まえて、「市民主義」なる言葉に激しい違和感を表明し、「いやいやながら」の政治参加を説いていた丸山眞男が、「散文的な営み」として「政治」を捉えていたことを指摘するのは苅部直、前掲『丸山眞男』、一八一―一八三頁。丸山眞男と高畠通敏の対談「政治学の研究案内」『丸山眞男座談　四　一九六〇―一九六一』（岩波書店、一九九八年、初出は『経済セミナー』一九六〇年五月号、日本評論新社）、特に九九―一〇二頁も参照。本書は、丸山眞男の「真意」を解明することを目的としないので、ここでは論点の提示にとどめる。ただ、本文後述のように、阪谷をはじめとする『明六雑誌』寄稿者たち（福澤は微妙であるが）にとって、第一に、「政治」はそもそも本質的に価値を持ち、第二に、そうした「政治」の営みは本質的には「治者」のなすべき職務であり、しかし、第三に、そうした「治者」はその範囲を狭義の統治機構に限るものではなく、彼ら自身をも含む広く真剣に「政治」について考える人々を含むものであったという諸点において、『明六雑誌』の政治思想は、丸山眞男のそれとは大きく異なるであろう。

(26)　「政府人民ト利害ヲ異ニスルノ利害」『愛国新誌』第二十三号（明治十四年／一八八一年二月六日付）、明治文化研究会編『明治文化全集』第十四巻、自由民権篇（続）（日本評論社、一九六六年）、一七二頁。「官民調和」を主張する福澤に対しての批判である。また、「治者気取」とも言う。同「人民ノ国家ニ対スル精神ヲ論ス」『愛国新誌』第十三号（明治十三年／一八八〇年十一月十二日付）、同上、一二二頁。

(27)　カール・シュミット著、稲葉素之訳『現代議会主義の精神史的地位』（みすず書房、二〇〇〇年）、第一章（Carl Schmitt, *Die Geistesgeschichtliche Lage Des Heutigen Parlamentarismus*, Duncker and Humblot, Berlin, 1926）。また、M・I・フィンリー著、柴

田平三郎訳『民主主義――古代と現代』（講談社学術文庫、二〇〇七年）、第一章（M. I. Finley, *Democracy Ancient and Modern*, Rutgers University Press, New Brunswick, 1996, revised edition）。興味ぶかいことに、シュミットも、フィンリーも、デモクラシーは、結局のところ、エリートによる、人民からの投票獲得競争に他ならないとするエリート主義的デモクラシー像を採用しない点では一致する。フィンリーは、「議会」の存在しない「古代」のデモクラシーを直接には対象にしており、シュミットも、「討論による政治」という理念と、指導者選択のための装置としての技術的要請とに支えられるに過ぎない「議会主義」を、デモクラシーそれ自体と峻別するからである。彼らは、デモクラシーを考えるに際し、「議会」をその中心とはしないという点でも一致するのである。無論、ギリシャ史家フィンリーとしてそれは方法論的に当然の態度であろうし、また、民会の討論や demagogue に対する彼の繊細な視点は、安易な裁断を許さない。ともあれ、「合議」（「議会」）が「公論」に到り得るのかという阪谷や同時代の日本列島の思想家たちの問いは、西洋の政治学における、デモクラシーにとって「議会」とは何かという問いとして翻訳可能なのであろう。阪谷の解答が、シュミットとは異なることは本文後述の通りである。

（28） L・マーフィー、T・ネーゲル著、伊藤恭彦訳『税と正義』（名古屋大学出版会、二〇〇六年）、五頁。（Liam Murphy & Thomas Nagel, *The Myth of Ownership;* Tax and Justice〔Oxford University Press〕, 2002.）

（29） その議論は、東京学士会院でも続けられたようである。「宅に帰り晩に酒を呑み呑み、福澤さんは人を馬鹿にしたやうな反対論を唱へたが、どうもあれでは困ると云つて学士会院当日の不平を私に向かつて漏された」とは息子阪谷芳郎の回想である。かなり激しく議論したこともあったのだろう。阪谷芳郎「自分の見たる朗廬」『興譲館百二十年史』（興譲館百二十年史記念刊行会、一九七三年）、七八頁。また「福澤、近来の説、よほど老練、近刻なりし民情一新と云ふ書の説よき様なり」と『民情一新』を高く評価している。明治十二年／一八七九年九月十日付、坂田警軒宛。

あとがき

本書は、二〇〇八年三月、著者が東京大学大学院法学政治学研究科に提出した博士論文「『明六雑誌』の政治思想――阪谷素と「租税公共の政」に、章立ての組み替えも含む、大幅な加筆修正を施したものである。ただし、このうち序章部分は、すでに「『明六雑誌』の政治思想――阪谷素という視角から（序）」と題して首都大学東京法学会編『法学会雑誌』第五十一巻一号（二〇一〇年七月）に既出であるが、やはり今回改めて加筆修正を加えた。

刊行にあたり、まず、東京大学大学院法学政治学研究科総合法政専攻・政治コースにおいて、『明六雑誌』を教材として行われた二〇〇七年度夏学期「日本政治思想史文献会読」演習参加者に感謝したい。公式の参加者は、担当教員の渡辺浩先生を除いて以下の十七名（敬称略）であった。福岡万里子、石川公彌子、熊谷英人、李セボン、李維濤、アンドレ・リネペ（Andre Linnepe）、ダビデ・メルバルト（David Mervart）、三ツ松誠、（故）乗金香織、清水光明、高山大毅、滝理佳、山口智弘、易平、劉晧爛、張允起、朱琳。

性別も国籍も、年齢も母語も異なる、多様な背景を持った参加者たちとの活発にして豊かな議論の応酬が、本書執筆のきっかけだった。とりわけ、日本語を母語としない参加者に感謝したい。彼ら彼女らに自分の考えを説明するという経験は、普段は漠然と自明の前提としている多くの事柄を改めて考え直すという経験でもあった。本書は、あのとき言葉足らずだった著者の課題レポートである。

この「渡辺ゼミ」のコーディネーターとしての渡辺浩先生に感謝したい。大学院の「渡辺ゼミ」は、例年、毎週金曜日の第二時限(午前十時二十分から正午まで)、法文一号館の四階にある演習室で行われた。演習室に向かうエレベーターはなく、院生室があった法三号館(法研)の四階から、一度地上に降り、銀杏並木を横切って、四階の演習室に向かうのは、なかなかの運動だった。先生はかならず十分前には着座され、演習は定刻通りに開始されるのが常であった。さわやかな春風の吹く四月──先生は花粉症であったのだが──参考文献の紹介で始まる演習は、蒸し暑い梅雨──煉瓦造りのはずの法文一号館は、その四階部分のみ後から増築したプレハブであり、室内の湿度は極めて高かった──をまたぎ、猛暑の中、終わった。「渡辺ゼミ」は「汗をかくゼミ」であった。その汗は、だが無論、湿度や温度によるものばかりではなかった。

定刻に始まった演習は、通常、最初の一時間ほどは、文献の会読にあてられた。あらかじめ決められた範囲について、「朗読」し、その現代日本語における「意味」を答えるのである。誰がどこを割り当てられるのかは予測不能であった。先生は、しばしば、テクスト中の概念について重ねてその「意味」を問われた。既に読んで意味が取れていたはずのテクストがぐにゃりと歪み、目の前が暗くなった気がした。背中に汗が流れた。冷や汗である。「それどういう意味ですか?」。

演習参加者にとって、火曜水曜は気が重く、木曜日は「暗黒の木曜日」であった。辞書や工具書類を備えた参考室は、見知った顔ぶれで混雑した。書庫で、同じ本に手が伸ばされることも珍しくはなかった。どんなに予習しても、終わりはなかった。第一の球が捕れると、さらに際どい第二、第三の球が飛んできた。際どいコースばかり警戒していると、ズバッとど真ん中に切り込まれることもしばしばだった。熟練のノッカーのように、打者心理を知り尽くしたピッチャーのように、質問が打ち込まれ、投げ込まれた。ゼミ生間には、いつしか、「戦友」としての連帯感が生まれた。

会読が終わると、次は担当者による二十分（これも時間厳守）の報告であった。これは、担当者でさえなければ、まことに楽しい時間だった。終わると議論。これが最も楽しい時間であった。活発な議論が営まれた。議論が煮詰まってくると、先生がいつもお持ちの紙袋から、魔法使いのような手つきで、史料プリントを出される。すると、孔子、孟子、プラトン、アリストテレス、マキャベッリ、ホッブス、ロック、ルソー、仁斎、徂徠、福澤といった知的巨人が、あるいは歴史の中に消えていった市井の人々が召還され、わたしたちの議論に参加した。プラトンと徂徠が、孔子とマキャベッリが、テクストの中から立ち上がり、目の前でぶつかり合う。それは人類史上有数の知的格闘技であった。いつしかわたしはその観客だった。酔うが如く、狂するが如く。演習は、おおむね、三十分ほど延長し、正午半過ぎに終わった。

私が今、研究者としてあることができているとするならばそれは、もっぱら、このゼミのおかげである。もちろん、御著書・御論文を通して教えられたのはもちろんのこと、学部講義（東大法学部の名物講義であった）から、生活習慣（院生は小学生の如く早寝早起きを、というのが先生の持論であった）、食事作法（合宿ではフランス料理の食事作法をご指導頂いた）、また指導教員としてのテニヲハに至る細かい修士論文指導まで、感謝しなくてはならないことは数多い。だが、やはり私にとって最大の幸運は、「渡辺ゼミ」に参加できた、ということである。学問の厳しさも、楽しさも、私はそこで学んだ。

平石直昭先生に感謝したい。先生は、いつも、ゼミ報告の一字一句についてまでも執拗に追及された。一流の研究者に「本気」で、対等の立場で、相手をして頂けることが若輩の院生にとってはなによりも光栄だった。「牛の如く歩め」という先生の教えを常に肝に銘じていたい。宮村治雄先生にも感謝したい。成蹊大学における竹越三叉『新日本史』をテーマとした演習に、突然、押しかけた私を温かく迎えて下さった。一読して明らかなように、本書は、竹越の明治〈革命〉史観に大きな影響を受けている。

苅部直先生（論文の主査も務めて頂いた）に感謝したい。歴史、思想史はもちろんのこと、規範的な政治理論から、哲学、文学に至る広範囲な学問領域を網羅する圧倒的な博識によって、思わぬ角度からコメントを繰り出される先生の「苅部ゼミ」は、学問的整体のようであった。こちこちに凝り固まった頭の凝りがほぐされ、頭がいくぶん柔らかくなった気がしたものだった。座談の名手でもある先生の博識は、飲み会において、いよいよ冴え渡った。古今のサブカルチャーにまで及ぶ先生のお話から学んだことは本当に多い。

論文の副査を務めて頂いた川出良枝先生、宇野重規先生に感謝したい。また、同じ政治学史の（故）福田有広先生、日本政治外交史の北岡伸一先生、中国政治外交史の平野聡先生にも感謝したい。それぞれが忘れられないゼミであった。こうした先生方のお名前が、本書の内容を裏書きするものではないことは当然である。それでも、先生方のゼミに出させて頂いたことはやはり幸運であった。その幸運にも感謝したい。

院生は、ゼミばかりにて生きるものにあらず。法研三号館四階の四一一号室の（元）住人たちに感謝したい。やはりプレハブ四階の物理的環境は決していいものとは言えなかったが、その人的環境には得るものが大きかった。専攻を異にする優秀な頭脳から受ける知的刺激だけではない。不定期に開かれるお茶会やコーヒーブレーク。研究室に籠城した明け方にどこからか聞こえるバイオリンの音色。それらは一見、孤独なように見える目の前の作業が、決してそうではないことを教えてくれた。

生活を支える場としての職場に感謝を。東京女子大学丸山眞男記念比較思想研究センター附属丸山眞男文庫は、丸山眞男関連資料に触れる貴重な機会だけでなく、松澤弘陽先生の知遇を得るという幸運を与えてくれた。女子大生であふれた食堂の片隅で静かに語られる先生の話を聴いた後は、忘れないうちに早くメモしたいという衝動に駆られたものだった。先生は、かつて春台が仁斎をそう評したような「なんとなく一所に居りたき人」である。そんな先生の草稿に対する辛辣なコメント——そこには無論、「学問にてねりつめ」られた integrity があることを誰も否定しないだろう——は、最良の自省の機会ともなった。

また、現在の職場である首都大学東京都市教養学部法学系に。茫漠としてはいるが確かにそこに存在し、私たちの生のあり方を根本から規定する、なんとも不思議な「政治」なる現象を、それぞれの流儀で探求する政治学者が、「総合演習」によって一堂に会するこの場所に、そしてまた、「法」——それは「政治」の不可欠の一部でもあろう——の探求に日々明け暮れる法学者の集うこの場所に、職を得られたことは望外の幸せであった。とりわけ法哲学者谷口功一先生に感謝したい。先生の研究室での「だべり」は、少なくとも私にとっては、貴重な時間であり、本書をまとめる活力の源となった。

優秀な研究仲間にも恵まれた。いちいちお名前を挙げることはできないが、感謝している。ただ、とりわけ、阪谷関連文書のくずし字について山口道弘さん、阪谷関連の新聞記事の所在について李セボンさん、漢文の書き下しについて高山大毅さん、津田真道関連については尾原宏之さんに、それぞれご指導、ご教示頂いた。特に記して感謝したい。飛び抜けて優秀なこうした若手研究者仲間の協力なしには、本書の完成自体がおぼつかなかった。

本書は、平成二十二年度、東京大学学術研究成果刊行助成制度による助成を受けて出版される。匿名の査読者に感謝したい。その的確なコメントを受けて、本書は改善された（と信じたい）。刊行に際しては、東京大学出版会の斎藤美潮さん、木村素明さんに大変お世話になった。感謝したい。

最後に、いくつかの個人的な感謝を献げることを許してほしい。本と人を愛することを教えてくれた父母とその書店に。そして、配偶者に。この人への感謝は、まだ、うまく言葉にならないけれど。

二〇一一年一月二十日　梅薫る羽根木の丘のふもとで

河野有理

人名索引

あ　行

か　行

さ　行

た　行

な　行

は　行

主要参考文献

[1] 阪谷素に関して

一次史料

国立国会図書館憲政資料室編『阪谷朗廬文書』
国立国会図書館専門資料部編『阪谷朗廬関係文書目録』，国立国会図書館，1990 年
阪谷芳郎編『朗廬文鈔』，私家版，出版地不明，1885 年
坂田丈平・阪谷芳郎編『朗廬全集』，私家版，東京，1893 年
後月郡教育会編『後月郡誌』，中国民報社，岡山，1925 年
阪谷芳郎編『阪谷朗廬先生五十回忌記念』，私家版，東京，1929 年
阪谷芳直『三代の系譜』，みすず書房，東京，1979 年
山下敏鎌編『興譲館百二十年史』，同記念刊行会，岡山，1973 年
大塚益郎『井原後月人物誌』，私家版，岡山，1982 年
山下五樹編著『阪谷朗廬先生書翰集』，私家版，岡山，1990 年
山下五樹編著『朗廬先生宛諸氏書簡集』，私家版，岡山，1993 年
井原市史編纂委員会『井原市史　Ⅲ　古代・中世・近世史料編』，井原市，2003 年
井原市史編纂委員会『井原市芳井町史　史料編』，井原市，2007 年

研究文献

大月明「変革期における思想の形成（一）（二）――阪谷素の場合」『人文研究』第 12 巻第 8 号・第 13 巻第 7 号，1961―62 年
大月明「明治期における阪谷素の思想について――『明六雑誌』・『洋々社談』からみた」『人文研究』第 14 巻第 6 号，1963 年
大月明「阪谷素とその交友関係について」『人文研究』第 18 巻第 3 号，1967 年（以上，大月明『近世日本の儒学と洋学』，思文閣出版，1988 年に所収）
高橋昌郎「明六社阪谷素について」，國學院大學文学部史学科編『日本史学論集　坂本太郎博士頌寿記念』下巻，吉川弘文館，1983 年
小股憲明「阪谷素にみる伝統と啓蒙――その接点の解明」『季刊　日本思想史　特集明六社の思想』第 26 号，1986 年
山田芳則「阪谷素論」『就実女子大学史学論集』第 3 号，1988 年（山田芳則『幕末・明治期の儒学思想の変遷』，思文閣出版，1988 年に所収）
霧口卓也「『明六雑誌』における尊攘論批判」『文化学年報』第 36 輯，1987 年
松本三之介「新しい学問の形成と知識人――阪谷素・中村敬宇・福澤諭吉を中心に」（松本三之介・山室信一編『日本近代思想大系十　学問と知識人』，岩波書店，1988 年，解説「儒学の展開と洋学の受容――阪谷素の場合」として所収，また松本三之介『明治思想における伝統と近代』，東京大学出版会，1996 年，第 3 章として再収）
山下五樹『阪谷朗廬の世界』，日本文教出版，1995 年
三浦叶『明治漢文学史』，汲古書院，1998 年

渡辺浩「阪谷朗廬的思想」，黄俊傑主編『儒家思想現在現代東亜：日本篇』，中央研究院中国文哲研究所，1999 年
合山林太郎「阪谷朗廬「旧雨社記」——明治期漢詩文壇についての一考察」『日本文学』第 58 巻第 12 号，2009 年
李セボン「朱子学者阪谷素における「理」と天皇」『政治思想研究』第 10 巻，2010 年

[2]『明六雑誌』に関して

一次史料

『明六雑誌』(全 43 号)，吉野作造編『明治文化全集　第 18 巻　雑誌編』(神代種亮解題)，日本評論社，1928 年
『明六雑誌』(全 43 号)，明治文化研究会編『明治文化全集　第 5 巻　雑誌編』(西田長寿解題)，日本評論新社，1955 年
大久保利謙監修『明六雑誌』(復刻版)，立体社，1976 年
山室信一・中野目徹校注『明六雑誌』，岩波文庫，1999—2009 年
高野繁男・日向敏彦監修・編『明六雑誌語彙総索引』大空社，1998 年

研究文献

永田広志『日本思想史研究第 3 巻　日本唯物論史』，法政大学出版局，1968 年 (1936 年)
麻生義輝『近世日本哲学史』(復刻版)，宗高書房，1974 年 (1942 年)
西田長寿「明六雑誌」『文学』第 23 巻第 1 号，岩波書店，1955 年
高坂正顕編『明治文化史四　思想言論』(新装版)，原書房，1980 年 (1955 年)
服部之総「明治の思想」『服部之総著作集』第 6 巻，理論社，1955 年
宮川透『近代日本思想の構造』，東京大学出版会，1956 年
遠山茂樹「明六雑誌」『思想』第 447 号，1961 年 (後に同『自由民権と現代』筑摩書房，1985 年，および『遠山茂樹著作集』第 5 巻，岩波書店，1992 年に所収)
本庄栄治郎「明六社について」『日本学士院紀要』第 26 巻第 2 号，1968 年
本山幸彦『明治思想の形成』，福村出版，1969 年
大久保利謙『明六社考』，立体社，1976 年
戸沢行夫『明六社の人びと』，築地書館，1991 年
中野目徹「解説」『明六雑誌』上巻，岩波文庫，1999 年
中村春作「「知識人」の自立・「知」の領分——明六社同人における」『日本学報』第 19 巻，2000 年
山室信一「解説」『明六雑誌』下巻，岩波文庫，2009 年

[3] 関連する史料および文献

一次史料

尾佐竹猛編，神代種亮校訂『幕末秘史　新聞薈叢』，岩波書店，1934 年
色川大吉・我部政男監修，牧原憲夫編『建白書集成』第二巻，筑摩書房，1986 年

羽賀祥正監修『洋々社談』(1875—83年)(復刻版全4巻)，ゆまに書房，2007年
『東京学士会院雑誌』(1879—1901年)(復刻版)，鳳出版，1977年
『修身学社叢説』(1880—82年)『近代演説討論集』第6巻，ゆまに書房，1987年
大久保利謙編『西周全集』全4巻，宗高書房，1960—81年
大久保利謙他編『津田真道全集』上下巻，みすず書房，2001年
大久保利謙・田畑忍監修，上田勝美・福嶋寛隆・吉田曠二編『加藤弘之文書』全3巻，同朋舎出版，1990年
加藤弘之述『天則百話』(『太陽』に1896年8月号から98年12月号まで『貧叟百話』として連載)，博文館，1899年
『加藤弘之日記』(東京大学史史料室蔵)
『弘之自伝』(日本思想史資料叢刊之三)，長陵書林，弘隆社，1979年
古川哲史監修，日本弘道会編『増補・改訂　西村茂樹全集』全12巻(刊行中)，思文閣出版，2004年—
大久保利謙監修，上沼八郎・犬塚孝明編『新修　森有礼全集』全5巻，別冊3巻，文泉堂書店，1997—2005年
神田乃武編『淡崖遺稿：全』，私家版，1910年
神田乃武編『神田孝平略伝』，私家版，1910年
本庄栄治郎編著『神田孝平——研究と史料』，経済史研究会，大阪，1973年
大槻文彦『箕作麒祥君伝』，丸善，1907年
河合利安編『杉亨二先生自叙伝』，出版地不明，1918年
杉亨二先生顕彰会編『杉亨二先生小伝』，同顕彰会，1966年
杉亨二『完全復刻　杉亨二自叙伝』，日本統計協会，2005年
慶應義塾編『福澤諭吉全集』全21巻，岩波書店，1958年
慶應義塾編『福澤諭吉書簡集』全9巻，岩波書店，2001—03年
サミュエル・スマイルス著，中村正直訳『改正　西国立志編』，木平愛二，1877年
シモン・フィッセリング著，神田孝平訳『性法略』，紀伊國屋，1871年
土屋重郎「柏原学而伝」『日本医事新報』第2484—2494号，1971—72年
高松市史編集室編『新修高松市史Ⅱ』(「柏原学而」)，高松市，1966年

研究文献

安西敏三『福澤諭吉と自由主義——個人・自治・国体』，慶應義塾大学出版会，2007年
石田雄『明治政治思想研究』未來社，1954年
伊藤彌彦『維新と人心』，東京大学出版会，1999年
犬塚孝明『森有礼』，吉川弘文館，1986年
植手通有「明治啓蒙思想の形成とその脆弱性」『日本の名著　西周・加藤弘之』，中央公論社，1972年
大久保健晴「明治エンライトンメントと中村敬宇——『自由之理』と「西学一班」の間——(一)(二)」『都立大法学会雑誌』第39巻，第1・2号，1998—99年
大久保健晴「明治初期知識人における宗教論の諸相——西周と中村敬宇を中心に」『政

治思想研究』第4巻，2004年
大久保健晴『近代日本の政治構想とオランダ』，東京大学出版会，2010年
大久保利謙編『津田真道――研究と伝記』，みすず書房，1997年
奥田晴樹「神田孝平の土地所有・租税論」，明治維新史学会編『明治維新の人物と思想』（明治維新史研究三），吉川弘文館，1995年
神島二郎『近代日本の精神構造』，岩波書店，1961年
古川哲史『泊翁西村茂樹――転換期日本の大思想家』，文化総合出版，1976年
坂本多加雄『市場・道徳・秩序』，創文社，1991年
坂本多加雄「征韓論の政治哲学」『日本政治学会　年報政治学　1998』，1999年（杉原志啓編『坂本多加雄選集　I』，藤原書店，2005年に収録）
菅原光『西周の政治思想――規律・功利・信』，ぺりかん社，2009年
関口すみ子『御一新とジェンダー――荻生徂徠から教育勅語まで』，東京大学出版会，2005年
高橋昌郎『中村敬宇』，吉川弘文館，1966年
高橋昌郎『西村茂樹』，吉川弘文館，1987年
中野目徹「洋学者と明治天皇――加藤弘之・西村茂樹の「立憲君主」像をめぐって」沼田哲編著『明治天皇と政治家群像――近代国家形成の推進者たち』，吉川弘文館，2002年
荻原隆『中村敬宇研究――明治啓蒙思想と理想主義』，早稲田大学出版部，1990年
長谷川精一『森有礼における国民的主体の創出』，思文閣出版，2007年
平石直昭「福澤諭吉の戦略構想――『文明論之概略』期までを中心に」『社会科学研究』第51巻第1号，1999年
藤田省三『天皇制国家の支配原理』，未来社，1966年
前田勉『江戸後期の思想空間』，ぺりかん社，2009年
眞壁仁『徳川後期の学問と政治――昌平坂学問所儒者と幕末外交変容』，名古屋大学出版会，2007年
松澤弘陽「社会契約から文明史へ――福澤諭吉の初期国民国家形成構想試論」『北大法学論集』第40巻第5・6号，1990年（加筆の上，『福澤諭吉年鑑』第18号，1991年に収録）
松澤弘陽「公議輿論と討論のあいだ――福澤諭吉の初期議会政観」『北大法学論集』第41巻第5・6号，1991年（加筆の上，『福澤諭吉年鑑』第19号，1992年に収録）
松澤弘陽『近代日本の形成と西洋経験』，岩波書店，1993年
「『民情一新』覚え書――官民調和論との関係において」『アジア文化研究』別冊七，1997年（加筆の上，『福澤諭吉年鑑』第24号，1997年に収録）
松田宏一郎『江戸の知識から明治の政治へ』，ぺりかん社，2008年
松本三之介『近代日本の政治と人間――その思想史的考察』，創文社，1966年
真辺将之『西村茂樹研究――明治啓蒙思想と国民道徳論』，思文閣出版，2009年
丸山眞男『「文明論之概略」を読む』上・中・下巻，岩波新書，1986年
丸山眞男著，松澤弘陽編『福澤諭吉の哲学　他六編』，岩波文庫，2001年

三谷博『明治維新とナショナリズム——幕末の外交と政治変動』，山川出版社，1997 年
宮村治雄『開国経験の思想史——兆民と時代精神』，東京大学出版会，1996 年
本山幸彦『明治思想の形成』，福村出版，1969 年
吉田曠二『加藤弘之の研究』，大原新生社，1976 年
渡辺浩『東アジアの王権と思想』，東京大学出版会，1997 年
渡辺浩「「夫婦有別」と「夫婦相和シ」」『中国——社会と文化』第 15 号，2000 年
渡辺浩「アンシャン・レジームと明治革命——トクヴィルをてがかりに」，『思想』第 979 号，2005 年
渡辺浩『増補版　近世日本社会と宋学』，東京大学出版会，2010 年

補注：書誌的情報は巻末注に掲載してあるので，網羅的な参考文献表は割愛した．「関連する史料及び文献」のうち「研究文献」に関しては，研究枠組みに関わるものを中心に，注では言及できなかったものも含めた．

著者略歴
1979年　東京都生まれ.
2003年　東京大学法学部卒業.
2005年　同大学大学院法学政治学研究科修士課程修了.
2008年　同大学大学院博士課程単位取得退学.
　　　　博士号(法学)取得.
現　在　首都大学東京都市教養学部法学系准教授.

明六雑誌の政治思想
阪谷素と「道理」の挑戦

2011年3月29日　初　版

[検印廃止]

著　者　河野有理《こうのゆうり》

発行所　財団法人　東京大学出版会
　　　　代表者　長谷川寿一
　　　　113-8654 東京都文京区本郷7-3-1 東大構内
　　　　http://www.utp.or.jp/
　　　　電話 03-3811-8814　Fax 03-3812-6958
　　　　振替 00160-6-59964

装　幀　桂川　潤
印刷所　研究社印刷株式会社
製本所　牧製本印刷株式会社

ISBN 978-4-13-036240-5　Printed in Japan